Salcia Landmann

Koschere Köstlichkeiten

Salcia Landmann

Koschere Köstlichkeiten

Rezepte und Geschichten

Mary Hahn Verlag

Illustrationen von Marietta Frommberger-Zimmermann

Besuchen Sie uns im Internet unter:
http://www.herbig.net

Erweiterte Ausgabe des 1964 und 1984 unter
dem Titel »Die koschere Küche« bzw.
»Bittermandeln und Rosinen« erschienenen Titels.

Die 1. Auflage erschien im August 1995 unter dem Titel »Die jüdische Küche«

Schutzumschlaggestaltung: Wolfgang Heinzel
Umschlagillustration: »Der Perserkönig Ahasveros und seine Frau Esther«
aus »Liber Estherae« (Das Buch Esther), Ahaliab, Zürich 1918, Illustration Sigismund Mohr
Layout: Wolfgang Heinzel
Herstellung: DTP/Andrea Cobré
Gesetzt aus: 10/14 Punkt Sabon
Druck und Binden: Huber KG, Dießen
Printed in Germany
ISBN 3-87287-480-2

Inhalt

Vorwort zur vorliegenden Ausgabe

Wir legen – unverändert – das vergriffene Standardkochbuch von Salcia Landmann zur Koscherküche wieder vor, zu dem es nie etwa Vergleichbares gab, noch geben wird. Denn die Autorin entstammt zwei judaistisch hochqualifizierten Rabbinerdynastien vom Ostrand der Donaumonarchie und verfügt selber, ohne »orthodox« zu sein, über die entsprechenden Kenntnisse und über die Fähigkeit, in ihrer Darstellung das Zentrale und Wesentliche der altjüdischen Tradition von deren nur rituell bedeutsamer »Garnitur« zu unterscheiden, die es in jeder Religion gibt, die aber speziell bei den Juden, dem ewig gejagten und gefährdeten Volk, zugleich eine Art Korsett und Stütze in unerträglichen Situationen bildet.

Aus diesem Wissen heraus vermittelt sie ein detailliertes Portrait der köstlichsten Varianten der Koscherküche, nämlich jener Altösterreichs, weil diese inmitten einer kulinarisch hochbegabten Umgebung entstand. Dieses selbe Glück – bei all ihrem Exilunglück –, nämlich talentierte Kochtraditionen der verschiedenen »Gastvölker« ringsum, war den Juden von allem Anfang an beschieden. Dies, plus eigener Kochbegabung, unterstützt durch die lebensfreundliche Tendenz von Altem Testament und Talmud, führten, trotz zeitweiliger großer Armut im Exil, zu köstlichen Eigenkreationen am Kochherd, die teilweise obendrein nur wenig Geld und Zeitaufwand erfordern. Sie können erfolgreich und mühelos sogar von armen studentischen Stipendiaten übernommen werden, diese brauchen nicht einmal Juden zu sein.

Und was den rituellen »Ballast« angeht, an den sich Nichtjuden ohnehin nicht zu halten brauchen, so ist zu bedenken, daß dieser, eben wegen der lebens- und liebesfreundlichen Tendenz vom Alten Testament und Talmud, oft zugleich medizinisch, diätetisch und hygienisch wertvoll ist!

Man braucht nur an das Schicksal des berühmten jüdischen Gynäkologen Ignaz Semmelweis (1818–1865) zu denken, der als einziger erkannte, daß das Massensterben der Wöchnerinnen in der Gebärklinik nur zu stoppen war, wenn die Ärzte sich nicht an der christlichen Hygienefeindlichkeit orientierten (»im Geruch der Heiligkeit stehen« bedeutet ursprünglich nur: »ungewaschen stinken«), sondern sich so, wie der Talmud befiehlt, jeweils die Hände wuschen. Semmelweis verlor vor Aufregung darüber, daß er das nicht durchsetzen konnte, den Verstand …

Wir haben aber nicht vor, Ihnen einen weiteren jüdischen Märtyrer zu präsentieren, sondern die Koscherküche in ihren köstlichsten Varianten. Erproben Sie das eine oder andere in Ihrer eigenen Küche! Sie werden es nicht bereuen!

St. Gallen, 8. Juli 1999

Vorwort zu den früheren Ausgaben

Zwei meiner Kochbücher wurden von der Gastronomischen Akademie Deutschlands mit Diplom und Medaille ausgezeichnet: eine heitere Kochpädagogik mit dem Titel »Gepfeffert und Gesalzen. Gericht über Gerichte« und »Koschere Kostproben. Rezepte aus Altösterreich für Feinschmecker«. Beide Bücher, in Inhalt und Umfang grundverschieden, entstanden trotzdem aus ähnlicher Intention heraus: Ich wollte vom Untergang bedrohte, kulturell und kulinarisch wertvolle Küchentraditionen wieder in Erinnerung rufen und neu beleben. Bei »Gepfeffert und Gesalzen« ging es mir dabei um die altüberlieferte Küche vor allem Ost- und Mitteleuropas, die gerade in jenen Jahren zunehmend amerikanischen Kochsitten – oder vielmehr -unsitten – zu weichen begann. Das war an sich begreiflich. Europa stand noch unter dem traumatischen Schock der Nazijahre, man hatte politisch schwer versagt und war nun geneigt, die amerikanischen Befreier dankbar zu bewundern. Sicher war dies angemessener als die bald darauf einsetzende »Ami-go-home«-Welle. Nur brachte man jetzt den Siegern auch auf solchen Gebieten Reverenz entgegen, wo sie keine verdienten, nämlich im Küchenbereich. Allen Greueln der Hitlerzeit zum Trotz war und ist aber die kontinentaleuropäische Kochkunst jener der Angelsachsen sowohl hüben wie drüben des Ozeans überlegen. Zweifellos wäre die mittlerweile überschwappende Gegenwelle der europäischen Küchen-Nostalgie auch ohne mein Dazutun über kurz oder lang herangebrochen. Mein Buch bildete aber den Auftakt. Daher wohl die Auszeichnung.

Noch gefährdeter schien mir jetzt, nach dem jüdischen Holocaust in den letzten Kriegsjahren, das Wissen um die gute, alte, jüdische Küche. Zugegeben, seit über fünfzig Jahren gab es vor allem in den USA große Judengemeinden vorwiegend ostjüdischer Provenienz. Aber erstens bestand auch bei den dortigen Juden zunächst die Tendenz, sich in jeder – und folglich auch in kulinarischer – Hinsicht der angelsächsischen Majorität anzugleichen, und zweitens waren die meisten Ostjuden drüben aus zaristischen Landstrichen gekommen, wo die Juden generell weniger delikat kochten und backten als weiter südwestlich in der Donaumonarchie. Obendrein entstammten sie meist dem Elendsproletariat, waren also in der alten Heimat zu arm gewesen, um die allerfeinsten Varianten der jüdischen Küchenfolklore zu entfalten. Nach dem Untergang der Juden Europas haben zwar deren Nachkommen in den USA ihre hastige Akkulturation an die nichtjüdische Umwelt aufgegeben und sich in jeder – auch in gastronomischer – Hinsicht wieder der eigenen Tradition zugewendet, jüdische Kochbücher gibt es denn heute in Amerika auch wie Sand am Meer. Meist aber tragen sie zu sehr noch den Stempel der einstigen großen Armut oder, umgekehrt, des rasch und unorganisch erlangten jungen Wohlstands: Sie fügen den alten wohlausgewogenen Rezepten teure Bestandteile bei.

Mir schien – und scheint noch heute –, daß bei den Juden meiner alten galizischen Heimat am Ostrand der Donaumonarchie besser, delikater und differenzierter gekocht wurde. Daher wollte ich die Rezepte, die ich noch aus unserem eigenen Hause kannte, sowohl für meine Familie wie für alle jene festhalten, die an guter jüdischer Kochkunst interessiert sind. Dabei dachte ich von allem Anfang an keineswegs bloß an einen rein jüdischen Leserkreis. Viele dieser alten Speisen sind so lecker und dabei so einfach zuzubereiten, daß sie auch Nichtjuden verlocken könnten, sich in die Abenteuer der koscheren, das heißt jüdisch-rituellen Küche zu stürzen.

Dies geschah denn auch in überraschendem Ausmaß, zumal manche besonders gute ostjüdische Spezialitäten obendrein wenig Geld erfordern. Bundesdeutsche studentische Stipendiaten schrieben mir schon bald nach Erscheinen der Erstausgabe, daß sie ihrem Speisezettel mit Vergnügen und großem Erfolg im gesamten Freundeskreis etwa die »Eierzwiebel«, die »Gehackte Hühnerleber« und den »Rote-Beete-Barschtsch« in der Expreß- und Singlevariante eingefügt hätten. Und daß sie statt der ewigen Rühr- oder Spiegeleier zum Abendbrot manchmal zur Abwechslung die ebenso rasch und einfach erstellbaren »Mazze-Chremsel« braten, wobei sie allerdings statt Mazze-Mehl, das heißt Bröseln von der Mazze, dem österlichen Flachbrot der Juden, gewöhnliches Paniermehl (Semmelbrösel) verwenden, das ich den Nichtjuden als Ersatz empfehle. Wie ich ja überhaupt bei meinen Rezepten, wo immer es geht, solche Ausweichmöglichkeiten für alle jene anbiete, die sich nicht an die jüdischen Koschergesetze zu halten brauchen.

Indes sind solche Abweichungen in meinem Buch immer als solche deutlich gekennzeichnet, besonders nachdrücklich vor allem dann, wenn ich als Alternative Substanzen und Kombinationen nenne, die nach jüdischen Ritualgeboten untersagt sind. Auch der streng orthodoxe Jude kann daher dem vorliegenden Kochbuch voll vertrauen, was ja bei einem Koscher-Kochbuch auch selbstverständlich sein sollte.

Diese Neuauflage ist den früheren Ausgaben gegenüber wesentlich erweitert. Auf Wunsch von Lesern habe ich mehr Rezepte aus Deutschland und vor allem auch aus dem zaristischen Bereich Osteuropas eingefügt, zu welchem bis zum Ersten Weltkrieg auch der als »Großpolen« bezeichnete, russisch besetzte Nordteil Polens mit der Hauptstadt Warschau gehörte. (Die Hauptstadt des zur Donaumonarchie gehörenden Südostteils, Galiziens, war Lemberg, heute ukrainisch Lwow genannt.) Die Neuausgabe enthält daher auch etliche ausgesprochene »Armeleute-Rezepte«, die in den früheren Auflagen fehlen. Aber ohne sie ist das Bild der ostjüdischen Küche nun einmal unvollständig.

Indes haben sich Maßstäbe und Lebensmittelpreise seither verschoben. Ein Sparrezept wie der berühmte russisch-jüdische »Gehackte Hering« stellt sich bei den heutigen Preisen für

Salzheringe gar nicht mehr so billig. Andere ärmliche ostjüdische Festspeisen, wie etwa der mit süß-sauer zubereitetem Kohl und etlichen Rosinen gefüllte Strudel, schmecken, obwohl sie nur einen äußerst bescheidenen finanziellen Aufwand erfordern, dennoch vorzüglich. Und da wir verwöhnten »Westler« nur hoffen, aber nicht wissen können, ob unser Wohlstand von Dauer sein wird, ist es ganz gut, wenn wir auch Möglichkeiten kennenlernen, mit sehr wenig Geld trotzdem etwas Gutes zuzubereiten.

Stark erweitert ist in der vorliegenden Ausgabe auch der Anhang über die jüdisch-orientalische Küche. Sie deckt sich weitgehend mit dem Speisezettel der nahöstlichen Moslems. Persönlich kann ich mich mit den meisten dieser vorderasiatischen Spezialitäten nicht anfreunden. Aber rund eine Million Juden wurden im Lauf der letzten dreißig Jahre aus den verschiedenen arabischen Ländern vertrieben, die meisten von ihnen kamen nach Israel. Ihre Eßgewohnheiten prägen, neben jenen des jüdischen Osteuropa, das kulinarische Repertoire des jungen Staates. Und es gibt überraschend viele Israelreisende – Juden wie Christen –, die nach ihrer Rückkehr gern daheim solche einfachen arabisch/jüdischen Volksspeisen Vorderasiens selber zubereiten möchten. Sie finden in dem vorliegenden Buch etliche besonders typische und beliebte Gerichte dieser Art.

Aber noch aus einem anderen Grund lohnen die nahöstlichen Speisen Israels eine genauere Betrachtung: Sie sind meist uralt, gehen auf Altbabylon, auf die Bibelperiode und die Römerzeit zurück und tragen auch heute noch die gleichen semitischen Namen wir vor Jahrtausenden. Manche von ihnen sind in Bibel und Talmud (das ist die jüdische Scholastik, entstanden etwa zwischen 500 vor bis 500 nach Christus) ausdrücklich genannt. Ohne Zweifel haben schon Jesus und seine Jünger Pitta mit Chumuß, Techina und Falafel oder einem Stück süßer Chalwa dazu verzehrt. Andere für die orientalisch-jüdische Küche charakteristische Süßigkeiten wiederum – wie etwa die mit Zucker eingemachten duftenden Blüten – sind wohl eher eine gemeinsame jüdisch/arabische Erfindung des Frühmittelalters.

Und schließlich muß ein Panorama der jüdischen Küche auch die Geschichte der verschiedenen eleganten, gekochten Teigwaren mit einbeziehen, die zwar keine semitische, sondern eine ostasiatische, nämlich chinesische, Erfindung sind, und die inzwischen nicht nur in der jüdischen, sondern vor allem auch in der italienischen Küche eine dominierende Rolle spielen. Irrtümlich nehmen aber die Italiener an, ihr berühmter Landsmann Marco Polo habe als erster diese Chinaspezialitäten nach Südeuropa mitgebracht. Zu diesem Zeitpunkt kannten und aßen jedoch die Juden schon seit Jahrhunderten Nudeln, Makkaroni, Vermicelli, Lasagne, Ravioli – wenn auch natürlich unter anderen, eigenen Namen: Es gab nämlich in Südrußland ein ganzes Volk, die Chasaren, das sich im 8. nachchristlichen Jahrhundert zum Judentum bekehrte und das berühmt war für seine intensiven Handels- und Reisebeziehungen nach Ostasien. Von diesen chasarischen »Neujuden« lernten die »Altjuden« Ost- und Südeuropas die chinesischen Teigwaren kennen, gaben ihre Kenntnis an die Christen weiter und entwickelten eigene herrliche Varianten. Über diese und viele andere interessante küchenhistorische Zusammenhänge erfährt der Leser aus der Neuauflage weit mehr als aus den früheren Ausgaben: Etymologisches, Soziologisches, Kulturelles. Nicht nur den religiösen Background der jüdischen Kochtradition deckt das Buch auf.

Aber natürlich sind die verschiedenen Koch- und Backrezepte dennoch der zentrale Inhalt und Kern auch der Neuausgabe. Wer in dieser reichhaltigen, erweiterten Sammlung gut erprobter jüdischer Spezialitäten aus Europa und dem Nahen Osten seine Leibspeisen trotzdem nicht findet, möge mir schreiben. Ich werde ihm die gewünschten Rezepte direkt zuschicken und sie einer späteren Auflage einfügen. Und nunmehr:
Guten Appetit!

Dr. phil. Salcia Landmann
Winkelriedstraße 1
CH-9000 St. Gallen

Noch eine Anmerkung zur Orthographie: »Piroggen« wird laut Duden-Rechtschreibung mit Doppel-»g« geschrieben. Die Juden und Polen sprechen das »o« jedoch lang, weshalb ich einheitlich die Schreibweise »Pirogen« vorgezogen habe.

S. L.

Es gibt Juden, die längst keine Beziehung mehr zur jüdischen Tradition haben – an den koscheren, das heißt nach jüdisch-rituellen Speisegeboten bereiteten Speisen halten sie dennoch fest. »Freßfrömmigkeit« nannte ein Freund solches Verhalten. Aber mit Frömmigkeit hat es rein gar nichts zu tun. Es ist reine Gourmandise. In Altösterreich zum Beispiel, wo die jüdische Küche besonders lecker war, pflegten auch Christen und sogar engagierte Antisemiten gern in einem koscheren Restaurant, Schulter an Schulter mit bärtigen Kaftanjuden, zu speisen.

Zur Qualität der alten jüdischen Küche einige Judenwitze

Blumenfeld will sich am Sonntag taufen lassen. Am Schabbes (Sabbat) zuvor geht er noch einmal ins koschere Restaurant und läßt sich seine sämtlichen Leibgerichte servieren: Eierzwiebel mit Hühnerleber, »Gefilten Fisch«, Tscholent mit Bohnenkernen und Graupen, dazu Kren und Dillgurken, dann ein gefülltes Ganshälschen und einen süßen, fetten Zimmes. (Diese und zahlreiche andere typische Spezialitäten der ostjüdischen Küche findet der Leser im vorliegenden Buch mit genauen Rezeptangaben.) Als Blumenfeld andächtig ißt, tritt der Wirt an ihn heran und fragt: »Nu, wie schmeckt's?«

»Großartig!« murmelt Blumenfeld mit vollem Mund.

Darauf der Wirt, mit mildem Vorwurf: »Und von so einer Religion wollen Sie abfallen?!«

Die ostjüdische Küche war aber nicht nur lecker, sondern auch recht üppig. Abermals eine Witzillustration:

Ein Apikojress (Ketzer, Freidenker) erklärt: »An Gott glaube ich nicht, wohl aber an die T'chiat ha-Mejtim (Auferstehung der Toten).«

»Wo bleibt da die Logik?«

»Nun – wenn ein Jude am Schabbes so viel Wein, Schnaps und Tee in sich hineingießt und dazu solche Mengen ›Gefilten Fisch‹, Tscholent, Gans mit Graupen, Kugel, Kischke und Lekach in sich hineinstopft und nachher trotzdem lebendig vom Mittagsschläfchen aufsteht, ist auch an der T'chiat ha-Mejtim nicht zu zweifeln.«

Noch ein zweites Beispiel:

Leibowitz ist magenkrank und auf Schonkost gesetzt. Der Verzicht auf die traditionellen, altjüdischen Leckerbissen fällt ihm besonders schwer.

»Darf ich nicht wenigstens am Schabbes hie und da ein wenig Tscholent kosten?« fleht er den Hausarzt an.

»Woraus besteht denn so ein Tscholent?« will dieser wissen.

Leibowitz zählt ihm die Elemente der Speise auf.

»Was fällt Ihnen ein!« sagt der Hausarzt streng.

Leibowitz sucht einen berühmten Medizinprofessor in der nahen Großstadt auf, in der Hoffnung, dieser könnte toleranter und großzügiger sein.

Als der Professor aber hört, was in einem Tscholent alles drin ist, verbietet er ihn ebenfalls.

Leibowitz gibt die Hoffnung immer noch nicht auf. Er geht zu einem alten ostjüdischen Doktor: Der weiß sicher, wie gut Tscholent, Kugel, Zimmes und all die andern köstlichen Sabbatspeisen schmecken und wird Verständnis haben!

Und in der Tat – er hat Verständnis. Freundlich sagt er: »Iß ruhig Tscholent, mein Sohn, soviel du willst! Aber prallen (furzen) wirst du schon im Himmel.«

Nun noch ein Beispiel dafür, in welchem Ausmaß man heute die berühmte Spezialität »Gefilte Fisch« in ganz Israel kennt, obgleich dort mittlerweile auch eine Million aus den verschiedenen muslimischen Ländern vertriebener Juden eingewandert ist, die zuvor von dieser ostjüdischen Köstlichkeit nie gehört hatten und sie – dies nur nebenbei – nicht ausstehen können:

Israelisch-arabischer Krieg. Ein jüdischer Fallschirmjäger ist nachts zwischen den Frontlinien abgesprungen und kann sich in der Finsternis nicht orientieren. Ein Losungswort wurde nicht vereinbart, als Neueinwanderer aus den USA kann er auch noch kein Hebräisch.

Also rennt er aufs Geratewohl in irgendeine Richtung los, und damit ihn nicht am Ende die eigenen Kameraden abschießen, schreit er dabei lauthals: »Gefilte Fisch! Gefilte Fisch!«

Die jüdische Kochkunst

Was ist »koscher«?

Kennen Sie das Wort koscher? Wahrscheinlich. Vielleicht benützen Sie es in der Bedeutung von astrein, sauber, vertrauenerweckend. Und vermutlich wissen Sie auch, daß es irgendwie mit den religiösen Speisevorschriften der Juden zusammenhängt. Vielleicht haben Sie fromme jüdische Bekannte, die bei einer Einladung ins Restaurant oder zu Ihnen nach Hause den Genuß bestimmter Gerichte mit der Erklärung ablehnten, die betreffende Speise sei nicht koscher, sie sei vielmehr trefe. Was es aber mit diesen Begriffen genauer auf sich hat, wissen trotzdem nur wenige Nichtjuden.

Uns genügt hier ein kurzer Abriß: Fromme Juden leben auch heute noch weitgehend nach den mosaischen Gesetzen der Bibel, die danach im Talmud (jüdische Scholastik; entstanden zwischen 500 vor bis 500 nach Chr.) und im späteren rabbinischen Schrifttum noch ausführlich ergänzt und erweitert wurden. Schon das Alte Testament, und erst recht die nachbiblischen Schriften der Juden, umfassen religiöse, hygienische und juristische Vorschriften. Sie enthalten auch genaue Angaben darüber, was verzehrt werden darf und was nicht. Bis heute streiten sich sowohl jüdische wie nichtjüdische Gelehrte, wieweit diese Speisegesetze rein religiös aufzufassen sind, das heißt also als Gebote, nach deren praktischem und logischem Sinn man nicht fragen darf und soll; oder wieweit es zugleich hygienische Richtlinien sind, die man aber in jenen frühen Zeiten nur durchsetzen konnte, wenn man sie als religiöses Geheiß einkleidete. Tatsache ist jedenfalls, daß sich manche der Koscherregeln hygienisch sehr wohltätig auswirken. Ich habe Nichtjuden gekannt, die besonders in Gegenden ohne strenge staatliche Schlacht- und Lebensmittelkontrolle ausschließlich in jüdischen Gasthäusern aßen. Aber anderseits läßt sich bei manchen dieser Vorschriften ein hygienischer und medizinischer Grund nicht erkennen. – Wir geben einen knappen Überblick:

Die Speisegesetzgebung des Alten Testaments und des weitgehend auf ihm basierenden Talmud betrifft ausschließlich tierische Nahrung. Über Pflanzen gibt es keinerlei Vorschriften. Die Bibel unterscheidet zwischen reinen und unreinen Tieren. Von den Säugetieren gelten nur solche als rein und erlaubt, also als kaschejr (in jiddischer Aussprache koscher), die erstens Hufe, und zwar zweigespaltene Hufe, haben und die zweitens Wiederkäuer sind. Schweinefleisch ist demnach verboten. Dieses Verbot haben übrigens die Araber entweder schon vor ihrer Bekehrung durch Mohammed angewendet oder aus der Bibel übernommen. Jedenfalls halten sie sich bis heute daran.

Verboten sind ferner Raubvögel und alle Fische ohne Schuppen und Flossen. Verboten ist demnach auch der Stör, der nicht Schuppen, sondern Platten hat, und mit ihm zusammen der echte Kaviar, der aus seinen Eiern bereitet wird.

Verboten sind zudem sämtliche Kriech- und Weichtiere. Austern, Schnecken und Langusten wird man demnach in koscheren Kochbüchern vergeblich suchen.

Verboten sind ferner alle Insekten, ausgenommen eine bestimmte Heuschreckenart. Indes gewinnt man bei dieser einen Ausnahme den Eindruck, daß sie nur aus Rücksicht auf Notsituationen entstanden ist: Haben die Heuschrecken eine Gegend kahlgefressen, so ist es klar, daß die unglücklichen Einwohner Hungers sterben müssen, wenn man ihnen nicht wenigstens erlaubt, sich an den gefräßigen Insekten satt zu essen.

Die genaue Aufzählung aller Merkmale reiner und unreiner Tiere ist im Alten Testament und im Talmud bei aller Knappheit so klar und erschöpfend, daß der gläubige Jude bis heute bei jedem inzwischen neu entdeckten Säugetier, Vogel oder Fisch auf der Stelle entscheiden kann, ob er dessen Fleisch essen darf oder nicht.

Damit allein ist es aber noch nicht getan. Verboten ist darüber hinaus der Genuß von *Gerissenem,* das heißt von Tieren, die von Raubtieren getötet wurden, und von Aas. Das *Gerissene* heißt hebräisch *trejfa* (jiddisch »trefe«), und dieser Ausdruck wird heute, generalisierend und im Grunde falsch, auf alles angewendet, was der Jude nach seinem rituellen Gesetz nicht essen darf.

Aber auch das genügt noch nicht, damit ein Tier koscher, wörtlich übersetzt *rein* oder *tauglich,* sei. Ist es ein Warmblüter – also ein Säugetier oder ein Vogel –, dann muß es außerdem noch auf eine ganz bestimmte Art getötet, nämlich *geschächtet* sein: Mittels eines sehr scharfen, schartenfreien Messers müssen die Halsschlagadern des Tieres mit einem einzigen raschen Schnitt durchtrennt werden. Man erreicht dadurch eine sofortige Betäubung des Tieres durch rapides Ausbluten, ohne Zweifel eine schnelle und humane Art des Tötens, wie ja das Alte Testament allgemein tierfreundlich ist. Das Schächten hatte aber vermutlich von allem Anfang an außer einer humanen auch eine rein religiöse Bedeutung: Blut ist nach alttestamentlicher Auffassung identisch mit Leben, und diese eigentliche Lebenssubstanz soll der Mensch, der das Tier tötet, nicht verzehren, er darf es nur Gott auf dem Altar opfern.

Wiewohl im Grunde human, ist das Schächten in manchen europäischen Ländern gesetzlich verboten. Dabei mag zum Teil bewußter oder unbewußter Antisemitismus eine Rolle spielen. Durchaus ernst zu nehmen sind dagegen die Einwände des bekannten Zoologen Prof. Dr. Bernhard Grzimek. Er bestreitet zwar nicht, daß in einem vorindustriellen Zeitalter das Schächten die humanste Art war, ein Tier zu töten. Heute kennen wir aber neue, noch bessere Methoden.

Indes: Der in manchen Schlachthäusern für Großtiere übliche Gehirnschuß, der die Todesqual vermutlich noch weiter abkürzt, scheidet für orthodoxe Juden aus, weil auf diese Weise die im Alten Testament geforderte rasche Ausblutung nicht garantiert ist. In Frage käme also nur die Betäubung vor dem Schächten, die aber bei Großtieren nicht leicht durchführbar ist. Aber auch sie wird in orthodoxen jüdischen Kreisen einstweilen abgelehnt, einfach deshalb, weil sie in den über zweitausend Jahre alten Ritualgesetzen nirgends erwähnt ist – wenn auch vielleicht nur deshalb, weil man solche Methoden damals noch nicht kannte. Sie entspräche aber sicher dem sehr tierfreundlichen Geist der Fünf Bücher Mosis.

Auf dieses rasche Töten und Ausbluten des Tiers folgt die *B'dika,* die Untersuchung seiner Innereien durch einen religiös geschulten Fachmann. Es ist dies die früheste Schlachtkontrolle, die es auf der Welt überhaupt gegeben hat, und bei den Juden noch heute üblich. Die einzelnen Regeln stammen aus dem Talmud, der zum kleineren Teil noch im Lande Israel entstand, zum größeren aber in einigen babylonischen Städten mit großen Judengemeinden. Die medizinischen und hygienischen Kenntnisse der talmudischen Periode waren so beachtlich, daß diese Schlachtkontrolle weitgehend auch modernen Ansprüchen genügt.

Das ausgeflossene Blut der Tiere – oder genauer: der Warmblüter; für Fische gelten diesbezüglich keine Vorschriften – darf aus den bereits erwähnten Gründen nicht gegessen werden. Blutwürste oder Schwarzsauer wird man in jüdischen Kochbüchern also vergeblich suchen. Es gibt im Gegenteil eine Anzahl zusätzlicher Anweisungen, wie man dem Fleisch durch Wässern und Bestreuen mit grobem Salz nach Möglichkeit noch verbleibende Spuren von Blut entziehen soll.

Verboten ist ferner der Genuß einer bestimmten Hüftsehne. Es ist die gleiche Sehne, die der Engel nach seinem nächtlichen Kampf mit dem Patriarchen Jakob an dessen Hüfte berührt haben soll, was bekanntlich zur Folge hatte, daß Jakob von da an hinkte. Ob das Verbot wirklich aus dieser Bibelstelle herzuleiten ist, oder ob umgekehrt schon die biblische Episode als nachträglicher Deutungsversuch einer uralten, vorbiblischen Tabuisierung dieser Hüftsehne aufzufassen ist, wird man schwerlich je eindeutig klären können. Für die koschere Küche hat das Verbot aber negative Folgen gezeitigt: Es gibt in ihr keine oder doch nur arg zerfetzte Filetstücke, denn die Sehne läßt sich nicht herausoperieren, ohne daß man dabei das ganze Fleischstück vielfach verletzt. Manche jüdischen Metzger verzichten daher lieber auf seine Verwendung und verkaufen es an christliche Kollegen.

Verboten ist außerdem der Genuß bestimmter Fetteile, in der mosaischen Gesetzgebung kurz unter *chelew, Unschlitt,* zusammengefaßt. Das Verbot bezieht sich nur auf zahme – also als Haustiere gehaltene – Säugetiere und gilt nicht für Geflügel. Es bedeutet außerdem keineswegs, daß jedes Fett von diesen Tieren verboten wäre. Untersagt ist nur die Fettanlagerung rund um Magen, Pansen, Nieren und noch einige weitere Innereien.

Vermutlich war dieser Unschlitt, genau wie das Blut, ursprünglich dem Opferaltar vorbehalten. Wir wissen ja auch von den alten Griechen, daß sie bei ihren Opferriten nicht nur den Holocaust (das heißt wörtlich: das vollständige Verbrennen) der dargebrachten Tiere kannten, sondern oft das Fleisch selber aufaßen und den Göttern nur etwas Fett und ungenießbare Teile des Tiers überließen. Ohne Zweifel geht auch die Tabuisierung bestimmter Fetteile vom Großvieh bei den Juden auf ähnliche alte Opferbräuche zurück. Die Erinnerung daran ist aber bei den jüdischen Schriftgelehrten restlos erloschen. Sie empfinden diesen verbotenen Unschlitt längst nur noch als *trefe,* als unrein und insofern minderwertig. Er wurde bei ihnen zur Herstellung von Talgkerzen verwendet. Daher die auf Anhieb unverständliche jiddische Redensart »Trefe wie Licht«.

Aber wie auch immer: Der Verzicht auf einen

Teil des Rindertalges hatte jedenfalls kulinarisch für die Koscherküche keine negativen Auswirkungen; sie ist auch so noch eher zu fett als zu mager…

Diese paar Hinweise mögen genügen, um klar zu machen, wieso die genaue Untersuchung der Innereien eines geschächteten Säugetiers und das Entfernen aller unerlaubten Teile nur Sache eines talmudisch sehr gründlich geschulten Fachmannes sein kann. Die Hausfrau bekommt das Fleisch vom jüdischen Metzger in bereits kontrollierter und von Hüftsehne und Unschlitt befreiter Form. Sie muß nur noch für die zusätzliche Ausblutung mit Hilfe von Wasser und Salz sorgen. Nur nebenbei sei bemerkt, daß der Genuß von Blut bis etwa zum Jahre 1000 auch den Christen durch Kirchengesetz untersagt war.

Generell ist die Kontrolle bei Geflügel weniger streng. Zwar muß auch hier die Tötung durch den raschen Halsschnitt von einem rituell geschulten Schächter vollzogen werden. Die Untersuchung der Innereien bleibt aber der Hausfrau überlassen. Entdeckt sie auffallende Anomalien, dann wird sie ihren Mann fragen, ob das Tier trotzdem gegessen werden darf. In den jüdisch-orthodoxen Kreisen Osteuropas waren ja die Männer oft zugleich solide Religionsgelehrte und kannten sich im hebräischen und aramäischen alten Schrifttum gut aus. Weiß auch der Gatte nicht Bescheid, oder ist im Hause kein Mann zugegen, dann fragt die jüdische Köchin oder Hausfrau den Fachmann, sei es nun der Schächter oder der Rabbi persönlich.

Milch und Fleisch

Am meisten Kopfzerbrechen bereitet den jüdischen Religionsgelehrten aber seit jeher die biblische Vorschrift, welche im Urtext lautet: Lo tawschil gdi bachalaw imo (2. Buch Mosis 23,19 und 34, 26. Ferner 5. Buch Mosis 14,12). Im allgemeinen übersetzt man den Satz: »Du sollst das Böcklein nicht in der Milch seiner Mutter bereiten.«

Unzählig sind die Auslegungen, die dieser Satz im Lauf der Jahrtausende gefunden hat. Manche glauben, das Verbot richte sich gegen eine bestimmte Opfersitte der kanaanitischen Heiden, die von den Juden nicht nachgeahmt werden sollte. Das klingt einleuchtend, ist aber auch durch die neuern Ausgrabungen in Ugarith und andern Orten des alten Kanaan nicht eindeutig belegt.

Andere – und darunter auch etliche jüdische Mediziner – behaupten, das Fleisch embryonaler oder sehr junger Tiere sei einfach unbekömmlich, es gehe also um eine gesundheitliche Vorschrift. Aber erstens ist die Unbekömmlichkeit solchen Fleisches unbewiesen, und zweitens bliebe dann nach wie vor rätselhaft, weshalb man es nicht in der Milch seiner Mutter kochen darf.

Wieder andere vermuten, es gehe hier nicht um die Gesundheit des Menschen, sondern um Tierschutz für die säugende Mutter, der man das Junge nicht zu früh entreißen solle. So dachte auch Luther, weshalb er übersetzte: »Du sollst das Böcklein nicht schlachten, dieweil es an der Mutter saugt.« Der Text erlaubt durchaus auch diese Auffassung.

Und schließlich gibt es Interpreten, die behaupten, es ginge hier gar nicht um Milch, sondern um Unschlitt. In der Tat ist auch das nicht auszuschließen, denn die hebräische Schrift enthielt ursprünglich keine Vokale. Dies ist eine Eigenart aller semitischen Schriften und Sprachen, die auf einem sehr festen Konsonantengerüst basieren und nur labile, für die Sprachform wenig bedeutsam Vokale haben.

Milch heißt hebräisch *chalaw, Unschlitt chelew.* In der rein konsonantischen, ursemitischen Schreibweise sieht beides, übertragen in lateinische Buchstaben, so aus: *chlw.* Das kann natürlich genausogut *chelew, Talg,* sein wie *chalaw, Milch.* Allerdings haben die Juden im achten nachchristlichen Jahrhundert, als sie nicht mehr in einer rein semitischen Umwelt lebten und Hebräisch auch nicht mehr ihre Muttersprache war, der hebräischen Schrift dann doch noch kleine Hilfszeichen für Vokale und sogar für Wortakzente eingefügt. Dies taten sie vor allem bei der Bibel, und so entstand der sogenannte massoretische, das heißt traditionsgesicherte, Bibeltext. In diesem massoretischen Text steht zwar ausdrücklich *chalaw,* also *Milch,* und auch sämtliche früheren Interpretationen aus der talmudischen Periode gehen ebenfalls davon aus, daß hier Milch gemeint sei. Prinzipiell wäre es aber trotzdem denkbar, daß sie alle irren.

Die Annahme, es gehe hier nicht um Milch, sondern um Unschlitt, würde die Stelle ein wenig verständlicher machen: Der Genuß von Unschlitt ist ja generell untersagt. Rätselhaft bliebe dann nur noch, weshalb das Verbot ausgerechnet in diesem Zusammenhang noch einmal zitiert wird. Letztlich führt also auch diese Interpretation nicht weiter ...

Die offizielle jüdische Auslegung geht aber, wie gesagt, davon aus, daß hier Milch gemeint sei. Und diese Auffassung ist für die gesamte Speisegesetzgebung der Juden eminent bedeutsam geworden. Das Verbot hat nämlich eine gewaltige Ausdehnung erfahren. Denn die talmudischen Vorschriften verbieten nicht nur, speziell das Böcklein in der Milch seiner eigenen Mutter zu kochen, sondern es darf überhaupt kein Fleisch von Warmblütern mit irgendwelchen Milchprodukten zusammen zubereitet oder verzehrt werden. Dies gilt auch für Geflügel, obgleich es bei dieser Tiergattung doch gar keine Muttermilch geben kann. Nur Fische sind ausgenommen – warum, das weiß kein Mensch. Aber auch die katholische Kirche hat sich ja diese alte talmudische Auffassung zu eigen gemacht, wonach Fische nicht als Fleisch gelten: Der fastende Katholik, der – anders als der weit strenger fastende Jude – bekanntlich alles essen darf außer Fleisch, darf ohne weiteres die üppigsten Fischgerichte verzehren…

Fische darf also, wie gesagt, auch der Jude zusammen mit Milch, Rahm, Butter, Käse bereiten und essen. Mit dem Fleisch jedoch sollen sich Milchprodukte womöglich nicht einmal im Magen vermischen: Man darf zwar unmittelbar nach etwas »Milchigem« etwas »Fleischiges« essen, muß aber umgekehrt nach einer Fleischmahlzeit volle sechs Stunden warten, ehe man etwas »Milchiges« zu sich nimmt. Offenkundig wußte man also schon in talmudischer Zeit, daß Fleisch weit langsamer verdaut wird als alle übrigen Lebensmittel.

Dem Juden, der nach dem rabbinischen Ritualgesetz lebt, ist aber nicht nur der gleichzeitige Genuß von Fleisch- und Milchprodukten untersagt, sondern er darf »Fleischiges« und »Milchiges« auch nicht mit demselben Eß- und Kochgerät (Töpfe, Geschirr, Besteck) in Berührung bringen. Er muß also alle diese Gegenstände doppelt besitzen und womöglich auch getrennt aufbewahren und abwaschen…

Pessach-Bräuche

Die meisten frommen Juden besitzen aber alles Küchen- und Eßgeschirr und -besteck nicht nur doppelt, sondern sogar vierfach. Es gibt nämlich ein jüdisches Fest namens *Pessach*; bei Luther heißt es *Passah*. Die Juden feiern es zur Osterzeit, zur Erinnerung an den Exodus aus der ägyptischen Sklaverei, von dem die Bibel ausführlich berichtet.

Der Name *Pessach* kommt vom hebräischen Verb *pisseach,* deutsch überspringen, überhüpfen. Das bezieht sich darauf, daß im Verlauf der Zehn Ägyptischen Plagen der Todesengel, der alle Erstgeburten im Lande hinmordete, hierbei die Türen der Hebräer übersprang und aussparte. Das Wort erinnert – dies nur nebenbei – an das französische Verb *passer* und an das deutsche Lehnwort *passieren,* und dies beruht nicht auf einem Zufall, sondern auf der Urverwandtschaft der semitischen und indogermanischen Sprachen. Zu diesem Thema gibt es ein fundiertes vergleichendes Wörterbuch des Schweizer Altphilologen Linus Brunner.

Mit dem Pessach-Geschirr ist das so: Die Bibel berichtet, die Hebräer wären damals, bei der überstürzten Flucht aus dem Lande Ägypten, nicht mehr dazu gekommen, ihr Brot durch Gärung hochzutreiben und zu lockern. Zur Erinnerung daran essen die Juden während ihres achttägigen Pessachfestes gleichfalls kein solches gelockertes Brot, sondern nur papierdünne, splittrige, von jedem Treibmittel freie Teigfladen. Und da sie – wie wir schon vorher sahen – solche Gebote und Verbote sehr ernst nehmen, wollen sie während der Pessachtage auch kein Geschirr anlangen, das je mit Brot in Berührung kam. Arme Leute begnügen sich damit, alle Töpfe, Teller und Bestecke durch langes Auskochen oder Ausglühen rituell zu reinigen. Wer es sich aber irgendwie leisten kann, schafft sich für Pessach gesondertes Geschirr an, das er das ganze übrige Jahr hindurch nicht benützt. Das erfordert natürlich eine Menge Platz und Geld. Freude daran haben meines Wissens nur Scheidungsanwälte: Wenn ein orthodoxes Ehepaar sich trennt, bereitet wenigstens das gerechte Aufteilen der Speisegeräte keine Probleme. Jeder der Partner bekommt eine vollständige Doppelgarnitur …

Mazze

Das ungesäuerte, flache, splittrige Osterbrot, früher kreisrund ausgewalkt, heute meist viereckig und so groß wie ein kleiner Briefbogen, nennt schon die Bibel selbst Mazza (Exodus 12,15; Genesis 19,3). Ungeachtet der Tatsache, daß Mazze heute und vielleicht auch schon in der talmudischen Zeit – aus feinem Weizenmehl bereitet wird und delikat schmeckt, nennen die Juden sie bei ihrem rituellen häuslichen Ostermahl »das Brot des Elends«, und israelische Humoristen können sich gar nicht genug damit tun, darüber zu jammern, daß man in Israel zumindest in jüdischen Bäckereien während der acht Pessachtage kein »gewöhnliches« Brot bekommt und wie mühsam es sei, nach Abschluß der Ostertage die überschüssige Mazze an irgend jemanden irgendwo loszuwerden. In der Tat schmeckt Mazze fade, wenn man sie etwa mit Butter und Marmelade oder Honig zusammen essen will. Sie mundet aber trefflich, wenn man sie so wie ein Pariser Croissant (Hörnchen) nach französischer Sitte ganz kurz in Milchkaffee tunkt oder aber mit einem salzbestreuten Aufstrich aus Butter oder Schmalz verzehrt. (Bestrichene Mazzen ißt man – dies nur nebenbei – am besten als »Doppeldecker«, daß heißt also in der Mitte entzweigebrochen und zusammengeklappt, weil dadurch weniger Gefahr besteht, daß die splittrigen Stücke beim Abbeißen abbröckeln und zu Boden fallen.)

Neben diesem feinen österlichen Luxusgebäck der Juden, das sie, wie gesagt, ganz zu Unrecht »Brot des Elends« nennen, gab es jedoch schon damals und auch später bei den Nichtjuden noch andere Mazzen: Mazza oder Massa nannten nämlich auch die alten Griechen ihr Flachbrot, das sie aber aus Gerstenschrot bereiteten und nicht einmal backten, sondern bloß an der Wärme trockneten. Es war das einzige Brot, das sie damals kannten! Dabei aß man in Mesopotamien und Ägypten bereits Dutzende schmackhafter Brotsorten.

Doch Nachhilfeunterricht aus dem Nahen Osten in puncto Lockerung des Teiges durch verschiedene Treibmethoden hätte ihnen auch nichts geholfen, weil Gerste sich nicht »treiben« läßt wie Weizen oder Roggen. Nur hätten die Griechen unter solchen Umständen besser daran getan, sich einfach mit heißem Gerstenbrei zu begnügen, genau wie die alten Römer in ihrer heroischen Frühperiode. Denn die griechische Mazza aus Gerstenteig war steinhart und mußte zum Essen in heißer Flüssigkeit aufgeweicht werden. Gut kann das nicht geschmeckt haben. Kein Wunder, daß die hochkultivierten Vorderasiaten damals ganz Europa, einschließlich Hellas, die spätere Wiege des Abendlandes, als barbarisch empfanden! Sie konnten ja auch nicht ahnen, daß diese abscheuliche griechische Mazza oder Massa eines

Tages zwar nicht zur Delikatesse, aber doch zum wichtigen physikalischen Begriff aufrücken werde: Unsere »Masse« ist nichts anderes als die Mazza oder Massa der alten Griechen!

Ägyptens »getriebenes« Brot

Wenn aber die Hebräer damals überhaupt wußten, daß und wie man Brot hochtreiben und damit lockern kann, so verdankten sie dies ausschließlich den Ägyptern, die ihrerseits diese Kunst von den Mesopotamiern erlernt hatten. Zuvor hatten die Hebräer, genau wie alle anderen nomadisierenden Hirten Vorderasiens bis auf den heutigen Tag, nur die dünnen, auf heißen Steinen oder Blechen getrockneten und angegilbten Teigfladen gekannt: die Mazze. Sie nennen zwar in der Bibel und in der Pessach-Haggadah (das ist die Pessachlegende, die zu Ostern beim Festmahl daheim vorgelesen wird) das gelockerte, hochgetriebene Brot chamejz (= gesäuert) – wir wissen aber trotzdem bis heute nicht, ob die Säuerung die einzige Form war, den Brotteig zu lockern und porös zu machen, die man in Mesopotamien und Ägypten kannte.

Säuregärung erreicht man beim Brotteig, indem man einen Mehlbrei einige Tage in der Wärme stehenläßt. Daß der Teig aber beim Backen Gase entwickelt und sich ausdehnt, kann man auch durch Zusetzen von Hefepilzen erzielen. Die Mesopotamier könnten ihrem Brotteig Weinhefe beigefügt haben, da sie den Wein schon kannten. Ob sie es allerdings je taten, ist fraglich, weil man Weintrauben nur einmal im Jahr während weniger Wochen keltert.

Die Alten Babylonier und nach ihnen die Ägypter brauten aber das ganze Jahr über ihr Gerstenbier. Und sie brauten es ohne den Hopfen, dessen Gebrauch erst im Mittelalter von Osteuropa her aufkam und der dem Bier zwar den angenehm erfrischenden, bitteren Beigeschmack verleiht, die Bierhefe aus eben diesem selben Grund jedoch bitter und für Backzwecke unbrauchbar macht. In der ganzen Antike braute man nur süßliches Bier aus reinem Gerstenmalz. Bierhefe hätten die alten Völker ihrem Brot also ohne weiteres beimengen können. Wir wissen aber nicht, ob sie es schon im Alten Ägypten taten...

Pessach-Speisen

Wie immer zur Osterzeit essen die Juden nur dünnes, von Treibmitteln freies Flachbrot. Sie verstehen es aber, dieses »Brot des Elends« zu vielerlei Delikatessen zu verarbeiten, die durchaus auch dem Christen schmecken werden: Sie zerbrocken die Mazze, vermengen sie mit Wein oder Milch, mit Eiern und allerlei scharfen und süßen Gewürzen und backen herrliche Pfannkuchen, Torten und Aufläufe daraus. Oder sie bereiten wundervolle Knödel, fritierte Küchlein und Kuchen aus geschroteten Mazzen ...

Der Christ, dem die jüdischen Eßtraditionen fremd sind, wird natürlich fragen, wozu man erst Mazze backen soll, um sie nachher in allerlei Mehlspeisen zu verwandeln? Warum nimmt man hierfür nicht von vorneherein einfach Mehl? Die Frage ist berechtigt. Verboten ist zu Pessach ja nur das »Treiben« des Teiges. Daß Mehl an sich erlaubt ist, erkennt man ja schon aus der Existenz der Mazzen. Was also spräche dagegen, hefe- und sauerteigfreies Gebäck aller Art oder auch Nudeln, Mehlklöße und dergleichen an den Pessachtagen zu genießen?

Man tut es aber nicht. Man behält nicht einmal einen kleinen Mehlvorrat im Hause. Der Kenner jüdischer Bräuche identifizierte in Osteuropa den jüdischen Haushalt zur Osterzeit mühelos daran, daß auf dem Komposthaufen – sofern einer da war – kleine Mehlreste ausgeschüttet waren.

Hat man allerdings große Vorräte oder Bestände für den Verkauf oder für das ganze Jahr im Hause, dann kommt Wegschütten oder Wegschenken natürlich nicht in Frage. Für diesen Sonderfall haben sich die frommen Juden etwas sehr Hübsches ausgedacht, nämlich sie inszenieren mit einem befreundeten Nichtjuden einen ungültigen, aber formal einwandfreien »Verkauf« des Mehls. Der Christ zahlt hierfür nichts, sondern er bekommt, umgekehrt, für die Gefälligkeit noch etwas geschenkt oder bezahlt. Jetzt kann das Mehl, weil nicht mehr Eigentum des Juden, ruhig in seinem Haus oder Magazin liegenbleiben. Nach Ostern »kauft« er dann das Mehl wieder zurück.

Das ist eine erheiternde, reizende alte Sitte. Und uralt und nicht minder reizvoll sind auch die meisten anderen Speisebräuche der Pessachtage. Mit dem Essen von Mazze und dem Nichtessen von hochgetriebenem, porösem Brot ist es nämlich keineswegs getan. Es gibt sehr viele, detaillierte Vorschriften, die man alle einzeln kennen muß, weil sie sich nur zum kleinsten Teil logisch aus dem Grundverbot des durchgorenen Brotes herleiten lassen. Verboten sind nämlich viele Substanzen auch einfach deshalb, weil man annimmt, sie könnten leicht in Gärung übergehen. Außer Mehlspeisen (solche aus Mazzen ausgenommen) sind daher auch Leguminosen (Hülsenfrüchte) – oder genauer: die mehligen Kerne getrockneter Leguminosen – im Pessach-Speisezettel nicht üblich, wenn auch nicht streng verboten. Regelrecht verboten sind dagegen, neben Weizen, Korn und Roggen in jeder Form, auch Mais, Hafer, Hirse und Gerste, obgleich sich Hafer nur mit größter Mühe und Gerste überhaupt nicht zum »Aufgehen« bewegen läßt. Viele vermeiden auch den Genuß von Konfitüren und Honig – beide gehen unter Umständen in alkoholische oder Säuregärung über. Verboten ist auch Schnaps aus Getreide, obgleich solch »flüssiges Korn« mit einer Mehlspeise wahrlich kaum noch Verwandtschaft hat.

Erlaubt ist hingegen Wein, obwohl er munter

gärt. Ja, es gehören zum Festritus der Sedertafel – das ist das festliche Ostermahl an den ersten zwei Abenden der acht Feiertage – sogar vier volle Weinbecher je Nase, die man im Verlauf des Festmahls unter Aufsagen eines Weinsegens leert.

Und erlaubt sind gesäuerte, also gegorene, Gemüse wie Sauergurken, Sauerkraut, gesäuerte Rote Bete (Randen, Rote Rüben). Letztere werden während der Pessachtage sogar besonders gern genossen, bilden die Grundlage einer Anzahl sehr schmackhafter Festgerichte.

Der Grund für diese Ausnahmen ist wohl einfach der, daß man zur Osterzeit früher im nördlichen Europa noch keine frischen jungen Gemüse zur Verfügung hatte. Und die Festtafel sollte doch reich und lecker bestückt sein! – Wir werden also einige besonders gute Pessachspeisen in dem Buch kennenlernen. Bei etlichen lassen sich die Mazzebrösel ohne weiteres durch gewöhnliches Paniermehl (Semmelbrösel) ersetzen.

Sabbat-Gesetze

Noch ein weiteres Bibelgebot hat die jüdische Speisekarte reich inspiriert: Am Sabbat darf man kein Feuer entfachen. Die Vorschrift hatte zu dem Zeitpunkt, da sie gegeben wurde, ihren guten Sinn: Damals war das Entzünden einer Flamme eine mühsame Arbeit, und am Sabbat soll der Mensch ruhen und sich nicht anstrengen, weil auch Gott am siebten Tage von der Welterschaffung ausruhte (schabat heißt ruhen!).

Im modernen Haushalt ist das Anzünden keine Arbeit mehr. Trotzdem halten fromme Juden auch heute noch an dem Bibelverbot fest. Kulinarisch wirkt sich das nicht weiter schlimm aus, denn verboten ist ja nur das Entzünden einer Flamme, nicht aber die Benützung des Feuers, sofern es schon vor Beginn des Sabbat – also Freitag vor Einbruch der Dunkelheit – entfacht wurde. Der Sabbat gilt ja als Festtag, und die Talmudlehrer, welche die vielen Einzelvorschriften für die Feiertage erließen, wollten die Festgemeinde nicht zwingen, im Dunkeln zu sitzen und nur Kaltes zu essen.

Daher erfanden die kulinarisch so begabten Juden eine Anzahl Speisen, die erst dann ihren vollen Wohlgeschmack entfalten, wenn man sie bei kleinstem Feuer, oder auch nur im durchhitzten Ofen, von Freitag spätnachmittag bis Sabbat mittag sachte schmoren und dünsten läßt.

Chamin oder Tscholent

Schon der Talmud kannte solche Speisen unter dem Namen Chamin (von hebr. *cham* = warm). Später trat dann in Europa anstelle des semitischen Namens ein indogermanischer: *Tscholent* oder *Schalet,* abgeleitet von altfranzösisch *chauld* = warm. In der Form *Schalet* finden wir das Gericht auch bei Heine, den sein Übertritt zum Christentum nicht gehindert hat, auch weiterhin die Delikatessen der jüdischen Küche zu schätzen ...

Und von *Schalet* leitet sich – was wohl die wenigsten ahnen – auch »Charlotte« als Speisebezeichnung her. Es ist dies bekanntlich eine komplizierte Nachspeise, die es in Dutzenden von Varianten gibt. Eine sehr gekünstelte Anekdote will wissen, der Name gehe auf Friedrich Schillers Ehefrau Charlotte zurück, sie habe diese Süßspeise erfunden. Indes hat sie sich nie auf kulinarischem Gebiet hervorgetan, und Schillers Einkommen war auch meist so bescheiden, daß Charlotte froh sein konnte, die Familie recht und schlecht und ohne eigene Küchenexperimente zu ernähren.

Es gibt auch eine Theorie, das Wort *Schalet* sei gar nicht von chauld, warm, herzuleiten, sondern von »Schalotte«, einer milden und zarten Abart der Zwiebel, die man in Frankreich schätzt und auch tatsächlich manchen Schaletgerichten beifügt. Aber es gibt auch Schalets ganz ohne Zwiebel, und die Ableitung von chauld scheint restlos gesichert.

Besonders hübsch ist ein Erklärungsversuch des Wortes durch die amerikanische Verfasserin eines koscheren Kochbuches: Sie stammt aus einem Gebiet Osteuropas, wo man den Namen als *Tschulent* oder *Schulent* aussprach, und die Speise heißt nach ihrer Meinung so, weil man das Gericht Sabbat mittag verzehrt, also dann, wenn die Männer vom Vormittagsgebet aus der Synagoge heimkommen, auf Jiddisch: Wenn die *Schul* zu *End* ist. Wobei man wissen muß, daß die Bethäuser der orthodoxen Juden immer auch Nebenräume mit einer Bibliothek rabbinischer Schriften enthielten, in der die Männer – und zwar durchaus nicht nur Rabbiner oder eigentliche Religionsgelehrte – in ihren freien Stunden sich in den Talmud und andere religiöse Werke zu vertiefen pflegten. Dieses Studieren heißt jiddisch *lernen,* weshalb man schließlich die Synagoge als Ganze einfach als *Schul* bezeichnete.

Die Erklärung des Wortes aus *Schul* und *End* ist zwar witzig, aber eindeutig falsch. Selbst wenn die Herleitung des Begriffes aus »chauld« nicht gesichert wäre, könnte man den Irrtum schon daran erkennen, daß in denselben südöstlichen Regionen Galiziens und Rußlands, wo man die Speise *Schulent* nannte, das Wort *Schul* als *Schil* ausgesprochen wurde, die Speise müßte dann also »Schilend« heißen...

Die Bezeichnung Schalet oder Tscholent bezieht sich, wie gesagt, nur auf die Bereitungsweise, nicht auf die substantielle Zusammensetzung des Gerichts. Es muß nur eben aus Elementen bestehen, welche bei sehr langem und langsamem Köcheln an Aroma und Zartheit nicht verlieren, sondern umgekehrt gewinnen. Dabei darf die Speise auf keinen Fall anbrennen. Das ist nur mit einer Beigabe von sehr viel Wasser oder von sehr viel Fett zu erreichen. Sehr wäßrig liebt man den Tscholent aber nicht. Also kommt sehr viel Fett hinein und nur so viel Wasser, daß zuletzt ein ganz klein wenig konzentrierte, aromatische Brühe zurückbleibt.

Natürlich ist es für die noch ungeübte Hausfrau nicht ganz einfach, die Wasserbeigabe genau richtig zu bemessen. In Osteuropa war das aber kein Problem. Man garte den Tscholent ohnehin nicht im eigenen Backofen, sondern übergab den gefüllten Topf einem beliebigen jüdischen Bäcker, der in der Zubereitung solcher festlicher Eintopfgerichte immer viel Übung besaß. Er schaute hinein, goß das nötige Wasser selber zu, verklebte den Rand des Deckels, da man die fest schließenden, modernen Kochtöpfe noch nicht kannte, und schob den rohen Teig in den Ofen.

Im übrigen gibt es Tscholentvarianten wie Sand am Meer. Sie bestehen entweder aus Fleisch, Cerealien, Leguminosen (natürlich nur solchen mit langer Kochzeit) und anderen Gemüsen, oder aber aus einem Mehlkloß, umlagert von Dörrobst. Es gibt auch Kreuzungen von beiden Abarten: So kann dem Fleischgericht zusätzlich ein Mehlkloß beigefügt sein, und das Dörrobst auch mit Fleisch kombiniert werden. Zucker, Honig und exotische Gewürze (Zimt, Nelken, Ingwer, Kardamom etc.) teilen dann ihren Duft und Geschmack auch dem Fleisch mit. Das ist natürlich Geschmacksache. Vielleicht ist es auch einfach eine Frage der Gewöhnung. Die kulinarisch so hochbegabten Ostasiaten mischen ja ebenfalls in manchen ihrer Gerichte Süßes und Scharfes, und es ist auch zu bedenken, daß die alte gute Küche Europas süße oder süß-saure Beilagen zum Fleisch gleichfalls kennt. Man denke etwa an die berühmte englische Cumberlandsauce – eine der wenigen brauchbaren Erfindungen der angelsächsischen Küchentradition – oder an Kompott von Stachelbeeren und Preiselbeeren, ferner an sauer-süß eingelegte Zwetschgen, Birnen, Zuckergurken und Kürbisse.

Ich selber mag nur eine einzige der angesüßten ostjüdischen Fleischspeisen: Krautwickel mit einer Füllung aus Reis und Hackfleisch, mit ein wenig Honig beträufelt. Man nennt sie polnisch »Golombki« (Täubchen) oder ukrainisch »Holoptschi«. Die Griechen kennen ein ähnliches Gericht, für das sie aber nicht die Blätter des Kohls, sondern die der Rebe verwenden: *Dolmades,* was auf deutsch *Windeln* heißt, als Speise die Windeln des neugeborenen Jesuskindes symbolisiert und folglich zu Weihnachten verzehrt wird. Eingelegte Weinblätter bekommt man bei uns in Dosen.

Jeder kann beliebige weitere Tscholentgerichte selbst hinzuerfinden. Sie variierten denn auch von Familie zu Familie, von Ort zu Ort, von Epoche zu Epoche.

»Der« Kugel

Neben dem Tscholent gibt es noch zwei weitere berühmte altjüdische Festgerichte: *Kugel* und *Zimmes.* Wobei es nicht *die,* sondern *der* Kugel heißt. Aber keineswegs deshalb, weil die Ostjuden das deutsche Wort »Kugel« mit falschem Artikel aus dem Mittelhochdeutschen in ihr Jiddisch eingefügt hätten. Sie haben zwar ihr altes »Judenteutsch« – so nennt man die Vorform des Jiddischen, die in den deutschen Judenghettos entstand – in Osteuropa sehr eigenwillig weiterentwickelt und durch Beimischung hebräischer, aramäischer und slawischer Elemente in ein ganz neuartiges, reizvolles Idiom verwandelt. Doch übernahmen sie die germanischen Elemente dabei nicht fehlerhaft. Welche negativen Eigenschaften man den Juden im Lauf ihrer Geschichte auch zugeschrieben hat – mangelnde Sprachbegabung wagt ihnen nicht einmal ihr ärgster Feind nachzusagen.

Vielmehr heißt die Speise *»der«* Kugel, weil es

sich hier gar nicht um das deutsche Substantiv »Kugel«, sondern um das hebräische Adjektiv »k'ugal« (= rund) handelt. Daß die deutsche und die hebräische Bezeichnung einander ähneln, hängt wieder einmal mit der bereits erwähnten Urverwandtschaft der semitischen und indogermanischen Sprache zusammen.

Im übrigen ging aber die Erinnerung daran, daß die Bezeichnung etwas mit »rund« zu tun hat, bei den jüdischen Hausfrauen, deren Hebräischkenntnisse im allgemeinen ungleich bescheidener waren als die ihrer Ehemänner und Söhne, im Laufe der Zeit völlig verloren, so daß die jüdische Küche heute zahlreiche durchaus nicht kugelförmige Kugelspeisen kennt.

Als Kugel bezeichnet man vielerorts auflaufartige Gerichte vor allem aus Nudeln und Obst. In manchen Gegenden subsummiert man unter dem Namen *Kugel* zwar auch Mischgerichte mit einem runden Mehlkloß – aber nur dann, wenn dieser Kloß in einer »gewöhnlichen« Schmor- und Backzeit, also in etwa zwei bis drei Stunden fertig wurde, und nicht eine ganze Nacht hindurch im langsam auskühlenden Backofen garte. In diesem letzteren Fall spricht man – Mehlkugel hin oder her – nur noch von *Tscholent*.

Und wieder in andern Gegenden verbindet man mit der Vorstellung eines Kugels keineswegs die einer Mehlspeise mit süßen Beigaben oder Gewürzen: Man nennt – durchaus logisch und mit Recht – einfach *jeden* Mehlkloß »Kugel«, egal, wie lang er gekocht oder gebacken hat. Kurz – die Bezeichnungen gehen durcheinander.

Zimmes

An das Hauptgericht der Festmahlzeit, das bei nicht zu großer Armut immer ein wenig Fleisch enthielt, schloß sich oft noch ein weiteres üppiges Gericht an: der *Zimmes*. Bis heute hat kein Philologe, kein Religionshistoriker und kein Küchenfachmann herausbekommen, woher das Wort kommt und was es genau bedeutet. Manche leiten es von »Zimt« her und andere von »Zugemüse« (Gemüsebeilage). In der Tat ist der meist gesüßten Speise neben anderen exotischen Gewürzen oft auch Zimt beigegeben. Und häufig besteht sie außer aus einem Mehlkloß oder irgendeinem sonstigen Cereal (Gerste, Reis, Kartoffeln, Kascha etc.) auch aus Obst oder etwa Karotten. Letztere kann man, wenn man will, auch »Zugemüse« nennen. Es gibt auch Zimmesvariationen nur aus Obst und Gemüse. Es kommt aber auch vor, daß der Zimmes neben vielem anderen auch noch ein sehr fettes Stück Rindfleisch enthält. Kurz: Jeder Ostjude weiß zwar, was ein Zimmes ist, aber keiner kann es erklären. Die sehr witzige Autorin eines amerikanischen Koscher-Kochbuches definierte den Zimmes einmal so:

»Ein Zimmes ist der fünfte üppige Gang eines sechsgängigen üppigen Festdiners.«

Sie hätte noch hinzufügen können: Meist ist der Zimmes, egal, woraus er komponiert wird (und also auch dann, wenn er ein Stück Rindfleisch enthält), mit Zucker oder Honig gesüßt. Fast jeder Zimmes ist außerdem so fett, daß der moderne Diätarzt sofort sein Veto einlegen würde. Und ein weiteres wichtiges Merkmal: Ein Teil der Zimmes-Speisen eignet sich, genau wie auch ein Teil der Kugel-Gerichte, für sehr lange Schmorzeit, kann also, wenn man will, auch unter die Rubrik »Tscholent« subsummiert werden und kennzeichnet sich dadurch als Sabbat- und Festspeise par excellence.

Wer schwerwiegende Gründe hat, auf seine schlanke Linie zu achten, darf jedenfalls nicht allzuoft solche im Fett langsam gargeschmorten Sabbatspeisen verzehren. Wer aber gesund und fit ist und gern gelegentlich eine gute, altmodische, üppige, herrlich aromatisierte Delikatesse genießen möchte, mag ruhig hie und da eine dieser Speisen zubereiten. Es muß ja nicht gerade jede Woche sein ...

Übrigens ist speziell der Begriff Zimmes in übertragener Bedeutung auch in die jiddische Volkssprache eingegangen. Der Ostjude sagt: »Sie macht einen ganzen Zimmes daraus« in der gleichen Bedeutung, in der man im Deutschen sagt: »Sie macht einen ganzen Salat daraus.« Daran läßt sich ablesen, daß gerade der sehr wohlschmeckende, einfachste Zimmes, der aus gesüßten und exotisch gewürzten Karotten, jedenfalls als weniger typisch empfunden wurde als ein Mischmasch aus vielerlei verschiedenen Substanzen und Elementen. Und wie gut diese fetten Sabbatgerichte schmecken, können Sie auch an den anfangs zitierten Witzen ablesen.

Kalte Sabbat-Speisen

Dieselben Sabbatverbote, die zur Erfindung von Tscholent, Kugel und Zimmes geführt haben, wurden übrigens auch Anlaß zur Schaffung zahlreicher besonders delikater kalter Sabbat-Vorspeisen, die zum Teil sehr lange, zum Teil jedoch überraschend kurze Zubereitungszeit erfordern. Denn es ist zwar verboten, am Sabbat Feuer zu entfachen, nicht aber am Sabbat selber Speisen zuzubereiten, sofern man hierfür kein Feuer braucht. Hacken, Schneiden, Mahlen und Würzen von fertig gekochten oder rohen Lebensmitteln gilt nicht als verbotene »Arbeit«. Man kann solche Gerichte daher auch am Sabbat selbst, unmittelbar vor der Mahlzeit, zubereiten. Manche von ihnen sind übrigens nicht nur eine Zierde der jüdischen Küche, sondern so schmackhaft und delikat, daß man es kaum begreift, wieso die internationale Gastronomie, die heute so erpicht auf alle möglichen exotischen Anregungen ist, nicht längst schon etwa die ostjüdische »Eierzwiebel« oder die »Gehackte Geflügelleber« übernommen hat.

Neben diesen sehr guten kalten Vorspeisen, die zum Teil mit wenig Zeitaufwand und Mühe auch am Sabbat selbst hergerichtet werden können, gibt es aber auch solche, die sehr arbeitsintensiv sind und eine ganz lange Kochzeit voraussetzen. Sie müssen natürlich vor Sabbatanbruch fertiggestellt werden. Aber anders als bei Tscholent, Kugel und Zimmes geht es hier nicht darum, sie trotzdem heiß auf die Festtafel zu bringen, sondern umgekehrt, sie sehr kalt aufzubewahren – was früher, ohne Kühlschrank, nicht einfach war –, um sie eiskalt zu servieren. Die berühmteste dieser Speisen ist der eingangs ebenfalls im Witz zitierte *Gefilte Fisch*.

Sabbatsitten der talmudfeindlichen Karäer

Übrigens gibt es, dies nur nebenbei bemerkt, eine jüdische Sekte, die den Talmud ablehnt und sich daher auch in puncto Speiseregeln mit den sehr viel weniger zahlreichen und weit einfacheren Vorschriften des Alten Testaments begnügt: die sogenannten Karäer oder Karaiten. Das Wort kommt von hebräisch *mikra* = die Schrift. Gemeint ist die Heilige Schrift, auf die die Karäer weit intensiver zurückgreifen als die »Altjuden«. Man hat sie deshalb auch schon die jüdischen Protestanten genannt und mit jenen der Christen verglichen. Die Bewegung kam im 8. nachchristlichen Jahrhundert auf und hat, nachdem das südrussische Volk der Chasaren zum Judentum in der karäischen Variante übertrat, nicht nur im jüdischen, sondern auch im muslimischen und später im europäischen Geistesleben eine bedeutende Rolle gespielt. Die karäischen Chasaren haben auch die Küchengeschichte nicht nur der Juden, sondern vor allem jene Südeuropas wesentlich beeinflußt. Darauf kommen wir noch zurück.

Hier interessieren uns die Karäer nur im Zusammenhang mit ihren Sabbatbräuchen. Daß die talmudischen Speisegesetze zum Teil skurril und überkompliziert sind, sahen wir bereits. Man sollte also denken, daß die talmudfeindlichen Karäer, die es bis heute gibt, sich in puncto Ritualgesetz liberaler, freier verhalten.

Dies trifft aber nicht zu. Die Rabbiner, welche im Laufe eines Jahrtausends den Talmud schufen, waren ja im Grunde konziliant und lebensfreundlich ausgerichtet. Das macht sich gerade im Zusammenhang mit den Sabbatgesetzen deutlich bemerkbar. An das alttestamentliche Verbot, am Sabbat eine Flamme zu entzünden, halten sich die Karäer weit konsequenter und pedantischer. Sie benützen am Sabbat auch kein vorher angefachtes Feuer. In der karäischen Küche – die wir aber in unserm Buch nicht behandeln – fehlen daher alle warmen Festspeisen wie Tscholent, Kugel, Zimmes. Die Karäer sitzen an den Festtagen im Finstern, essen Kaltes und frieren …

Challes oder Berches

Nicht durch Koschergesetze bedingt, aber durch sehr alte Tradition geheiligt ist auch der Brauch, am Sabbat und generell an Festtagen den üblichen Brotsegen nicht über einem gewöhnlichen Brot zu rezitieren, sondern über einer sogenannten *Challe* oder *Berche* (Mehrzahl Challes und Berches) aus feinem Weißmehl, in zierlicher Zopfform gebacken.

Solche leckeren Zopfbrote – bei den Juden auch »Eierzöpfe« genannt, weil der Teig viele Eier enthält – kennt an sich auch die nichtjüdische Küche. Speziell in der Schweiz backen die Berner Bauern seit vielen Jahrhunderten die genau gleichen »Züpfe« wie die Juden, ebenfalls aus feinstem

Weißmehl, und ähnlich angereichert mit Luxuskomponenten. Auch sie bepinseln das Gebäck mit Eigelb, besprinkeln es zwar nicht, wie die Juden, mit Mohnsamen, achten aber gleichfalls auf eine goldbraune, knusprige Kruste. Und nicht nur das: Es besteht sogar guter Grund zur Annahme, daß die Berner ihre »Züpfe« schon im Frühmittelalter, noch ehe sie zum Christentum konvertierten, auf diese Weise zubereiteten und daß die Juden geflochtenes Brot überhaupt erst durch die europäischen Heiden kennenlernten. So betrachtet, bestünde also wenig Grund, dieses Festgebäck in einem Koscherkochbuch überhaupt zu behandeln. Aber erstens sind die »Eierzöpfe« bei den Juden ein fast obligatorischer Bestandteil des religiösen Festmahls, was bei der christlichen Bevölkerung kaum noch irgendwo der Fall ist. Und zweitens lohnt ein Blick auf die etymologische und kulturhistorische Herkunft der Challe oder Berche:

Challe, hebräisch challa, bedeutet Teighebe. Das bezieht sich auf die feste Sitte der Juden zu der Zeit, da es den Tempel in Jerusalem noch gab, jeweils einen Teil ihres häuslichen Festgebäcks für die Tempelpriester abzuzweigen, also »abzuheben«. Die Bezeichnung übertrug man dann auf das ganze Festbrot. Und obwohl es den Tempel in Jerusalem schon seit fast 2000 Jahren nicht mehr gibt, zupfen fromme Jüdinnen auch jetzt noch beim Backen der Challe jeweils ein kleines Stücklein vom Teig ab und werfen es, begleitet von einem entsprechenden Segensspruch, zur Erinnerung an die einstige Tempelgabe ins Herdfeuer.

Weit interessanter ist jedoch der Name *Berche*. Man hat schon versucht, ihn aus dem hebräischen Wort *bracha* = Segen abzuleiten, und in der Tat sprechen fromme Juden beim Anbrechen und Genießen einer Berche einen bestimmten Segensspruch. Aber erstens ist es der gleiche Segen, den sie auch über jedes andere Brot sprechen, und zweitens ist auch der ungebildetsten Jüdin das Wort *bracha*, in jiddischer Aussprache *broche* oder *bruche*, zu geläufig, als daß man sich die Entstellung des Wortes zu *Berche* erklären könnte.

Dagegen bietet sich eine andere, unmittelbar einleuchtende Erklärung an: Die heidnische Göttin, der die Frauen Europas ihre Flechten am Hochzeitstag zu opfern pflegten, hieß Berchta. Das echte Haaropfer wurde dann später durch das symbolische der leckeren Zopfbrote abgelöst. Und zuletzt, nach dem Übertritt zum Christentum, vergaß man den Ursprung der Sitte, und man begann, solche Zopfbrote auch an anderen Festtagen zu backen und selber zu essen. Ein Haaropfer kennen die Christen nur noch bei den Bräuten Jesu, den Nonnen. Die europäischen Juden aber haben irgendwann im Mittelalter von den Heiden den Brauch übernommen, den Mädchen am Hochzeitstag die Zöpfe abzuschneiden. Verheiratete fromme Jüdinnen bedecken ihr geschorenes Haupt mit dem sogenannten »Stirntuch« (das aber beileibe nicht nur die Stirn bedeckt, sondern den ganzen Kopf) oder aber, seit dem 18. Jahrhundert, auch mit einer Perücke, was aber dem Ursinn des Opfers sicher nicht entspricht. Die orthodoxen und vor allem chassidischen Juden halten an dem Brauch bis heute fest.

Natürlich haben die sehr frommen Juden, die ihren Mädchen dieses Haaropfer abfordern, keine Ahnung vom heidnischen Ursprung der Sitte, obgleich sie andererseits zugeben müssen, daß sich der Brauch aus dem religiösen Schrifttum der Juden nirgends belegen läßt. Manche haben daher versucht, ihn soziologisch zu deuten: Man habe im Mittelalter durch solche Entstellung die jüdischen Frauen vor Vergewaltigung durch die christliche Gentry schützen wollen. Aber erstens hat ein kahlgeschorenes Haupt noch nie eine Frau vor Übergriffen geschützt – sonst würden Soldaten keine Nonnen vergewaltigen. Und zweitens müßte man dann nicht nur den verheirateten Frauen bis in deren hohes Alter hinein das Haupthaar abscheren, sondern auch und erst recht blutjungen, blühenden Mädchen. Es hat denn auch nicht an Widerstand gegen dieses Haaropfer der jüdischen Bräute gefehlt: Ein ungarischer Rabbi und Religionsgelehrter hat im 18. Jahrhundert den Brauch erbittert angegriffen. Erfolglos. Das Abschneiden der Zöpfe und das sogenannte »Bedecken«, das heißt das Bedecken des Hauptes der Braut mit einem Tuch, gehört nach wie vor zum festen Ritual einer jüdisch-orthodoxen und vor allem chassidischen Hochzeit...

Welche Bedeutung man speziell in chassidischem Umkreis diesem ursprünglich heidnischen Haaropfer der Frau beimißt, illustrieren die Novellen des aus Ostgalizien stammenden, deutschsprachigen jüdischen Schriftstellers Emil Franzos, der um die Jahrhundertwende das chassidische Leben in seiner Heimatstadt Czortków schilderte, die er in seinen Erzählungen Barnów nennt:

Dort gab es eine berühmte Dynastie chassidischer Wunderrabbis. Der deutsche Christ kennt den Chassidismus im allgemeinen nur aus den Schriften Martin Bubers, der aber von dieser mystisch-volkstümlichen Bewegung ein einseitiges und idyllisches Bild entwirft. Sie entstand im 18. Jahrhundert in Ostgalizien nach den Judenmassakern des Kosakenhetman Chmjelnizki, die 1648 die jüdische Gemeinschaft Osteuropas fürchterlich dezimierten. In seiner Urform war der Chassidismus, ähnlich dem Christentum, eine Armeleutebewegung mit der Tendenz, den Hilflosen, Verarmten und Verschreckten klarzumachen, daß es für und vor Gott nicht auf detaillierte Kenntnis des Talmudgesetzes ankam, sondern nur auf fröhliches Gottvertrauen und Herzensfrömmigkeit. Der Chassidismus entartete zwar bald zu finsterem Aberglauben, bewährte sich aber doch als Seelenstütze sogar noch in den Vernichtungslagern Hitlers: Die Chassidim waren die einzigen, die, mit ihren Wunderrabbis zusammen, die Gaskammern ohne finstere Verzweiflung singend und betend betraten. Wir sind daher heute geneigt, den chassidischen Wunderglauben auch wieder von seiner positiven Seite her zu sehen.

Franzos jedoch schildert nur die negativen Aspekte der Bewegung. So erzählt er unter anderem in einem seiner Bücher von einer wunderschönen jungen Jüdin mit herrlichem, goldblondem Haar, die, mit Einwilligung ihres unfanatischen Ehemannes, ihre Flechten unter dem »Stirntuch« wieder nachwachsen läßt. Diese »Sünde« wird aber offenbar, als die junge, hochschwangere Frau am Jom Kippur, dem strengsten Buß- und Fasttag, im Bethaus ohnmächtig zusammenbricht. Und als kurz danach in dem Städtchen eine der hier häufigen Epidemien ausbricht, gibt der Zaddik, der Wunderrabbi, die Schuld daran der jungen Ketzerin, denn nach talmudischer Auffassung haften alle Juden für die Sünden einzelner aus ihren Reihen kollektiv und werden daher auch von Gott kollektiv bestraft. Der junge Ehemann wird vom Rabbi mit dem synagogalen Bannspruch belegt und dadurch geschäftlich ruiniert; der jungen Frau, die mit Fieber im Wochenbett darniederliegt, schneiden gewaltsam eindringende, fromme Juden die Flechten ab. Sie stirbt zusammen mit ihrem Kind, und der Rabbi verbietet, auf ihrem Grabstein einen Namen anzubringen, damit ja nicht irgendein Passant irrtümlich hier stehenbleibe und ein Totengebet rezitieren möge...

Wohlgemerkt: Die Sünde der Frau bestand einzig darin, daß sie sich geweigert hatte, einem alten, von den Juden übernommenen Heidenbrauch gemäß ihr Haar der Göttin Berchta zu opfern...

Doch nun zurück zur Koscherküche.

Wozu Koscher-Rezepte für ungläubige Juden und für Nichtjuden?

Nichtjüdische Leser und auch außerhalb der orthodoxen jüdischen Tradition aufgewachsene Juden schütteln natürlich längst den Kopf. Logisch und hygienisch haltbar sind lange nicht alle Gesetze der Koscherküche. Wozu also soll sie der Außenstehende auch nur zur Kenntnis nehmen? Zumal viele dieser Vorschriften so skurril oder zumindest überflüssig scheinen, daß, so wird der Außenstehende finden, auch der fromme Jude selber gut daran täte, sich nicht mehr an sie zu halten.

Besonders schwer tut sich der christliche Leser mit religiösen Speisegeboten jeder Art, denn das Christentum ist die einzige bekanntere Religion ohne – oder doch fast ohne – religiöse Speisegesetze. Dies hängt mit folgendem zusammen:

Zunächst einmal können sich die Christen hierbei auf Jesus selbst berufen, der einmal, eben im Zusammenhang mit diesen rituellen jüdischen Eßvorschriften, ironisch sagte, rein oder unrein könne niemals das sein, was in den Mund hineinkommen, sondern nur, was aus ihm herauskomme. Das war witzig und genial formuliert, wie die meisten Aussprüche Jesu. Er tat aber damit, was er natürlich ganz genau wußte, den Pharisäern unrecht. Sie wußten so gut wie er selbst, daß das, »was aus dem Mund herauskommt«, also etwa Meineid, bösartige Lüge, Verleumdung etc. einen ganz anderen moralischen und religiösen Stellenwert hat als zum Beispiel der verbotene Genuß eines Butterbrotes mit Schweineschinken. Wenn sie trotzdem die bereits vorliegenden Speisegebote ernst nahmen und zum Teil sogar noch weiter ausbauten, geschah es aus zweierlei Motiven: Ein Teil der Reinheitsvorschriften aus Bibel und Talmud, und zwar sowohl jene, die den menschlichen Leib (Bäder, Waschungen etc.) betreffen, wie auch die mit der Ernährung zusammenhängenden, sind medizinisch und hygienisch sinn- und wertvoll. Nun glaubten zwar die pharisäischen Disputgegner Jesu, im Gegensatz zu den streng konservativen Tempelkreisen, den Sadduzäern, genau wie auch Jesus selbst an eine messianische Welterlösung und an ein kommendes Paradies auf Erden. Doch während Jesus – und die damals gleichzeitig in Judäa lebenden Essenischen Sektierer – überzeugt waren, daß diese erhoffte »Neue Erde« schon unmittelbar bevorstand, hielten es die Pharisäer und die aus ihrem Umkreis hervorgegangenen Talmudlehrer für möglich, daß man vielleicht noch sehr lange in einer bösen, unerlösten Welt würde ausharren müssen. Außer den zentralen Sittengeboten hielten sie daher auch alle jene Bibel- und Talmudvorschriften für wichtig, die der Volkshygiene und Volkserhaltung dienten. Regeln, die der Gesundheit nützten, mußten also nicht nur beibehalten, sondern, den neuesten wissenschaftlichen Erkenntnissen entsprechend, immer wieder ergänzt und erweitert werden, und es schadete auch nichts, wenn man sie weiterhin religiös tarnte: Sie wurden dann um so sicherer beachtet. Die rituellen Tauchbäder in fließendem Wasser, das Händewaschen vor jeder Mahlzeit, der Verzicht darauf, Aas zu verzehren – das alles und vieles mehr wirkte sich wohltuend aus, auch wenn der Betreffende es nicht deshalb, sondern aus Frömmigkeit tat.

Doch auch für das Beibehalten und noch zusätzliche Ausgestalten jener Ritualregeln, für die sich kein vernünftiges Motiv ausmachen läßt, gab es vom Standpunkt der Schriftgelehrten her gute Gründe: Zur Zeit Jesu lebte ein Großteil des jüdischen Volkes nicht mehr in Judäa, sondern verstreut über das ganze, gewaltige Römerreich. Völkische, kulturelle oder religiöse Minoritäten im Exil, inmitten anderer Völker und Kulturgruppen, laufen aber Gefahr, sich an diese allmählich zu akkulturieren und in ihnen aufzugehen. Wollte man ein solches Hinschwinden der »ausländischen« Judengemeinden verhindern, so tat man gut daran, zwischen ihnen und der restlichen Bevölkerung Barrieren etwa durch abweichende Lebenssitten zu errichten, die ganz von selbst das Bewahren der Eigentradition förderten und eine gewisse Distanz zur andersartigen Umwelt erzwangen. Da den Talmudlehrern am Weiterbestehen des jüdischen Volkes auch in der Zerstreuung lag, ist es klar, daß sie auf abweichende Speisegesetze Wert legten.

Nur nebenbei sei hier bemerkt, daß der Talmud auch zahlreiche Gesetze und Vorschriften enthält, welche umgekehrt eine friedliche und fruchtbare Symbiose mit der nichtjüdischen Umwelt garantieren. Er fordert auch ausdrücklich von den Juden, sich im Exil nach den dort herrschenden Gesetzen zu richten und treue Staatsbürger zu sein. Ein abweichender Küchenzettel jedoch mochte sich auf gesellschaftliche Kontakte störend auswirken, tangierte aber nicht die Staatstreue. Es stimmt zwar, daß manche dieser Ritualregeln abstrus sind, weshalb sogenannte »Reformrabbiner« dazu neigen, sie für obsolet und überflüssig zu erklären. Die historische Erfahrung lehrt aber, daß Juden, die einmal anfangen, an diesen alten Normen zu rütteln, oft schon wenig später der jüdischen Glaubensgemeinschaft den Rücken kehren.

Für Jesus lagen die Dinge von Anfang an anders. Er glaubte – wir sagten es schon – an den unmittelbar bevorstehenden Weltuntergang und das sofort danach anbrechende Himmelreich auf Erden ohne Leid, Tod, Sünde. Was sollten da volkserhaltende Normen wie jene bezüglich Speise und körperliche Reinlichkeit? Von seinem Standpunkt aus durchaus logisch, lehnte er sie denn auch pauschal ab. Und obgleich seither fast 2000 Jahre verflossen sind und die erhoffte »Neue Erde«, die endzeitliche Wiederkehr Christi, immer noch auf sich warten läßt, haben die Christen Jesu Gleichgültigkeit gegen religiöse Speise- und Reinlichkeitsregeln als einzige der großen Weltreligionen bis heute beibehalten. Von dieser Regel kennen die Christen nur geringfügige Ausnahmen: Die Griechisch-Orthodoxen unter ihnen ernähren sich in den »Fastenwochen« (von Fasnacht bis Ostern) nur von Obst und Gemüse; die Katholiken verzichteten früher jeden Freitag – und heute noch am Karfreitag – auf Fleisch. Aus einer solchen kurzfristigen Reduktion des Speisezettels konnte sich aber kaum eine spezifische Küchenfolklore entwickeln.

Wenn sich aber das Christentum in dieser Hinsicht von allen anderen bekannteren Religionen unterscheidet, hängt dies wohl nicht nur mit der Aversion von Jesus gegen jede Art von rituellen Speisevorschriften zusammen, sondern außerdem auch damit, daß der einzige religiöse Speiseakt der Christen, das »Abendmahl« bei der Eucharistie, den niederen Düften und Regionen der Küche entzogen und spiritualisiert ist.

Was für Mühe es vielen Christen bereitet zu begreifen, daß sie hierbei im Reigen der Weltreligionen eine Ausnahme bilden, mag folgende von mir selbst erlebte Episode illustrieren: Eine beliebte Schweizer Gratisillustrierte des Einzelhandels bringt jeweils auch vier gute Kochrezepte. Kürzlich war eines darunter, das sich »Türkischer Pilaw« benannte und Schweinefleisch mit Wein enthielt. Ich schrieb an die Redaktion, daß man den Namen der Speise abändern solle, weil die Türken Moslems sind und Schweinefleisch sowohl Juden wie Moslems nach alttestamentlichem Gesetz verboten sei und das Alkoholverbot der Moslems auf Mohammed persönlich zurückgehe. Die neunmalkluge Antwort der Redaktion: Man habe gewiß nicht die Absicht gehabt, die muslimische oder jüdische Minorität im Lande zu beleidigen, sondern bloß das Rezept den Schweizerischen Koch-Usancen angeglichen. Die Redaktion begriff also nicht, daß ein angeblich türkisches Rezept mit Alkohol und Schweinernem darin genauso ein Unsinn ist, wie wenn ein Moslem, da er vom Zölibat nichts hält, seinen Kindern erzählen wollte, der Papst habe einen riesigen Harem.

Für die Juden im Exil jedoch sind die Speisegesetze, wie gesagt, ein volkserhaltender und sogar -konstituierender Faktor. Wenn es für den Nichtjuden trotzdem sinnvoll ist, sich für den rituellen Speisezettel der Juden zu interessieren, so nur deshalb, weil die Juden, und vor allem jene Altösterreichs, vorzüglich kochten. Hierzu trugen viele Faktoren bei.

Jüdische Küchengeschichte

Die Juden stammen aus Vorderasien, dem ältesten und seinerzeit bedeutendsten Kulturgebiet der ganzen Welt. Schon Jahrtausende, ehe Griechenland und Rom erblühten, gab es in Babylon und Ägypten eine reife, späte Zivilisation, delektierte sich der semitische und hamitische Adel an den interessantesten Speisefolgen. Aus Mesopotamien kam Abraham, und seine Nachfolger lebten lange in Ägypten. Dort lernten sie – wir erwähnten es bereits – lockeres, poröses Brot zu backen anstelle der beduinischen Brotfladen ohne Treibmittel, die notwendig papierdünn sein müssen, weil sie sonst eine Art Briketts bilden würden, denen man höchstens mit dem Hammer, niemals aber mit einer Messerklinge oder gar mit den Zähnen beikommen könnte. Hier lernten sie auch die Kunst, Wein zu keltern und Bier zu brauen.

In Ägypten erkannten sie auch die kulinarische und ernährungsphysiologische Bedeutung der verschiedenen Lauchgemüse, vor allem der Zwiebel und des Knoblauchs. Wir wissen aus aufgefundenen altägyptischen Abrechnungen, daß man dort die Staatssklaven – zu denen auch die Hebräer in den letzten Jahren vor ihrem Exodus aus Ägypten zählten – weitgehend mit Brot, Lauchgemüsen und Gerstenbier ernährte. Die Ägypter beriefen sich sogar im Schwur auf die Zwiebel! Und die Juden mit ihrer eigentümlichen seelischen Mischung aus Konservatismus und revolutionärem Elan haben diese Hochschätzung der Lauchgemüse bis auf den heutigen Tag in ihrem Küchenzettel beibehalten. Sie haben sich im allgemeinen auch nicht durch die eher zwiebel- und knoblauchfeindliche nichtjüdische Küche in Mittel- und Nordeuropa, wohin sie später verschlagen wurden, beirren lassen. Noch vor wenigen Jahrzehnten konnte der Westfale Wilhelm Busch dichten:

Das Zebra trifft man stellenweise –
Die Zwiebel ist des Juden Speise.

Und in Wien konnten Witze dieser Art aufkommen:

Im jüdischen Restaurant.
Der Gast: »Kellner, ein Beefsteak!«
»Jawohl, mein Herr! Mit Zwiebeln?«
»No na – mit Tulpen!«

Oder, noch weit hübscher, die Geschichte von dem bitterarmen, ausgehungerten Jeschiwe-Bocher – das ist ein Talmudstudent –, der vor sich hinträumt:

»Knofl (Knoblauch) is gut. Schokolade is auch gut. Wie gut muß erst Knofl mit Schokolade sein!«

Noch vor wenigen Jahrzehnten konnte der Mittel- und Nordeuropäer über solche Witze tatsächlich lachen. Seit aber die Ärzte der ganzen westlichen Zivilisationswelt den Genuß aller Lauchgemüse, und womöglich sogar in roher Form, dringend empfehlen, haben solche Scherze ihre erheiternde Wirkung auf Nichtjuden eingebüßt. Komisch bleibt zwar nach wie vor der Traum des Bettelstudenten, Knoblauch mit Schokolade zusammen essen zu dürfen. Indes produziert die hypermoderne Küche, zumal die von Amerika her inspirierte, Kompositionen, an denen gemessen Knofl mit Schokolade noch als Höhepunkt gastronomischer Harmonie erscheint. Ein »moderner« Salat aus Petersilie, Erdbeeren, Käse, Schinken, Austern und Mayonnaise nimmt sich gastronomisch auch nicht gerade überzeugend aus.

Der Patriarch Abraham, mit dem die jüdische Geschichte beginnt, nennt sich selbst einmal einen »schweifenden Aramäer«, also Syrer. Aus der Bibel wissen wir aber auch, daß seine Sippe ursprünglich aus Ur in Südmesopotamien (heute Irak) kam, damals einem landschaftlichen und landwirtschaftlichen Paradies, durchzogen von Kanälen, reich durchstreut von hochzivilisierten Städten. Abrahams eigene Speisekarte mag dennoch relativ einfach gewesen sein. Er war ja nicht »Ur-Mesopotamier«, entstammte vielmehr den semitischen Wanderhirten, die aus den Randgebieten der arabischen Wüste hier eingesickert waren. Die meisten von ihnen wurden allmählich ansässig. Abraham jedoch blieb – vielleicht aus theologischen Erwägungen – beduinischer Scheich. Wanderschaft jedoch schließt kulinarische Extravaganzen aus. Wir wissen von ihm, daß er jene drei vorbeikommenden Engel, die er für gewöhnliche menschliche Besucher hielt, mit dem Fleisch eines Böckleins bewirtete, das in Sauermilch gekocht war.

Fleisch in oder mit Sauermilch, Joghurt, Kefir – das ist bis heute eine beliebte Speise vieler vorderasiatischer Völker geblieben. Es ist auch in der Tat eine treffliche Komposition, vorausgesetzt, man verwendet für sie nicht Sauermilch oder Joghurt aus Kuhmilch, sondern aus der fetten, konzentrierten und schärfer schmeckenden von Stuten, Schafen und Ziegen, wie es auf dem Balkan und weiter südlich auch meist zu geschehen pflegt. Unsere mitteleuropäischen Produkte aus gesäuerter Milch sind hierfür zu wäßrig, zu wenig aromatisch. Wenn wir also – dies nur nebenbei – dennoch solche nahöstlichen Rezepte in unserer Küche verwirklichen wollen, tun wir gut daran, statt gesäuerter Milch gesäuerten Rahm für sie zu verwenden.

Für die koschere Küche können wir aber diese altbewährte und sogar im Alten Testament gleichsam sanktionierte Kombination der alten Beduinenküche ruhig wieder vergessen: Nach talmudischen und späteren rabbinischen Vorschriften darf ja Fleisch nicht in Milch gekocht werden!

Die Juden lebten aber auch später wieder, nach der Zerstörung ihres Tempels im sechsten vorchristlichen Jahrhundert, in Mesopotamien, zunächst gezwungen, als Deportierte, doch bald schon auch als Auswanderer und Kolonisten. Sie saßen also bereits 1000 Jahre vor den Arabern in jener heute Irak benannten Region, in der sie jetzt alle von den Arabern expropriiert und vertrieben wurden.

Jedenfalls haben sie damals die Feinheiten der alten Babylonischen Küche natürlich kennengelernt und übernommen. Sie waren es auch, die, lange vor der Zeitwende, aus Südmesopotamien wieder in die arabischen Landstriche zurückwanderten, aus denen alle Semiten – Juden wie Araber – ursprünglich kamen, und dorthin eine Anzahl in

Mesopotamien neu gezüchteter Getreidesorten und auch die Dattelpalme ihren arabischen Stammesbrüdern mitbrachten.

Um diese Zeit hatten die Juden aber noch ihre Heimat Israel, später, unter den Römern, Judäa genannt, in die sie immer zurückkehren konnten. Dann aber folgte das Jahrtausende dauernde Zwangsexil. Und es kam, schon ziemlich bald nach der Christianisierung des Mittelmeerraums, die Unterdrückung und Verfolgung der Juden. Zweitausend Jahre Blut und Leid und Elend. Wie wenig natürliche, naive Freuden kannte das Leben der Juden in Europa im ganzen Mittelalter und auch noch später! Blutjung wurde geheiratet, nicht aus Liebe, sondern auf elterliches Geheiß. Und auch nach der Eheschließung verbot die Sittenstrenge jede erotische Freiheit. Auch die Vergnügungen der Jagd und der Kampfspiele blieben den »Wirtsvölkern« vorbehalten. Der Broterwerb war für die Juden meist unendlich schwer. Die Männer verbrachten ihre freie Zeit beim Studium schwieriger religiöser Traktate in hebräischer und aramäischer Sprache. (Aramäisch ist – dies nur nebenbei – eine Schwestersprache des Hebräischen, welche zur Zeit Jesu im ganzen Nahen Osten als die lingua franca galt, genau wie im 18. Jahrhundert in Europa das Französisch, und die um diese Zeit auch in Judäa das biblische Hebräisch bereits verdrängte. Jesus predigte aramäisch.) Die Frauen hatten viele Kinder und viele Familiensorgen. Vielerorts durften sich Juden außerhalb ihrer Ghettos nicht einmal frei bewegen.

Was blieb da an leiblichen Genüssen? Die gute Mahlzeit, vor allem am Sabbat und an den Festtagen. Zumal ja die Religion der Juden im Grunde lebensfroh und weltbejahend ist: Geheiligt, ein Geschenk Gottes, ist dem Frommen jeder erlaubte Genuß. Ohne einen Danksegen wird nicht einmal ein Schluck Wasser oder ein Stück Brot verzehrt. Und im Talmud steht sogar, daß der Mensch nach seinem Tode Gott Rechenschaft für jeden religiös gestatteten Genuß schulde, den er sich trotzdem entgehen ließ.

War das Leben der Juden seit der Vertreibung aus ihrem Lande vielerorts auch nichts als Leid und Unglück, so hatten sie in einer Hinsicht doch Glück: Sie kamen anfangs fast nur mit kochbegabten Völkern in Berührung. Dies änderte sich erst später in der Neuzeit, als nach Judenpogromen große Flüchtlingswellen aus dem zaristischen Rußland in den angelsächsischen Norden und Westen abgetrieben wurden. Jetzt war aber die jüdische Küche in ihrer Eigenart schon längst so festgelegt, daß der negative Einfluß in der neuen Heimat ihr nur noch wenig anhaben konnte.

Die Juden beherrschten bereits seit Jahrtausenden die Kunst der mediterranen Völker, auch bescheidene, billige Speisen reich, üppig und bekömmlich zu würzen. Daß hierbei Zwiebel und Knoblauch eine bedeutende Rolle spielen, sagten wir schon. Auf vielerlei Weisen wird in der koscheren Küche die Zwiebel als Gemüse, als Bestandteil einer Gallerte oder Farce, roh, gebraten oder gekocht, als Gewürz in herrlichsten Gerichten verwendet. Der Knoblauch spendet einer Reihe berühmter altjüdischer Spezialitäten sein belebendes Aroma.

Aus dem Alten Byzanz übernahmen die Juden ferner, was der Österreicher ganz zu Unrecht als »Wiener Schnitzel« bezeichnet. Mit den Mauren zusammen brachten nämlich die Juden diese zarte Fleischspeise seinerzeit nach Andalusien. Blutige Kriege erfüllten ausnahmsweise einmal eine friedliche Nebenmission, als die Italiener bei spanischen – nunmehr nicht mehr arabischen, sondern bereits christlichen – Invasoren das andalusische Schnitzel sahen, übernahmen und es dann, abermals inmitten von Kriegswirren, an die Wiener weitergaben.

Im Süden erlernten und erfanden die Juden die vielen herrlichen Suppen und Speisen aus gar nicht teuren Fischen. Darunter warme Fischgerichte; vor allem aber eisgekühlte, grünliche Fischspezialitäten in Gallerte. Wir erwähnten ja schon das Feuerverbot für den Sabbat, welches zu solchen Erfindungen animierte.

In Italien und auf dem Balkan lernten die Juden, die billigsten Bestandteile vom Lamm, Kalb oder Geflügel, die Füße und Knochen nämlich, mit viel Gewürz zu einer sauren oder süßsäuerlichen Suppe auszukochen, die zusammen mit den kleingeschnittenen Fleischstückchen, mit Ei abgezogen und ergänzt mit knoblauchbestrichenen kleinen Toastscheiben, ein ungewöhnlich delikates Eintopfgericht bildet.

Den bedeutendsten Beitrag zur Kochkunst Europas leisteten die Juden aber im frühen Mittelalter. Damals lebten sie alle im riesigen arabischen Großreich vereint, das von Indien bis nach Spanien reichte. Mit den stammverwandten und damals hochkultivierten Arabern zusammen legten sie die Grundlagen zu einer neuen und absolut neuzeitlichen Wissenschaft, auf die dann in der Renaissance das christliche Europa zurückgreifen sollte, und zu einer neuen Philosophie, nämlich einer Synthese aus griechischem Denken und jüdischem Offenbarungsglauben, welche einige Jahrhunderte später für die christliche Scholastik grundlegende Bedeutung gewann. Damals gab es aber auch – und dies wurde später für die Küchengeschichte ganz Europas bedeutsam – eine persisch-jüdische Handelsgesellschaft, die sogenannten *Rahdaniten*. Das ist persisch und bedeutet: »die den Weg kennen«. Wir wissen von dieser Gesellschaft aus Urkunden eines damaligen Bagdader Postministers.

Diese Rahdaniten bereisten Ostasien schon vierhundert Jahre vor dem berühmten venezianischen Chinareisenden Marco Polo, der in dieser Hinsicht zu Unrecht als Pionier gefeiert wird. Die Rahdaniten hatten vier Handelswege nach Mittel- und Ostasien, zwei über Land und zwei über Meer, richteten sogar schon jüdische Handelsniederlassungen in allen großen Hafenstädten Mittel- und Ostasiens ein.

Die karäischen Chasaren und die China-Teigwaren

Die beiden Landverbindungen liefen über das Gebiet der Chasaren, eines Turkvolkes, das zwischen dem Schwarzen und dem Kaspischen Meer siedelte und im achten nachchristlichen Jahrhundert zum Judentum übertrat. Da die Chasaren aber aus einer ganz anderen Geistestradition kamen als die Altjuden und nicht einmal semitischer Abstammung waren, fanden sie die ganze Talmudscholastik fremd und skurril. Sie bekehrten sich daher zu der bereits früher erwähnten antitalmudischen Sekte der Karäer.

Religiös blieben sie aber auch nach ihrer Konversion sehr tolerant. In ihrem Reich herrschten so friedliche und geordnete Zustände, daß man genausogut von einer »pax Chasarea« hätte reden können wie zuvor von einer »pax Romana«. Als dann im 11. Jahrhundert russische Invasoren das Chasarenreich zerstörten, zerfiel auch die Handelsgesellschaft der Rahdaniten.

Zuvor aber importierten die Rahdaniten, zusammen mit chasarischen Asienreisenden, aus Indien das Schachspiel, ferner die sogenannten »arabischen Zahlen« mit dem Dezimalsystem und der Null als Stellenwert sowie entzückende Märchen und Lieder, und aus Ostasien bisher unbekannte Textilien, Kosmetika, Früchte und Gemüse.

Auf ihren Reisen lernten sie außerdem die chinesische Speisekarte kennen und führten sie in Europa ein, zunächst bei ihren Glaubensbrüdern in Südrußland und in Andalusien. Später wurden diese China-Spezialitäten vor allem von den Italienern übernommen.

Diese Chinaneuheiten waren: gekochte Teigwaren in eleganter Form, also in Gestalt schmaler Bänder – Nudeln –, runder Stricke – Spaghetti oder, wenn sehr dünn, Vermicelli (wörtlich »Würmchen«) –, und vor allem die Ravioli: gefüllte, gekochte, zierliche Teigtäschchen ...

Ahnungslose halten diese ganze gastronomische Palette der gekochten Teigwaren für eine italienische Erfindung. Andere, die sich bereits für raffinierte Kenner der Materie halten, glauben, der berühmte venezianische Ostasienfahrer Marco Polo habe diese Speisen in seiner italienischen Heimat eingeführt.

Diese Teigwaren kamen aber schon zusammen mit den Rahdaniten und Chasaren zu den Juden Europas, also vierhundert Jahre vorher. Wir wissen das mit Bestimmtheit, wenn auch nicht aus damaligen jüdischen Kochbüchern – es gab keine; jedenfalls haben sich keine erhalten –, sondern aus dem rabbinischen Schrifttum des frühen Mittelalters. In den Glossen zur Speisegesetzgebung tauchen die neuen zarten Chinaspezialitäten häufig auf. Sie haben, im Gegensatz zu den Speisen, welche die Juden aus ihrer vorderasiatischen Heimat mitbrachten, keine hebräischen Namen. Sie sind zwar in hebräischer Schrift, jedoch in europäischen Sprachen aufnotiert. *Paschtita* zum Beispiel oder *Vrimsel,* also Pastete und Vermicelles (Fadennudeln) ...

Wir wissen allerdings nicht, ob die Juden ihre »Rundnudeln«, also die Spaghetti und Vermicelli, auf die gleiche Akrobatenweise hergestellt haben, wie es die Chinesen in nicht industrialisierten Gegenden bis heute tun: indem sie eine weiche, elastische Teigstange an beiden Enden festhalten und durch geschicktes Hin- und Herschwingen immer stärker ausdehnen. Allmählich schlingen sie dann den immer länger und dünner werdenden Teigstrang genau so um beide Handgelenke, wie Frauen es mit einer Garnrolle machen, und schwingen ihn so lange weiter, bis die einzelnen

»Fäden« die erwünschte Dicke oder vielmehr Dünne erreicht haben. Das setzt in China eine Lehrzeit von mehr als drei Jahren voraus. Wenn die Juden diese raffinierte Kunst je beherrscht haben, ist sie bei ihnen jedenfalls wieder verlorengegangen.

Dafür aber haben sie eine Anzahl neuer Nudelgerichte hinzuerfunden, die zum Teil sogar die chinesischen Vorbilder in den Schatten stellen. Diese neuen Spezialitäten nahmen sie überall hin mit, in den Norden und Nordosten Europas vor allem, wo die einheimische Bevölkerung – die der böhmischen Enklave ausgenommen – bis heute eher nudelfeindlich geblieben ist. Die slawischen Völker kennen gekochte gefüllte Teigtaschen nur in Pastetengröße und nicht im zarten, zierlichen Miniaturformat der italienischen Ravioli, bei den Juden *Kreplech* (Kräpfchen) genannt. Nudeln gibt oder vielmehr gab es bis vor etlichen Jahrzehnten bei den Nordslawen überhaupt nicht, sie aßen statt dessen verschiedene Breiarten oder auch derbe, formlose Nocken, ganz ohne die chinesische Eleganz.

Wie sehr bis ins zwanzigste Jahrhundert hinein die verschiedenen Nudelarten in Osteuropa nur der jüdischen Küche zugehörten, beweist übrigens ein altes ruthenisches (= ukrainisches) Sprichwort:

Wann hat Marussia Nudeln gegessen?
Als sie beim Juden diente.

Dabei steht für Nudeln nicht ein ukrainisches Wort in dem Spruch, sondern ein jiddisches: *Lokschen,* ein bei allen Ostjuden gebräuchlicher Begriff, den manche jüdischen Küchenetymologen irrtümlich von aramäisch *lechesch* = Holzwolle, Sägespäne herleiteten. Das klingt an sich ganz plausibel. Der Begriff stammt aber aus der alten Turksprache der Chasaren: *lakscha* = Nudel. Also ein zusätzlicher Beweis dafür, daß schon die chasarischen Karäer, zusammen mit den Bagdader »Altjuden« der Reisegesellschaft der Rahdaniten, die damals Ostasien bereisten, die chinesischen Teigwaren von dort mitbrachten, und nicht erst Marco Polo.

Die Koscherküche Ostgaliziens

Ich erwähnte bereits, daß ich die jüdische Küche aus dem Osten der Donaumonarchie für die allerbeste halte, obgleich die Juden ja immer und überall gut zu kochen verstanden. So war auch die Küche der Juden Deutschlands zur Zeit der Karolinger sicher sehr differenziert. Die Kreuzzüge aber mit ihren Judenmassakern und die nachfolgenden, fast pausenlosen Verfolgungen der deutschen Juden während des Mittelalters und in der frühen Neuzeit hatten bei ihnen eine Verarmung, ja eine Verelendung zur Folge, die sich auch auf ihren Küchenzettel auswirkte und sich bis zur Vernichtung der Juden in der Hitlerzeit nie mehr vermischte. Die Not und Armut hat in den deutsch-jüdischen Koscherrezepten ihre bitteren Spuren hinterlassen. Sogar ihre festlichen Sabbatbrote, die »Berches« oder »Challes«, backten die Juden Deutschlands – anders als jene weiter östlich – mit sehr wenig Ei und oft sogar mit beigemischten Kartoffeln!

Bittere Armut gab es allerdings auch im slawischen Osten. Aber sie brach dort erst sehr viel später über die Juden herein. Diese spielten nämlich anfangs, das heißt seit dem Spätmittelalter bis ins siebzehnte Jahrhundert hinein, für das gesamte Wirtschaftsleben Osteuropas dieselbe willkommene, positive und bedeutende Rolle wie in Deutschland zur Zeit der Karolinger. Erst mit der Entstehung eines autochthonen Dritten Standes, eines einheimischen Bürgertums neben dem Adel und den Bauern, traten auch im slawischen und baltischen Osten ähnliche wirtschaftliche und soziale Folgen für die Juden ein wie fünfhundert Jahre vorher in Deutschland: Die Juden wurden nicht mehr als unerläßliches Wesenselement im Gesamtgefüge des Wirtschaftslebens empfunden, sondern als allzu tüchtige, talentierte und fleißige Konkurrenz für den einheimischen Gewerbetreibenden und Kaufmann. Es begann die Unterdrückung, die Verfolgung. Den Auftakt bildeten die fürchterlichen Judenmassaker des Kosakenhetman Chmjelnizki im 17. Jahrhundert, von denen sich die ostjüdische Gemeinschaft nie mehr erholte. Über kurz oder lang prägen sich solche Tatsachen auch im Küchenzettel eines Volkes aus. Auch in Osteuropa gibt es daher eine Anzahl deprimierend armseliger »Festrezepte«, denen man oft nur allzu deutlich den verzweifelten Versuch anmerkt, mit unzureichenden Mitteln den Kindern trotzdem ein bißchen Festfreude zu bescheren. Auf Wunsch mehrerer Leser, die, wiewohl längst zu Wohlstand gelangt, an solche Speisen in nostalgischer Wehmut zurückdenken, wurden etliche dieser Spezialitäten in diese neue Sammlung aufgenommen, allerdings nicht, ohne sie ausdrücklich als das zu bezeichnen, was sie sind: Notlösungen für arme Leute.

Daneben jedoch gab es, vor allem in der Donaumonarchie und in Rumänien, doch noch die intakte, üppige Festküche der bemittelten Juden, und vor allem eine Küche, in welcher auch die Kochkunst des kulturellen Zentrums der Region, Wien, deutliche Spuren hinterließ.

In Wien strömte damals auch im kulinarischen Bereich alles aus dem gesamten Riesenreich zusammen, was gut und hoch erfreulich war. Die Wiener, ganz ohne Neigung zur Askese und seit jeher dem heiteren Lebensgenuß zugeneigt, wählten, ähnlich wie auch die ewig herumgeworfenen Juden es taten, aus allen regionalen Küchen ringsum das Beste: Das Gulyasch und andere herrliche Fleischragouts übernahmen sie von den Hirten der einsamen ungarischen Pußta. Bei den Böhmen lernten sie, ganz unvergleichlich wohlschmeckende, süße Mehlspeisen zuzubereiten. Aus den riesigen Getreidelandstrichen Galiziens und Ungarns kam das zarte, fette Geflügel, das in zahllosen Formen Verwendung fand – das berühmte Wiener »Backhendl« ist nur eine davon und vielleicht noch nicht einmal die allerbeste. Die Donau lieferte herrliche, fette Fische in reichster Auswahl – weiter östlich taten es der Djenstr und andere gewaltige Ströme, die das flache Land kurvenreich durchzogen.

Und von Wien wiederum lernte die ganze Donaumonarchie, was gute Küche ist. Vor allem die

Juden lernten es, die sich in großer Zahl in den magyarischen und slawischen Landstrichen Altösterreichs ansiedelten.

Sie lernten dort auch lokale Spezialitäten kennen: ukrainische, polnische, russische. Die meisten Slawen sind nämlich, was man in Mittel- und Westeuropa kaum weiß, sehr kochbegabt. Sie haben eine eher bäuerliche Küche – also nicht eine solche der Hirten wie die Ungarn in der Pußta –, die das Fleisch nur sparsam, in kleinen Stücken oder auch zermahlen verwendet, hierin ähnlich der Küche der ärmeren Italiener und der ebenfalls im Durchschnitt sehr armen, aber in Küchenhinsicht hochtalentierten Chinesen.

»Naturgesäuerte« Rote Bete (Rote Rüben, Randen) und Dillgurken

Von den Slawen lernten die Juden auch, verschiedene Rohgemüse auf natürliche Weise, das heißt ohne Beigabe von Essig oder anderen »Sauerelementen«, säuerlich zu vergären, wodurch die betreffenden Gemüse zugleich länger haltbar, leichter bekömmlich und schmackhafter wurden.

Das Verfahren als solches kennt man an sich auch weiter westlich. Sauerkraut und gesäuerte Weiße Rüben (»Räben«) wurden früher auch in Mitteleuropa in fast jedem Hause eingelegt. Sie hatten ihren festen Platz vor allem im winterlichen Speisezettel, wenn frische Gemüse kaum mehr aufzutreiben waren. Daß aber auch Rote Beten (Rote Rüben, Randen) durch natürliche Säuerung sehr viel gewinnen, weiß bei uns fast niemand. Solche »naturgesäuerten« Rote Bete ergeben aber herrlich duftende und schmeckende Suppen, darunter z. B. den berühmten »Warschauer Barschtsch«, und Eintopfgerichte mit und ohne Fleisch, die man in Polen bis vor wenigen Jahrzehnten vor allem im Winter gern und häufig auftischte. Es lohnt, sie nachzukochen.

Wem es zu mühsam ist, für diesen Zweck von Zeit zu Zeit einige Kilo Rote Bete, knapp mit kaltem Wasser überdeckt, ihrer »Eigensäuerung« zu überlassen, kann dieselben Gerichte auch mit frischen, ungesäuerten Roten Beten zubereiten, denen er die fehlende Säure durch Essig, Zitronensaft oder Zitronensäure (aus der Drogerie) beifügt. Das Resultat wird auch dann nicht übel sein, vor allem für den, der die echte Urform nicht kennt und folglich auch nicht vermißt. Wir präsentieren in diesem Buch auch solche Ersatzrezepte.

Auf jeden Fall aber sind diese weinroten Suppen und Mischgerichte (die Rote Bete teilt ja ihre Farbe an alle Substanzen mit, mit denen sie in Berührung kommt!) ein sehr wesentlicher Bestandteil der ostjüdischen Küche sowohl der armen wie der reichen Leute. Nur die Beitaten variieren entsprechend dem Einkommen; die klare, wunderschön bordeauxrote, leuchtende, durchscheinende Grundsubstanz bleibt immer dieselbe. Es gibt auch keine echte ostjüdische Küche ohne die echten, naturgesäuerten Dillgurken mit ihrem so belebenden, mildsäuerlichen Duft und ihrem appetitanregenden, zarten Aroma. Man reichte sie zu ebenfalls gesäuertem, das heißt mit Sauerteig bereitetem Roggenbrot mit Butter, zu Quark (und zwar nur solchem aus Rohmilch, also sogenanntem »Schnittquark«, von den Österreichern Topfen genannt), zu kaltem und heißem Siedfleisch, zu Aufschnitt, zu Schmorbraten, zu kalten Vorspeisen wie »Eierzwiebel« und »Gehackter Hühnerleber« oder auch, ganz ohne Beilagen und sogar ohne Brot, zu einem Gläschen Branntwein. Kleinkinder liebten solche echten Dillgurken genausosehr wie alte Menschen oder trinkfeste Männer, die eine solche echte Salzgurke als »Schnapsbeigabe« einem noch so zarten Salzgebäck bei weitem vorzogen und höchstens gepfefferte Saubohnen oder Teufelseier (= in einer Lauge mit viel Salz und Pfeffer marinierte harte Eier) als gleichwertig akzeptierten. Auch diese Rezepte finden Sie in dem vorliegenden Buch. Ausgewanderte, vertriebene oder geflohene Osteuropäer – Juden wie Nichtjuden –, die an ihrem neuen Wohnort eine solche echte, naturgesäuerte, dillgewürzte Salzgurke nicht auftreiben können, erinnern sich an diese heimatliche, an sich so bescheidene und billige Delikatesse mit feuchten Augen. In der Schweiz bekommt man sie neuerdings in Reformläden in Pfundgläsern.

Mitteleuropäische Dillgurken-Ignoranz

Warum in aller Welt ist eigentlich die so einfache »Kunst«, kleine Gurken mit allerlei Gewürz, vor allem mit Dill und Estragon, in Salzwasser auf natürlichem Weg, das heißt ohne »Säurezutaten«, sauer zu vergären, bei uns in Vergessenheit geraten? Daß man es früher konnte, beweisen noch Koch- und Haushaltsbücher aus den zwanziger Jahren, in welchen das Verfahren, Gurken auf diese Weise in kleinen Fäßchen oder glasierten großen Gefäßen zu säuern, sehr genau beschrieben wird. Dennoch bekommt man solche Gurken heute in Mittel- und Westeuropa nur an Orten, wo zufällig Flüchtlinge und Emigranten aus Osteuropa leben. Die Einheimischen dieser Regionen kennen meist nur noch Essiggurken in verschiedenen Variationen und unter verschiedenen Namen. Als »Essiggurken« bezeichnen heutige Mitteleuropäer nur die in sehr konzentrierter, ätzender Essiglösung eingelegten, und die in einer etwas milderen Essig/Wassermischung sterilisierten heißen bei uns zu Unrecht »Salzgurken«. Daneben servieren wir als Beilage zum kalten oder auch heißen Fleisch auch Zucker- und Senfgurken, die aber beide gleichfalls mit Hilfe von Essig konserviert werden. Alles durchaus nicht schlecht, aber sogar noch in der »sanftesten«, zuckerreichsten Abwandlung so scharf und ätzend, daß man es nur in »Miniaturquantitäten« und zusammen mit etwas Mildem, Fadem verzehren kann. Die »echten« dillgewürzten Salzgurken dagegen pflegt man auch einem Kleinkind, und sogar ohne jede weitere Zulage, also auch ohne Brot, in die Hand zu drücken.

Und wie belebend und beruhigend ihr Genuß wirkt, läßt sich auch an einer Episode in dem berühmten autobiographischen Roman »Promesse à l'aube« (Versprechen in der Morgendämmerung) des Schriftstellers Romain Gary ablesen, dessen Vater ein Kosak und dessen Mutter eine russische Jüdin war. Sooft ihm seine Situation hoffnungslos erschien – und das war häufig genug der Fall, als er nach Hitlers Einmarsch im besetzten Frankreich herumirrte, ehe es ihm gelang, nach London zu entkommen und sich dort de Gaulles

Luftwaffe anzuschließen –; sooft er also nicht mehr ein und aus wußte, kaufte er sich in einem russischen Emigrantenlädchen eine solche echte Salzgurke, aß sie direkt aus dem Zeitungspapier, in das sie eingewickelt war, und faßte neuen Lebensmut. Mit einer mitteleuropäischen, fälschlich als »Salzgurke« benannten Essiggurke wäre ihm dies schwerlich geglückt ... In welchem Ausmaß aber speziell in der Schweiz diese einfachste, beste, billigste und bekömmlichste Form, Gurken einzusäuern, verlorengegangen ist, mag wieder einmal eine Korrespondenz zwischen mir und einer Redaktion, und zwar der einer Wochenzeitung des größten Schweizer Lebensmittelkonzerns, illustrieren, die unter dem vielversprechenden Titel »Mehr wissen« Leserfragen beantwortet. Eine Leserin hatte sich nun beklagt, sie habe versucht, nach dem Rezept ihrer Urgroßmutter Gurken in Salzwasser mit Kräuterbeigabe einzulegen; während des Gärungsprozesses habe sich aber an der Oberfläche der Salzlake ein weißlicher Schimmel gebildet. Was sie denn falsch gemacht habe, und was sie nun tun solle?

Die neunmalkluge Antwort lautete: Wegschütten, da es auch hochgiftige Schimmelarten gibt!

Ich schrieb hin, die Antwort beruhe auf einem Irrtum. Hätte die Leserin die Gurken in Essigwasser konservieren wollen, dann würde Schimmel zwar immer noch kein schweres Gift bedeuten, denn das gefährliche Aflatoxin bilde sich erfahrungsgemäß nicht auf Gurkenlake. Aber der Schimmel würde dann beweisen, daß das Einmachgut verdorben sei, was sich auch daran erkennen ließe, daß es dann nicht angenehm belebend dufte, sondern schlechthin stinke. Natürlich bleibe in diesem Falle nichts übrig, als das Ganze wegzuschütten.

Die Leserin hatte die Gurken aber in essigfreiem Salzwasser eingelegt. Und das, was sich an der Oberfläche der Lake gebildet hatte, waren nicht die typischen, strahlenförmigen Schimmelkolonien gewesen, sondern eine weißliche, trübe Haut, genannt der »Kahm«, die bei der Säuregärung der Gurken immer entsteht. Man kann und soll den »Kahm« zwar alle paar Tage entfernen, aber nicht, weil er giftig wäre, sondern weil er sonst absinkt und die ganze Flüssigkeit eintrübt, aus ästhetischen Gründen also ...

Glauben Sie, die »Mehr-Wissen«-Redakteurin hätte dankbar die Korrektur aufgegriffen und publiziert? Keine Spur! Sie schrieb mir hochmütig, dies seien veraltete Methoden, früher hätten die Leute eben nicht Bescheid gewußt, wie gefährlich es sei, Gemüse nur in Salzwasser durchzusäuern. Das also schrieb sie mir in einem Land, wo Besitzer von Gemüsegärten auch heute noch ihr Sauerkraut selber herstellen, indem sie es, natürlich ohne Essig oder Zitronensäure, nach uralt bewährter Methode mit etwas Salz so niederpressen, daß es die hierfür nötige Flüssigkeit absondert, wobei sich an der Oberfläche natürlich der genau gleiche »Kahm« bildet wie bei den Salzgurken!

Ich schrieb an den Chefredakteur, er solle schleunigst für den Abdruck meiner Angaben sorgen, denn man könne nicht gut eine Million Leser (so hoch ist die Auflage des Blattes!) auf einer solchen Fehlinformation sitzen lassen, schon gar nicht unter dem Stichwort »Mehr wissen«.

Seine hochgescheite, stolze Antwort: Er habe Volkswirtschaft studiert und nicht Einmachen von Sauergurken und wolle sich in diesen Damenstreit nicht einmischen ...

Aus einem mir unbekannten Grund erschien meine Replik dann aber trotzdem, und aus den Dutzenden von dankbaren Anrufen und Zuschriften mir unbekannter Leser konnte ich erkennen, wie notwendig die Information gewesen war. Eine der Leserinnen schrieb übrigens, sie habe sich mit der Bitte um das Rezept für echte Salzgurken an das berühmteste Kochstudio des Landes gewandt, das recht gute kleine Kochbücher herausgibt, und die Antwort erhalten, ohne Essigzugabe könne man Salzgurken überhaupt nicht herstellen!

Da es, wie gesagt, eine echte ostjüdische Küche ohne echte, dillgewürzte, naturgesäuerte Salzgurken nicht gibt, bringen wir in dem Buch also sehr genaue Angaben über ihre Herstellung, obgleich sie nicht eine Erfindung der Juden, sondern der Nordslawen sind. Nicht nur ehemalige Ostjuden in aller Welt, sondern auch nichtjüdische Auswanderer oder »Heimkehrer« aus Osteuropa werden mir sicher Dank dafür wissen.

Hier sei nur vorweggenommen, daß die Bezeichnung »Salzgurke« im Grunde auch für die »echte« Variante der delikaten Dillgurke unrichtig ist: Es ist nicht das Salz, das die Säuregärung hervorruft. In kaltes Wasser gelegtes Gemüse geht auch ohne Salzzugabe allmählich in Säuregärung über, und die Rote Bete pflegt man in Osteuropa ja immer ganz ohne Salz (und auch ohne jede andere Zutat) einzusäuern. Die Erfahrung lehrt aber, daß speziell bei Kraut (Kohl) und Gurken die Säuregärung ohne Salzbeigabe leichter auf Abwege gerät und auch einmal mißlingt. Gärung ist ja – im Gegensatz zu Sterilisierung – kein Abtötungsprozeß, sondern eine sehr lebendige Angelegenheit, die auch bei größter Sorgfalt zur Fehlentwicklung führen kann.

Wer aber echte, essigfreie Dillgurken je gekostet hat, weiß, wie sehr es lohnt, das Risiko einzugehen. Und wie sehr es auch lohnt, in Kauf zu nehmen, daß solche echten Salzgurken – im Gegensatz zu unseren im Essigwasser sterilisierten und praktisch unbegrenzt haltbaren – nach maximal einem halben Jahr ihren zarten Wohlgeschmack und feinen Geruch allmählich einbüßen und schließlich matschig und faulig werden.

Quark-Probleme

Aber natürlich sind echte Dillgurken und gesäuerte Rote Beeten lange nicht die einzigen Spezialitäten der osteuropäischen Küche, die von den Juden übernommen wurden. Der jüdische Nobelpreisträger für Literatur Isaak Bashevis Singer stellt in einem seiner Bücher fest, die Juden hätten rund sechshundert Jahre unter den Polen gelebt und sich bis zuletzt nicht einmal sprachlich an ihre nichtjüdische Umwelt »akkulturiert«. Er selbst, Sohn eines streng orthodoxen Rabbiners, beherrschte als Knabe zwar außer Jiddisch – einem im wesentlichen deutschen Idiom mit hebräischen und slawischen Einsprengseln – nur das Hebräisch der Bibel und Aramäisch, die Talmudsprache. In gastronomischer Hinsicht dagegen waren die Juden gern bereit, von den Slawen zu lernen.

Zur ostjüdischen Küche gehören daher nicht bloß naturgesäuerte Gemüse, sondern auch »naturgesäuerte« Milchprodukte. Hier, bei den Slawen, begannen die Juden unter anderem, ihren »milchigen« Speisen sehr viel Sauerrahm beizumengen, genau wie die Polen und Ruthenen es gleichfalls taten, sofern sie sich Rahm überhaupt leisten konnten...

Ich erinnere mich noch gut, wie ich zum ersten Mal begann, tiefes Mißtrauen gegen die amerikanische Küche zu empfinden: Es war bei der Lektüre von Mark Twains »Tom Sawyer«. In dem Buch klagt nämlich eine Mutter sich selbst weinend an, sie habe ihren armen Jungen verdächtigt, den Rahm heimlich ausgetrunken zu haben. Und dabei habe sie ihn doch selber am Tag zuvor weggeschüttet, da er sauer geworden war ...

Man stelle sich vor: Die Amerikaner schütteten Sauerrahm fort! Sie hielten ihn für verdorben! Wie konnte man ein solches Volk in kulinarischer Hinsicht ernst nehmen? Ich weiß, daß sich dies mittlerweile geändert hat: Es gibt heute sogar eine angeblich ur-amerikanische Spezialität »Pellkartoffeln mit Sauerrahm«, die man seit Jahren auch in Europa als »spezifisch amerikanisch« serviert. Aber das gibt es in Amerika erst, seit die ostjüdische Küche der einstigen Einwanderer aus Polen und Rußland drüben vor allem in New York die Eßgewohnheiten der nichtjüdischen Majorität mitbeeinflußt.

Ganz am Anfang dieses Buches erwähnte ich schon, daß die Juden kein Fleisch mit Milch oder irgendwelchen Milchprodukten mischen dürfen. Aber wo immer sie in Osteuropa eine fleischlose Speisefolge zusammenstellten, floß üppig saurer Rahm. Dabei handelt es sich nicht um den Sauerrahm, der entsteht, wenn man die Rahmschicht von der Milch noch vor deren natürlicher Säuerung separiert und mit Joghurtbakterien impft, sondern jenen weit delikateren und zarter schmeckenden, der sich nur bildet, wenn man fette, rohe Milch im Sommer ein bis drei Tage in einem warmen Raum stehenläßt. Erst dann wird von der jetzt sauer gewordenen Milch der ebenfalls sauer gewordene Rahm abgeschöpft. Und es schadet gar nichts, wenn etwas von der zarten, blassen, sauren Milchgallerte unten an ihm haften bleibt. Dieser altmodische, herrliche Sauerrahm aus Rohmilch ist übrigens identisch mit dem, was die Modeküche rätselhafterweise als »Crème fraîche« bezeichnet. Darüber hören wir später Genaueres.

Die restliche Sauermilch kann man ein paar Sekunden lang mit dem Schaumschläger kräftig durchrühren, wodurch sie sich fast sofort in eine homogene, leicht schäumende Masse verwandelt, und als erfrischendes, eiskaltes Sommergetränk auf den Tisch stellen. Indes pflegt man zu diesem Zweck die Milch im slawischen Osten lieber in Portionsbechern oder -gläsern zur sauren Gallerte erstarren zu lassen und zusammen mit der schönen, glatten Rahmschicht an der Oberfläche zu konsumieren.

Aus der entrahmten Sauermilch in der Schüssel bereitet man lieber Quark, indem man sie auf dem Herd schwach erwärmt, bis die Molke sich abscheidet, und dann im Tuch langsam abtropft, bis feuchter, zartkrümliger Quark übrigbleibt, den nur der absolute »Quark-Laie« in einem Atemzug mit jenem wäßrigen, homogenen, cremigen Produkt nennen wird, das man westlich von Wien unter dem Namen »Quark« bekommt. Über die Probleme, die sich daraus für Liebhaber osteuropäischer Koscherküche weiter westlich ergeben, hören Sie dann bei den Quarkrezepten des Buches. Dort verraten wir Ihnen auch, wie Sie im eigenen Haus solchen echten Quark – die Wiener nennen ihn »Schnittquark« – aus echter Sauermilch auch dann herstellen können, wenn sie, was eigentlich die unerläßliche Voraussetzung wäre, keine »unmanipulierte« Rohmilch bekommen können. Und wie Sie diese Produkte auch im Winter erzeugen können, was auch im slawischen Osten als sehr schwierig und fast unmöglich galt.

Über alle diese Fragen siehe unter dem Titel »Quark und Sauerrahm in Ost und West« (S. 103 ff.).

Solchen krümligen Quark – in Wien nennt man ihn, wie gesagt, »Schnitt-Topfen« – reichte man also im Alten Österreich zu Knödeln, Nudeln, verarbeitete ihn in Strudeln. Mit solchem echten Sauerrahm überträufelte man einen festen Maisgrieß, Palatschinken oder Pirogen, die ihrerseits mit gesüßtem oder gesalzenem Topfen gefüllt waren oder aber mit einer wohlschmeckenden Mischung aus Topfen, Quetschkartoffeln und gerösteten Zwiebeln. Ein paar Löffel Sauerrahm gehörten auch über Pirogen mit einer Füllung aus Heidelbeeren oder Sauerkirschen ...

Apropos: Sagten wir schon, was Pirogen sind? In Polen verstand man darunter in Salzwasser gargekochte Teigkrapfen etwa von der Größe der Handfläche. In Rußland wiederum pflegte man die Pirogen eher im Ofen braun zu backen oder schwimmend im Öl goldbraun zu braten. Auch diese Varianten sind in die Küche der Ostjuden eingegangen.

Solchen Rahm und Topfen aß man aber, wie bereits kurz erwähnt, auch zur Mamaliga, dem festen Maisbrei der Rumänen; die Italiener nennen diesen Brei Polenta. Ein sommerliches beliebtes einfaches Abendessen bestand aus einem Teller Maisbrei, überkrümelt mit Schnittquark und übergossen mit einigen Löffeln Sauerrahm. Man trank Sauermilch dazu.

Aus der Küche der Rumänen haben die Juden

aber auch eine Anzahl zarter kalter Vorspeisen übernommen, die möglicherweise nicht europäischer, sondern nahöstlicher Herkunft sind und durch die Türken auf den Balkan gelangten.

Duftende Blüten in Zucker

Zum Speisezettel der Juden Ostgaliziens, Rumäniens, des Balkans und ganz Rußlands gehörten auch Blütenblätter, vor allem die der so betäubend duftenden Rosa centifolia, in Zucker eingekocht und im Sommer zu einem Glas kaltem Wasser, im Winter statt Zucker im Tee genossen. Sie sind nicht eine gastronomische Erfindung der Juden allein, sondern der Araber und Juden gemeinsam, entstanden während der kulturell so fruchtbaren geistigen Symbiose beider stammverwandter Völker im Frühmittelalter im damals riesengroßen muslimischen Reich, das von Andalusien bis nach Indien reichte.

Solche in Zucker gekochten Rosen – und übrigens auch andere duftende Blüten – werden auf dem Balkan und in Rußland allerdings auch von den Nichtjuden gegessen und gehen bei ihnen wahrscheinlich nicht auf jüdische, sondern auf türkische Einflüsse zurück; wie ja die Türken überhaupt sehr süße Nachspeisen leidenschaftlich lieben. Während sonst die Speisen der orientalischen Juden von denen der Juden Osteuropas stark differieren, decken sie sich also weitgehend in puncto Blumenrezepte, sind bei ihnen schon früh nachweisbar …

Ein ungarischer Offizier, der gezwungen war, im Zweiten Weltkrieg auf deutscher Seite mitzukämpfen, erzählte mir, beim Vormarsch habe er in Rumänien einmal bei einem beliebigen Hause angeklopft und – es herrschte unerträgliche Hitze – um eine Erfrischung gebeten. Eine alte jüdische Frau trat heraus, und als sie die ungarische Offiziersuniform sah, die sich seit dem Ersten Weltkrieg in Schnitt und Farbe kaum verändert hatte, erinnerte sie sich voller Freude daran, um wieviel angenehmer damals die österreichisch-ungarische Besetzung des Landes gewesen war als die durch die Russen, und sie brachte ihm auf einem kleinen Tablett einen Löffel Rosenkonfitüre neben einem Glas sehr kaltem Wasser heraus. Er nahm die Gabe dankbar, aber mit nicht ganz gutem Gewissen entgegen. Denn er wußte, daß diesmal die freudige Erwartung der alten Frau – und überhaupt aller Juden Osteuropas – im Zusammenhang mit dem deutschen Vormarsch wenig begründet war.

Das Verspeisen von Blüten ist aber ebenso bei den sogenannten Westjuden verläßlich belegt, jenen aus der pyrenäischen Halbinsel also, die man auch Sepharden oder Spaniolen nennt im Gegensatz zu den »aschkenasischen« Juden Mittel- und Osteuropas. In einem Brief bat der große holländisch-jüdische Philosoph Baruch de Spinoza (1632–77) einen Freund um eingemachte Rosen. Wüßte man nicht ohnehin, daß Spinoza Nachkomme vor der Inquisition nordwärts geflohener, ehemals spanischer Juden war und außerdem an Schwindsucht litt, so könnte man beides aus dieser brieflichen Bitte erschließen. Denn die Zuckerbäckerei Mitteleuropas war zwar generell arabisch inspiriert und kannte folglich auch nahöstliche

Blumenrezepte, eingebürgert haben sich aber im nordwestlichen Europa als duftende Zutaten für bestimmte Süßigkeiten (Lebkuchen, Eis, Bonbons, Puddings etc.) nur die (flüssigen) Essenzen duftender Blüten, und nicht mit Zucker kandierte oder zu Marmelade eingekochte Rosen-, Veilchen-, Akazien-, Lilien- und Orangenblüten. Solche Leckereien kennt man in Europa, wie gesagt, außer bei den Juden nur in Regionen, die wenigstens zeitweise unter muslimischer Herrschaft standen. Also auf dem Balkan, in Sizilien, in Andalusien. Dort weiß man auch bis heute, daß speziell die Rosenkonfitüre Lungen- und Bronchienleiden lindert.

In Ostgalizien, wo die Türkenbesetzung nicht nur an den Synagogenbauten stilistische Reminiszenzen hinterlassen hat, sondern auch im dortigen Speisezettel, kochte man jeden Frühsommer Rosen ein. Man wählte hierfür die »Zentifolie« (auf deutsch »hundertblättrige«) mit ihrem intensiven, süßen Duft und ihren rosaroten, sehr zarten Blüten, die so leicht zerfallen, weshalb man sie bei uns kaum mehr anpflanzt. Sie ist identisch mit unserer altmodischen Kohlrose aus den Bauerngärten, hat also kugelrunde, sehr dick gefüllte Blütenköpfe.

In Bulgarien gibt es noch heute – oder gab es doch bis zur Integration des Landes in den Ostblock – Riesenfelder mit Zentifolien zur Herstellung von Parfüm und verschiedenen Süßigkeiten. Bei uns jedoch findet man Zentifolien fast nur noch in verwilderten Schrebergärten. Neuerdings werden sie allerdings, im Zuge der Nostalgiewelle, auch wieder in Katalogen der großen Rosenzüchter angeboten. In Zucker eingekocht, zergehen die Blütenblätter der »Rosa centifolia« auf der Zunge, während die unserer haltbareren Neuzüchtungen auch bei noch so langem Kochen ledrig bleiben …

Ich erinnere mich noch aus meiner Kindheit in Ostgalizien, wie manchmal arme, in zerrissene Tücher eingemummte Jüdinnen, angelockt von dem betäubenden Rosenduft, der dem Küchenfenster beim Einkochen entströmte, bei uns eine Tasse Rosenkonfitüre als Medikament für lungenkranke Angehörige erbaten – Schwindsucht war ja vor etlichen Jahrzehnten eine regelrechte Volksseuche, an der nicht nur singende Kameliendamen auf der Opernbühne starben. Damit rechnete man in unserem Hause und kochte daher ganze Körbe voll Rosen ein.

Mit Zucker und etwas Zitronensäure eingekochte Rosen duften aber nicht nur paradiesisch, sie schmecken auch herrlich. Deshalb galten und gelten sie in jenen Regionen nicht nur als Heilmittel, sondern auch als beliebte Leckerei. Auf dem Balkan serviert man sie, wie wir schon hörten, vorwiegend im Sommer zu einem Glas eiskaltem Wasser; bei uns in Ostgalizien nahm man sie lieber im eisigen kontinentalen Winter zum kochendheißen Tee anstelle von Zucker. Auch in

Rußland reichte man auf die gleiche Weise Rosenkonfitüre.

Speziell auf dem Balkan kennt man, wie bereits erwähnt, auch Konfitüren aus vielerlei anderen giftfreien und zugleich intensiv duftenden Blüten. Die hohe Kunst jedoch, Blüten zu kandieren, ist dort verlorengegangen. Kandierte Rosen zum Beispiel bekommt man in Sizilien, in Andalusien und in manchen Regionen des Nahen Ostens bei jedem Konfiseur, der etwas auf sich hält. Bei uns kennt man nur noch kandierte Veilchen, und auch sie bloß als Tortendekoration und nicht als eine Art Bonbon. In der jüdischen Küche kommen sie überhaupt nicht vor.

Rosenkonfitüre – also nicht kandierte, sondern in einer rubinfarbenen Zuckerlösung schwimmende Rosenblütenblätter – gehörte zum festen Repertoire der ostgalizischen Küche, muß folglich auch in einem Koscherkochbuch stehen, das speziell den Küchenzettel Ostgaliziens präsentieren will. Da es aber lange nicht für jeden von uns möglich ist, Blüten von Zentifolien – und noch gar in ausreichender Menge – aufzutreiben, da andererseits die Blüten moderner, haltbarerer Rosensorten auch bei noch so langem Kochen ledrig bleiben, geben wir neben dem echten Urrezept noch zwei Ausweichmöglichkeiten an: Rosensirup und Konfitüre aus zwar harten, aber im Mixer pürierten »modernen« Rosen. Unerläßlich ist auch für diese beiden Varianten der intensive Duft ...

Vor dem Abfassen meines Breviers der ostjüdischen Küche verglich ich natürlich meine Rosen-Rezepte mit solchen aus dem nichtjüdischen Osteuropa. Es gelang mir auch, etliche Kochbücher aus dem zaristischen Rußland in den Bücherregalen russischer Emigranten aufzustöbern. Dabei erlebte ich eine Überraschung. Um sie zu verstehen, muß man wissen, daß es keine Frucht oder Blüte gibt, deren Duft und Farbe sich so leicht in Wasser lösen wie die der Rosen. Es genügt, die Blüten der Zentifolie zu überbrühen – und schon verwandeln sie sich in geruch- und farblose weiche Lappen, während das Wasser intensiv zu duften beginnt und sich violett oder grünlila verfärbt; rubinrot wird es erst, wenn man Zitronensäure – echte oder kristalline aus der Drogerie – beimengt. Daher kann man so mühelos auch hartblütige Modesorten wenigstens zu Sirup verarbeiten, der genauso verführerisch riecht wie die Konfitüre und ebenso rubinrot leuchtet.

Was aber empfehlen die Kochbücher aus dem Zarenreich? Man solle die Kochflüssigkeit wegschütten und nur die ausgelaugten Blüten zu Marmelade einkochen! Das ist, als konsumierte man von Weintrauben statt des Saftes nur den ausgepreßten Trester. Kurzum: ein Witz! Ich habe lange darüber nachgedacht, was es mit diesen Rosenrezepten auf sich hat.

Die einzige mögliche Erklärung für den Unfug scheint mir diese: Die im Norden ihres Riesenreiches lebenden Russen haben ohne Zweifel alle nahöstlichen Spezialitäten, und folglich auch das für eingekochte Rosenblüten, durch die aus dem Nahen Osten stammenden Armenier im Süden des Landes kennengelernt. Die russisch-armenische Hauptstadt aber ist Jerewan. Zwar gab es damals natürlich noch kein »Radio Jerewan«, dem man dann später regimekritische, antisowjetische Witze zuschrieb. Und es gab ja auch noch keinen Kommunismus, so daß die Armenier es damals noch nicht nötig hatten, mit Hilfe von Witz und tausend Finten und Finessen die wirtschaftlichen Leernischen des Systems freizulegen, die auch die strammste Parteibürokratie nicht vermeiden kann, und im geheimen doch noch eine funktionierende Wirtschaft mit kapitalistischen Grundzügen aufzubauen. Aber Spaßvögel waren die Armenier schon immer, und die russische Zentralregierung liebten sie damals so wenig wie heute. Und da muß denn ein armenischer Witzbold – so glaube ich wenigstens – auf die boshafte Idee verfallen sein, den Russen ein Rezept für Rosenkonfitüre aufzubinden, das sich höchstens als Jux für den Ersten April eignet; und das scheint ihm glänzend gelungen zu sein …

Jahrzehnte sind seither verflossen. Ob die heutigen sowjetischen Russen noch so, wie zur Zarenzeit, ihren Tee mit Rosenmarmelade süßen? Und wenn ja: Importieren sie die eingemachten Zentifolien vom Südrand ihres Reiches, oder kochen sie die Blüten selber ein? Wenn letzteres der Fall ist, wäre es schon interessant, festzustellen, ob sie auch heute noch, wie vor der Revolution, hierbei die duftende Essenz wegschütten und die faden Blütenreste zu Marmelade verarbeiten. Wenn dies aber so sein sollte, dann wäre es ein Beweis dafür, daß Witze zwar leider kein Regime stürzen, aber doch wenigstens den siegreichen Unterdrückern die Gaumenfreuden verderben können …

Die Küche der »Sepharden«

Rosenkonfitüre, obgleich, wie schon erwähnt, ohne Zweifel eine gemeinsame jüdisch-arabische Erfindung des frühen Mittelalters und daher zu Beginn nur im Nahen Osten und in Andalusien beheimatet, bildet inzwischen einen festen Bestandteil der Küche der Juden Ostgaliziens und Rumäniens. Es sind aber auch andere Rezepte dieser »sephardischen« Juden in den ostjüdischen Küchenzettel eingegangen: Der »Fluden« mit den vielen exotischen Trockenfrüchten darin oder so manches der Zimmesgerichte mit seiner üppigen exotischen Würzung verrät eindeutig andalusische und portugiesische Einflüsse.

Im großen und ganzen aber kochen und essen die Juden der westeuropäischen und vor allem der orientalischen Länder heute anders als jene Osteuropas. Ihre Küche gleicht in vielem der ihrer muslimischen Nachbarn. Und sie haben ihre Leibspeisen natürlich auch nach Israel mitgebracht, wohin sich eine volle Million von ihnen nach der Vertreibung aus praktisch allen muslimischen Ländern – Persien unter dem Schah bildete die löbliche Ausnahme; aber auch sie gehört der Vergangenheit an – vertrieben wurden, in denen sie teilweise schon tausend Jahre vor den Arabern saßen wie zum Beispiel im Irak, dem einstigen Babylon. Ihre Küche gleicht jener der Muslims in den gleichen Landstrichen. Diese Angleichung an die Eßgewohnheiten der Umwelt war im muslimischen Bereich schon dadurch stärker erleichtert als inmitten einer christlichen Bevölkerung, daß auch der gläubige Mohammedaner sein Vieh schächten muß und kein Schweinefleisch konsumieren darf, genau wie der Jude. Näheres über die jüdisch-orientalische Küche, kulinarisch, kulturell und historisch, erfahren Sie aus einem separaten Anhang des Buches unter dem Stichwort »Die jüdische Küche Israels«

Koschere Kochliteratur

Natürlich sah ich mich, bevor ich dieses Buch schrieb, auch in der vorhandenen Koscher-Literatur um. Das Ergebnis war nur zu einem kleinen Teil beglückend. Ich fand wohl eine Anzahl alter Koscher-Kochbücher aus Mitteleuropa. Im wesentlichen waren es aber einfach leicht abgewandelte Rezepte der betreffenden nichtjüdischen Landesküche, eher verschlechtert als verbessert durch die Koscher-Einschränkungen, und ergänzt durch etliche typische altjüdische Sabbatspeisen, die sich aus dem bereits erwähnten Feuerverbot für den Sabbat ergeben. Nach osteuropäischen Koscher-Kochbüchern hielt ich weiter Ausschau – fand aber keine, auch nicht in russischer oder polnischer Sprache. Nur aus Böhmen gibt es ein koscheres Kochbuch aus dem 19. Jahrhundert – es enthält einfach böhmische Nationalspeisen, in Komposition und Qualität reduziert durch die Koschervorschriften. Vermutlich existierten in Osteuropa auch gar keine jüdischen Kochbücher. Wozu auch? In einer derart traditionsgesicherten Welt wurden die Rezepte in der Großfamilie eben von einer Generation zur nächsten mündlich und durch praktische Einführung der »Novizinnen« weitergereicht.

Blieb also noch Amerika. Dorthin sind viele Juden aus Osteuropa ausgewandert, dort mußte es auch Koscher-Kochbücher geben. Und diesmal hatte ich Glück: Es gibt tatsächlich welche. Denn anfangs neigte zwar die jüdische Jugend aus frisch eingewanderten Kreisen drüben zur Totalintegration und -akkulturation an die angelsächsische Umwelt in jedem, und folglich auch im gastronomischen Bereich. Sie beeilte sich, die Eßgewohnheiten ihrer europäischen Eltern abzustreiten und gegen die völlig farblose Küche Amerikas einzutauschen. Diese Tendenz ist aber inzwischen drüben abgeklungen und speziell bei den einstigen Ostjuden der sentimentalen Neigung gewichen, sich jetzt, nach der Vernichtung der ostjüdischen Gemeinschaft Europas in den Nazijahren, wieder der alten Heimat zu erinnern und auch deren uralte Kochrezepte wieder aufzugreifen. Es entstanden auch reihenweise Kochbücher für ostjüdische Spezialitäten.

Natürlich habe ich mich auf diese neuen amerikanisch-jüdischen Kochbücher gestürzt, sie jedoch nur zum kleinen Teil brauchbar gefunden. Die meisten gleichen sich bis ins Detail so sehr, als wäre eines vom anderen abgeschrieben – was wohl auch weitgehend der Fall ist. Dabei werden manchmal sehr mittelmäßige Variationen einer Speise immer wieder weitergereicht, ohne je eine Korrektur und Verbesserung zu erfahren.

Zum Teil sind die Rezepte auch zu sehr amerikanisiert, oder man merkt ihnen zu sehr an, daß der größere Teil der Auswanderer nach drüben nur sehr arme Menschen waren. Manche Speisen sind offenkundig durch billige Ersatzsubstanzen verschlechtert. So überliefern fast alle amerikanisch-jüdischen Kochbücher den berühmten ostjüdischen Nunt (Nougat), ein Konfekt aus echtem Bienenhonig mit Walnüssen, nur in einer sehr kümmerlichen Variation, welcher statt Honig nur Zucker und Melasse, und statt Walnüssen gebackene Teigstücklein beigemengt sind. Dennoch, schon der Kuriosität halber, habe ich auch eine Anzahl solcher Armeleute-Süßigkeiten in dieses Buch aufgenommen.

Anderen amerikanisch-jüdischen Rezepten wieder spürt man allzu deutlich an, daß bei den Einwanderern endlich nicht mehr Schmalhans als Küchenmeister herrscht: Manche Speisen sind sinnlos angereichert. So etwa, wenn bei einem Gericht, das nur entweder mit Eigelb oder mit Rahm vollendet schmeckt, gleich beides zusammen verwendet wird. Und wo schon Essig verwendet wurde, fügt man unbedingt auch den teureren Zitronensaft bei, auch wenn er in die betreffende Komposition nicht recht passen will. Man kann es sich ja leisten.

Manche amerikanisch-jüdischen Rezepte greifen auch ans Herz, weil sie das anfängliche Elend der Neueinwanderer nur allzu deutlich illustrieren. So erzählt die Verfasserin eines recht guten amerikanisch-jüdischen Kochbuches, ihre Mutter habe für den delikaten »Gefilten Fisch«, diese bereits erwähnte berühmte Sabbatspeise der Ostjuden, immer nur »Buffalo« genommen, eine Fischsorte, die man zwar auf dem vorwiegend jüdischen Fischmarkt etwa des ostjüdischen Einwandererviertels East End von New York ohne weiteres bekam, die aber in keinem zoologischen oder gastronomischen Lexikon verzeichnet ist. Erst nach Jahren wurde der betreffenden Kochbuchautorin klar, daß das Wort nicht »Buffalo«, sondern »Buwel« hieß, daß es also auch nichts zu tun hatte mit dem berühmten Zirkus-Unternehmen »Buffalo Bill«, sondern nur mit dem, was ein dem Jiddischen entnommener Rotwelschausdruck im Deutschen als »Bofel« bezeichnet. In der hebräischen korrekten Aussprache heißt das Wort »Bawel«, also Babel. Jiddisch wird es, je nach Landstrich, als »Bowel« oder »Buwel« ausgesprochen. Und sowohl im Rotwelschen, dem hebräisch durchsetzten Geheimjargon der deutschen Gauner und Vaganten, wie auch im Alltagsdeutsch, bedeutet es soviel wie Durcheinander, Ramsch, Ausschuß, unbrauchbarer Restbestand.

»Buffalo« waren also einfach die billigsten Fischreste vom Markt …

Während diese Episode noch rührend ist, finde ich es um so schlimmer, daß, wie bereits eingangs des Buches erwähnt, einige amerikanische Verfasserinnen von koscheren Kochbüchern keine Ahnung von der mosaischen rituellen Speisegesetzgebung haben: Manche von ihnen empfehlen z. B. Kompositionen mit dem echten verbotenen Kaviar!

Und dann das vielleicht Allerschlimmste: Etliche der amerikanisch-jüdischen Kochbuchautorinnen wollen unbedingt ihre jüdisch-nationale, das heißt zionistische, israelfreundliche Gesinnung bis in den Kochtopf hinein beweisen. Und zwar nicht etwa dadurch, daß sie nur oder vorwiegend solche altjüdischen Speisen servieren, die vermutlich schon zur Bibelzeit im Gelobten Lande verzehrt wurden – was wenigstens kulturhistorisch interessant wäre –, sondern zum Beispiel dadurch, daß sie festliche Nachspeisen in den israelischen Nationalfarben, nämlich Blau-Weiß, empfehlen! Das ist an sich schon ziemlicher Unsinn. Wenn sich aber die Farbskala einer Nationalflagge zwischen Weiß, Rot und Gelb bewegt, lassen sich mit Hilfe von Eigelb, Safran und bestimmten Früchten ganz hübsche »National-Desserts« mühelos erstellen. Hellblaue Früchte oder andere natürliche himmelblaue Eß-Substanzen jedoch gibt es überhaupt nicht. Das läuft also auf giftfreie chemische Farbe hinaus.

Ähnlichen Blödsinn kennt zwar auch die nichtjüdische amerikanische Küche: etwa, wenn sie vorschlägt, für Festdiners das Brot in der gleichen Pastellfarbe zu kolorieren wie das Tischtuch, also zum Beispiel türkisgrün, hellrosa oder cognacbraun. Da ist aber doch noch ein Unterschied zur altjüdischen Küche: Das angelsächsische Schwammgummi-Brot mit Soda statt Sauerteig oder Hefe ist ohnehin so geschmacklos, daß solche Beitat nichts mehr daran verderben kann. Die altjüdischen Spezialitäten aber sind viel zu schade für solches Allotria.

Bleibt noch die israelische Küche. Zu einer eigentlichen Synthese zwischen dem Speisezettel der orientalischen und der osteuropäischen Juden ist es drüben noch nicht gekommen. Man hat nur gegenseitig ein paar besonders interessante Spezialitäten übernommen. Wo dennoch Kreuzungen aus den beiden so ungleichen Kochtraditionen versucht werden, fallen sie nur zum kleineren Teil organisch und erfreulich aus; zum größeren Teil gleichen sie eher den willkürlichen Küchenexperimenten im heutigen Amerika. Zudem spuken moderne Diätvorschriften in die israelische Küche für meinen Geschmack allzu deutlich hinein. Es gibt da zuviel Rohkost und, am falschen Ort, bekömmliches Öl statt Gänseschmalz oder Rinderfett. Aber es ist, angesichts der allgemeinen Kochbegabung der Juden, durchaus möglich, daß es eines Tages eine relativ einheitliche, israelische Küche geben wird, die jener Osteuropas ebenbürtig sein könnte.

Soweit ist es aber noch nicht. Aus den bereits vorliegenden israelischen Kochbüchern in hebräischer Sprache habe ich daher nur etliche orientalische Spezialitäten aufgenommen, die sich allgemeiner Beliebtheit im Lande erfreuen und denen auch der Tourist auf Schritt und Tritt begegnet.

Daneben präsentiere ich einige orientalische Speisen Israels, unabhängig von ihrer kulinarischen Qualität, die schon zur Bibelzeit hier gegessen wurden. Bei ihnen leuchte ich, wie bereits eingangs erwähnt, auch den kulturellen, historischen und etymologischen Hintergrund aus.

Das kulinarische Festjahr der Juden

Das kulinarische Festjahr der Juden sah und sieht auch heute noch in den verschiedenen Weltgegenden unterschiedlich aus. Ein paar kurze Anmerkungen darüber mögen auch den Nichtjuden interessieren.

Je ärmer eine jüdische Bevölkerungsgruppe war – und jene Osteuropas ging, wie bereits erwähnt, schon lange vor ihrem Holocaust in den Hitlerjahren, wirtschaftlich der Agonie entgegen –, eine desto größere Rolle spielten die Festtage und folglich auch die Festspeisen in einer Familie. Denn an gewöhnlichen Tagen konnten sich viele überhaupt nie satt essen.

Das galt natürlich, auch dies wurde schon erwähnt, nicht allgemein. Die osteuropäische jüdische Gemeinschaft war sozial wenig ausgeglichen. Man aß entweder tagtäglich so üppig, daß einem »Westler« beim Anblick der Überfülle einer »gewöhnlichen« Alltagstafel in einem jüdischen – oder auch nichtjüdischen – Hause die Augen übergingen. Oder man hungerte. Für den Sabbat und die Festtage versuchte aber auch der Ärmste, etwas kulinarischen Glanz in seine Hütte zu tragen.

Sabbat

Die Festtage der Juden beginnen – mit wenigen Ausnahmen – am Vorabend. Dies weiß im allgemeinen auch der Christ, denn er erinnert sich, daß die Kreuzigung Jesu am »Rüsttag« des Pessachfestes stattfand.

Am Vorabend beginnt also auch der Sabbat. Am Freitag gingen die Männer und Knaben gewöhnlich in die Sauna, die es in Osteuropa überall gab. Ein Badezimmer im eigenen Haus hatte dagegen lange nicht jeder. Es war ja auch, bei fehlender Wasserleitung und Kanalisation, nicht so einfach, eine Wanne zu füllen und wieder zu leeren.

Nach dem Bad wechselten sie die Wäsche, beteten in der Synagoge und kamen dann mit einem Gast zusammen nach Hause. Dieser Gast war nicht ein Freund, sondern ein fremder Durchreisender, der sich den Aufenthalt in einem koscheren Hotel oder Restaurant nicht leisten konnte – oft gab es in dem betreffenden »Städtl« auch gar keine Gaststätte außer einer Schnapskneipe.

Manchmal war es auch ein armer Jeschiwe-Bocher, ein Talmudstudent, dessen Eltern nicht am Platze wohnten. Solche künftigen jungen Religionsgelehrten durften aber auch an gewöhnlichen Wochentagen reihum bei den ansässigen Familien ein Mittags- oder Abendessen verzehren. Unzählige jüdische Witze kreisen um die Frechheit und Verfressenheit dieser armen Bettelstudenten. Ebenso viele Witze kritisieren allerdings auch scharf die Gastgeber, die manchmal sogar an einem Festtag dem armen Burschen nicht dasselbe versetzten wie allen übrigen Tischgästen, sondern ihn mit billigeren Gerichten abspeisten.

Die heimgekehrten Männer sangen vier Begrüßungslieder an die Engel, die den Sabbat segnen. Sie fanden daheim bereits den weißgedeckten Tisch vor, auf welchem am Sitzplatz des Hausherrn zwei weiße Sabbatbrote, die bereits ausführlich erwähnten *Challes* oder *Berches,* bedeckt mit einer weißen Serviette, bereitlagen.

Am Platz der Hausfrau, und oft auch bei den

Plätzen aller erwachsenen Töchter, standen Sabbatleuchter, meist mit je zwei Kerzen drin. Die Frauen entzündeten vor Sabbatanbruch diese Kerzen, wobei sie den zugehörigen hebräischen Segen rezitierten. Die heimgekehrten Männer umschritten den Tisch, bewunderten die Tafel und sangen das hebräische Loblied Salomons auf die Frau; wie denn überhaupt alle Sabbatgesänge auf hebräischen Texten beruhen. Jiddische Lieder gab es zwar, aber sie waren nicht für das Festritual bestimmt.

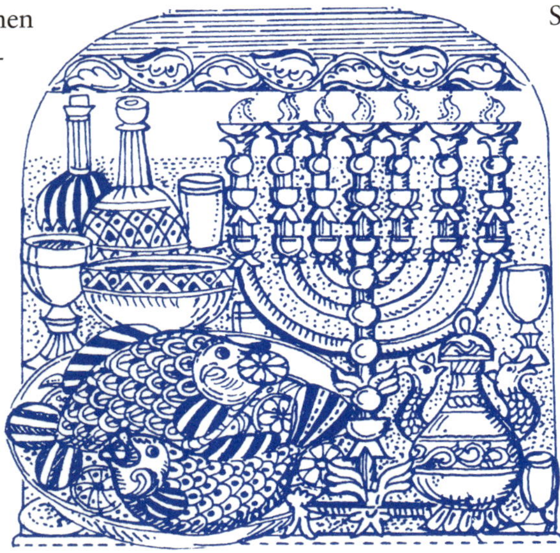

Wein und Schnaps durften oder sollten nicht fehlen. Der Wein schon deshalb nicht, weil der über ihn rezitierte Weinsegen zum Sabbatritual und auch zum festen Ritual der Mahlzeiten an anderen Feiertagen gehört. Nur im äußersten Notfall durfte der Weinsegen durch den über ein Stück Brot abgelöst werden. Aber solche Not gab es auch bei den verarmten Ostjuden nur selten. Oft behalf sich der Arme mit einem billigen, leicht angegorenen Rosinensaft, der mit dem Wein immerhin die Grundsubstanz gemeinsam hat.

Branntwein gehörte zwar nicht zum Festritual, konnte gar nicht zu ihm gehören, da das Destillieren von Alkohol ja erst im Mittelalter erfunden wurde. Aber die sehr fetten und schweren Festspeisen der Juden erheben den gewöhnlichsten Schnaps aus dem Rang eines ordinären Rausch- und Genußmittels zu einem präventiven Schutz vor Übelkeit und allerlei Magenbeschwerden.

Daneben braute man im jüdischen – wie auch nichtjüdischen – Haushalt Osteuropas Met (aus Honig) und eine Anzahl von Weinen aus Obst und Beeren.

Dann also kam das Festmahl, fast immer eingeleitet mit einem – meist kalten und gelierten – Fischgericht. Diese jüdischen kalten Fischgerichte genießen mit Recht bei allen, die sie je gekostet haben, große Beliebtheit. Auch die Christen Osteuropas waren hocherfreut, wenn sie zu einem Stück »jüdischen Fisches« eingeladen wurden, und nicht einmal die Nazis des sudetendeutschen Landstriches bildeten da eine Ausnahme. Es machte ihnen auch nichts aus, Schulter an Schulter mit orthodoxen und chassidischen Juden in Kaftan und Schtrajml, dem schwarzen Samthut mit einem Rand aus Zobelschwänzchen, mit langem Bart und geringelten Schläfenlocken, im koscheren Restaurant ein Stück »Gefilten Fisch« mit einem Gläschen Bronfen (Branntwein) zu verzehren …

Der Fisch konnte farciert oder unfarciert sein – immer aber achtete man darauf, den Kopf unzertrümmert mitzukochen. Er wurde sogar dem Ehrengast vorgesetzt. Solche größeren Fischköpfe sind nämlich eine Delikatesse, vorausgesetzt, sie sind richtig zubereitet und der Betreffende weiß, wie man sie zerlegt und ißt. Es ist eine ganze Wissenschaft ...

Hierauf folgte gewöhnlich eine klare Bouillon, meist vom Huhn. Die Brühe wurde mit einer der vielen berühmten ostjüdischen Suppeneinlagen serviert: Farfel, Knödelchen, Lokschen, sogenannten »Mandlen«, Kreplech, zu kleinen Quadraten zerschnittenem Schaumomelett usw.

Dann kam das Fleischgericht mit verschiedenen Beilagen. Im bescheidenen Hause war es einfach das Suppenhuhn – manche brieten es nachträglich noch ein bißchen an, um ihm ein besseres Aussehen zu verleihen – und das Ochsenfleisch aus der Suppe. In reichem Hause schenkte man das ganze, etwas ausgelaugte Suppenfleisch an arme Familien weiter und bereitete selber einen Braten, am liebsten junge Enten, zarte Hähnchen, auch Ochsenzunge und andere schmackhafte Elemente vom Rind.

An diesen Hauptgang schloß sich der sogenannte »Zimmes« an, dessen philologische und gastronomische Besonderheit bereits früher erklärt wurde. Es kam aber auch vor, daß man den »Zimmes« erst am Sabbat selbst, zum Mittagessen, auftischte. Daß er sich seiner beliebig langen Schmorzeit wegen für den Sabbat mit seinem Feuerverbot besonders gut eignet, wurde auch schon ausführlich berichtet.

Entweder dem Fleischgericht oder dem Zimmes ist oft noch das farcierte Hälschen vom Huhn, von der Ente oder von der Gans beigelegt. Man konnte aber statt des Geflügelhalses auch einen Rindsdarm (Kischke) oder eine Milz füllen. Und schließlich konnte man auch die Farce, die Füllung, ganz für sich allein – also ohne jede Umhüllung – zur großen Kugel formen und in der Sauce des Zimmes (wie auch des Tscholent) mitschmoren. Die Farce konnte – sehr luxuriös! – aus feinstem gehackten Fleisch und Würfeln von Geflügellebern bestehen oder auch einfach aus feinzerschnittenem rohen Fett vom Rind oder Geflügel, vermischt mit Mehl und Grieß und etwas Ei. Ein massiver, aber trotzdem herrlicher Genuß! Den Abschluß bildete noch ein Kompott und natürlich ein süßes Gebäck dazu.

Zuletzt gab es dann nicht, wie weiter westlich üblich, den schwarzen Kaffee, sondern Tee mit Zucker und Zitrone oder aber statt mit Zucker mit einer der wunderschönen Marmeladen aus kleinen ganzen Früchten, die man auf dem Balkan »Sladko« (Süßes) nennt. Auch Rosenkonfitüre oder Rosensirup waren beliebte Beigaben in den Tee.

Das alles bewältigte man und bewältigt man noch heute im frommen jüdischen Haushalt spielend, denn man verschlingt das üppige Diner ja nicht mit der Stoppuhr in der Hand, sondern läßt sich sehr viel Zeit. Lobgesänge werden zwischen den einzelnen Gängen in den Eßpausen angestimmt, und man verbringt den ganzen Abend am Eßtisch. Zuletzt rezitiert man oder vielmehr singt man das gemeinsame Dankgebet.

Am Sabbatmorgen frühstückt man in der Regel nur fragmentarisch: Man nimmt zu einem beliebigen heißen oder kalten Getränk ein Stück von dem weißen Sabbatbrot – der *Challe* oder *Berche* – oder irgendein Stück Feingebäck, es kann auch ein süßer Kuchen sein. Zuviel will und soll man nicht essen, denn bis Mittag muß man ja wieder voll »einsatzbereit« sein. Zu Mittag gibt es nämlich zunächst einmal eine der vielen berühmten kalten jüdischen Vorspeisen. Es kann auch wieder gelierter – farcierter oder unfarcierter – Fisch sein, aber es gibt Dutzen-de anderer, ebenso verlockender Möglichkeiten. Manche erinnern ein wenig an die *Mese* des Balkans und Vorderasiens.

Darauf folgt der *Tscholent* – sehr fett natürlich! –, danach gibt es den nicht minder fetten herrlichen Kugel, anschließend noch einen *Zimmes* – über all diese diätetisch sehr fragwürdigen, gastronomisch jedoch hervorragenden, ostjüdischen Spezialitäten wurde bereits Prinzipielles berichtet.

Detailliertes – nämlich Rezepte – bringen wir im nachfolgenden Rezeptteil.

Zuletzt serviert man wieder Kompott und Kuchen; zum Abschluß nimmt man, wenigstens im Winter, abermals gern ein Glas Tee mit Zucker, Zitrone und Rum oder, wie bereits geschildert, mit einem *Sladko*. Kaffee ist natürlich nicht verboten, aber er war nicht üblich. Hierbei mochte eine Rolle spielen, daß man ihm nach der Fleischmahlzeit Rahm oder Milch nicht beifügen darf; in Frage kommt also nur ein unvermischter Espresso oder Café Turc.

Wein und womöglich auch Schnaps gehören natürlich zum Mittagsmahl am Sabbat, genau wie zur Festmahlzeit am Freitagabend zuvor. Daß der Wein schon des Weinsegens wegen auf die Festtafel gehört, der Schnaps hingegen nur, um die Auswirkungen der allzu fetten Speisen zu parieren und zu paralysieren, sei hier nur kurz wiederholt.

Bei den anderen Festtagen variieren die Fest- und Eßsitten der verschiedenen Judengruppen erheblich, daher nur ein paar fast willkürliche Stichproben:

Rosch-ha-Schana (Neujahr)

Rosch-ha-Schana, das jüdische Neujahrsfest, fällt in den September. Das genaue Datum läßt sich – von unserem Kalender aus – nicht angeben, denn die Juden berechnen die Zeit bis heute nach Mondmonaten von 28/29 Tagen und einem Schaltmonat alle paar Jahre. Nur die Wochenrechnung – und folglich der Sabbat – deckt sich im jüdischen und allgemein üblichen Kalender.

Zu Rosch-ha-Schana wird meist ähnlich gegessen wie am Sabbat. Es kommt aber die feste Sitte hinzu, eine Frucht der neuen Saison zu verzehren, die bis dahin noch keines der Familienglieder gegessen haben darf, und dazu einen Segensspruch zu rezitieren, in welchem man Gott dafür dankt, bis zu diesem Tag überlebt zu haben.

Im alten Babylon servierte man an diesem Tage auch einen gekochten Schafskopf – wobei nicht mehr zu ergründen ist, welche Symbolbedeutung dieser uralten Sitte zukam. Aß man deshalb einen Kopf, weil im Hebräischen »Kopf« und »Anfang« mit demselben Wort »Rosch« bezeichnet werden und man folglich durch diesen Brauch den Jahresanfang versinnbildlichen wollte? (Nur nebenbei sei hier vermerkt, daß die deutsche Redensart, sich gegenseitig einen »guten Rutsch ins Neue Jahr« zu wünschen, nichts mit »Rutschen« zu tun hat, sondern sich ebenfalls von hebräisch »Rosch« herleitet, wobei wir nicht wissen, ob diese Glückwunschformel aus dem korrekten Jiddisch oder auf dem Umweg über das reichlich mit hebräischen Elementen durchstreute Rotwelsch, die Geheimsprache der deutschen Gauner und Vaganten, in unser Alltagsdeutsch eingesickert ist.) Vielleicht lag der Akzent aber gar nicht auf Kopf = Anfang, sondern auf dem Schaf. Möglicherweise sollte damit auf die unterbliebene Opferung Isaaks hingedeutet werden, der durch einen Widder abgelöst wurde. In Europa hat sich der Brauch jedenfalls nicht erhalten, und ich weiß auch nicht, ob die orientalischen Juden noch an ihm festhalten.

Eine weitere feste Neujahrssitte schreibt vor, eine sehr süße Speise als Symbol für ein »süßes« Jahr zu servieren. In Persien nahm man hierfür einen rohen, in Honig getauchten Apfelschnitz. Dieser Brauch ist auch von den Ostjuden übernommen worden. Der Prophet Nechemia soll die Sitte eingeführt haben.

Jom Kippur (Versöhnungstag)

Zehn Tage nach dem jüdischen Neujahr folgt der Jom Kippur, der Versöhnungstag, an welchem von früh bis spät, mit nur kurzen Unterbrechungen, in der Synagoge gemeinsam gebetet und volle vierundzwanzig Stunden lang total gefastet wird. Man darf nicht einmal einen Schluck Wasser zu sich nehmen. Am Abend zuvor wird natürlich eine besonders üppige Mahlzeit serviert, damit man besser durchhalten kann. Man achtet aber darauf, scharf gewürzte Speisen zu vermeiden, weil sie Durst erzeugen könnten.

Mancherorts gehört zu diesem Festmahl vor Jom-Kippur-Beginn als unerläßlicher Bestandteil eine goldfarbene Hühnerbouillon mit *Kreplech* –

kleine fleischgefüllte Ravioli – darin. Außerdem kenne ich keinen jüdischen Haushalt, bei dem es üblich wäre, sich nach dem Fasten sogleich auf das abschließende Festmenu zu stürzen: Bei der Heimkehr aus der Synagoge trinkt man in der Regel zunächst eine Tasse Milchkaffee oder ein Gläschen Schnaps und ißt ein Stück Kuchen dazu. Meist ist es irgendeine Art von Apfelkuchen: eine gedeckte Apfelpastete oder ein Apfelstrudel, oder aber ein gugelhupfartiges Gebäck, genauer: ein Sandkuchen oder »Gleichschwer«, gebacken in Kasten- oder Tortenform.

Im Hause des Wiener jüdischen Schriftstellers Felix Salten backte man hierfür den genau gleichen Kuchen, den Kaiser Franz Joseph alltäglich bei seiner langjährigen Geliebten, der Hofschauspielerin Katharina Schratt, zum Milchkaffee beim Frühstück und am Nachmittag kredenzt bekam. Für jene, die es nicht wissen sollten: Salten schrieb die berühmten Kinderbücher über das Reh Bambi und vermutlich auch den nicht minder berühmten, anonym erschienenen, pornographischen Roman über die arrivierte Vorstadthure Mutzenbacher. Das Backrezept gelangte zu den Saltens, weil deren Köchin mit jener der Katharina befreundet war. So aß man bei Saltens wenigstens einmal im Jahr genau dasselbe wie der Kaiser. Und da den Juden unter seiner Herrschaft gute, friedliche Zeiten beschert waren und sie in jenen Jahren auch sonst viel Leckeres aus der Koch- und Backkunst der Donaumonarchie im allgemeinen, Wiens im speziellen, übernahmen, wurde das Backrezept in die vorliegende Sammlung aufgenommen.

Nach diesem kleinen Imbiß, der vor allem dazu dient, den ersten Hunger nach dem langen Fasten ein wenig zu stillen, kommt dann das große Festdiner, das mancherorts von einer goldfarbenen Hühnerbouillon mit glitzernden, golden schimmernden Fettaugen darauf und mit *Kreplech* eingeleitet wird und genauso üppig ist wie das am Vorabend des Fasttages und an allen übrigen großen Feiertagen. Meist zeigt sich aber, daß mit dem ersten, durch den Kuchen gestillten Heißhunger auch schon der Appetit weitgehend gestillt ist: Wer wirklich radikal gefastet hat, knabbert jetzt nur noch lustlos ein wenig an den vielen Speisen herum …

Sukkot (Laubhüttenfest)

Es folgt, im Spätherbst, Sukkot, das Laubhüttenfest. Es dauert eine volle Woche, während der alle Mahlzeiten in einer nur locker mit Zweigen überdachten Laubhütte eingenommen werden. Fromme Juden achten nach Möglichkeit bei der Wahl ihrer Wohnung darauf, daß ein offener, unüberdachter Balkon oder ein Hof mit dabei ist, wo man eine solche Laubhütte errichten kann. Männer und Knaben verbringen auch außerhalb der Mahlzeiten viele Stunden täglich in der Sukka (die Einzahl von Sukkot), wobei sie religiöse Schriften im hebräischen und aramäischen Originaltext studieren.

Das Fest ist wahrscheinlich nicht ur-hebräisch, sondern kanaanitisch-heidnischen und rein landwirtschaftlichen Ursprungs. Man feiert es ja genau zur Zeit der Späternte und vor allem auch der Weinlese; die Hebräer waren aber zunächst Beduinen und konnten aus der Steppe Festtermine dieser Art gar nicht mitbringen. Vermutlich pflegten die kanaanitischen Bauern, die schon lange vor den Hebräern hier im Lande lebten, während der Erntearbeiten die letzten sonnigen Tage vor Einbruch der Regenzeit in solchen provisorischen Laubhütten auf den Feldern und Weinbergen zu verbringen.

Die Juden gehen aber davon aus, die Laubhütte sei als Andenken an die Wüstenwanderung der Söhne Israels nach dem Exodus aus Ägypten aufzufassen: Auch damals hätten die Juden in solchen fragmentarischen Hütten aus Laub und Ästen gewohnt.

Der letzte Tag des Sukkotfestes heißt *Simchat-Tora,* was soviel heißt wie »Tora-Freude«. Es ist nämlich bei den Juden üblich, jeden Sabbat in festem Jahreszyklus ein Stück aus der Tora, das heißt dem Pentateuch (= die Fünf Bücher Mosis) im hebräischen Originaltext in der Synagoge vorzulegen. Am *Simchat-Tora-Tag,* dem Fest der *»Tora-Freude«*, beginnt der neue Jahreszyklus, und er wird im Bethaus gefeiert. Für den Zweck der Vorlesung ist der Tora-Text von Hand auf Pergamentrollen geschrieben, die man in kostbar geschmückten Hüllen aufbewahrt. Die Männer umtanzen mit den Tora-Rollen auf dem Arm die Empore, und man serviert ein Gläschen Wein oder Schnaps und ein wenig Kuchen dazu. Die Kinder werden im Bethaus mit Leckereien bewirtet.

Chanukka (Lichterfest)

Dann kommt das winterliche Lichtfest, das alle Völker kennen. Ursprünglich galt es überall der Wintersonnenwende. In historischer Zeit hat das Fest aber vielerorts eine zusätzliche Deutung und Bedeutung erhalten. Die Christen feiern im Dezember (die Griechisch-Orthodoxen im Januar) die Geburt Jesu, die Juden die Neuweihe ihres Tempels in Jerusalem, der zuvor von den seleukidischen Herrschern des Landes bewußt entweiht worden war. *Chanukka* heißt das Fest, und es dauert acht Tage, genau wie auch Sukkot und das Pessachfest, von dem wir noch hören werden. Während dieser Zeit wird reichlich und üppig gegessen. Besondere Chanukkaspeisen sind mir aus meiner eigenen alten Heimat nicht bekannt. In Rußland aß man in diesen Tagen aber gern *Blini,* auch jiddisch *Latkes genannt. Latkes* ist ein polnisches Wort mit hebräischer Endsilbe und bedeutet soviel wie »kleines Flickstück«. Man verstand darunter in Rußland dünne Palatschinken, aber nicht aus Weizen-, sondern aus Buchweizenmehl (Heidegraupen, Kascha), gefüllt mit allerlei süßen oder scharfen Substanzen, mit oder ohne Fleisch. Die russischen Christen füllten ihre *Blini* gern mit dem den Juden verbotenen, echten Kaviar vom Stör. Aber natürlich hindert nichts den frommen Juden, seine *Blini* statt dessen mit dem Rogen von anderen großen Fischen, etwa dem rosenroten vom Lachs, zu füllen. In diesem Fall kann auch der fromme Jude, da Fische bei den Juden – genau wie später bei den Katholiken – nicht als »Fleisch« gelten, seine Blini auch nach altrussischer Art mit dickem Sauerrahm übergießen. Üblicher waren bei den Juden *Latkes* mit einer Füllung aus zartmürben Gänsegrieben. Hier kam natürlich Rahm nicht in Frage.

Im übrigen variiert die Bedeutung des Begriffes »Latke« bei den Ostjuden: Mancherorts nannten sie nicht die zarten Palatschinken so, sondern kleine Reibekuchen aus rohen Kartoffeln (Kartoffelpuffer). Diese wurden zwar das ganze Jahr über gern gegessen, galten aber in etlichen Landesgegenden Osteuropas als spezielle »Chanukka-Speise«. Man backte sie in Schmalz oder in Öl, nie in eingesottener Butter (frische Butter kommt wegen ihrer schwachen Hitzebeständigkeit ohnehin nicht in Frage), und aß sie entweder direkt aus der Pfanne, glühheiß und knusprig, ohne jede Beilage, oder servierte sie, genau wie in Norddeutschland, zu einem Kompott aus Äpfeln, Preiselbeeren, Stachelbeeren oder sonst irgendeinem eher säuerlichen Obst. Manche aßen die Kartoffellatkes auch als Beilage zum Fleisch, andere anstelle von Brot zur Suppe oder zu einem säuerlichen Wintersalat aus Roten Beten (Roten Rüben, Randen), Äpfeln, Zwiebeln.

Purim (Fasnacht)

Zur gleichen Zeit im Februar, wenn die Nichtjuden Europas (heute die Christen, früher die Heiden) den Sieg über Frost und Winter und das Wiedererwachen der Natur lustig feiern, also zur Fasnachtszeit, gibt es auch bei den Juden ein übermütiges Fest mit Maskenumzügen, kleinen Theateraufführungen und einer Menge süßer Festspeisen: *Purim.* Das Fest hat aber bei ihnen eine zusätzliche historische Bedeutung bekommen, genau wie das Lichtfest *Chanukka*: Vor über 2000 Jahren sah sich nämlich die jüdische Exilgemeinde Persiens durch die Verfolgungen des persischen Ministers Haman tödlich bedroht. Die Gefahr wurde im allerletzten Augenblick durch die schöne jüdische Gattin des Perserkönigs, durch Esther, abgewendet. Die Purimbräuche beziehen sich denn auch auf dieses freudige und in der traurigen jüdischen Exilgeschichte so seltene und ungewohnte »Happy End«.

Zu *Purim* ist es üblich, sich ein wenig zu betrinken. Und nach altem Brauch beschenken sich die Familien gegenseitig mit Süßigkeiten. Übrigens gibt es einen ähnlichen Brauch auch in alemannischen Landstrichen. Dort beschenkt man an diesem Tag die Kinder, die von Haus zu Haus ziehen und heitere Bettelverse absingen. Dabei legt die bemittelte Bäuerin Wert darauf, an die Kinder üppiges Schmalzgebäck zu verteilen, um dadurch zu beweisen, daß sie auch jetzt noch, gegen Winterende, über einen gut gefüllten »Schmalzhafen« verfügt. Schmalzgebackenes kennen zu *Purim* auch die Juden, auch wenn sie natürlich hierfür nicht das Fett vom Schwein, sondern das von Gänsen und Rindern oder einfach Öl verwenden.

Üblicher als Schmalzgebackenes sind aber die sogenannten *Hamantaschen*. Man backt sie an jedem Ort ein bißchen anders, aber immer dreieckig und mit einer süßen Füllung. Den Namen bringen Ahnungslose mit dem bösen Minister Haman in Verbindung und meinen, Haman habe eben einen Dreispitz getragen wie Napoleon. Aber erstens ist von einer solchen napoleonischen Hutmode der alten Perser nichts bekannt, sie trugen vielmehr hohe zylinderförmige Kopfbedeckungen; zweitens müßte das Gebäck dann »Hamanhut« heißen und nicht »Hamantasche«, und drittens legt die Dreiecksform eine ganz andere Deutung nahe, die nichts mit dem historischen Ereignis der Judenerrettung in Persien zu tun hat, desto mehr aber mit dem Ursinn des Festes als freudige Darstellung der wiedererwachenden Vegetation und Fruchtbarkeit im landwirtschaftlichen Jahreszyklus: Die Dreiecksform symbolisiert ohne Zweifel den Phallus.

Und in der Tat hat der Name »Haman«-Tasche mit Haman nichts zu tun, sondern beruht auf einer Klitterung des hebräischen Artikels »ha« und des deutschen Wortes »Mohn«: Das Gebäck war nämlich ursprünglich immer mit einer Mischung aus Honig und Mohn gefüllt. Später wurde auch eine Füllung aus gekochten Dörrzwetschgen oder aus Powidl (polnisch »powidlo«), einem sehr dick eingekochten Zwetschgenmus, üblich.

Bleibt die Frage: Warum nennt man dann das Gebäck auf deutsch überhaupt »Haman-Tasche« und nicht, wie die Ostjuden, »Homon-Tasche«? (Der hebräische Artikel »ha« wird von den Ostjuden als »ho« ausgesprochen.) Nun, sehr einfach: Da die Ostjuden das hebräische »a« auch in vielen anderen Wörtern als »o« aussprechen, hat irgendeine hochgescheite Verfasserin eines jüdischen Kochbuches den Namen, wie sie meinte, ins Hochdeutsche und Ur-Hebräische zurückübersetzt, indem sie zweimal ein »a« anstelle von »o« hineinkorrigierte. Und seither hat niemand den Fehler behoben.

Außer *Hamantaschen* bereitete man zu *Purim* auch vielerlei nougatartige Leckereien aus Honig mit verschiedenen Nußkernen, manchmal auch mit Mohn, mit eingestreuten, knusprig gebackenen Teigbröckchen, mit Ingwerstücken. Neben diesem sehr süßen, klebrigen, aber verlockend duftenden und schmeckenden Honigkonfekt gehörten zum Geschenkteller auch mit Honig bereitete Lebkuchen und kandierte Früchte. In Cake-Form gebackener Honigkuchen, jiddisch »Lekach« genannt, wurde aber auch an den meisten anderen Religions- und Familienfesten gern gegessen, desgleichen ein etwas elastischer, heller Kuchen mit dem Namen »Zucker-Lekach«. Zum Namen »Lekach« siehe S. 212 ff.

Pessach (Ostern)

Dann kommen die bereits ausführlich erwähnten acht Pessachtage mit dem Verbot von Sauerteig, das aber jede Art von porösem, »aufgegangenem« Brot mit umfaßt, und den vielen zusätzlichen Verboten und Geboten, die eine ganze komplizierte Spezialwissenschaft bilden. Von der jüdischen Hausfrau aus traditionellem frommen Milieu werden aber all diese zum Teil bizarren Spielregeln mühelos gehandhabt.

Vor dem *Pessachfest* wird die ganze Wohnung minutiös gesäubert, in ländlichen Gegenden auch frisch gekalkt. Am »Rüsttag« des *Pessachs* sucht und verbrennt der Hausherr symbolisch die letzten Bröcklein Sauerteig in der Wohnung, die er in Wirklichkeit selber eigens für dieses Zeremoniell zuvor an einer verborgenen Stelle hinlegt.

Einige der unzähligen köstlichen *Pessach*-Spezialitäten finden Sie in diesem Buch. Blättern Sie über diese Rezepte nicht hinweg, auch wenn Sie Nichtjude oder am Ritualgesetz nicht mehr interessierter Jude sein sollten! Es sind zum Teil wundervolle Speisen. Viele davon lassen sich auch ohne weiteres statt aus Mazzemehl, das heißt fein zerbröselter *Mazze*, ebenso gut auch mit gewöhnlichen Semmelbröseln zubereiten. Im übrigen kann sich auch der Christ in den meisten größeren Städten in einem jüdischen Spezialgeschäft oder in einem Supermarkt *Mazze* beschaffen. Sie werden den Versuch, die eine oder andere dieser Pessachspeisen zu erproben, nicht bereuen!

Pessach ist ein häusliches Fest. Die ganze Festlegende über den Auszug der Hebräer aus Ägypten wird bei der abendlichen Festmahlzeit der beiden ersten Feiertage, bei der sogenannten »Seder-Tafel«, auf hebräisch vorgelesen. Es ist aber üblich, neben jedes Gedeck ein Exemplar der *Pessach-Haggada* (das heißt Pessachlegende) zu legen, die außer dem hebräischen Urtext auch eine Übersetzung in die jeweilige Landessprache enthält und oft auch hübsch illustriert ist.

Zur Sedertafel gehören etliche uralte Symbolspeisen. Vor allem sind zwei Platten obligatorisch, deren eine drei *Mazzen* enthält – das sind flache, papierdünne Osterbrote, übersät mit kleinen Einstichen, weil sie sich sonst beim Backen bucklig verformen und hochwölben würden. Auf der zweiten Platte liegen bestimmte Kräuter, ferner ein Knochen, ein hartes Ei und zudem *Charosset,* eine kaum genießbare Mischung aus Äpfeln, Nüssen, Wein und exotischen Gewürzen, die stark an das moderne »Bircher-Müesli« erinnert. *Charosset* symbolisiert den Lehm, mit welchem die jüdischen Staatssklaven in Ägypten die Städte Pitom und Ramses erbauen mußten.

Zur Festmahlzeit gehört als Auftakt ein kaltes, hartes Ei, übergossen mit einer konzentrierten Salzlösung. Vermutlich soll die Speise Trauer und Bitternis darstellen, die Kombination schmeckt aber trotzdem vorzüglich. Nichts hindert Sie, sich selbst davon zu überzeugen.

Schawuot (Pfingsten)

Schließlich gibt es noch zur Pfingstzeit das sogenannte Wochenfest Schawuot sieben Wochen nach Ostern. Auch dieses hat, genau wie die meisten anderen jüdischen Feiertage ebenfalls, eine doppelte Bedeutung. Zunächst ist es ein uraltes Landwirtschaftsfest, nämlich der Tag der ersten Ernte, die auch entsprechend im Schawuot-Ritual symbolisiert wird: Unter anderem ist es üblich, das ganze Haus mit viel frischem, grünem Laub zu schmücken.

Zugleich ist es nach uraltem Glauben auch der Tag, an welchem den Juden am Berge Sinai die Tora, der Pentateuch, die Zehn Gebote, offenbart wurden.

Zu *Schawuot* werden nach alter Sitte keinerlei Fleischgerichte gereicht, sondern mit Vorliebe solche mit Quark. Das ist kein festes oder gar bindendes Gesetz, der Brauch hat aber zur Kreation einer Anzahl trefflicher Quark-Delikatessen geführt und ist schon deshalb wert, eingehalten zu werden.

Darüber, wie es zu diesem allgemein üblichen Fleischverzicht am *Schawuot-Tage* kam, gibt das gesamte religiöse Schrifttum der Juden keinerlei Kommentare und Erklärungen. Nur ein sehr bösartiger, blasphemischer jüdischer Witz äußert sich zu der Frage; ein Witz, der zum Ausdruck bringen will, daß die Zehn Gebote nicht eine Gnade, sondern nur eine Last seien: Zu Schawuot, so lautet dieser Witzkommentar, liefen alle »Rindviecher« hin zum Berge Sinai, um sich das Bibelgesetz auflasten zu lassen. Es gab also im Lager der Hebräer keinerlei Rindvieh mehr und folglich auch kein Fleisch …

Vor einiger Zeit kam zu uns ein älterer jüdischer Besucher aus ganz »assimiliertem« Milieu. Rituelle Küche hatte er nur noch aus dem Hause seiner Großmutter in Erinnerung. Er verzehrte mit uns zusammen andächtig ein großes Stück *Gefilten Fisch,* aß nachher dicken, mürbfeuchten *Honiglekach* und sagte dann mit tränenfeuchten Augen: »Es schmeckt wie ›zu Lebzeiten‹!«

Mögen auch Sie, lieber Leser, an etlichen der hier aufgeführten herrlichen Spezialitäten Geschmack finden.

Praktische Hinweise für den Leser

Kochrezepte – und schon gar altüberlieferte – sind keine mathematischen Formeln. Oft kommt es auf Maße und Proportionen nur sehr ungefähr an. Außerdem variieren Qualitäten, Eigrößen etc. Häufig habe ich daher statt genauem Gewicht nur »1 Eßlöffel«, »1 Teelöffel« oder »1 Tasse« angegeben. Unter Tasse ist nicht das in Amerika unter dieser Bezeichnung zu verstehende Einheitsmaß gemeint, sondern einfach eine große Frühstückstasse.

»Eßlöffel« ist als EL, »Teelöffel« als TL, »Kilo« als kg, »Gramm« als g, »Liter« als l, »Deziliter« als dl abgekürzt.

Da im deutschen Sprachbereich die Bezeichnungen für kulinarische Prozesse und Substanzen sich von Gegend zu Gegend sehr stark unterscheiden, setzte ich, wo es mir zweckmäßig und nötig schien, auch abweichende Namen für dieselbe Sache immer in Klammern dazu.

Speziell für Schweizer sei noch angemerkt: »Walnüsse« sind das, was der Schweizer als »Baumnüsse« bezeichnet. Und für alle, die noch nicht selber dahintergekommen sind, sei hier darauf hingewiesen, daß die »Crème fraîche«, die in neuen Kochanweisungen herumspukt und mit ihrem vornehmen, französischen Namen bescheidene Gemüter so einschüchtert, nichts anderes ist als der Sauerrahm aus Rohmilch, den unsere mittel- und osteuropäischen Urgroßmütter schon lange vor den Franzosen kannten und eifrig benützten. Wobei es rätselhaft ist, wie es zu dieser Bezeichnung kommen konnte. Denn »Crème fraîche« heißt ja Frischrahm, und dieser kann niemals sauer sein.

Es dauert ja 1–3 Tage, bis sich die Milchsäurebakterien auf der Milch angesiedelt und genügend vermehrt haben, um sie zu durchsäuern. Der Prozeß kann auch nur unwesentlich dadurch abgekürzt werden, daß man die frische Milch (oder den frischen Rahm) mit bereits sauer durchfermentierter Milch »impft«. In unserem Buch sprechen wir daher immer nur von Sauerrahm und nicht von »Crème fraîche«. Näheres darüber auf S. 103ff.

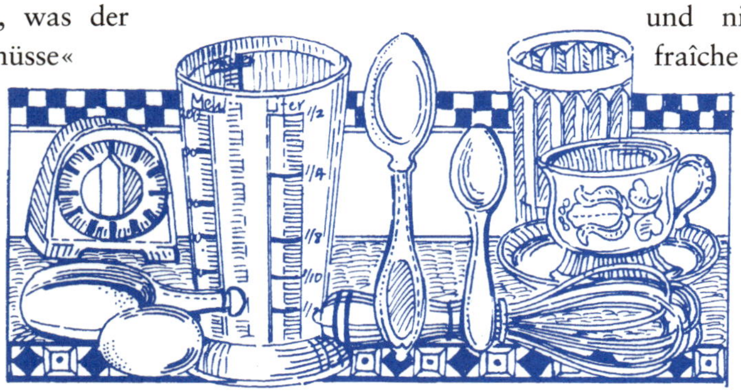

Fischgerichte und Vorspeisen

Rund um den kalten »Gefilten Fisch«, kalte Fischkugeln und kalten ungefüllten Fisch in Gallerte

Die wohl berühmteste Spezialität der ostjüdischen Küche ist der *Gefilte Fisch* (also der »Gefüllte Fisch«), eiskalt serviert in einer blassen, grünlichen Gallerte. Daß im nächtlichen Dunkel zwischen den Schützengräben herumirrende israelische Fallschirmjäger statt einer vereinbarten Losung einfach *Gefilter Fisch* schreien, um sicher zu sein, daß ihre Kameraden nicht auf sie schießen werden, ist natürlich nur ein Witz. Aber ein solcher Witz könnte in Israel nicht aufkommen, wenn der ursprünglich rein ostjüdische *Gefilte Fisch* nicht allen Juden Israels, also auch jenen aus arabischen Ländern, inzwischen bekannt wäre. Und das wiederum setzt voraus, daß sehr viele im Lande ihn gerne essen und in ihr Kochrepertoire aufgenommen haben. *Gefilter Fisch* gilt heute in Israel tatsächlich als allgemeine Volksspeise.

Daß ihn manche aus dem Orient stammenden Israelis trotzdem nicht mögen, bewies kürzlich eine Debatte im Jerusalemer Parlament, die um die israelische Fischzucht kreiste: Aus Israel werden nämlich sehr schöne Zuchtkarpfen in die ganze Welt exportiert und natürlich auch im Lande selbst gern konsumiert, zumal sich gerade Karpfen besonders gut zum Farcieren auf ostjüdische Art eignen. Die ewigen Lobreden auf den *Gefilten Fisch* gingen schließlich einem aus Libyen stammenden Abgeordneten namens Rahanan Naim auf die Nerven. In seiner früheren Heimat kennt man diese Art der Fisch-Zubereitung nicht, und offenbar wurde er auch in Israel nicht zum Proselyten auf ostjüdische Weise farcierter Fische. »Tut mir leid«, erklärte er schließlich gereizt, »aber über *Gefilten Fisch* mußte ich erbrechen!«

Das löste im Parlament einen ganzen kleinen Aufstand der ehemaligen Ostjuden aus. Einer von ihnen, ein Sozialist, replizierte außer sich vor Zorn, erstens hätten die Juden solchen Fisch schon in der Babylonischen Gefangenschaft gegessen, während sie, wie es in der Bibel heißt, »an den Wassern Babels saßen und weinten«, die Speise sei also nicht osteuropäischer Exilimport, sondern wahrlich autochthon urjüdisch und nahöstlich, und zweitens habe Herr Rahanan mit seiner abfälligen Bemerkung über diese köstliche Spezialität der jüdischen Küche die Arbeiterklasse kollektiv beleidigt, denn *Gefilter Fisch* sei ein beliebtes billiges Festgericht armer Proletarier ...

Was es mit der altbabylonischen Speisekarte auf sich hat, weiß ich nicht. Daß aber der – zugegeben, sehr billige, aber trotzdem überaus leckere – *Gefilte Fisch* je nur ein Armeleuteessen gewesen wäre, ist nackter Unsinn. Auch reiche Ostjuden aßen ihn schon immer gern. Und übrigens nicht nur Juden, wie bereits dargelegt.

An diesem Punkt der Debatte mischte sich jedenfalls der empörte Chef des israelischen Fischzüchterverbandes ein und beendete den Streit mit der überzeugenden Erklärung: »Wenn Herr Rahanan sich erbrochen hat, dann waren die *Gefilten Fische* falsch zubereitet oder verdorben. Und im übrigen gehören sie nicht ins Parlament, sondern, zur Herzens- und Gaumenfreude aller

Tischgenossen, auf die festlich gedeckte Tafel!« Womit er natürlich recht hatte.

Jedenfalls kann man auch daraus ersehen, daß die Juden, in den Augen der Antisemiten ein geschlossener, einheitlicher Block, sich nicht einmal in gastronomischen Fragen einigen können. Denn natürlich gibt es nicht nur eine Ablehnung ostjüdischer Spezialitäten durch arabische Juden, sondern auch umgekehrt einen Horror ostjüdischer Einwanderer in Israel vor manchen aus arabischen Ländern in Israel eingedrungenen Speisen. Schade, daß der aus Ungarn stammende israelische Humorist Ephraim Kishon bei jener Parlamentsdebatte nicht zugegen war! Er hätte Herrn Rahanan die Beleidigung der *Gefilten Fische* gründlich heimgezahlt. Kishon schildert nämlich in einer seiner Humoresken seine Erfahrungen mit der orientalischen Küche in Ostjerusalem: Dort habe man ihm so etwas wie kleingeschnittene Autopneus in einer derart scharfen Tunke vorgesetzt, daß er nachher tagelang den Mund habe aufreißen müssen, um sich die verbrannte Zunge kühlzufächeln!

Und es ist auch schade, daß mein Vetter David aus dem ostgalizischen Kolomea nicht zugegen war, der uns zu Beginn der dreißiger Jahre in St. Gallen besuchte! Obgleich auch wir aus denselben slawischen Randregionen der einstigen Donaumonarchie stammen und folglich den eiskalten, gelierten *Gefilten Fisch* kennen und schätzen, setzten wir ihm Fische auf Schweizer Art zubereitet vor: zarte Blaufelchen aus dem Bodensee à la meunière (nach Müllerinnenart), also in Mehl gewälzt, in Butter kurz und sacht gebräunt und mit Zitronenvierteln und Salzkartoffeln serviert. Auch dies ein Leckerbissen, sofern man hierfür fangfrische Felchen nimmt und nicht tiefgekühlte. Vetter David aß denn auch seinen Fisch brav und scheinbar mit großem Appetit auf ...

Am anderen Morgen jedoch erschien er mit grünlichem Gesicht und dunkel umrandeten Augen, begrüßte meine Mutter mit galantem Handkuß und klagte: »Großartig waren Ihre Fische, Tante! Aber, offen gestanden: Ich habe die ganze Nacht gekotzt! Wie kann ein vernünftiger Mensch warme Fische essen!«

Nun, über Geschmäcker läßt sich bekanntlich nicht streiten. Trotzdem meine ich, daß *Gefilter Fisch* auf ostgalizische Art auch vielen absoluten Novizen der ostjüdischen Küche munden wird.

Eine andere Frage ist, ob Sie bereit sein werden, das korrekte Urrezept, das es in zwei Variationen gibt, in ihrer eigenen Küche nachzukochen: Man kann entweder die ganze Fischhaut vorsichtig abziehen und füllen; man kann die Farce auch in einzelne Fischscheiben hineinstreichen. In beiden Fällen aber müssen die Hautstücke unverletzt bleiben. Das erfordert viel Zeit und Sorgfalt. Und abermals erfordert es viel Zeit und Mühe, das rohe Fischfleisch von den Gräten, die natürlich entfernt werden müssen, restlos abzukratzen. Das alles ist ein ganzes Theater! Welche heutige Frau kann sich denn noch auf so etwas einlassen? Entweder sind wir berufstätig – dann müßten wir das halbe freie Wochenende allein für diese Vorspeise opfern. Oder wir sitzen zu Hause – dann haben wir vermutlich Kleinkinder zu betreuen, die der

Mama einen längeren Küchenaufenthalt nur erlauben, wenn nachher süße Leckereien dabei herausschauen.

Am schlimmsten sind jene von uns dran, die aus irgendeinem Grunde heute noch Hauspersonal halten. Speziell in der Bundesrepublik haben nämlich neunmalkluge Emanzen auch für diesen Frauenberuf die Vierzigstundenwoche durchgesetzt. Da sind wir dann die restlichen 128 Stunden der Woche voll damit beschäftigt, unsere »Minna« zu bekochen und zu bedienen. *Gefilte Fische* sind dann nicht mehr »drin«. Es sei denn, das neue Gesetz erlaubt wenigstens Überstunden, vielleicht gegen Doppelbezahlung und separate Abrechnung der zusätzlichen Sozialleistungen. Doch unter solchen Umständen fahren wir am Ende besser und billiger, wenn wir uns eine Schüssel voll von dieser ostjüdischen Delikatesse vom teuersten Koscher-Restaurant aus Zürich, London oder Jerusalem einfliegen lassen ...

Natürlich sei Ihnen trotzdem das korrekte Urrezept der Speise genannt; daneben allerdings, wie bei allen anderen zeitraubenden Spezialitäten der ostjüdischen Küche, auch noch eine »Expreßvariante für Singles, Eilige und Faulpelze«.

»Gefilter Fisch«, ostgalizisch

2 kg Fische, nicht zu kleine und zu zarte Sorten, am besten fette Flußkarpfen
3 große Zwiebeln
2 Eierkichl (S. 208ff.; ersatzweise 2 Eßlöffel Mazzemehl oder Semmelbrösel oder eingeweichten Zwieback)
3 Eier
Salz, Pfeffer, 1 TL Zucker

Für die Sauce:
3 weitere große Zwiebeln
Salz, evtl. Pfeffer (nicht unbedingt üblich)
2 TL Zucker
nach Belieben etliche Karotten (Möhren, gelbe Rüben)

In Ostgalizien wählte man mit Vorliebe für Gefilte Fische große Karpfen oder Hechte. Es können aber, wie gesagt, auch andere größere Fische sein, egal ob aus dem Meer oder aus Binnengewässern.

Das Farcieren der Fische erfüllte einen dreifachen Zweck: Auch ganz kleine Kinder können mitessen, ohne sich an einer Gräte zu verschlucken. Zweitens verwandelt man auf diese Weise eher derbe Fischarten in eine zarte Delikatesse. Und drittens können solche kalten gelierten Fischgerichte auch an Festtagen mit Feuerverbot serviert werden, weil man sie ja einen Tag vorher zubereiten und dann lange genug auskühlen lassen muß.

Die Fischköpfe werden nicht gefüllt, sondern einfach in der Sauce mitgekocht. Vorher werden natürlich Kiemen und Flossen, evtl. auch die Augen sorgfältig entfernt. Letzteres ist aber nicht obligatorisch. Auf diese ostjüdische Art zubereitet, sind Köpfe größerer Fische übrigens ein Leckerbissen. Es gehört aber einige Übung dazu, sie auf dem Teller richtig zu zerlegen und die guten Bestandteile aus ihnen herauszuessen. Nicht gefüllt wird auch das äußerste Schwanzende.

Der Rest des geschuppten, ausgenommenen und gereinigten Fisches wird in etwa zwei Zentimeter dicke Querscheiben zerschnitten. Nun legt man diese Scheiben mit der Schnittfläche nach oben auf ein Brettchen und trennt mit einem scharfen und spitzen Messer das Fleisch sorgfältig aus der Haut heraus. Nur das Rückgrat darf und soll mit einem schmalen Verbindungsstreifen zum Fischrücken drinbleiben. Niemand läuft Gefahr, sich an dieser dicken Rückengräte zu verschlucken, und auf diese Weise haben die Stücke einen weit festeren Halt.

Das Fleisch wird nun von den Rippengräten abgekratzt und mit den Zwiebeln und zerbröselten *Eierkicheln* sehr fein gehackt oder durch den Fleischwolf getrieben. Hat man keine *Eierkichl,* dann fügt man Semmelbrösel, Mazzemehl oder eingeweichten Zwieback bei. Ferner kommen die zerschlagenen Eier, Salz, Pfeffer und Zucker dazu.

Alles gut mischen. Mit kalt angenäßten Händen Kugeln formen, die in die Hautstücke hineinpassen, und die Kugeln flachdrücken, so daß die einzelnen Fischscheiben jetzt aussehen wie gewöhnliche, ungefüllte Fischstücke, jedoch ohne die Höhlung in der Mitte, in welcher beim lebenden Fisch die Eingeweide lagern.

Vorher bereite man die Sauce: 3 große, feingehackte oder durch den Fleischwolf getriebene Zwiebeln werden mit dem Salz und Zucker zusammen in einem möglichst breiten, nicht allzu hochwandigen Topf – am besten eignen sich hierfür die großbodigen altmodischen Konfitürepfannen – mit Wasser so übergossen, daß es etwa 3 cm über den festen Bestandteilen steht; Schwanz und Kopf hineinlegen. Zugedeckt sachte köcheln lassen. Die gefüllten Stücke, sobald sie fertig zugerichtet sind, sehr vorsichtig *nebeneinander* in die Sauce legen. Übereinander darf man sie nicht schichten. Notfalls nimmt man zwei oder sogar noch mehr Pfannen dazu. Will man Karotten mitkochen, dann wird man sie sauber abschaben, in hübsche, dicke runde Scheibchen schneiden und ebenfalls in die Sauce legen. Darauf achten, daß die Sauce wenigstens anfangs die Fischstücke ganz überdeckt. Später darf sie ein wenig eingekocht sein. Umgekehrt darf aber während der langen Kochzeit auf keinen Fall so viel Flüssigkeit verdunsten, daß die Fischstücke am Boden der Pfanne ansetzen oder sich womöglich gar braun verfärben! Also unbedingt von Zeit zu Zeit kontrollieren und evtl. etwas Wasser nachgießen! Kochzeit: etwa 2 Stunden.

Dann etwas auskühlen lassen, die Stücke mit einer flachen Lochspachtel sehr vorsichtig herausheben und nebeneinander auf eine große, möglichst flachbodige Schüssel legen. Auf keinen Fall die Stücke übereinanderhäufen!

Die Sauce durch ein Sieb passieren, wobei man

kräftig pressen darf. Die Gallerte, die sich aus der passierten Flüssigkeit beim Auskühlen bilden wird, braucht und soll ja nicht glasklar sein, sondern halbdurchsichtig und trüb meergrün. Mancherorts läßt man in der Sauce hübsche, dicke runde Karottenscheibchen mitkochen. Diese werden natürlich vor dem Passieren der Sauce herausgefischt und dekorativ auf die einzelnen Fischscheiben verteilt. Der Fischkopf und das ungefüllte Schwanzende kommen ebenfalls auf die Platte, werden aber nicht mit Karottenscheiben dekoriert.

Hat man zuviel Farce, so formt man sie mit kalt angenäßten Händen zu Kugeln von der Größe kleiner Äpfel, legt sie neben die farcierten Fischstücke und kocht sie mit ihnen zusammen gar, legt sie auch auf die Platte neben die farcierten Stücke.

Gut zu wissen: Mancherorts wird die Farce mit eingeweichtem entrindeten Weißbrot vermischt und nicht mit Bröseln von *Mazze,* Semmeln, Zwieback oder *Eierkichl,* was zur Folge hat, daß die Kugeln beim Kochen zerfallen.

Die Gallerte wird desto steifer, je mehr Fischtrümmer und Fischhaut in der Sauce mitgekocht haben: Sie bildet sich ja aus der Leimsubstanz dieser Fischteile! Legt man Wert auf eine möglichst starre Gallerte, so kann man zur Sicherheit mit dem gleichen Pektin nachhelfen, das man zum »Versteifen« von Konfitüren und süßen Gelees benützt und in allen größeren Lebensmittelläden oder in Drogerien bekommt. Daß dieses Pulver etwas angesüßt zu sein pflegt, schadet gar nichts: Der Gefilte Fisch enthält ja auch ein klein wenig Zucker.

Den fertig angerichteten Fisch sehr kalt stellen und auch eiskalt servieren. Warme Beilagen – wie Kartoffeln oder Reis – sind nicht üblich, würden zu *Gefiltem Fisch* auch nicht passen. Man serviert den Fisch mit einem Stück frischem Eierzopf zusammen (S. 189 ff.) und trinkt ein Gläschen Schnaps oder Cognac dazu.

Mancherorts reicht man zum Gefilten Fisch auch *Kren,* eine rosige, pikante, scharfe Mischung aus geriebenem Meerrettich, vermischt mit ebenfalls geriebenen, rohen Roten Beeten (Randen, Roten Rüben). Rezept siehe S. 185 ff. Diese Mischung ist gleichsam der Senf der ostjüdischen Küche und wird auch zu vielen anderen kalten oder auch heißen Gerichten serviert.

Ja nicht vergessen: Große Fische haben auch eine ansehnliche Menge »Milch« oder einen beachtlichen »Rogen«! Beides wird nicht in die Füllung mit verarbeitet, sondern am Stück in der Sauce mitgekocht. Vorsicht beim Rogen! Läßt man die Sauce zu lebhaft brodeln, dann lösen sich einzelne Eierchen aus ihm heraus und schwimmen nachher in der Gallerte herum. Das mindert zwar nicht den Wohlgeschmack des Gerichts, wohl aber seine Schönheit. Man kann den Rogen vorsichtshalber in einem Mulltüchlein mitkochen.

»Gefilter Fisch« ohne Fischhaut – Expreßvariante für Singles, Eilige und Faulpelze

Wer keine Zeit, Lust oder Möglichkeit hat, für ein Fischgericht so viel Mühe aufzuwenden, kann sich einen sehr ähnlichen Genuß mit der Expreßvariante dieser Köstlichkeit aus enthäuteten Fischfilets verschaffen. Dazu dürfen es billige, derbe Meerfische sein. Von selber gelieren wird Ihnen die Sauce unter solchen Umständen natürlich nicht, denn es fehlen ja in diesem Fall die leimhaltigen Häute und Gräten. Sie müssen also mit Pektin nachhelfen.

Die Prozedur: Sauce zubereiten wie beim Urrezept für Gefilte Fische. Dann aus den Filets die Farce herstellen, ebenfalls nach dem gleichen Rezept wie für die Originalform. Kleine Kugeln (Durchmesser etwa 4 cm) formen, in der Sauce sachte gar kochen. Nach Belieben Karottenscheiben mitkochen. Kugeln nach zwei Stunden Kochzeit etwas auskühlen lassen, dann vorsichtig herausheben, auf der Platte anordnen und nach Belieben mit den Karottenscheiben dekorieren. Sauce wie gehabt passieren, mit dem Geliermittel zusammen noch einmal kurz aufkochen und gleichmäßig über die Fischkugeln verteilen.

Sehr kalt servieren, und zwar mit den gleichen Beigaben wie den »originalen« *Gefilten Fisch.*

Gebratene Fischkugeln

Mancherorts kochte man die Kugeln aus Fischfarce nicht in einer mattgrünlichen Zwiebelsauce, sondern brutzelte sie in Öl und verzehrte sie nicht eiskalt, vielmehr heiß. Das kam dann aber nur am festlichen Vorabend des Sabbat in Frage, und nicht am Sabbat selbst: Fritiertes kann man nicht als Tscholent zubereiten, sondern muß es frisch aus der Pfanne servieren. Was aber keinesfalls davon abhalten soll, die Hälfte der Fischfarce zu einem kalten Geleegericht zu verarbeiten, die andere Hälfte jedoch zur Fritüre, die man sogleich verzehrt.

Will man die Farce im heißen Öl herausbraten, so ist es empfehlenswert, der Masse ein wenig mehr Brösel beizufügen. In manchen Landstrichen mengte man auch geriebene Mandeln oder kleine Mandelsplitter hinein. Für das kalte Fischgericht kamen solche Splitter nicht in Frage, weil sie bei noch so langer Kochzeit hart bleiben und zu der sehr zarten, durch die lange Kochzeit homogen gewordenen Substanz des Gefilten Fisch nicht passen. Bei der fritierten Variation ist das anders: Hier sind die Kugeln oder dicken Plätzchen ja ohnehin von einer splittrigen Kruste umgeben. Die Mandeln verbessern das Aroma, ohne durch ihre Konsistenz zu stören.

Zu diesen fritierten Kugeln oder Plätzchen aus Fischfarce serviert man, genau wie zu den eisgekühlten, frischen Eierzopf und mit Roter Bete vermischten Kren.

Nicht gefüllte Fische, ostgalizisch

Nach dem genau gleichen Originalrezept wie für *Gefilter Fisch* kann man natürlich auch einfach ganze – also nicht gefüllte – Fischscheiben zwei Stunden in der Zwiebelsauce leise köcheln lassen. Die Bereitungsweise eignet sich hervorragend für die fetten, großen, derben Donaufische.

Dagegen geraten gerade die feineren Fischsorten, also etwa Forellen, Felchen oder Äschen, bei der weiter westlich üblichen, sehr kurzen Koch- oder Backzeit besser und delikater. Bei »ostjüdischer« Zubereitung schmecken sie etwas ledrig und trocken.

»Gefilter Fisch« »am Stück« mit harten Eiern

1 Karpfen im Gewicht von etwa 2–3 Pfund
2 rohe Eier
2 hartgekochte Eier
evtl. 2 zerbröselte Eierkichl oder 2 EL Mazzemehl,
Zwieback- oder Semmelbrösel
Salz, Prise weißer Pfeffer
3–4 TL Zucker, 3–4 EL Olivenöl

Für die Sauce:
Karotten (Möhren, gelbe Rüben) in dicken Scheiben,
zerschnittene Zwiebeln
Salz, Prise Zucker

Nicht überall wurde der *Gefilte Fisch* bei den Ostjuden auf die geschilderte Weise in dicken Portionenscheiben gekocht. Vor allem in Rumänien liebte man es, ihn ganz, im Stück, zuzubereiten.

Es ist aber nicht so einfach, die Haut im Ganzen unverletzt vom Fisch abzuziehen. Man macht das so: Man biegt den Fischkopf nach hinten, gegen das Rückgrat, und zieht ihn langsam, mit der Fischhaut zusammen, in Schwanzrichtung abwärts. Der dabei entstandene Hautschlauch, dessen Innenseite nach außen gestülpt ist, läßt sich beim Schwanz nicht weglösen. Hier, beim Schwanz, wird die Rückengräte durchtrennt.

Anschließend löst man das Fleisch von den Gräten, die man aber mit der Sauce auskochen kann, ehe man sie wegwirft. Die Haut wird wieder auf die richtige Seite gewendet und vom Halsausschnitt her mit der feingehackten oder durch den Fleischwolf getriebenen Farce gefüllt. – *Überflüssig zu betonen,* daß man den Fisch, ehe man ihn von der Haut befreit, sauber geschuppt und auch die Flossen weggeschnitten hat. Der Füllung pflegt man in Rumänien gern, außer den die Masse lockernden und zugleich bindenden rohen Eiern, auch harte Eier beizufügen, und zwar unzerhackt, also am Stück. Zwei harte Eier dürften für einen Karpfen von etwa 1 kg Gewicht genügen. Technisch läßt es sich folgendermaßen lösen, indem man zuerst eine dicke Schicht der Farce in den Hautschlauch hineinschiebt, anschließend die beiden Eier hineinpreßt und mit dem Rest der Farce auffüllt. Von außen her preßt man dann mit den Händen die Farce möglichst gleichmäßig um die Eier herum. Wird der Fisch nachher, fertiggekocht und in schön gelierter Sauce, in Portionenscheiben zerschnitten, dann sehen die harten Eier inmitten der Einzelstücke sehr dekorativ und schmackhaft aus.

Bei einer andern Variante der *Gefilten Fische* am Stück beläßt man die harten Eier nicht ganz, sondern zerhackt sie fein oder treibt sie, mit dem Fischfleisch zusammen, durch den Fleischwolf.

Bei dieser Variation ist es besser, auf die Beimischung von Bröseln irgendwelcher Art zur Fischfarce zu verzichten. Dafür aber darf das Olivenöl nicht fehlen, um die Farce geschmeidiger zu machen.

Wurden wieder in Scheiben geschnittene Karotten mitgekocht, dann dekoriert man mit ihnen entweder den ganzen unzerschnittenen Fisch oder läßt sie zunächst in der zur Gallerte erstarrenden Sauce liegen und verteilt sie, mit ein wenig Sauce zusammen, dekorativ auf die einzelnen Fischportionen.

Alles in allem: Die Prozedur, nämlich das Herunterziehen der unverletzten Fischhaut, ist mühsam, und gastronomisch gibt das Kunststück nichts her. Denn die Farce im Fischinnern kommt ja bei dieser Zubereitung nicht mit der Sauce in Berührung, wird also beim Kochen weder schmackhafter noch geschmeidiger, was beides bei der ostgalizischen Variante mit den Einzelscheiben der Fall ist.

Fischkugeln mit harten Eiern – Expreßvariante des Rumänischen »Gefilten Fisches« für Singles, Eilige und Faulpelze

Zumindest den Rumänischen Gefilten Fisch mit den ganzen harten Eiern drin können wir auch mit einem Minimum an Arbeit und Zeitaufwand fast originalgetreu herbeizaubern:

Statt der üblichen Schleien oder Donaukarpfen verwende man beliebige, fertig filetierte, nicht zu kleine Meerfische aus der Tiefkühltruhe und verarbeite sie zu einer Farce nach ostgalizischem oder rumänischem Rezept, forme aus ihr apfelgroße Kugeln und füge in jede von ihnen als »Kern« ein hartes Ei ein. Die Kugeln werden vorsichtig nebeneinander in die fertig zubereitete, noch rohe Zwiebelsauce in einer breiten, nicht allzu hochrandigen Pfanne gelegt. Man lasse das Gericht 1–2 Stunden lang zugedeckt sachte köcheln. Die Flüssigkeit soll anfangs die Kugeln überdecken, darf aber zuletzt ein wenig eingekocht sein.

Dann die Kugeln in der auch für die anderen Variationen angegebenen Weise leicht auskühlen lassen, sorgfältig herausheben und nebeneinander auf eine große, nicht zu flachrandige Schüssel legen.

Hat man Karottenscheiben mitgekocht, so fischt man sie jetzt aus der Sauce und verteilt sie über die Kugeln. Die Sauce wird durchpassiert, mit leicht gesüßtem Pektin oder einem geschmacksneutralen Geliermittel zusammen noch einmal aufgekocht und gleichmäßig über die

Kugeln geschüttet. Kalt stellen und sehr kalt servieren.

Beigaben – Eierzopf und Kren – genau wie bei den anderen Varianten.

Man kann die Kugeln selbstverständlich auch durchschneiden und mit der Schnittfläche nach oben auf der Platte anordnen, so daß die halbierten harten Eier sichtbar werden. Die Prozedur gelingt aber erst, wenn die Kugeln nicht mehr warm sind: Sie zerfallen sonst beim Aufschneiden. Die Gefahr eines Mißlingens wird geringer, wenn Sie der Masse ein wenig mehr Brösel beifügen, als nötig wäre, wenn sie nur zur Füllung der Fischhaut und nicht für selbständige Kugeln bestimmt ist.

Polnischer Karpfen mit Lebkuchen und Rosinen

Spricht man im »Westen« von polnisch-jüdischen Fischgerichten, so versteht man darunter nicht immer diesen wundervollen kalten Gefilten Fisch aus dem Südosten der einstigen Donaumonarchie, sondern sehr oft auch eine Fischspeise Großpolens, der Lebkuchen und Rosinen beigemengt sind. Ich mache mir wenig daraus, gebe hier aber für Neugierige trotzdem das Rezept.

Am besten gerät das Gericht aus Flußkarpfen, und zwar im Winterhalbjahr.

1 Karpfen, geschuppt, ausgenommen, in Portionenscheiben schneiden und ½ Stunde eingesalzen ziehen lassen

Der Sud: 3 Teile Wasser, 1 Teil Weinessig, 1 Stück Lebkuchen, 1 Handvoll Rosinen (kernfreie), einige Zwiebelchen, 125 g brauner Zucker (man kann ihn auch selber bräunen*), Lorbeerblätter, Gewürznelken

Den Sud etwa 1/2 Stunde für sich allein kochen lassen. Dann die Karpfenstücke hineinlegen. Sie müssen 35–45 Min. lang mehr ziehen als eigentlich kochen.

Die Stücke vorsichtig herausheben und auf einer bereitgestellten Platte verteilen. Der Sud wird stark eingekocht und durch ein Sieb über die Fischstücke verteilt; er sollte dunkelbraun, glänzend und im Geschmack süßsauer sein, und ist er stark genug eingekocht, dann wird er beim Erkalten zur Sülze erstarren.

Ja – die Rosinen und Zwiebelchen wirft man natürlich nicht weg. Die fischt man aus dem Sieb, durch welches man die Sauce passiert hat, heraus und verstreut sie über die ganze Platte.

Der *Polnische Fisch* wird eiskalt gegessen und zwar, genau wie alle anderen bisher geschilderten ostjüdischen Fischgerichte, mit frischem Eierzopf und evtl. Kren dazu.

* Zucker kann man, falls man keinen braunen im Hause hat, auch selber bräunen, indem man Grießzucker in einer Pfanne bei schwacher Hitze unter ständigem Umrühren schmelzen und »karamelisieren« läßt. Sobald der Zucker dunkelgelb ist, rasch vom Herd wegnehmen, weil die Masse sehr schnell zu dunkel und bitter wird! Will man dem heißen, sich bräunenden Zucker Flüssigkeit zusetzen, dann Vorsicht! Er spritzt hoch und heftig.

Ägyptischer Zitronenfisch

Etliche jüdische Fischgerichte sind zwar nahöstlicher Herkunft und tragen auch entsprechende Namen, wurden aber trotzdem nicht nur von den sogenannten Sepharden (Juden aus Südwesteuropa und den muslimischen Ländern) gegessen, sondern auch von den Aschkenasen (Juden Mittel- und Osteuropas).

Im großen und ganzen unterscheidet sich die Küche dieser beiden Gruppen radikal. Aber während der spanischen Inquisition retteten sich Juden von der Pyrenäischen Halbinsel unter anderem auch auf den Balkan, dort kamen sie mit Aschkenasen in Berührung und auch mit deren Küchentraditionen, die sich teilweise mischten. Manche jüdischen Vorspeisen aus dem Balkan gleichen daher aufs Haar jenen, die von orientalischen Juden bei ihrer Vertreibung aus den muslimischen Ländern in den letzten dreißig Jahren nach Israel mitgebracht wurden.

Und auch etliche Fischgerichte gibt es bei beiden Judengruppen in fast identischer Form. Möglicherweise sind die Rezepte uralt – wir wissen es nicht. Sicher ist nur, daß die Hebräer schon vor weit mehr als dreitausend Jahren Fische aßen. Hiervon zeugt die Bibel: Nach der Flucht aus Ägypten vergaßen die Kinder Israels nämlich in der Wüste Sinai nur gar zu rasch, wie erbärmlich es ihnen zuvor ergangen war, und sie jammerten nach den Fleischtöpfen Ägyptens. Genauer: Sie jammerten nach den dortigen Fisch- und Lauchgerichten.

Ob die heutige Küche Ägyptens noch Ähnlichkeit hat mit der damaligen, können wir nicht mit Bestimmtheit sagen. Es ist aber anzunehmen. Und jedenfalls gibt es ein jüdisches Fischgericht, das die spaniolischen (= sephardischen) Juden auf dem Balkan als *Ägyptischen Zitronenfisch* bezeichnen und auch heute noch mit Genuß an Festtagen verzehren. Und so bereitet man ihn zu:

1 beliebiger, größerer Fisch, in Portionen geschnitten
Salz, Pfeffer
etliche Löffel Olivenöl
etliche Knoblauchzehen
Saft von mindestens 3 Zitronen
1 kleines Stück Zitronenschale (unbehandelte natürlich)
2 EL gehackte Petersilie

Zur Garnitur: Zitronenschnitze

Es darf, wie gesagt, ein beliebiger, größerer Fisch sein – egal, ob aus dem Süß- oder aus dem Salzwasser. Filets ohne Haut und Gräten jedoch kommen nicht in Frage. Denn es geht wieder einmal um ein kaltes Geleegericht, das ohne die Leimsubstanz der Fischabfälle nicht gelingen wird.

Der Fisch wird geschuppt, von Flossen und Kiemen befreit, gewaschen, ausgenommen, in Portionen zerschnitten und in einer glasierten Schüssel, mit etwas grobem Salz bestreut, stehengelassen.

Inzwischen brät man in einigen Löffeln voll Olivenöl etliche, nach Belieben ganze oder zerdrückte, Knoblauchzehen ein wenig an.

Abermals nach Belieben kann man sie im Öl belassen oder nur als Aromaspender betrachten und folglich wieder entfernen.

Die Fischstücke, nunmehr durch Abspülen vom überschüssigen Salz befreit, schön *nebeneinander* ins Knoblauchöl legen. Man brät sie aber nicht, sondern fügt dem Öl so viel Wasser zu, bis die Fischstücke knapp bedeckt sind. Dem Wasser wurde der Saft von mindestens 3 Zitronen und vielleicht auch ein kleines Stücklein Zitronenschale beigefügt, ferner Salz und Pfeffer. Gehackte Petersilie gehört gleichfalls zur Sauce, wird aber besser erst in den letzten paar Minuten beigegeben.

Die Kasserolle zudecken. Den Inhalt kurz aufkochen lassen. Die Hitze stark reduzieren, anschließend 20 Min. köcheln lassen.

Dann legt man die Portionsscheiben sorgfältig in eine Schüssel mit nicht zu hohem Rand, läßt die Sauce, wenn sie zu reichlich vorhanden ist, bei starker Hitze noch kurz einkochen und gießt sie über die Fischstücke.

Eiskalt in der gelierten Sauce, garniert mit Zitronenschnitzen, servieren.

Der Fisch schmeckt mit seiner säuerlichen Sauce recht gut. Ich persönlich neige dazu, die Säure durch einen TL Zucker zu mildern, wie man es in Ostgalizien bei sauren Gerichten oft zu tun pflegte. Indes gehört der Zucker nicht zum Originalrezept des Fisches und würde von einem *Sepharden* vermutlich zornig abgelehnt werden.

Gekochter Fisch in Eiersauce

Die meisten jüdischen Fischgerichte werden kalt gegessen. Die jüdische Küche kennt aber auch etliche warme Fischspeisen. Eine davon, die mit Eiersauce, ist so delikat, daß ich sie Ihnen nicht vorenthalten möchte. Die Eiersauce gleicht ein wenig der »Sauce Hollandaise«, enthält aber keine Butter und ist folglich leichter und bekömmlicher.

Etwa 3 Pfund beliebigen, nicht zu grätenreichen, festen Fisch
würzendes Gemüse nach Belieben, etwa:
1 Karotte, 1–2 Selleriestangen, 1 Pastinake
(sofern man sie bekommen kann!)
1 große Zwiebel, Lorbeerblätter, Pfefferkörner
Salz, Pfeffer

Für die Sauce:
2 EL Zitronensaft oder 1 EL milder,
guter Weinessig und 3 ganze Eier

Fische wie üblich schuppen, von Flossen und Kiemen befreien, ausnehmen, waschen. Mit Ausnahme von Leber und Rogen oder Milch alle Innereien wegwerfen.

Den Fisch in dicke Tranchen schneiden. Falls der Kopf gegessen werden soll, muß er ganz bleiben. Soll er nur die Sauce würzen, dann kann man ihn spalten und zuunterst in die Pfanne legen.

Das ganze Gemüse kleinschneiden, in die Pfanne geben. Kopf, Gemüse und alle Gewürze in wenig Wasser ½ Stunde kochen lassen.

Dann die Fischstücke darüber verteilen, und zwar so, daß die Fischscheiben mit der Schnittfläche nach unten und oben – und also nicht seitlich – zu liegen kommen. Evtl. etwas Wasser nachfüllen. *Der Fisch soll knapp bedeckt sein.*

Kurz aufkochen. Hitze reduzieren und zugedeckt 15–20 Min. mehr ziehen als kochen lassen.

Die Fischscheiben herausheben und auf vorgewärmter Platte anordnen. Sauce durchsieben, noch einmal aufkochen. Die Eier sehr gründlich zerquirlen. Etappenweise etwa 2 Tassen voll kochend heißer Sauce zu den Eiern fügen, dauernd rühren, damit die Mischung nicht gerinnt.

Manche fügen der Sauce 1 Eßlöffel Senf bei, den sie entweder mit den Eiern zusammen verrühren oder mit einigen Eßlöffeln voll Fischbrühe homogen rühren und zuletzt der fertigen Eiersauce beifügen.

Die heiße Sauce kann man über die Fischtranchen verteilen. Doch besser ist es, sie separat zum Fisch zu reichen.

Marinierter Fisch

Weit charakteristischer für die jüdische Küche sind aber, wie gesagt, Fischgerichte, bei denen der Fisch kalt verzehrt wird und folglich auch am Vortag zubereitet werden kann. Und besonderer Beliebtheit erfreute sich die Methode, den Fisch mit Hilfe einer Marinade in eine Art Halbkonserve zu verwandeln und für einige Tage haltbar zu machen.

2 kg Fisch (am besten vom Hecht)
Salz
6 Zwiebeln
2–3 Tassen Wasser
1 Tasse Essig
3 EL Zucker
nochmals Salz: 1 TL
Pfefferkörner, Lorbeerblätter, Gewürznelken

Die Fische wie üblich waschen und säubern, anschließend in schmale Portionenstücke schneiden und mit grobem Salz bestreuen. Mehrere Stunden stehenlassen.

Die Hälfte der Zwiebeln grob zerschneiden, mit Wasser weich kochen, die Flüssigkeit durchsieben. Im durchgesiebten Sud die Fischstücke bei sehr schwacher Hitze 20 Min. lang mehr ziehen als kochen lassen.

Die restlichen Zwiebeln in feine Scheiben schneiden und abwechselnd mit den sehr vorsichtig aus dem Sud gehobenen Fischportionen in einen steinernen oder gläsernen Topf einlegen.

In den Sud werden nun Essig, Zucker und die Gewürze geschüttet. Alles zusammen gut durchkochen lassen. Dann den durchgesiebten Sud über die Fische gießen. Zudecken und für mindestens 2 Tage kühl stellen.

Die Fische halten sich, kühl aufbewahrt, bis zu 2 Wochen.

Marinierter Salzhering

Fast noch beliebter als eingelegte frische Fische waren eingelegte Salzheringe, die man in verschiedenen Variationen kannte.

6 Salzheringe, womöglich Matjesheringe
(das sind junge, besonders zarte Heringe) und
auf jeden Fall lauter Milchner
1 Zwiebel, in Scheiben
Kapern, Pfefferkörner, Lorbeer, dünne Zitronenscheiben (von unbehandelter Zitrone natürlich)
1 EL Speiseöl
¼ Tasse Essig
1 Tasse Sauerrahm
1 EL Zucker

Die Heringe ausnehmen, alle Innereien mit Ausnahme der *Milch* wegwerfen. Die Heringe mehrfach waschen und über Nacht kalt einweichen, damit sie weniger salzig schmecken. Dann wird die Haut etwas abgekratzt oder auch ganz entfernt. Die Heringe in Scheiben schneiden und abwechselnd mit den verschiedenen Gewürzen in einen Steintopf oder ein passendes Glasgeschirr schichten.

Nun reibt man die *Milch* der Heringe mit dem Öl zusammen durch ein Sieb, gibt Essig, Sauerrahm und Zucker hinzu und gießt das Ganze über die Heringsstücke. Mehrere Tage kühl stellen.

Manche zerreiben die *Milch* der Heringe mit dem Essig, also ohne Öl. In diesem Fall aber Vorsicht: *Kein Drahtsieb verwenden, das den Metallgeschmack an den Essig abgeben würde!*

Salzheringe in Kurzmarinade

Marinierte Heringe schmecken am besten erst nach ein paar Tagen. Es gibt aber, vor allem in Litauen, auch ein abgekürztes Verfahren.

2 Milchner (Salzheringe mit einer »Milch«)
feine Zwiebelscheiben
Pfefferkörner
2 EL Öl
1 EL Senf
¼ l Sauerrahm
etwas Essig

Die Heringe entgräten, enthäuten, in breite Streifen schneiden und abwechselnd mit den feinen Zwiebelscheiben und Pfefferkörnern in glasierten Topf einlegen. Alle übrigen Bestandteile mit der zermalmten Milch zusammen zur homogenen Sauce mischen und über die Heringe gießen. Einige Stunden vor dem Servieren kalt stellen.

Nach Belieben Schwarzbrot (am besten eines mit Sauerteig) oder ein Stück Eierzopf dazu verzehren. Ein Gläschen Schnaps gehört fast obligatorisch zu einer solchen delikaten Vorspeise.

»Gehackter Hering«

Die marinierten Heringe leiten über zu den vielen volkstümlichen Vorspeisen auch aus unmariniertem, gehacktem Hering, die zum Teil nicht übel schmecken, denen man aber durch die Bank anmerkt, daß sie unter anderem auch den Zweck erfüllen sollten, sogar noch an dem damals so billigen Salzhering zu sparen. Salzheringe waren an sich schon die billigsten Fische im osteuropäischen Binnenland. Nicht einmal Orte an großen Flüssen bildeten darin eine Ausnahme. Es fehlten ja noch die modernen Methoden, Verderbliches durch Kühlung oder gar Tiefkühlung frisch zu halten.

Einen Salzhering dagegen konnte sich in der Regel sogar der Arme leisten. Trotzdem erfand man Methoden, ihn zu strecken, indem man ihn zerhackte und mit noch Billigerem vermischte. Gehackter Hering hat auch den Vorteil, daß man das Gericht nach Belieben immer noch weiter »dehnen« kann, indem man etwa noch mehr geriebene Äpfel oder eingeweichtes, zerriebenes Brot beifügt. Zuletzt schmeckte die Vorspeise dann nur noch sehr entfernt nach Hering …

Das erinnert an die früher manchmal sehr armen nordischen Heringsfischer, die praktisch fast nur von Kartoffeln und Salz- oder Räucherheringen lebten. Der letzte Hering kurz vor Beginn der neuen Fangsaison wurde dann jeweils in der Mitte über dem Eßtisch aufgehängt, und jeder durfte seine gepellte Kartoffel ein wenig an ihm reiben, um ihr den geliebten Heringsgeschmack wenigstens in Spuren mitzuteilen. Ganz zuletzt mußte man sich damit begnügen, diesen letzten Hering beim Essen der Kartoffeln nur noch anzuschauen, aber nicht mehr anzurühren …

Hat es viel Sinn, heute, da dank moderner Konservierungsmethoden Tiefkühlfisch und sogar Huhn weit billiger geworden sind als der Salzhering aus der bald leergefischten Ostsee, solche Armeleute-Rezepte der Ostjuden mit gehacktem Hering überhaupt zu präsentieren? Nicht unbedingt. Immerhin: Die besten Varianten sind nicht übel im Geschmack, und die weniger guten mögen beim einen oder anderen älteren jüdischen Leser nostalgische Reminiszenzen erwecken und dem soziologisch Interessierten die ostjüdische Armut illustrieren. Zunächst eine feinere Variante:

6 filetierte Salzheringe
3 EL feingehackte Zwiebel
½ Tasse geschälte, geraffelte Äpfel
(säuerliche Sorte)
2 harte Eier
nach Belieben: 2 Scheiben Brot, eingeweicht
1 TL Zucker
2 TL Salatöl
etwas Essig
zusätzliche harte Eier zum Garnieren

Alle festen Bestandteile fein hacken. Manche benützen hierfür den elektrischen Mixer. Das sollte man aber nur tun, wenn man einen Apparat besitzt, mit welchem sich die Prozedur stoppen läßt, ehe das »Mahlgut« total zur homogenen Masse geworden ist. Die Substanz soll noch ein wenig körnig sein. In Nordosteuropa bereitete man die Mischung ohne Öl und Essig zu. Weiter südlich – besonders auf dem Balkan – empfand man Öl und Essig als unerläßliche Beitaten.

Das eingeweichte und mitpürierte Brot gehört nicht unbedingt in die Masse hinein. Manche nahmen hierfür Kommißbrot, also ein grobes Sauerteigbrot aus Roggen – mit seinem pikanten säuerlichen Geschmack steigerte es immerhin das Aroma der Speise. Andere mengten das vornehmere Weißbrot bei – die Mischung schmeckt dann etwas langweiliger. Am besten schmeckt sie, wie gesagt, wenn man das Brot ganz beiseite läßt und das Püree statt dessen zu einer Scheibe weißem oder, noch besser, mit Sauerteig bereitetem schwarzen Brot genießt.

Da die Mischung lehmfarben und folglich wenig appetitanreizend aussieht, dekorierte man sie gern mit harten Eivierteln.

»Gehackter Hering« aus Bismarck-Heringen

Die Urform des »Gehackten Herings« basiert auf Salzheringen, deren Masse nicht ganz glatt und grau püriert erscheinen, sondern noch ein bißchen körnig und – dank der kleinen Eiweißstücke vom harten Ei – gesprenkelt aussehen soll. Die Süß/Sauerkomponente, welche die Beigabe von Essig, Zucker und geraffelten Äpfeln voraussetzt, ist fakultativ – die Speise schmeckt ja auch nicht schlecht, wenn sie bloß aus gehacktem Hering, hartem Ei und Zwiebeln zubereitet wird.

Ein in England lebender Rabbiner ostjüdischer Herkunft, unverheiratet (was bei Rabbinern sehr selten vorkommt, da die jüdische Religion Fortpflanzung als Pflicht jedes einzelnen begreift!), der allein und auch ohne Hauspersonal wirtschaftet und auch selber kocht, verwendet für die Speise trotzdem in Essig eingelegte Heringe, also das, was wir im deutschen Sprachbereich aus unerfindlichem Grunde als Bismarck-Heringe bezeichnen! Sein Rezept:

Ein 300-g-Glas Bismarck-Heringe
die Hälfte der marinierten Zwiebeln, die ebenfalls in einem solchen Glas zu sein pflegen
3 geschälte und entkernte aromatische Äpfel
3 große Scheiben Weißbrot ohne Rinde, in Wasser eingeweicht und ausgedrückt
1 EL Öl
4 harte Eier
1 Eßlöffel Streuzucker, 1 Prise weißer Pfeffer
evtl. noch zusätzlich 1–2 Eßlöffel frische, rohe, gehackte Zwiebeln
zusätzliche harte Eier zur Dekoration

Die Heringe enthäuten und entgräten. Zerschneiden. Alle Bestandteile, die rohen Zwiebeln ausgenommen, im Mixer zu einer homogenen Paste pürieren. Die rohen Zwiebeln nur kleinhacken, da sie püriert bitter und wäßrig werden.

Da die mausgraue Paste keinen besonders appetitanreizenden Anblick bietet, tut man gut daran, sie mit hartgekochten und geviertelten Eiern zu dekorieren.

Apfel/Heringsalat

10–12 mürbe, säuerliche, aromatische Äpfel
(also etwa Boskop)
2 Salzheringe
1 große Zwiebel
etwas Essig oder Zitronensaft
Salz, Zucker, etwas Öl

Die Äpfel werden geschält, entkernt und in Würfel geschnitten, desgleichen werden die Heringe abgezogen, entgrätet, gereinigt und ebenfalls in Würfelchen geschnitten und die Zwiebel fein gehackt.

Die restlichen Bestandteile werden zur homogenen Sauce gemischt und gründlich mit den festen Elementen der Speise vermengt.

Einige Stunden kalt stellen und zu weißem oder schwarzem Brot servieren.

Die sparsame Verwendung des Herings im Verhältnis zur Gesamtmasse ist bei diesem Rezept nicht durch Not und Armut begründet, es handelt sich vielmehr eher um einen Apfelsalat als einen aus Heringen, die fast nur eine Art Würze bilden sollen. Die Mischung schmeckt übrigens ausgezeichnet.

Rumänischer Kaviar

Wie schon erwähnt, kennt die koschere Küche keinen »echten« Kaviar, weil er vom trefen Stör stammt. Im fischreichen Rumänien haben die Juden aber einen eigenen *Rumänischen Kaviar* erfunden, der es wert ist, auch auf der nichtjüdischen Tafel als Vorspeise zu erscheinen.

500 g Rogen (= Fischeier) vom Hecht,
Karpfen oder Lachs
1 Eßlöffel Salz
½ Tasse Olivenöl
(es geht auch mit geruchlosem Speiseöl)
½ Tasse Zitronensaft oder milder,
guter Weinessig
einige zerquetschte Knoblauchzehen
Zur Verzierung: gehackte Petersilie,
schwarze Oliven

Den Fischrogen in einer Glas- oder Porzellanschüssel mit grobem Salz bestreuen und über Nacht kalt stellen.

Am anderen Tag wird der Rogen kalt abgespült, und dann versucht man, möglichst viel Rogen, das heißt Fischeier, von der Membran, die am Rogen haftet, freizukratzen. Wenn noch etwas von der Membran am Rogen haften bleibt, ist es nicht schlimm. Denn jetzt wird der Rogen entweder mit der Gabel, oder, besser und wirksamer, im elektrischen Mixer mit Öl und Essig zusammen zu einer homogenen, leichten, dicken Masse geschlagen. Hierbei bleibt die restliche Membran an der Gabel oder an den Metallmessern des Mixers haften und kann noch entfernt werden.

Der feingehackte oder zerquetschte Knoblauch wird anschließend untergezogen. Die Petersilie und die Oliven dagegen dienen der Garnitur.

Manche rumänischen Juden (und auch nichtjüdische Rumänen) mischen nur den Zitronensaft, nicht aber das Öl in den *Kaviar.* Das Öl steht auf dem Tisch, ein jeder drückt in seine Portion Kaviar eine kleine Mulde und schüttet so viel Öl hinein, wie er mag.

Knuspriges Weißbrot dazu reichen.

Manche benützen diesen Kaviar auch als Brotaufstrich: Kleine, weiße, eventuell angetoastete Brotscheibchen werden dick mit der appetitlichen Masse bestrichen und mit kleinen Stücken schwarzer Oliven und mit gehackter Petersilie verziert. Bei dieser letzteren Variante hat man das Öl natürlich in die Kaviarmasse hineinverarbeitet.

Eierzwiebel

Natürlich werden diese kleinen kalten Hors d'œuvres, die man am Sabbat mit einem Gläschen Schnaps zusammen als Vorspeise oder aber an beliebigen anderen Tagen eventuell auch als kleinen Imbiß serviert, nicht nur aus frischen oder in Salz eingelegten Fischen zubereitet.

Eine andere ostjüdische kalte Vorspeise kann, wie ich aus zahlreichen Leserzuschriften zur ersten Ausgabe dieses Buches weiß, auch Nichtjuden aus beliebigen Ländern begeistern. Obendrein ist sie so einfach zuzubereiten, daß auch zahlreiche Studenten sie bereits in ihr Repertoire aufnahmen. Das jetzt vorzustellende Gericht enthält eine Menge roher Zwiebeln, was möglicherweise auf seinen altägyptischen Ursprung hinweist. Entsprechend nennt man die Speise auch *Eierzwiebel* oder einfach *Zwiebel.*

Der einzige gekochte Bestandteil dieser Vorspeise sind die harten Eier, die man leicht am Vortag abkochen kann. Eine Variante der *Eierzwiebel* kann auch eventuell anfallende Geflügelleberchen, die gleichfalls am Tag zuvor zubereitet werden können, enthalten. So ist es die ideale Vorspeise für Sabbat mittag: Denn jede Küchenarbeit, die kein Feuer erfordert, ist ja am Sabbat erlaubt. Man kann also die Eierzwiebel unmittelbar vor dem Auftischen zubereiten. Ja – man soll und muß es sogar tun! Denn zerhackte rohe Zwiebeln werden bei längerem Stehen wäßrig und beginnen, faulig zu riechen! Und hier das Rezept:

je Person mindestens 1 hartes Ei
sofern man hat: im Geflügelschmalz sachte
gar gedünstete Geflügelleber
in diesem letzteren Fall natürlich entsprechend
mehr Schmalz und Zwiebel
je Ei ½ EL Geflügelschmalz
(es kann auch etwas weniger sein)
und ⅓ EL feingehackte Zwiebel
(auch hiervon darf es evtl. etwas weniger sein)
Salz, Pfeffer
evtl. Grieben vom Geflügelfett

Am besten gerät die Speise mit frisch ausgelassenem Fett von Hühnern, allenfalls auch von Gänsen und Enten. Gewinnt man hierbei Grieben, dann können sie, nach Belieben, mit den restlichen Bestandteilen der *Eierzwiebel* zusammen zerhackt, oder aber, als Dekoration, einfach beigelegt werden. Notfalls – aber wirklich nur notfalls! – kann man diese Vorspeise auch mit dem

Abschöpffett einer Hühnerbouillon zubereiten. (Zu allen Fragen rund um Fett vom Geflügel oder auch vom Schlachtvieh siehe unter dem nachfolgenden Titel »Schmalzprobleme«.)

Ob die *Eierzwiebel* auch mit Schweineschmalz zusammen schmackhaft gerät, weiß ich nicht. Wer Mühe hat, an Geflügelfett heranzukommen und nicht an jüdisch-rituelle Vorschriften gebunden ist, mag es immerhin versuchen. Nicht in Frage kommt dagegen der geschmacklich und auch in der Konsistenz völlig abweichende Rindertalg. Und auch mit Butter – frischer wie auch eingekochter – gerät die Eierzwiebel nicht schmackhaft. Vegetarische Fette wie Palmin oder Margarine kommen erst recht nicht in Frage.

Wichtig ist auch, daß die beizufügende Geflügelleber – sofern solche überhaupt vorhanden – nicht in der weiter westlich für Leber allgemein üblichen Manier außen scharf angeröstet und innen halbroh gelassen wird: Die Speise würde dann matschig und blutwurstartig aussehen und wäre fast ungenießbar. Vielmehr muß man die Leberchen halb oder ganz schwimmend in Geflügelfett mehr sachte köcheln als braten, und bis sie gar sind, kann es bis zu 20 Min. dauern. Aber nur dann haben sie die für diesen Zweck richtige, homogene, zartmürbe Konsistenz. Die Leber ist durchgegart, wenn sie auf den Druck mit dem Finger oder der Gabel nicht mehr elastisch reagiert.

In einer Schüssel von passender Größe werden die harten Eier und die eventuell vorhandenen Leberchen samt dem Schmalz anfangs mit dem Messer, dann mit der Gabel zuerst zerhackt und hernach zerdrückt. Es soll aber nicht ein homogenes Püree dabei herauskommen: Das Gelb des Dotters, das Weiß des Eiweißes und das Braun der Leber sollen noch sichtbar bleiben. Gegen eine Benützung des Mixers zum Zerbröseln der Masse ist an sich nichts einzuwenden, vorausgesetzt, Sie haben ein Modell, dessen Mahldauer sich so regulieren läßt, daß das Mahlgut körnig bleibt.

Zwiebeln kann man mit der Gabel nicht zerdrücken. Sie müssen daher separat fein gehackt werden – von Hand oder mit der elektrischen Maschine. Es gilt für sie, wie für den Rest der Masse, jedoch die Bedingung, daß sie nicht zum wäßrigen homogenen Brei püriert werden, sondern krümlig bleiben. Zuletzt alles mischen und kräftig mit Salz und weißem Pfeffer würzen. Und zwar um so kräftiger, wenn Sie anstelle von herrlich duftendem, frisch ausgelassenem Schmalz nur das Abschöpffett einer Hühnerbouillon zur Verfügung hatten.

Frischen Eierzopf oder knuspriges Pariser Weißbrot (Flûtes) dazu reichen.

Wichtig zu wissen: Länger als ein paar Stunden darf die Speise nicht stehen bleiben, ohne daß die zerhackten Zwiebeln bitter und wäßrig werden. Also ja nicht etwa am Vortag zubereiten!

Schmalzprobleme

Bevor wir andere Vorspeisen präsentieren, die zum Teil ebenfalls Geflügelfett erfordern, noch ein paar Worte zu eben diesem Fett und auch zum Fett vom Schlachtvieh.

Die Modeküche meidet weitgehend diese Fette aus Angst vor dem Cholesterin, das in jedem tierischen Fett enthalten ist. Nun stimmt es zwar, daß Cholesterin den Kreislauf schädigt. Die moderne Ernährungsphysiologie hat aber längst herausgekriegt, daß das Cholesterin aus dem Schmalz keineswegs in unsere Blutgefäße hineinwandert und sich dort ablagert. Es wird vielmehr beim Verdauen im Magen zersetzt und zerlegt. Unser Körper baut sich sein Cholesterin selbständig wieder auf. Mit dem Meiden tierischer Fette ist also in puncto Gesundheit nichts gewonnen. Ganz generell sollte man natürlich zu fette Nahrung meiden, um nicht selber fett zu werden. Die modischen Cholesterinängste jedoch dürfen wir ruhig vergessen.

Bleibt noch die Frage, ob heute wirklich alle jungen Frauen noch wissen, wie man Schmalz »ausläßt«? Man macht dies so: Die Fettstücke – jene aus dem Innern der Tiere, wie auch solche, die der Außenhaut anhaften – werden in kleine Würfel geschnitten, und zwar mit der anhaftenden Haut zusammen. Dann legt man sie in einen passenden Topf, bedeckt die Stücke mit kaltem Wasser und läßt bei sehr kleiner Flamme das Ganze so lange kochen, bis sich das klare, durchsichtige Fett abscheidet und die hautigen und anderen »Nichtfettbestandteile« sich in *Grieben* verwandelt haben. Das kann, je nach Menge, ziemlich lange dauern.

Von Zeit zu Zeit kontrollieren. Gegen Ende der Kochzeit wird kein Wasser mehr im Topf sein, und die Grieben beginnen jetzt, sich zu bräunen. Wenn sie eine hübsche dunkle Goldfarbe erreicht haben, den Topf vom Feuer ziehen. Etwas auskühlen lassen, das Schmalz durch ein Sieb in einen passenden Steintopf passieren. Die bräunlichen Krümelchen zuunterst im Kochgeschirr nicht mit in den Topf schütten, sondern, mit den Grieben zusammen, sofort verwenden.

Etwas, was die Modeküche auch nicht mehr weiß: Solche Schmalzrückstände und Grieben schmecken, leicht gesalzen, zusammen mit ebenfalls gesalzenen Rettichscheiben, ganz herrlich zu Schwarzbrot aus Sauerteig. Schnaps oder Bier dazu reichen. Kinder bekommen statt Alkohol heißen Tee mit Zucker und Zitrone.

Das Abschöpffett einer Bouillon – vom Rind oder vom Huhn – schmeckt nicht ganz so gut wie frisch ausgelassenes Schmalz. Es pflegt bei uns verwöhnten »Westlern« heutzutage wohl meist in den Abguß zu wandern. Es hat wohl auch wenig Sinn, darauf hinzuweisen, wie kostbar unseren Vorfahren dieses vom Fleisch beim Garen ausgeschiedene Fett erschien und entsprechende Witze zu zitieren, wie etwa den von dem armen Berliner Schusterlehrling, welcher klagt:

»Meesterin, Ihre Suppe ist so stolz! Mit keenem Auge schaut sie mich an!« Gemeint sind natürlich die Fettaugen, die wir heute sogar mit Hilfe von noch unbenütztem Löschpapier abzusaugen pflegen. Wir leiden nun einmal nicht an Fettmangel. Diese Fette werden aber in der jüdischen Küche alle ausgiebig verwendet. Wir können sie also in einem koscheren Kochbuch nicht ausklammern und müssen uns mit ihnen ein wenig auskennen.

Mayonnaise-Eier (Ersatzrezept für Eierzwiebel)

Immerhin läßt sich die eine oder andere jüdische Vorspeise zur Not statt mit Schmalz mit dem (angeblich oder auch wirklich) bekömmlicheren Speiseöl zubereiten. Etwas mit der Eierzwiebel zwar nicht Identisches, aber trotzdem ebenfalls recht Wohlschmeckendes kann man statt mit Schmalz mit selbstgemachter Mayonnaise herstellen. Und da Mayonnaise, verdünnt mit etwas Wasser und Wein, auch einen recht guten Ersatz für den Sauerrahm bildet, den man in der koscheren Küche bei einem fleischigen Diner nicht verwenden darf, sollte die rituell kochende Hausfrau immer ein größeres Quantum selbstgemachter, milder Mayonnaise bereitstehen haben. Suppen und warmen Fleischgerichten kann man Mayonnaise statt Rahm natürlich nicht beimengen, wohl aber praktisch allen kalten Salaten aus Fleisch, Fischen, harten Eiern und jederlei Gemüsen. Nur zu Früchten paßt die Mayonnaise weder verdünnt noch unverdünnt. Wo keine rituellen Gründe dagegen sprechen, besteht auch die Möglichkeit, die Mayonnaise mit Milch zu verdünnen: Sie wird dadurch halbflüssig, leicht und cremig.

Wenn Sie also kein Geflügelschmalz haben, vermischen Sie die zerhackten harten Eier und Zwiebeln mit Mayonnaise. Die Masse eignet sich auch trefflich als Sandwichaufstrich. Sie dekorieren die Brötchen mit Scheiben von einer Salzgurke, feingeschnittenem Schnittlauch, kleinen roten Peperoni-Stücken, ein paar Kapern oder auch mit einem Schnitzchen Tomate.

»Haus-Mayonnaise«

Und hier die Methode zur Erstellung gut konservierbarer »Haus-Mayonnaise«, die man durchaus nicht nur im koscheren Haushalt stets zur Hand haben sollte:

In den elektrischen Mixer geben Sie 1 ganzes rohes Ei, 1 EL Senf, ½ TL Salz, 1–2 TL Zucker, mehrere EL Essig und bis zu 1 l Öl (das aber erst nachher und ganz allmählich hinzukommt).

Gut darauf achten, daß alle Bestandteile nicht allzu kalt sind und auch ungefähr dieselbe Temperatur haben! Also auf keinen Fall sofort aus dem Kühlschrank verwenden! Sonst gerinnt Ihnen die Masse im Mixer!

Alles, mit Ausnahme vom Öl, in den Mixer geben. Mixer rotieren lassen. Öl langsam beifügen. Anfangs in Tropfen, bald aber schon in einem dünnen Strahl. Sobald die Rührmasse so fest geworden ist, daß das neu zugegossene Öl an der Oberfläche liegenbleibt, für einen Augenblick abstellen, gut durchrühren, weitermachen. Die Prozedur wiederholen, bis Sie fast 1 l Öl verbraucht haben.

Sollte die Mayonnaise einmal gerinnen, dann schütten Sie sie natürlich nicht weg, sondern geben ein frisches zweites Ei in den entleerten Mixer und gießen anstelle von Öl die geronnene Mayonnaise langsam zu.

Haben Sie keinen Mixer, dann fahren Sie besser mit einem Glas Mayonnaise aus dem Supermarkt. Ein Geheimtip: Sie wird pikanter, wenn Sie eine Prise Zucker hineinrühren.

Und ein zweiter Geheimtip: Wenn Sie aus irgendeinem Grund den hohen Ölgehalt der Mayonnaise scheuen, dann mischen Sie bis zu einem Drittel der Masse Quark bei – diesmal unbedingt den von uns so heruntergeputzten, homogenen »westlichen« Cremequark. Nach Belieben nachwürzen.

Es versteht sich von selbst, daß dies für fromme Juden nur in Frage kommt, wenn sie die Mayonnaise nicht als Beigabe zu »Fleischigem« genießen wollen!

Für unsere fettentwöhnten Gaumen gewinnt die Mayonnaise durch solchen Zusatz mit Cremequark noch an Wohlgeschmack.

Vor allem aber: Lassen Sie es sich nicht einfallen, zwecks Verfeinerung der Mayonnaise statt billigem Essig den viel teureren Zitronensaft hineinzumischen! Es sei denn, Sie wollen das ganze Quantum sofort verwenden. Mayonnaise mit Zitronensaft beginnt schon bald zu schimmeln.

Gehackte Leber

Zurück zu den Vorspeisen mit Geflügelschmalz. Wir sagten schon, daß man der Eierzwiebel gern auch eventuell anfallende Geflügelleberchen beimengte. Sogar in einem großen und reichen Haushalt waren dies – außer bei ganz großen Familienfeiern – kaum je mehr als 2–3 Stück auf einmal. Und Feinkostgeschäfte, in denen man die Geflügelleber separat, also ohne das betreffende Geflügel, bekommen konnte, gab es nicht einmal in den Großstädten. Das hat sich mittlerweile geändert. Zumindest für Nichtjuden. Jeder Supermarkt offeriert tiefgekühlte Hühnerleber billiger als Heringe oder Suppenfleisch.

Ähnlich liegen die Verhältnisse für Juden heute vielleicht an Orten mit großen Judengemeinden in den USA, nur daß dort die Leber aus zwei Gründen nicht ganz so billig sein kann wie beim nichtjüdischen Lieferanten. Erstens, weil koscheres Fleisch – und folglich auch koschere Geflügelleber – generell durch die erforderliche rituelle Schlachtkontrolle teurer ist als jedes andere, und zweitens, weil zu viele Juden – im Gegensatz zu mitteleuropäischen Nichtjuden – die Geflügelleber so hoch einschätzen, wie sie es verdient, und das muß sich auch auf den Preis auswirken.

In der streng orthodoxen Küche gibt es auch keine Leber von Stopfgänsen, weil in der rabbinischen Literatur gegen diese Art von unnötiger Tierquälerei – nämlich die zwangsweise, dauernde Überfütterung der armen Tiere – Bedenken angemeldet werden. Mit Recht. Es genügt, daß wir Tiere töten, um uns von ihrem Fleisch zu ernähren. Sie vorher monatelang zu foltern, um durch ihre Überernährung eine krankhaft geschwollene und dadurch besonders zarte Leber zu erzielen, ist weder moralisch noch kulinarisch gerechtfertigt.

Wie immer – Geflügelleber ist in Mitteleuropa so billig, daß auch Einkommensschwache, sofern sie nicht auf rituelle Schächtung Wert legen, sich diese Delikatesse der kalten jüdischen Küche leisten können.

Und so bereitet man die Gehackte Leber zu:

- 500 g rohe Hühnerleber (evtl. auch Enten- oder Gänseleber)
- 3–4 EL Geflügelschmalz (am besten frisch ausgelassenes; es geht aber auch mit Abschöpffett von Suppe oder Braten)
- 2–3 harte Eier
- mindestens 1 große Zwiebel
- Salz, Pfeffer
- falls vorhanden: Grieben vom Geflügelschmalz

Prozedur der Zubereitung wie bei den »Eierzwiebeln« angegeben. Das heißt also: Die Leber nicht scharf anbraten, sondern im Geflügelschmalz sachte garen, bis sie auf Druck mit Finger oder Gabel nicht mehr elastisch reagiert und dadurch anzeigt, daß sie innen nicht mehr halbroh und rosig ist.

Leber, Eier und Zwiebel zusammen fein hacken. Zwiebel, weil sie härter ist, separat fein hacken und, samt Gewürzen, der Masse beifügen. Alles gut vermischen. Grieben mithacken oder dekorativ beilegen.

Benützung des Mixers kommt durchaus in Frage, aber, wie bereits bei der Eierzwiebel betont, nur dann, wenn sie mit ihrem Apparat die Mahldauer so regeln können, daß die Masse noch nicht ein homogenes Püree, sondern körnig ist.

Zu Eierzopf servieren. Nachher Schnaps oder heißen Tee reichen – es sei denn, die Gehackte Leber bildet nur die Vorspeise, auf welche noch ein ganzes Festdiner folgt. In diesem Falle kommt nur Schnaps und auf keinen Fall Tee in Frage.

Geflügelleber mit Grieben

Alle diese kalten Vorspeisen gibt es in Dutzenden von Varianten. Man bereitete sie von Gegend zu Gegend, ja von Haus zu Haus ein wenig anders. Für Geflügelleber gab es auch die nachfolgende, sehr beliebte Variation, die allerdings nur sehr selten auf den Tisch kam, weil man – wie bereits erwähnt und erklärt – nur sehr selten so viel Geflügelleber und Grieben vom Geflügelfett gleichzeitig zur Verfügung hatte.

War dies aber doch einmal der Fall, so wurde die Vorspeise aus ihnen gern auch so zubereitet:

- 500 g Geflügelleber
- 1–2 Eßlöffel Geflügelschmalz
- 1 volle Tasse Grieben vom Geflügelschmalz
- Salz, Pfeffer

Die Geflügelleber auf die weiter oben angegebene Weise sachte im Geflügelschmalz gar schmoren. Will man ohnehin gleichzeitig Schmalz auslassen, so verwendet man zum Garen der Leber die bräunlichen Schmalzrückstände am Boden des Topfes, nachdem man das glasklare Schmalz bereits von ihnen abgegossen und in ein entsprechendes Gefäß eingefüllt hat. Grieben, Schmalz und fertig gegarte Leber zusammen fein hacken, mit Salz und Pfeffer kräftig würzen. Diesmal läßt man die Zwiebel und die harten Eier ganz beiseite. Man reicht Eierzopf dazu oder allenfalls knuspriges weißes Stangenbrot.

Gut zu wissen: Manche Leute bereiten, wenn Sie Geflügelleber nicht auftreiben können, »Gehackte Leber« mit Rinds- oder Kalbsleber. Man sollte es nicht tun! Die Leber vom Großvieh – auch vom jüngsten Kalb! – bleibt bei noch so langer und vorsichtiger Schmorprozedur ein wenig »gummös«, wird nie so mürb wie die Leber vom Geflügel. Nur Schweineleber bildet hierin eine Ausnahme. Sie ist aber dem frommen Juden verboten und bringt auch eine ganz fremde, unerwünschte Geschmackskomponente in die Speise. Wer also keine Geflügelleber auftreiben kann, sollte sich lieber an andere Spezialitäten der ostjüdischen Küche halten. Etwa an die vorzügliche Leberimitation aus Auberginen.

Auberginen (Eierfrüchte, Melanzane) als »Gehackte Leber«

1 große oder etliche kleinere Auberginen
(etwa 1 kg)
2 harte Eier
2 mittelgroße Zwiebeln
etwas Essig oder Zitronensaft
Salz

Wichtig ist, die Auberginen zuerst in der Schale zu garen. Am besten schmeckt die Speise, wenn man die Auberginen entweder in heißer Asche oder über offenem Feuer, evtl. auch auf der heißen Herdplatte oder im Ofen so lange brät, bis die Haut schwarz und das Innere ganz weich ist, was man durch Druck von außen leicht feststellen kann. Vorsichtshalber sticht man die Auberginen vor dem Backen oben – und nur oben! – ein paarmal ein, damit sie beim Backen nicht aufplatzen und das Backblech naß und klebrig machen. Wenn man sie im Ofen brät, dann auf einer der höheren Leisten und bei ca. 200–225°. Backdauer: etwa 45 Min. – Manche backen die Auberginen auch schwimmend in heißem Öl. Und schließlich kann man sie auch in kochendem Wasser weich garen, wodurch sie aber viel von ihrem Wohlgeschmack einbüßen.

Die weichgerösteten Auberginen werden geschält und mit den harten Eiern und Gewürzen zusammen kleingehackt. Die Zwiebeln zerhackt man separat und fügt sie bei.

Manche geben zu dem Gericht nicht rohe, sondern angebratene Zwiebeln – was die Speise meiner Meinung nach verschlechtert, andere wiederum fügen zerhackte Grieben und etwas Geflügelschmalz bei – die Speise gewinnt dadurch entschieden.

Rumänischer Aubergine-Kaviar

Noch besser als diese Leberimitation aus Auberginen ist der *Rumänische Aubergine-Kaviar,* eine Balkanvorspeise, die möglicherweise nicht von den Juden erfunden wurde, jedoch einen festen Bestandteil der jüdischen Balkanküche bildete.

1 große oder etliche kleine Auberginen
(etwa 500 g)
feingehackte grüne Zwiebelstangen
etliche zerdrückte Knoblauchzehen oder
1 EL Zitronensaft

Salz, Pfeffer
nach Belieben: 1 roter zerhackter Pimento;
oder aber Dill, Petersilie, evtl. auch Schnittlauch, alles feingehackt
4 EL Olivenöl (wer es nicht mag, nimmt geruchloses Speiseöl)

Die Auberginen werden, wie beim vorigen Rezept geschildert, in der Schale gar geröstet. Abkühlen lassen. Schale und, wenn nötig, Kerne entfernen. Letzteres geschieht am besten, indem die zermalmte Masse durch ein feinlochiges Sieb gepreßt wird. Denn, anders als bei allen bisherigen kalten Vorspeisen, ist hier nicht eine körnige Substanz, sondern ein zartes, homogenes, wie Schlagrahm aufgeschlagenes Püree erwünscht.

Die grünen Zwiebelstangen, die man natürlich nicht auch zu Mus zerreiben sollte, werden folglich separat fein gehackt und dann erst beigefügt; Knoblauch dagegen wird mit der Masse zusammen püriert. Den Zitronensaft beim Pürieren sofort beifügen, weil er das Dunkelwerden der Masse verhindert. Auch Salz und Pfeffer sind natürlich von Anfang an mit dabei. Für dieses Püree kann man selbstverständlich auch einen Mixer verwenden und ihn diesmal rotieren lassen, bis die Masse ganz leicht und homogen geworden ist.

Pimento und die grünen Gewürze (Dill, Petersilie) *nicht* in das Püree hineinmischen, sondern darüberstreuen.

Was das Olivenöl angeht, so fügen es manche von Anfang an bei; andere stellen es auf den Tisch, damit jeder in seine Portion eine kleine Mulde drücken und Öl nach Geschmack beigeben kann.

Knuspriges Weißbrot dazu reichen.

Sommervorspeise mit Sauerrahm und Quark

Die kontinentalen Sommer Osteuropas sind so heiß, daß auch Bemittelte gern auf Fleischmahlzeiten verzichteten und sich mit einem »milchigen« Menü begnügten. Sie leiteten es dann mit einer sehr einfachen und zugleich schmackhaften Vorspeise ein:

1 große oder etliche kleinere, frische Gurken
1 Bund Radieschen oder 1 großer Rettich
1 Bund junge, grüne Zwiebelstangen
Salz, Pfeffer
Sauerrahm (von roher Milch, also »Crème fraîche«)
Quark (von roher Milch, also »Schnittquark«)

Gurken und Rettich werden geschält, das Gemüse gut gereinigt und in feine Scheiben geschnitten oder gehobelt, jedoch nicht miteinander vermengt. Mit Salz und Pfeffer würzen. Den Sauerrahm darübergießen.

Der Quark wird separat gereicht. Es muß natürlich der mürbkrümelige Quark aus Rohmilch sein, den die Wiener als »Schnittquark« oder »Topfen« bezeichnen, und nicht jene cremige Masse aus Joghurt, wie sie in den Molkereien Mitteleuropas verkauft wird. Auch der Sauerrahm für diese Speise sollte nicht mit Joghurtbakterien geimpft sein, sondern durch Stehenlassen von roher Milch in der Sommerwärme an deren Oberfläche von selbst entstehen. Hierzu Genaueres im nachfolgenden Kapitel unter dem Stichwort »Quark und Sauerrahm in Ost und West«.

Man ißt Schwarzbrot dazu, und zwar unbedingt solches mit Sauerteig.

Quark und Sauerrahm in Ost und West

Bis vor etwa sechzig Jahren bekam man in Schweizer Molkereien nur ausnahmsweise einmal Quark. Man nannte ihn – mit den Österreichern zusammen – »Topfen« oder mit einem eigenständigen Schweizer Namen »Bibeli-Chäs« und wußte wenig mit ihm anzufangen. Meist war er auch viel zu wäßrig, und oft genug ging er schon im Laden in »Verkäsung« über, so daß er aussah wie mit Eiter überzogen. Die Schweizer aßen im allgemeinen nur Hartkäse, den sie im eigenen Lande vortrefflich zubereiten. Immerhin war es der richtige, krümlige Rohquark, den sie kannten, und nicht der französische moderne »Cremequark«, was schon der Name »Bibeli-Chäs« bewies: »Bibeli« heißt auf Schwyzerdütsch »Pickel«. Es war also eine krümlige Konsistenz.

Später kam in der Schweiz – wie anderswo auch – Quark, und zwar vor allem Magerquark, als Diätspeise in Mode. Das war aber nicht mehr dasselbe, was man hier unter diesem Namen zuvor verstanden hatte und was man in ganz Osteuropa in vollkommener Ausführung kannte und bis heute kennt und liebt und in Wien »Schnittquark« oder »Topfen« nennt, sondern eine saure, homogene, wäßrige Creme, die lange nicht so gut schmeckt wie der altmodische, krümlige Schnittquark unserer Großmütter.

Wie sehr sich diese beiden Sorten voneinander unterscheiden, werden Sie rasch merken, wenn Sie versuchen, eine Torte nach dem alten Kochbuch Ihrer Großmutter mit dem heutigen, mitteleuropäischen Quark nachzubacken. Sie wird zwar ebenso schön aufgehen wie Großmutters Torten vor sechzig und mehr Jahren, wird aber nachher unfehlbar zusammenbrechen wie ein Auflauf. Es hilft auch nichts, wenn Sie der Masse mehr Mehl beigeben, als im Rezept vorgeschrieben ist: Um dem Teig die erwünschte »Standfestigkeit« zu sichern, müßten Sie so viel Mehl und andere trockene Substanzen (etwa geriebene Mandeln) beimengen, daß die Torte nachher überhaupt nicht mehr nach Quark schmeckt. Auch hilft es nichts, wenn Sie annehmen, nur die wäßrige Konsistenz des Cremequarks sei schuld am Zusammenbruch Ihres Gebäcks, und folglich dem Mißstand dadurch abzuhelfen suchen, daß Sie den Quark in einem weißen Mulltüchlein kräftig auspressen. Die Torte bricht auch dann zusammen, nur daß sie jetzt – auch wenn Sie noch so viele Eier und noch so viel Butter beigemengt haben – die gummiartige Konsistenz eines Autoreifens haben wird. Mit »Westquark« sind die alten Backrezepte nicht realisierbar. Der Fehler ist nur, daß die meisten neuen Kochbücher diese alten Rezepte, da sie sich damals doch so gut bewährt haben, kurzerhand übernehmen, ohne hinzuzufügen, daß die Anweisungen nur für Schnittquark Geltung haben.

Natürlich könnte man heute, segelnd auf der Nostalgiewelle und Do-it-yourself-Mode, auch auf die Idee verfallen, den altmodischen Schnittquark, sofern man ihn in der Molkerei nicht bekommt, im eigenen Haus selber herzustellen. Die Prozedur ist ja – so sollte man denken – einfach genug. Man läßt Rohmilch in einem warmen Raum im Sommer einige Tage stehen, dann verwandelt sie sich ganz von selbst in Sauermilch. Von dieser schöpft man die schöne, spiegelglatte mattgelbe, saure Rahmschicht (Crème fraîche!) für beliebige Verwendung ab. Der Rest, die gallertige Sauermilch, wird sehr vorsichtig erwärmt: Sie muß etwa »handwarm« werden und auf keinen Fall heiß! Denn dann würden die Käsebestandteile der Rohmilch zu einer gummiartigen Substanz gerinnen und nicht zu jener mürbkrümligen Masse, die für den Rohquark so charakteristisch ist!

Aus demselben Grunde tut man auch gut daran, die Sauermilch auf dem Herd dauernd umzurühren, damit sich nicht am Boden des Kochtopfes bereits feste Käseklümpchen bilden, während die Oberfläche noch kühl und flüssig ist.

Der richtige Moment ist erreicht, wenn das Milchserum, also die blasse Molke, anfängt, sich vom flockigen Kasein zu scheiden. Jetzt sofort den Topf vom Feuer ziehen! Nun ein genügend großes Sieb mit einem sauberen, weißen Mulltüchlein auslegen, die Sauermilch hineinfüllen, das Tuch oben verknoten und über einer Schüssel zum Abtropfen aufhängen. Falls Sie die abtropfende Molke nicht verwenden, sondern wegschütten wollen, brauchen Sie natürlich unter das Tuch keine Schüssel zu stellen, sondern können die Abtropfflüssigkeit direkt in den Ausguß ablaufen lassen. Mehrere Stunden lang so hängen lassen. Zuletzt eventuell ein wenig pressen – es ist aber nicht ratsam: Der Quark wird dann trocken und klumpig. Von diesem Grad der Feuchtigkeit hängt es ab, ob Sie aus 1 l Milch 150 oder nur 125 g Quark gewinnen. – Den Quarkballen in einer Schüssel bis zur Verwendung kühl aufbewahren.

Für Quark-Laien: Die schöne, glatte, blaßgoldene Schicht aus Sauerrahm (Crème fraîche!), die sich an der Oberfläche der Sauermilch bildet, wird nicht zu Quark mitverarbeitet, sondern vorher sorgfältig abgeschöpft und separat verwendet. Man kann diesen appetitlich duftenden Sauerrahm aus Rohmilch nachher über den Quark im Eßteller schütten. Der Quark schmeckt aber auch ohne solchen Rahmzuschuß herrlich, und den Sauerrahm kann man auf vielerlei andere Weise sinnvoller »einsetzen«.

Gut, auch dies zu wissen: Seit kurzem, im Zuge der modischen Nostalgiewelle, bekommt man auch in manchen Molkereien Mitteleuropas solchen delikaten Sauerrahm aus Rohmilch, jedoch unter dem unbegreiflichen Namen »Crème fraîche«, was, genau übersetzt, »frischer Rahm« heißt. Sauerrahm kann aber unter keinen Umständen wirklich »frisch« sein, denn die Milchsäurebakterien brauchen 1–2 oder sogar 3 Tage, um sich voll zu entwickeln. Merkwürdigerweise haben auch die Franzosen selbst, deren traditionelle Küche im allgemeinen nur (frischen) Süßrahm verwendet, den Ausdruck aus Mitteleuropa übernommen. Vielleicht meinen sie damit Rahm aus »lait frais«, also aus »frischer Milch« und nicht aus pasteurisierter, die nachträglich mit Säurebakterien (etwa solchen des Joghurts oder des Kefirs) geimpft wurde? Aber dann würde es besser heißen »Crème crue«, also »Rohrahm«. Zudem fehlt dann immer noch der Hinweis darauf, daß es sich um *sauren* Rahm handelt. Wir benützen daher in unserem Buch nur die alte, deutsche, einzig richtige Bezeichnung »Sauerrahm« und meinen damit immer sauren Rahm aus Rohmilch.

Was aber die Sauermilch angeht, so pflegte man sie im ostjüdischen Haushalt nicht nur für Quarkbereitung zu benützen, sondern auch als hochbekömmliches und sehr erfrischendes, sommerliches Getränk. Zu diesem Zweck stellte man aber die Rohmilch nicht in großen Kesseln und Schüsseln zum Koagulieren auf, sondern in Portionenbechern oder Trinkgläsern, genau wie man es mit dem Joghurt macht. Für jene, die es nicht wissen: Sauermilch schmeckt und duftet zarter, angenehmer und weniger sauer als Joghurt oder Kefir. Das Ganze hat aber einen Haken: Daß Sauermilch nur aus roher Milch entstehen kann und nicht aus pasteurisierter oder gar gekochter oder uperisierter, ist klar: In der entkeimten Milch können sich die Milchsäurebakterien nicht mehr gut entwickeln. Läßt man solche »bearbeitete« Milch in der Wärme stehen, so wird sie folglich nicht erfrischend säuerlich, sondern beginnt, alkoholisch zu gären und übel zu riechen. Doch auch mit Rohmilch glückt die Prozedur nicht immer. Eine mir befreundete ungarische Chemikerin erklärte mir, daß auch die rohe Milch, die wir heutzutage in der Molkerei bekommen, vorbehandelt, nämlich homogenisiert und folglich manipuliert sei, und das genüge, um die natürliche Säuerung zu behindern.

Außerdem läßt sich solche Sauermilch und folglich auch Quark aus Sauermilch nur im Sommer zubereiten – doch dies galt auch in Osteuropa für die ganz und gar nicht manipulierte Milch direkt vom Bauern. Wir erwähnten schon, daß die Gärung nur in einem warmen Raum gelingt: Die Wärme im Hausinneren allein genügt aber hierfür nicht. Im eisigen Winter ist nämlich draußen bakteriell in der Luft »nichts los«. Da fehlen auch die für die Milchsäuerung unerläßlichen Bakterien, die im Sommer zu Milliarden frei herumschweben und auch ins Hausinnere gelangen. In Osteuropa wußte man das und versuchte im Winter gar nicht erst, Sauermilch, Sauerrahm und Quark zu bereiten …

Dennoch habe ich ein Mittel gefunden, diesem Mißstand abzuhelfen und auch mitten im Winter sogar entkeimte, pasteurisierte Milch zur natürlichen Säuerung zu bewegen! Ich tue dies, indem ich die Milch mit einem tüchtigen Schuß Buttermilch »impfe«. Dann gelingt die Prozedur praktisch immer. Und Buttermilch ist heute, weil beliebtes Diätgetränk, in fast allen Molkereien erhältlich.

Nach derselben Methode kann man natürlich in Gegenden, wo es keine »Crème fraîche« zu kaufen gibt, auch (süßen) Frischrahm mit etwas Buttermilch »impfen«. Je nach Wetter hat man dann in 1–3 Tagen Sauerrahm.

Aber natürlich bleibt das Ganze eine langwierige und langweilige Prozedur. Zudem braucht man, um – z. B. für einen Quarkkuchen – ein ganzes Kilogramm »Rohquark« zu gewinnen, etwa 8 l Milch, die, wenn man nicht als »Berufskäser« Spezialrabatte genießt, recht teuer kommen. Obendrein hat man dann tagelang in der vielleicht sehr engen, modernen Küche die Milch herumstehen, bis sie endlich koaguliert.

Andererseits: Ein Frühstück oder Imbiß aus Schwarzbrot, Rettich, Gurken und Sauermilchprodukten wie Quark (Schnittquark!) und Sauerrahm (Crème fraîche) schmeckt nur, wenn diese Produkte aus Rohmilch (oder mit Buttermilch geimpfter beliebiger anderer Milch) und nicht aus entkeimter Milch plus Joghurt- oder Kefirbakterien gewonnen werden. Übrigens ist es mir gelungen, unter den vielen Rezepten für Quarktorte in der Zeitschrift »Essen und Trinken« eines zu finden, das auch bei Verwendung von »Cremequark« ein ganz gutes Resultat ergibt. Obgleich Quarktorte an sich nichts spezifisch Jüdisches ist, bringen wir das Rezept in unserem Buch, denn während Schawuot, dem jüdischen Pfingstfest, werden nach einem sehr alten, von uns bereits erwähnten Brauch, Quarkspeisen genossen – gesalzene, aber auch gesüßte, und darunter natürlich auch Torten (s. S. 204 ff.).

Suppen, Knödel, Suppeneinlagen, Teigtaschen

»Goldene Jouch«

Eine weitere berühmte Spezialität der ostjüdischen Küche: die *Goldene Jouch*.

Das Wort »Jouch«, in Litauen »Joich« gesprochen, ist jiddisch, kommt aus dem Mittelhochdeutschen und lautet im heutigen Deutsch »Jauche«. Bitte, sagen Sie nicht pfui! Denn es sind die ihrem ganzen Naturell nach konservativen Juden und nicht die unruhigen Deutschen, die den Ursinn vieler alter Wörter weit getreuer aufbewahrt haben! Jauche hieß damals einfach »Brühe«.

Die »Goldene Jouch« war für den Bemittelten im Osten ein häufiges Sabbatgericht; der Arme bekam sie kaum je zu sehen und zu schmecken – es sei denn an einer Hochzeit. Da war die Goldene Jouch unerläßlich, denn ihre schöne Goldfarbe und die golden glänzenden Fettaugen, die auf ihr schwammen, galten als Symbol für Glück und Reichtum.

Während aber der Bemittelte das durch langes Kochen ausgelaugte Suppenhuhn aus der »Jouch« einfach an ärmere Nachbarn weiterschenkte, wurde es am Tisch der Ärmeren in vielerlei Form verwendet. Man aß es mit pikanten Saucen und Beilagen oder briet und bräunte es nachträglich in der Kasserolle oder auf dem Rost.

Und nun das Rezept für die *Goldene Jouch*:

2–2½ kg Suppenhuhn
Salz
1 Tasse zerschnittene Karotten
1 Zwiebel
1 Selleriewurzel (nicht obligatorisch)
Suppengrün
wenn irgend möglich: frischer Dill

Das Huhn wird gut gereinigt und gewaschen und in größere Stücke zerteilt. Auch Herz und Magen werden aufgeschnitten, gereinigt und gewaschen.

Mit eher schwach gesalzenem Wasser (die Flüssigkeit kocht ja im Lauf der Stunden noch ein und wird dadurch salziger!) gut überdecken und, zunächst ohne Topfdeckel, aufkochen. Am Anfang der Kochprozedur die aufsteigenden kleinen Fleischbestandteile und den Schaum häufig und sorgfältig abnehmen. Es gibt zwar Leute, die behaupten, man beraube die Brühe dadurch wertvoller Proteine und Salze. Ich zweifle daran. Und in jedem Fall gerät die »Goldene Jouch« nur so vollkommen.

Inzwischen hat man das Suppengemüse und das Suppengrün vorbereitet und gibt sie dazu. Deckel darauf. Die Suppe muß 2–3 Stunden sachte kochen, bis das Huhn sehr weich ist.

Zum Suppenhuhn und Siedfleisch liebt man Kren oder Salzgurken, und zwar »echte«, das heißt im milden, mit Dill und Estragon gewürzten Salzwasser durchgegorene, und nicht solche, die in einer Mischung aus Essig und Wasser eingelegt wurden (s. S. 181 ff).

Die Suppe serviert man mit feinen Nudeln, Schwemmklößchen oder Knödelchen. Die Nudeln wird man heute eher im Laden kaufen. Besser schmecken sie selbstbereitet:

Nudeln

4 Tassen Mehl
4 Eier
Salz
evtl. etwas Wasser dazu

Das durchgesiebte Mehl wird in eine breite Schüssel geschüttet. In die Mitte des Mehlhaufens drückt man eine Vertiefung, in die man die Eier und das Salz gibt. Nun zerschlägt man die Eier und arbeitet immer mehr Mehl hinein, bis der Teig zwar fest, aber noch leicht knetbar ist. Wenn nötig, noch ein klein wenig Wasser beifügen.

Auf schwach bemehltem Brett wird der Teig papierdünn ausgerollt.

Auf leicht bemehlten Tüchern läßt man ihn anschließend einige Stunden lang trocknen. Dann rollt man ihn zu langen Würsten zusammen, die man in Querrichtung zu Nudeln von beliebiger Breite zerschneidet.

Was man nicht sofort verbraucht, läßt man hart und trocken werden und bewahrt es in Steinkrügen auf. Solche aufbewahrten Trockennudeln unterscheiden sich aber kaum mehr wesentlich von einer guten, fertig gekauften Qualität.

Lokschen

Schneidet man die Nudeln ziemlich breit, dann heißen sie Lokschen. Über die linguistische Seite der Lokschen haben wir bereits in der Einleitung des Buches gehört (S. 46).

Übrigens liegen die Bezeichnungen nicht fest. Mancherorts bezeichnet man sämtliche Nudeln als *Lokschen.* Anderweitig nannte man schmale Nudeln *Teiglech* – also Teiglein. Und wieder in anderen Landstrichen war der Name *Teiglech* für ein sehr süßes, nougatartiges Konfekt reserviert, das statt mit grob zerhackten Walnüssen mit den sehr viel billigeren, gebackenen kleinen Teigstücklein, also *Teiglech,* untermischt war.

Uns interessiert hier nicht der etymologische und kulturhistorische Aspekt der *Lokschen,* sondern die gastronomische Seite. *Lokschen* wurden nicht nur in der Suppe gegessen, sondern am liebsten als »milchiges« Gericht: Man gibt die ziemlich weich – also nicht auf italienische Art »al dente« – gekochten Lokschen mit reichlich frischer Butter zusammen in einen gut durchwärmten Topf und mischt Schnittquark darunter, also den bröckligen, feinduftenden Quark aus roher Sauermilch und nicht den breiigen Cremequark des »Westens«, der die *Lokschen* zur unappetitlichen Pappe zusammenkleben würde. Das ist ein einfaches, sehr wohlschmeckendes Sommergericht. Mancherorts aß man es gezuckert.

Die Knödel der Ostjuden

Die vornehmste Abart der Fleischbrühe war bei den Ostjuden die Goldene Jouch nur mit Huhn darin. Aber auch in weniger vornehmer Variante, das heißt mit Rindfleisch zubereitet, wurde dort Fleischbrühe gern und oft genossen, vor allem am Sabbat. Denn, dies ist ja eines der Gerichte, die sich gut am Vortag vorbereiten und bis zum Mittagessen am Sabbat zu Ende kochen oder heiß halten lassen.

Oft gab man Nudeln in die Rindsbrühe und an besonderen Festtagen die bereits früher erwähnten *Kreplech,* die aber ziemlich viel Arbeit und – nach meiner Meinung – keineswegs entsprechend viel Genuß bereiten.

Eher üblich waren Knödel, deren Knödelmasse aber – anders als weiter westlich – keinerlei Fett beigefügt wurde. In Mitteleuropa ist es üblich, zuerst die Fleischbrühe sorgfältig zu entfetten, um dann die fetthaltigen Knödel in ihr zu kochen. Ich habe nie begriffen, was das für einen Sinn haben sollte. Es ist weit einleuchtender, wenn man, so wie die Ostjuden, das Fett auf der Brühe beläßt und dafür den fettfreien Knödeln die Aufgabe überläßt, sich mit einem Teil dieses Suppenfetts anzureichern. Versuchen Sie es einmal! Sie werden es nicht bereuen! Suppenknödel mit Fett darin – das gilt in der kultivierten ostjüdischen Küche mit Recht als ein kulinarisches Sakrileg!

Natürlich kannte die generell recht fette, ostjüdische Küche auch Knödel mit Fett. Diese wurden aber nicht in der fetten Bouillon gegart, sondern im Salzwasser, und man aß sie zum Ausgleich für ihren eigenen Fettgehalt zu einer fettfreien Beilage, etwa zu Kompott.

Ein solches ostjüdisches Knödelrezept mit fetthaltiger Masse sei hier als erstes präsentiert:

Mazzeknödel mit Mark oder Schmalz (nicht für die Suppe!)

1 Ei
¼–⅓ Tasse Mazzemehl (ersetzbar durch Semmelbrösel oder groben Weizengrieß)
2 EL Geflügelschmalz oder Rindermark (letzteres roh oder gekocht)
1 EL feingehackte Petersilie
Salz
nach Belieben:
1 EL feingehackte Zwiebel,
etwas Ingwer- oder Muskatpulver
evtl. enthülste Mandeln (etwa 20 Stück)

Das Ei gut zerschlagen, alle anderen Bestandteile beimengen. Mindestens 1 Stunde stehenlassen, besonders dann, wenn die Knödel nicht mit Bröseln, sondern mit Grieß zubereitet werden.

Hat man die Absicht, die Knödel mit einem Kompott aus Dörrobst zusammen zu servieren, dann fügt man den über Nacht kalt eingeweichten Früchten beim Kochen so viel Wasser bei, daß man die Knödel direkt in der Kompottsauce kochen kann.

Kochzeit: Für Knödel mit Bröseln etwa 20 Min.; Grießknödel erfordern längere Garzeit. Die Knödel sind jedenfalls fertig, wenn sie an die Oberfläche aufsteigen.

Gut zu wissen: Es geht wirklich nur mit sehr grob geschrotetem Grieß! Bekommt man nur feingemahlenen, dann bereitet man die Knödel lieber mit Bröseln zu. Feiner Grieß ergibt klitschige, gummöse, miserable Knödel.

Variante: Manche pflegen an Festtagen den Knödeln je eine geschälte Mandel einzufügen.

Das angegebene Quantum ergibt etwa 20 Knödel, würde also etwa 20 enthülste Mandeln erfordern. Nach meiner Meinung gewinnen diese Knödel – an sich schon alles andere als eine Delikatesse – durch die eingefügte Mandel keineswegs.

Suppenknödel (ohne Fett)

pro Person 1 Ei
Salz
1–2 gehäufte Eßlöffel Mazzemehl (= Mazzebrösel), ersetzbar durch gewöhnliches Paniermehl (Semmelbrösel) oder sehr groben Weizengrieß
evtl. weißer Pfeffer und beliebiges passendes Gewürz

Die Eier werden mit dem Salz zusammen zerquirlt, das Mazzemehl (Paniermehl, Grieß), der Pfeffer, die eventuellen weiteren Gewürze beigemischt. Alles gut vermengen.

Diese Masse scheint zunächst zu weich zum Formen von Knödeln. Aber nur Geduld! Nach 15 Min. (bei Grieß nach ca. 1 Stunde) sind Grieß oder Mazzemehl gequollen. Sollte die Masse nach wie vor zu weich oder umgekehrt (die Proportionen lassen sich nicht genau festlegen) gar zu fest sein, dann fügt man noch etwas Brösel (Grieß) oder umgekehrt Ei hinzu. Die Masse sollte nicht fester sein, als unbedingt nötig, um sie zu kleinen Bällen formen zu können, sonst werden die Knödel »klitschig«.

Jetzt mit kalt angenäßten Händen walnußgroße Kügelchen formen und in die siedende Fleischbrühe gleiten lassen, die natürlich bereits abgeschäumt sein muß und in der das Suppengrün und das Suppengemüse (Karotten, Lauch, Sellerie etc.) bereits auf den Boden des Topfes niedergesunken sind.

Mazzeknödel sind nach 20 Min. gegart, Grießknödel brauchen länger. Beliebig langer Kochprozeß kann aber beiden nichts anhaben: Sie zerfallen nicht, gewinnen durch längeres Kochen umgekehrt an Zartheit und Wohlgeschmack.

Während des Kochens gehen die Knödelchen stark auf. Meist drehen sie sich nach einer Weile ganz von selbst auf die andere Seite, allenfalls kann man mit dem Kochlöffel ein wenig nachhelfen.

Die Knödelchen saugen das an der Oberfläche schwimmende Suppenfett teilweise auf, so daß man es meist nicht mehr abzuschöpfen braucht. Solche Knödel sind federleicht und obendrein ein hübscher Anblick.

Wir wiederholen aber die Warnung: Versuchen Sie es auf keinen Fall mit feinkörnigem Grieß! Die mit ihm erzielten Klößchen eignen sich höchstens zum Wurfgeschoß!

Mazze-Chremsel

Aus fast derselben Grundmasse (aber diesmal nur mit Bröseln, auf keinen Fall mit Grieß!) kann man auch Mazze-Chremsel zubereiten.

Das Wort »Chremsel« ist romanischen Ursprungs. Es hieß ursprünglich *Vermicelles* oder *Vermicelli* (wir wissen nicht genau, ob der Begriff in Italien oder in Frankreich in die Küchensprache der Juden eindrang) und bedeutet wörtlich »Würmchen«. Das ist an sich wenig appetitanregend. Aber erstens haben die Ostjuden längst keine Ahnung mehr von dieser Urbedeutung des Begriffes, und zweitens wird er ja auch in Italien und Frankreich bis heute im »Küchenlatein« benützt: Für den Italiener sind die Vermicelli die sehr dünnen Fadennudeln. Und die Franzosen (und auch wir Mitteleuropäer) verstehen unter *Vermicelles* durch den Fleischwolf oder einen anderen Küchenapparat zu feinen Würstchen zermahlene, gesüßte Maronenmasse.

Für die ostjüdische Küche sind *Chremsel* jede Art in Fett herausgebackene Küchlein aus einer grob gemahlenen oder geschroteten Substanz. Es kann sich um Reibeküchlein aus geriebenen rohen Kartoffeln handeln, die aber in manchen Gegenden auch als *Latkes* (s. S. 72, 138) bezeichnet werden, oder eben um *Mazze-Chremsel* aus Mazzebröseln.

Hier das Rezept:

pro Person 2–3 Eier
pro Ei 1 gehäufter Eßlöffel Mazzemehl
(= Paniermehl von der Mazze; ersetzbar
durch gewöhnliches Paniermehl)
Salz, evtl. weißer Pfeffer
Schmalz oder Öl zum Backen

Die Eier gründlich zerquirlen, mit Mazzemehl (Paniermehl, Semmelbröseln) und dem Salz vermischen, mindestens 20 Min. stehenlassen. Diesmal brauchen wir uns aber nicht, wie bei der Masse für Mazzeknödel, darum zu sorgen, ob die Masse fest genug ist, um Knödel aus ihr zu formen: Sie ist ja für Pfannküchlein bestimmt, die man mit dem Eßlöffel in das heiße Fett gleiten läßt.

In einer breiten, dickbodigen Pfanne Geflügelschmalz oder geruchloses Speiseöl erhitzen. Butter – auch eingekochte – kommt nicht in Frage, weil sie zu wenig hitzebeständig ist. Schmalzgebackenes gerät aber nur gut, wenn das Fett heiß genug ist, um am Backgut eine knusprige Kruste zu erzeugen, ehe das Fett ins Innere der Stücke eindringt. Rindertalg kommt aber auch nicht in Frage, weil sein Geschmack zu solchen Küchlein nicht paßt. Christen mögen es mit Schweineschmalz versuchen, Juden nehmen Geflügelfett. Oder eben geruch- und geschmacksneutrales Speiseöl. Das Fett soll etwa ½ cm hoch in der Pfanne stehen: Die Chremsel werden halbschwimmend gebacken.

Das Fett gut erhitzen, einen Eßlöffel oder, noch besser, einen etwas größeren Suppenlöffel ins heiße Fett tauchen und dann mit ihm die Chremselmasse portionenweise ins heiße Fett gleiten lassen. Hitzegrad gut überwachen! Die Chremsel bräunen sich auf der Unterseite fast augenblicklich und neigen dazu, rasch schwarz und bitter zu werden. Andererseits darf die Hitze auf keinen Fall so schwach sein, daß die Bräunung erst nach ein paar Minuten einsetzt und die Chremsel sich inzwischen mit Fett vollsaugen. Am besten versucht man es zuerst mit einem Einzelstück.

Portionenweise, je nach Pfannengröße, jeweils 5–6 Stück auf einmal herausbacken. Sobald die Unterseite goldbraun ist, was man am gebräunten Rand der *Chremsel* erkennt und übrigens durch Umdrehen der Küchlein mit der flachen Lochspachtel leicht kontrollieren kann, umdrehen und nun auch die Oberseite braun backen. Das Ganze dauert wenige Minuten.

Große Pozellanplatte über einem Topf mit heißem Wasser neben der Backpfanne warm stellen und mit Papierservietten (zum Aufsaugen des überschüssigen Fettes) auslegen. Die Chremsel auf die Platte legen. Sofort servieren, obgleich sie auch kalt sehr gut schmecken.

Nach diesem Originalrezept zubereitete *Chremsel* schwellen beim Braten hoch auf und sind in der Konsistenz leicht und luftig. Manche Leute fügen, um die Küchlein zu verbilligen, etwas Wasser zur Masse. Die Chremsel werden davon schwerer und kompakter.

Man kann die *Mazze-Chremsel*, genau wie die Knödel, zur Fleischbrühe servieren. In diesem Fall legt man sie aber nicht schon vorher in die Brühe – es wäre schade, wenn die Küchlein ihre knusprige Konsistenz durch Vollsaugen mit Bouillon einbüßen würden –, sondern erst bei Tisch. Oder, noch besser: Man nimmt sie in die linke Hand und knabbert sie zur Suppe so, wie der deutsche Kaiser Wilhelm II. zarte Käsestangen zur Bouillon zu essen pflegte – eine Kombination, die allerdings weder »koscher« noch vom gastronomischen Gesichtspunkt her genial war.

Mazze- oder *Kartoffelchremsel* (= Reibekuchen, Kartoffelpuffer) als »Knabberbeilage« passen aber nicht nur zu Bouillon, sondern ebenso gut auch zum berühmten Barschtsch, der in Osteuropa allgemein, speziell aber bei den Ostjuden, so beliebten Rote-Bete-Suppe.

Mazze- wie auch *Kartoffelchremsel* kann man aber auch statt Brot oder Kartoffeln zu kaltem Fleisch oder einem Gemüse verzehren.

Sehr gut schmecken sie auch zusammen mit Kompott aus Preiselbeeren, aus Stachelbeeren oder aus aromatischen, nicht zu süßen Äpfeln.

Manche essen die *Mazze-Chremsel* auch, wie ein Konfekt, zu einem Glas Tee mit Zucker und Zitrone und – des Fettgehalts der *Chremsel* wegen – mit etwas Rum darin.

Jedenfalls sind *Chremsel* aus Mazze- oder Semmelbröseln so rasch und einfach zuzubereiten, daß auch Singles sich ruhig einmal zum Abendbrot statt der ewigen Rühr- und Spiegeleier solche schmackhaften, außen goldbraunen und innen goldgelben Küchlein gönnen sollten. Es ist auch ein ideales »Schnellgebäck« für unerwarteten Besuch, wenn gerade kein Kuchen und kein Konfekt vorrätig ist.

Nichts hindert Sie übrigens, der Chremselmasse etwas Zucker beizufügen und die fertigen Küchlein mit Zimt und Zucker zu bestreuen. Das Resultat schmeckt nicht schlechter als die weltberühmten Berliner Pfannkuchen, erfordert aber keinen Hefeteig und ist im Handumdrehen zu erreichen. Wie jedes Schmalzgebäck schmeckt auch dieses heiß am besten. Man kann es aber auch kalt essen, nur ist es dann weniger bekömmlich.

Rendlech oder Mandlen

Ein *Rendl*, Mehrzahl *Rendlech,* ist im Russisch-Jiddischen soviel wie ein bestimmtes Goldstück mit gekerbtem Rand. Wir kennen übrigens auch aus Südafrika die als »Rand« bezeichnete Goldmünze. In der ostjüdischen Küche sind die *Rendlech* eine festliche und – ihres auf Gold hinweisenden Namens wegen – symbolträchtige Suppeneinlage. Dieselbe oder eine sehr ähnliche Suppeneinlage – die Bezeichnungen gehen diesbezüglich in den verschiedenen Landstrichen Osteuropas durcheinander – hieß anderweitig *Mandlen,* also deutsch Mandeln. Hier das Rezept:

auf 4 Personen höchstens 1 Ei, noch besser
2 Eigelb
sollen die Rendlech oder Mandlen im Ofen gebacken werden, dann kommt je Ei 1 EL geruchloses Salatöl hinein. Will man sie im Öl backen, dann bleibt der Teig ölfrei
Salz
so viel Mehl, daß sich ein zwar weicher, aber doch schon knetbarer Teig ergibt
evtl. Backöl

Alles gut vermischen. Kurz durchkneten.

Für das Formen der *Rendlech/Mandlen* gibt es verschiedene Methoden. Manche walzen den Teig ½ cm dick aus und stechen mit bemehltem Fingerhut (oder einem entsprechend kleinen Ausstecher) winzige Talerchen heraus. Andere rollen den Teig zu dünnen gleichmäßigen Würsten von 1 cm Durchmesser, von denen sie mit bemehltem Messer nicht zu dünne Scheibchen abschneiden.

Und wieder andere nehmen es mit der Rundform nicht so genau, walzen den Teig ½ cm dick aus und zerschneiden ihn mit dem bemehlten Messer oder Teigrädchen in Miniaturquadrate von 1 cm Seitenlänge. Beim Backen runden sich die Würfelchen ein wenig.

Nach Belieben kann man nun die *Rendlech/Mandlen* auf ein gut geöltes Backblech verteilen und bei Mittelhitze in etwa 20–25 Min. goldbraun backen. Zwischendurch öffnet man den Ofen einmal und schüttelt die Rendlech gründlich durcheinander, damit sie sich von allen Seiten gleichmäßig bräunen. Wenn sie eine dunkle, hübsche Goldfarbe erreicht haben, zieht man sie aus dem Ofen.

Hat man die Rendlech aber aus ölfreiem Teig zubereitet, dann backt man sie in kochendem Öl schwimmend in wenigen Minuten goldbraun, fischt sie dann mit der Lochkelle heraus und läßt sie gut abtropfen.

Nach Belieben werden die Rendlech in der Suppe kurz mitgekocht oder, was empfehlenswerter ist, frisch, trocken und knusprig auf den Tisch gestellt und von jedem einzelnen nach Belieben in den Suppenteller gestreut.

Farfel

Noch eine recht originelle Suppeneinlage des jüdischen Ostens möchte ich Ihnen hier vorführen: die *Farfel.* Das ist vermutlich ein deutsches Wort und identisch mit »Würfelchen«. Es gibt zwar zartere Suppeneinlagen, diese jedoch schmeckt ausgezeichnet, ist uralt und fand – namentlich im bescheidenen Haushalt – nicht nur in der Suppe, sondern auch für eine Anzahl von Kugelspeisen Verwendung.

je 1 Ei
Salz
1 ½ Tassen Mehl

Ei und Salz verquirlen, Mehl dazusieben, gut verkneten. Sie erhalten einen sehr steifen Teig, aus dem Sie eine Kugel formen, die Sie 1 Stunde ruhenlassen. Der Teig muß nachher hart genug sein zum Raffeln auf dem Reibeeisen.

Sollte der Teig hierfür trotzdem etwas zu weich sein, dann zerhacken Sie ihn mit einem Messer in kleine Fetzchen.

Die Fetzchen werden geschüttelt, ausgebreitet, völlig getrocknet, was in wenigen Stunden geschehen ist. Erst dann kann man sie in einer geschlossenen Büchse aufbewahren.

Man kann sie natürlich auch sofort in der Fleischbrühe oder im Salzwasser gar kochen. Sie brauchen hierfür etwa 15 Min.

Kreplech

Über die Herkunft der verschiedenen, elegant und reizvoll geformten, gekochten Teigwaren aus China haben wir bereits im Kapitel über die Chasaren (S. 46 ff.) berichtet. Mag sein, daß die Küche Osteuropas die großen gekochten Teigtaschen, die Pirogen, schon vorher kannte. Deren niedliche Miniaturform aber gibt es sowohl in Südeuropa wie auch bei den Juden erst, seit die Chasaren im Frühmittelalter von ihren Chinareisen die Kenntnis solcher hochkultivierter Teigwaren mitbrachten.

Kleine gefüllte Teigtäschlein – die sogenannten »Ravioli« Italiens – kennen wir alle, seit Südreisen für viele von uns eine Selbstverständlichkeit sind und unsere Teigwarenfabriken auch fertige Ravioli in der Konservenbüchse anbieten. Zu den italienischen Ravioli, die in der Regel für sich allein, ohne weitere Beilagen, gegessen werden, gehört eine schmackhafte Tomatensauce, die aber erst dazugekommen sein kann, nachdem Amerika entdeckt wurde. Denn die Tomaten haben wir von den Indios Südamerikas übernommen, kannten sie vorher nicht. Die Juden, welche diese fleischgefüllten Miniaturtäschchen mit einer deutschen Bezeichnung *Kreplech* (also Kräpfchen) nennen, kannten aber die Speise schon im Frühmittelalter und haben ihr auch später keine Tomatensauce beigegeben. Sie essen ihre Kreplech vielmehr als Einlage in der Bouillon, und zwar nur an Festtagen. Die Zubereitung ist zu zeitraubend, als daß man sich gar zu oft zu ihr aufraffen mochte.

Hier das Rezept:

Nudelteig:
1 Ei
1 Tasse Mehl
Salz

Füllung:
2 EL Hühnerfett
1 Tasse gekochtes oder gebratenes, gehacktes Rindfleisch
½ Tasse zerhackte Zwiebel
Salz, Pfeffer
nach Belieben: 1 Ei

Im erhitzten Hühnerfett werden Fleisch und Zwiebeln ein wenig angeröstet. Würzen. Falls man ein Ei beifügen will, vorher warten, bis die Masse ein wenig ausgekühlt ist, damit das Ei nicht gerinnt.

Dünnen Nudelteig auswalzen und entweder mit einem kleineren, am Rand bemehlten Weinglas Kreise ausstechen oder den Teig mit dem bemehlten Teigrädchen oder Messer in Quadrate von etwa 4 cm Durchmesser zerschneiden.

Jeder Kreis (oder jedes Quadrat) wird mit einem kleinen Bällchen der Füllung belegt, der Rand mit etwas Eiweiß bestrichen (damit er gut zusammenklebt). Dann werden die Kreise zu Halbmonden (oder die Quadrate zu Dreiecken) zusammengefaltet und fest angedrückt, damit beim Kochen die Füllung ja nicht ausfließt: Die *Kreplech* werden ja direkt in der Bouillon gegart und würden sonst deren klare Farbe total verderben.

Kochdauer: rund 20 Min. Diesmal ist, anders als bei den Knödeln, eine zu lange Kochzeit nicht ratsam, weil der Nudelteig weich und matschig würde.

Varianten: Die *Kreplech* können statt mit Rindfleisch auch mit gehacktem Hühnerfleisch, gekocht oder gebraten, oder mit in Schmalz gegarter, zerhackter Geflügelleber gefüllt werden. Die übrigen Bestandteile der Füllung bleiben dieselben.

Im übrigen: Ich persönlich finde die italienischen Ravioli mit ihrer Füllung aus Fleisch oder Spinat und ihrer würzigen Tomatensauce weit besser als die ostjüdischen Kreplech in der Bouillon und würde niemandem empfehlen, sie nachzukochen – es sei denn, der Betreffende ist hierzu durch nostalgische Reminiszenzen motiviert.

Pirogen, scharf

Weit typischer für die osteuropäische Küche – und also nicht nur die der Juden allein – und auch weit besser im Geschmack als die *Kreplech* sind die handflächengroßen sogenannten *Pirogen,* die es in Dutzenden von Abarten gibt, gekocht wie auch gebacken und im Öl schwimmend gebraten. Wir geben hier einige besonders beliebte Varianten:

Nudelteig:
mindestens 2 Tassen Mehl und 2 Eier
Salz

Füllung:
1500 g gekochte, zerdrückte Kartoffeln
750 g feingeschnittene, in Butter (oder Schmalz) langsam braungeröstete Zwiebeln

Zum Dünsten der Zwiebeln: 2–3 EL Butter (oder Schmalz)
wenn Butter, dann evtl. auch 500 g Quark (natürlich kommt nur Schnittquark in Frage); in diesem Falle 500 g weniger Kartoffeln
Salz, Pfeffer
etwas Eiweiß
Zum Abschmelzen der fertigen Pirogen: viel Butter oder Schmalz
wenn Butter: dann auch Sauerrahm

Den *Nudelteig* dünn auswalzen und mit einem Wasserglas oder einer Tasse nicht zu kleine Kreise ausstechen. Den Rand der Tasse oder des Wasserglases immer wieder in Mehl tauchen, damit er nicht am Teig kleben bleibt.

Auf jeden Kreis ein Bällchen der Füllung legen, den Teigrand mit Eiweiß bestreichen, die Kreise zu Halbmonden zusammenfalten und fest zusammendrücken.

Die Füllung: Zwiebeln im Fett goldbraun dünsten, mit den Gewürzen und den zerdrückten Kartoffeln mischen. Falls man Quark beimischen will, nimmt man, wie gesagt, 500 g weniger von den Kartoffeln.

In einem großen, weiten Topf mit siedendem Wasser gut 5 Min. kochen lassen. Sehr sorgfältig mit der gelochten Schaumkelle herausheben und in eine große, flache, heiß gehaltene Pfanne legen, in welcher man ein tüchtiges Stück Butter (Schmalz) schmelzen ließ. Die Pirogen außerdem noch mit gebräunter Butter (heißem Schmalz) übergießen.

Falls die Pirogen mit Butter zubereitet wurden, auch Sauerrahm zu ihnen reichen. Im anderen Fall, bei Zubereitung mit Schmalz, auf den Sauerrahm lieber verzichten, und zwar auch dann, wenn Sie keine koscheren Speisegesetze zu berücksichtigen brauchen. Ich weiß zwar, daß zum Beispiel die ungarische Küche die Kombination von Speck und Sauerrahm durchaus liebt, finde die Verbindung aber kulinarisch nicht beglückend.

Im übrigen: Dem Westler mag die Zusammenstellung von Teig und Kartoffeln befremdlich erscheinen. Diese Art Pirogen schmecken aber trotzdem vorzüglich. Außerdem pflegen auch die Schwaben Teigwaren zu Kartoffeln zu essen, nämlich Spätzle mit Kartoffelsalat. Damit konnte ich mich allerdings nie anfreunden.

Pirogen, süß, mit Quark

Teig wie für die scharfen Pirogen

Füllung:
1,5 kg krümliger Schnittquark
(also auf keinen Fall den halbflüssigen, westlichen Cremequark dazu nehmen!)
Zucker nach Geschmack
1–2 zerschlagene Eier
evtl. gequollene Rosinen
Butter und Sauerrahm zum »Überschmelzen«

Die Füllung kennt der »Westler« von der Quarktorte her. – Die Quarkpirogen pflegen etwas kleiner zu sein als die mit scharfer Füllung.

Wichtig ist, daß man die Rosinen gut aufquellen läßt. Fehlt dazu die Zeit, sie stundenlang einzuweichen, so kann man sie auch kurz aufkochen, was zu gleichem Ergebnis führt.

Die Kreise oder Vierecke aus dem dünnen Nudelteig, wie gesagt, etwas kleiner ausstechen als für die Pirogen mit Kartoffelfüllung. Den Rand der Plätzchen eventuell mit Eiweiß bestreichen. Die mit Füllung belegten Kreise zu Halbmonden, die Quadrate zu Dreiecken zusammenklappen. Im übrigen genau gleich verfahren wie bei scharfen Pirogen, nur daß man für diese sehr zarte Nachspeise die Butter nicht bräunt, sondern die Pirogen mit geschmolzener, heißer, aber noch ganz heller Butter und mit Sauerrahm überträufelt. Den Sauerrahm erst auf dem Teller beifügen.

Pirogen mit Weichseln (Sauerkirschen) oder Heidelbeeren (Blaubeeren, Bickbeeren)

Und schließlich noch zwei sommerliche Varianten: Pirogen mit einer Füllung aus rohen, entsteinten Weichseln oder aus rohen Heidelbeeren.

Die Früchte gründlich einzuckern. Je 3 entsteinte Weichseln oder je 1 TL Heidelbeeren auf die runden oder viereckigen Teigstücke legen. Teigrand unbedingt mit Eiweiß bestreichen (ausfließende Pirogen mit Heidelbeeren würden das ganze Kochwasser und damit auch alle Pirogen unangenehm lila verfärben!). Kochen wie bei den vorigen Varianten und, genau wie dort, mit reichlich frisch geschmolzener Butter überträufeln und mit Sauerrahm reichen.

Vor allem die Pirogen mit der Heidelbeerfüllung schmecken unvergleichlich.

Polnischer Barschtsch
Suppe aus Roten Beten (Roten Rüben, Randen)

Wie jede Küche armer und zugleich kochbegabter Völker, verfügt auch die Osteuropas über eine Anzahl Suppen, die notfalls eine ganze Mahlzeit ersetzen können. Die einzige Luxussuppe der Ostjuden, die »Goldene Jouch«, kennen wir bereits. Alle anderen ostjüdischen Suppen schmecken zwar nicht minder trefflich, sind aber zugleich sehr nahrhaft.

Die berühmteste und wohl auch beste von ihnen ist die Rotebetesuppe, polnisch *Barschtsch, russisch Borschtsch* genannt.

Man kann den *Barschtsch* aus frischen Roten Beten zubereiten. In kulinarischer Hinsicht »orthodox« ist jedoch nur der Barschtsch aus vergorenem Rotebetesaft. Es war in Osteuropa üblich, ganze Fässer voll Roter Bete hierfür einzulegen, genau wie auch Sauerkraut, das aber im jüdischen Haushalt nicht sonderlich beliebt war. Sauerkraut aßen die Christen gern mit Schweinernem zusammen. Vergorener Rotebetesaft mit seinem angenehm säuerlichen Geruch und Geschmack spielte bei den Juden vor allem gegen Winterende eine bedeutende Rolle, zu einem Zeitpunkt also, da man nur noch ganz wenige Sorten Frischgemüse bekam. Zu *Pessach* war *Barschtsch* in vielen Varianten fast obligatorisch.

Wir geben hier die in Polen übliche Art der Barschtschbereitung für kleinere Quantitäten:

1 kg rohe Rote Bete waschen, schälen und in feine Scheiben schneiden. Mit lauwarmem Wasser so überdecken, daß es noch eine Handbreit über dem festen Bestandteil steht. Diese Vorschrift auf keinen Fall vernachlässigen! Was aus der Flüssigkeit herausragt, verfault unweigerlich. Zuoberst 1 Stück Sauerteigbrot oder, noch besser, 1 EL voll roher Sauerteigmasse oder Sauermilch hineingleiten lassen, um damit die Gärung zu beschleunigen und besser abzusichern. Denn es kommt übrigens auch bei Sauerkraut und Sauergurken – vor, daß der Säuerungsprozeß auf Abwege gerät und übel mißlingt. Meist gelingt die Säuregärung aber auch ohne solche Zusätze.

In einem warmen Raum mindestens 5 Tage lang leicht überdeckt stehenlassen. Täglich mehrmals umrühren.

Während dieser Zeit beginnt die Flüssigkeit, sich dunkelrot zu verfärben, während die eingelegten Stücke der Roten Rüben umgekehrt allmählich heller und blasser werden. Dem Gefäß entsteigt jetzt ein angenehm belebender, säuerlicher Duft. An der Oberfläche bildet sich – wie bei jedem auf ähnliche Weise eingesäuerten Gemüse – ein sogenannter schimmelartiger »Kahm«. Man muß ihn immer wieder abschöpfen und weggießen.

Diese Flüssigkeit kann man, mit ein bißchen Essig, Zucker und ganz wenig Salz gewürzt, wie Wein aus Gläsern oder Tassen trinken. Sie schmeckt, besonders im heißen Sommer, überaus erfrischend, ist übrigens, einmal voll durchgegoren, durchschimmernd wie tiefroter Wein. Seine ganze geschmackliche Fülle entwickelt der *Barschtsch* allerdings nicht schon nach wenigen Tagen, sondern erst nach Wochen oder Monaten. Ihn so lange stehenzulassen, hat aber nur Sinn, wenn man ganze Fässer voll einmachen will und auch einen passenden Keller hierfür hat. Die meisten von uns können in ihren engen Stadtwohnungen mit den knappen Nebenräumen zuunterst oder zuoberst im Haus von einer solchen Gelegenheit nur träumen.

Wir gehen also davon aus, daß wir in einem größeren Steinkrug maximal einige Kilogramm frische Randen auf diese Weise eingesäuert haben. Man kann dann, wie gesagt, die gesäuerte Flüssigkeit noch ein wenig aromatisieren und kalt aus Gläsern oder Tassen trinken.

Meist aber bereitet man aus dem Saft Suppe. Hat man mehr Flüssigkeit als im Augenblick benötigt, so füllt man sie in Flaschen und stellt sie als »stille Reserve« in einen kühlen Raum.

Für die Suppe aus dieser Grundsubstanz gibt es viele Variationen. Der Bauer und der mittellose Städter entfernen die blaßgewordenen Randenstücke nicht aus der tief weinroten Brühe, sondern kochen sie in ihr weich, wobei sie die Suppe noch mit den üblichen Suppenkräutern, außerdem aber mit einer nelkenbesteckten, geschälten Zwiebel, ein paar Lorbeerblättern und zudem mit etwas Essig und Zucker würzen. Salz gehört in jedem Fall dazu, wird aber bei dieser fast »obstig« schmeckenden und aussehenden Suppe nur spärlich verwendet.

Hat man Fleisch, so kocht man ein Stück in der Suppe mit. Der Bauer wählt etwas vom Schwein, der Jude ein nicht zu mageres Stück vom Rind. Das Fleisch wird entweder von Anfang an oder am Schluß des Kochprozesses in mundgerechte Stücke zerschnitten und in der Suppe serviert.

In jedem Fall aber stellt man neben den Suppentopf eine Schüssel mit ganzen, unzerkochten Salzkartoffeln. Jeder legt sich eine bis zwei Kartoffeln in den Suppenteller und gießt die schöne weinrote Flüssigkeit darüber. Die Kartoffeln verfärben sich dann hübsch rosenfarben.

Der verwöhnte Städter entfernt aus dem *Barschtsch* vor dem Kochen die verblaßten, vergorenen Randenstücke und fügt frische Randenstückchen bei. Er schmeckt die Suppe auch gern mit verquirltem Eigelb oder ganzem Ei oder auch mit Sauerrahm ab, den er aber erst bei Tisch hinzufügt.

Rahm kam für orthodoxe Juden natürlich nur in Frage, wenn sie nicht zugleich Fleisch mitkochten. In diesem letzten Fall gaben sie der Flüssigkeit etwas weniger Zucker bei, dafür aber etliche zerdrückte Knoblauchzehen.

Überflüssig zu betonen, daß ein solcher *Barschtsch* mit Fleisch und ganzen Kartoffeln dazu nicht als bloße »Suppe«, sondern als Eintopfgericht und folglich als ganze Mahlzeit betrachtet wurde. Nachher kam nur noch eine kleine Nachspeise in Frage.

Warschauer Barschtsch mit »Öhrchen«

Die zarteste Barschtsch-Variante ist der Warschauer Barschtsch mit »Öhrchen«.

2 l weinroter, vergorener Rotebetesaft
etliche Suppenknochen
250 g Rindfleisch
1 Bündel Suppengemüse (1 Karotte,
1 Stück Sellerie, 1 Stück Weißkohl, Lorbeerblatt,
Wurzel und Kraut einer Petersilie, 1 Zwiebel,
1 Lauchstange etc.)
evtl. zusätzlich frische Rote Bete
(nicht unbedingt nötig)
Pfeffer, Essig, Zucker, Salz

Für die »Öhrchen«: 1 Paket tiefgekühlter Blätterteig (orthodoxe Juden achten darauf, daß er mit Pflanzenfett und nicht mit Butter zubereitet wurde, oder sie bereiten ihn selber mit Palmin oder Schmalz. Es geht aber auch mit einem zarten Mürbeteig mit Schmalz statt Butter.)

Hat man dem schönen, vergorenen, roten Saft frische, geschälte und feingeschnittene Randen beigefügt, dann bleiben sie natürlich in der Brühe. Suppenknochen und Lorbeerblatt aus der fertigen Suppe herausfischen und wegwerfen.

Das Rindfleisch und das Suppengemüse werden aus der Brühe herausgefischt, fein gehackt und mit Pfeffer nachgewürzt.

Den Blätterteig auswalzen und in kleine Quadrate zerschneiden, die man mit Bällchen der Füllung belegt. Zu Dreiecken zusammenklappen, mit Eigelb bestreichen, im heißen Ofen in 10–15 Min. goldbraun backen.

Man verzehrt die kleinen heißen Pastetchen, ihrer Dreiecksform wegen »Öhrchen« genannt, »aus der Hand«, während man gleichzeitig den heißen oder kalten *Barschtsch* aus der Schale schlürft oder herauslöffelt. Will man ihn aus der Schale trinken, dann erübrigt es sich natürlich, frische Randenstückchen mitzukochen. Sie würden beim Trinken nur stören.

Barschtsch-Varianten aus Litauen und Nordpolen

In Nordpolen und Litauen gehörte in den *Barschtsch* unbedingt auch feingehackter Dill. Mancherorts nahm man statt Dill frische grüne Blätter der Pfefferminze – wir finden sie auch in unseren Regionen im Frühsommer an fast jeder feuchten Waldschneise –, die, feingehackt und mit Sauerrahm vermengt, der aromatischen Brühe beigemengt werden.

Dagegen war es nicht üblich, kalt genossenen *Barschtsch mit* Eiern abzuziehen, sondern man serviert den reinen, weinroten Saft mit einem erst bei Tisch selber dazuzugebenden Klecks Sauerrahm.

Im Hochsommer schmeckt kalter *Barschtsch* auch mit Scheiben roher Gurken und harter Eier, die aber getrennt dazu serviert werden. Jeder nimmt davon, soviel er will, in seinen Suppenteller. Heiße Salzkartoffeln reicht man meist nur zu heißem *Barschtsch*.

Wurde der *Barschtsch* im Frühjahr aus jungen Roten Beten in unvergorenem Zustand bereitet, die im Gegensatz zu Knollen der Späternte sehr milde schmecken, dann wurde statt Essig auch gern eine Tasse voll zerschnittenem Rhabarber mitgekocht und Zucker und Salz nach Geschmack beigefügt.

Im Winter wiederum ergänzte man mancherorts den *Barschtsch* gern mit einer Suppeneinlage in Form kleiner Fleischkügelchen aus 1 Tasse rohem Hackfleisch, 1 Ei, 1 gehackter Zwiebel, wenn nötig: ein klein wenig Wasser und natürlich Salz und Pfeffer. Solche Kügelchen sind in höchstens ¼ Stunde durchgegart.

Und schließlich gab es auch Gegenden, wo man den gegorenen Saft der Randen als eine Art alkoholfreien Sommerwein betrachtete und, mit Selterwasser und Zitronenlimonade vermischt, eiskalt trank, und zwar aus Gläsern und nicht aus Tassen. Man wollte die wunderhübsche rote Farbe der durchscheinenden Flüssigkeit durch das Glas hindurch bewundern können. Doch das tat man vor allem in Gegenden ohne eigenen Weinbau, also in Galizien und in nördlichen slawischen Regionen.

Gut zu wissen: Bei allen *Barschtsch*-Varianten mit Fleischstücken, die folglich eine lange Kochzeit erfordern, darf man der Flüssigkeit etwas zusätzliches Wasser beigeben, da die Brühe ja einkocht und zuletzt fast zu konzentriert sein würde.

Expreß-Barschtsch für Singles, Eilige und Faulpelze

Ein alleinlebender Rabbi ostjüdischer Herkunft in London empfiehlt folgendes, von ihm eigens für Eilige oder Singles erfundene Barschtschrezept:

fertig gekaufter Randensalat aus Gläsern oder Büchsen, im Ganzen etwa so viel, daß das Quantum 8 ganzen Randen entsprechen würde
8 Tassen leichte, nicht zu heiße Gemüsebrühe (natürlich aus Würfeln)
2 Tassen kalte Milch
die abgeriebene Schale einer (unbehandelten) Zitrone
falls der Randensalat nicht sehr sauer ist, noch etwas Zitronensaft dazu
2 gehäufte EL Zucker
½ TL Paprika
etliche zerriebene oder zerquetschte Knoblauchzehen
Salz nach Geschmack

Das Ganze geht natürlich nur, wenn Sie einen kräftigen elektrischen Mixer haben, denn die Milch würde sonst in der sauren Brühe zu häßlichen Fetzen gerinnen. Kräftig püriert dagegen, ergibt die Mischung eine homogene, cremige, rote Suppe. Natürlich fügen Sie beim Pürieren im Mixer nur so viel Gemüsebrühe bei, als unbedingt nötig ist, um die Mahlmasse in einen halbflüssigen Brei zu verwandeln. Den Rest der Brühe schütten Sie nachher zu. Eiskalt servieren.

Auf den Tisch stellen Sie kleine Schüsseln mit beliebigen, passenden Beilagen in möglichst verschiedenen Farben:

kalte oder heiße ganze Kartoffeln, oder aber alte Kartoffelscheiben
Sauerrahm
gehackte grüne Zwiebelstangen
mit der Schere kleingeschnittenen Schnittlauch
geschälte und gewürfelte frische Gurken
Joghurt (für jene, denen Sauerrahm zu fett ist; außerdem ist Joghurt billiger)
hartgekochte Eier, halbiert oder grob gehackt
dünne Zitronenscheiben

Einen solchen Barschtsch und solche Beilagen kann sich jeder leisten. Und die Gäste werden schon am Anblick einer solchen Mahlzeit viel Spaß haben.

Expreß-Barschtsch, unpüriert

Der Rabbi, der in London mit solchem *Barschtsch* seine jungen, ausgehungerten Schüler abzufüttern pflegt, stammt ursprünglich aus einer nordöstlichen, kontinental-europäischen Region, wo man die Roten Rüben für den *Barschtsch* fein zu raffeln pflegte. Da liegt es nahe, daß er jetzt hierfür den Mixer benützt und einen cremig pürierten *Barschtsch* erfunden hat.

Weiter südlich pflegte man aber die Roten Rüben für den *Barschtsch* nur zu zerschneiden: in grobe Stücke, wenn man sie vergären und dann aus der Flüssigkeit entfernen wollte; in feine Scheibchen, wenn sie in der Suppe mitgegessen werden sollten. Ich habe daher als Studentin eine andere Expreßvariante des *Barschtsch* erfunden, eine mit unzermahlenen Scheibchen der Roten Rübe:

Je nach Anzahl der Gäste nehmen Sie hierfür 1–2 Gläser fertigen Rotebetesalat aus dem Laden. Sie schütten den ganzen Inhalt – zusammen mit der Flüssigkeit – in den Kochtopf und fügen noch so viel Wasser hinzu, als Sie nachher Suppe brauchen. Je nachdem, ob die Suppe »milchig« oder »fleischig« werden soll, geben Sie einen Gemüse- oder Fleischbouillonwürfel hinein. Den Geschmack mit ein bißchen Zucker abrunden. Die milchige Variante verträgt eine größere Zuckerbeigabe als die fleischige. In die letztere kommen dafür etliche zerquetschte Knoblauchzehen hinein. In der fleischigen Variante können Sie nach Belieben ein Stück fettes Rindfleisch samt Knochen als Aromaspender oder kleine Bällchen aus Hackfleisch garen. Fleischiger *Barschtsch* sollte nur heiß gegessen werden. Nach Belieben mit Ei abgezogen oder auch nicht. Falls Sie nicht wissen sollten, wie man heiße Flüssigkeiten mit Ei »abzieht«: Man zerkleppert die Eier gründlich, schüttet sie aber auf keinen Fall direkt in die kochend heiße Flüssigkeit, sondern gießt umgekehrt eine Kelle von der Flüssigkeit zur Eiermasse. Gründlich verquirlen, und dann erst die Mischung in den Kochtopf dazuschütten. Im anderen Fall könnte sie gerinnen. Zu *Barschtsch* gehören in jedem Fall ganz heiße Salzkartoffeln, von denen sich jeder bei Tisch so viel in seinen Teller legt, als er mag.

Zur milchigen Variante gehört unbedingt Sauerrahm, den man auf den Tisch stellt, damit jeder sich selber bedienen kann. Den fleischlosen *Barschtsch* kann man nach Belieben heiß oder kalt genießen. Im letzten Fall reichen Sie kalte Beilagen: harte Eiviertel, Würfel frischer geschälter Gurken etc.

Vor allem aber: Obwohl all das ganz gut schmeckt, servieren Sie keine dieser an sich nicht üblen Expreßvarianten einem »gelernten Ostjuden«, der den echten *Barschtsch* noch gut in Erinnerung hat.

Barschtsch mit Sauerampfer

Der Name *Barschtsch* bezeichnet in Warschau oder Ostgalizien nur die Rotebetesuppe, wird aber in Osteuropa auch auf zahlreiche andere süßsaure Suppen angewendet: so etwa auf die aus Sauerampfer. In Frankreich kann man ihn auf dem Markt kaufen, in Mitteleuropa ist er vielerorts als Gemüse unbekannt. Wer sich aber sein Aussehen einprägt, kann ihn mühelos am Rand von Magerwiesen im Frühsommer einsammeln. Der Sauerampfer mit seinen mittelhohen, rötli-

chen Stengeln, seinen rötlichen, senkrechten Rispen und seinen lanzettförmigen Blättchen ist schon deshalb leicht identifizierbar, weil er als einzige Ampferart sehr sauer schmeckt. Giftige Ampfersorten gibt es auch nicht, so daß man ruhig die Kostprobe wagen kann. Man muß sich nur davor hüten, den Sauerampfer an den Borten vielbefahrener und daher von Abgasen verschmutzter Straßen einzusammeln.

Hier das Rezept:

500 g Sauerampfer
1 große Prise Salz
Saft von 2 Zitronen oder entsprechendes
Quantum guter Obstessig
2–4 Eßlöffel Zucker
nach Belieben: entweder Einbrenne aus
1 EL Mehl und 1 EL Butter oder 1 Tasse
Sauerrahm oder 2 gründlich zerquirlte Eier
Als Einlagen:
heiße ganze Salzkartoffeln
zerschnittene grüne Zwiebelstangen
Scheiben harter Eier

Die Blättchen werden gewaschen, abgetropft, grob zerhackt – fein hacken hat wenig Sinn, denn sie zerkochen ohnehin rasch zu Mus.

In gut 1 l mildem Salzwasser auskochen, Flamme zurückstellen, ca. 20 Min. weiterköcheln lassen. Säure und Zucker hinein. Falls die Suppe mit einer Einbrenne bereitet wird, muß diese natürlich mitkochen.

Der fertigen Suppe die geschlagenen Eier – wenn man ihr welche beizugeben wünscht – vorsichtig beifügen, indem man zunächst einmal einige Löffel der heißen Flüssigkeit zu den gründlich zerquirlten Eiern in einem separaten Schüsselchen mengt und dann erst diese Mischung aus Ei und Flüssigkeit der heißen Suppe im Topf beimischt. Tüchtig rühren, damit die Eier nicht gerinnen.

Sehr kalt servieren. Den Sauerrahm erst bei Tisch beigeben. Die verschiedenen Beilagen separat, in einzelnen Schüsseln, auf den Tisch stellen, damit jeder sich selber bedienen kann.

Barschtsch aus süß-saurem Kohl

500 g Kohl (Kraut)
500–1000 g Rindsbrust, am Stück oder
in kleinen Würfelchen
1 Zwiebel
(evtl. etwas Fett)
nach Belieben: 1 Karotte, 1 geriebener Apfel
ebenfalls nach Belieben: 1 Tasse Tomatensaft,
½ Tasse kernlose Rosinen, einige EL Fett oder Öl
evtl. Einbrenne aus 2 EL Fett und 2 EL Mehl

Die alten Rezepte schreiben alle vor, den Kohl fein zu hacken und, mit wenig Salz bestreut, in einer Schüssel stehenzulassen, bis er »schwitzt«. Das tut er gewöhnlich nach etwa 45 Min., dann wird er ausgepreßt.

Die Prozedur war früher einmal sinnvoll, weil manche der alten Kohlarten sehr »streng« und fast bitter schmeckten. Heute züchtet man mildere Sorten, so daß auf solches »Vorsalzen« und Auspressen des gehackten Kohls verzichtet werden kann.

Das Fleisch wird im Suppentopf mit Fett leicht angebraten – es sei denn, man zieht es vor, es bloß zu kochen. Die Suppe wird aber mit leicht angebratenem Fleisch geschmackvoller.

Nun die gehackte Zwiebel hineingehen – sie wird nicht mitgebraten – und alles übrige dazuschütten. Den Topf mit etwa 1 ½ l Wasser auffüllen. Ungefähr 2 Stunden kochen lassen.

Das Fleisch kann man nach Belieben entweder separat servieren oder in Würfel zerschneiden und in die Brühe zurückgeben.

Gleichfalls nach Belieben kann die Suppe durch eine Einbrenne aus 2 EL Fett und 2 EL Mehl substantieller gestaltet werden. Die Suppe schmeckt nach meiner Meinung besser ohne solche »Bindung«. Soll sie aber als Eintopfgericht und folglich als ganze Mahlzeit dienen, dann kann eine solche »Abrundung« mit Mehl und Fett nicht schaden.

Barschtsch aus Runkelrüben („Räben«)

Dieser *Barschtsch* galt nicht als Delikatesse, aber er schmeckt trotzdem recht gut und ergibt eine sättigende Wintermahlzeit.

Für etwa 6 Personen:

1 kg Runkelrüben

1 genügend großes Stück Rindfleisch, etwa von der Rippe oder von der Brust

2 große ganze Zwiebeln (man nimmt sie nachher wieder heraus)

Salz, weißer Pfeffer, Zucker und Essig nach Geschmack

Die Runkelrüben werden abgeschabt und entweder gehobelt oder fein geschnitten. Das Fleisch wird nach Belieben am Stück gelassen oder in mundgerechte Würfel zerteilt. Alles in den Topf geben und mit knapp 1½ l Wasser übergießen. Würzen. Aufkochen lassen. Hitze kleinstellen. Im zugedeckten Topf in 3–4 Stunden weich kochen. Hat man das Fleisch am Stück weich gekocht, so wird es jetzt in Würfel geschnitten und in die Suppe zurückgelegt.

Brot dazu reichen.

Barschtsch aus Sauerkraut

- 500 g Sauerkraut
- 500 g fettes Rindfleisch (Brust oder Rippe)
- 2 Zwiebeln
- 1 EL Zucker
- Pfeffer (kein Salz! Das Sauerkraut ist salzig genug!)
- einige rohe Kartoffeln

Die Zwiebeln bleiben ganz und werden nach einiger Zeit entfernt.

Das Fleisch wird zu kleinen Würfeln zerschnitten.

Alles zusammen, die Kartoffeln ausgenommen, kommt in den Topf, dazu 1 ½ l Wasser. Kein Salz, bitte! Sauerkraut ist salzig genug!

2 Stunden bei schwacher Hitze köcheln lassen.

Dann die in kleine Würfel geschnittenen rohen Kartoffeln hinzugeben. Die Suppe kocht noch eine weitere Stunde, bis die Kartoffeln ganz zerfallen sind.

Rumänische Bohnensuppe mit Nudelplätzchen

- 1 Tasse Bohnenkerne (kleinere Sorten eignen sich für Suppe besser als sehr große; es geht aber auch mit großen)
- 2 TL Natron (Soda, Backpulver)
- 1 zerhackte Zwiebel
- 2 EL Schmalz oder Butter
- wenn Schmalz, dann evtl. auch ein Stück fettes Pökelfleisch (Nichtjuden nehmen Schweinernes, am besten Speck)
- 1 TL Salz
- fertig gekochte, viereckige, nicht zu kleine Plätzchen aus Nudelteig

Die Bohnenkerne werden über Nacht mit dem Natron zusammen kalt eingeweicht. Natron erleichtert das Weichkochen von jeder Art von Leguminosen, also außer von Bohnen auch von Erbsen, Kichererbsen, Linsen; Salz dagegen verzögert das Weichwerden, weshalb es bei Leguminosenkernen – und also auch bei Bohnen – erst gegen Ende des Kochprozesses beigefügt wird.

Das Einweichwasser von den Bohnenkernen abschütten, die Bohnenkerne in etwa 1 ½ l frischem, kaltem Wasser, zusammen mit den kleingeschnittenen Zwiebeln und dem Fett, weich kochen, was mindestens 1 ½ Stunden dauern wird. Das Salz, wie gesagt, erst beifügen, wenn die Bohnenkerne schon fast gar sind.

Etwa 15 Min., bevor man die Suppe auf den Tisch bringt, gibt man die rohen Nudelplätzchen hinein und läßt sie in ihr weich werden. So jedenfalls machten es die Bauern jener Regionen, die ihr Essen oft nur in einem einzigen Topf über einer offenen Flamme garten.

Besser und zweckmäßiger ist es, die Nudelplätzchen separat in Salzwasser nicht ganz weich zu kochen und erst dann noch für kurze Zeit in der Suppe weiterkochen zu lassen.

Hat man ein – unbedingt fettes und womöglich gepökeltes und geräuchertes! – Stück Fleisch mitgekocht, so wird es jetzt zerschnitten und auf jeden Suppenteller zuoberst ein Stück davon aufgelegt.

Diese Suppe ist vermutlich keine jüdische, sondern eine serbische Erfindung. Dort wird sie, meist angereichert mit ein paar Tomaten oder Tomatenpüree, *Tschorba* genannt und fast täglich gegessen. Sie war aber auch ein weit verbreitetes typisches »Armeleuteessen« Ostgaliziens, dabei jedoch so schmackhaft, daß reiche Kinder oft ganz glücklich waren, wenn sie einmal der ewigen *Goldenen Jouch* und anderen »Edelspeisen« entrinnen und beim mittellosen Nachbarn einen Teller voll solcher Bohnensuppe mitessen durften. Meist war sie dann allerdings ohne Fleisch zubereitet.

Suppe mit Gerste und Erbsen (oder Bohnenkernen oder Linsen)

Natürlich kennt die ostjüdische Küche auch ausgezeichnete Erbsen- und Linsensuppen, in denen entweder ein fettes Stück Fleisch mitgekocht wurde oder denen bei Tisch ein jeder ein Stück frische Butter beifügte, die dann auf der cremigen Suppenoberfläche langsam zerlief. Diese Suppen unterscheiden sich aber wenig von ähnlichen der gesamten – also nicht nur der jüdischen – Küche Mittel- und Osteuropas, so daß es wenig Sinn hätte, sie hier vorzustellen.

Typisch dagegen war die Kombination solcher Suppen mit einem »Scharfen Kugel«. Wir werden daher etliche solcher Kugelspeisen bei den Tscholent- und Kugelrezepten bringen. Typisch war vielleicht auch die Komposition von Leguminosenkernen mit Gerstengraupen. Hier ein Beispiel:

1 Tasse Trockenerbsen (Bohnenkerne, Linsen)
1 TL Natron (Soda, Backpulver)
1–2 TL Salz
½ Tasse Perlgerste
1 Karotte, kleingehackt
1 Zwiebel, kleingehackt
2 EL Butter
Pfeffer nach Geschmack
1 Tasse Sauerrahm

Die mit dem Natron zusammen über Nacht kalt eingeweichten Erbsen (Bohnenkerne, Linsen) abspülen und mit frischem, kaltem Wasser – etwa 2 l – aufkochen. Flamme reduzieren. Topf zudecken. Etwa 1 Stunde sachte kochen lassen. Salzen. Jetzt die Gerste und alles übrige – außer Sauerrahm – beifügen. Noch 1 Stunde weiterkochen lassen.

Sauerrahm erst bei Tisch hinzufügen.

Manche ziehen es vor, die Gerste von allem Anfang an mit den Leguminosen mitzukochen. Die Suppe wird dann sämiger. Diese Methode ist vor allem dann vorzuziehen, wenn man nicht im Sinn hat, Sauerrahm dazu zu servieren.

Apropos Gerste

Gerstensuppen in verschiedener Variante waren bei den Ostjuden überhaupt sehr beliebt. Die Rezepte müssen uralt sein, denn die Gerste kannte man in Vorderasien schon lange vor dem »feineren« Weizen. Auch die Griechen lernten den Weizen verhältnismäßig spät kennen. Zuvor aßen sie nur Gerste, und zwar sowohl als Brei wie als flachen Fladen. Gerste läßt sich nämlich, im Gegensatz zu Weizen, Korn und Roggen, weder durch Säuerung noch durch Hefebakterien »treiben« und lockern.

Und bis in die Gegenwart hinein hat die Bedeutung, die Gerste für die alten Griechen einmal hatte, sowohl in den Totenbräuchen des ganzen Balkans wie in unserem Küchenvokabular Spuren hinterlassen. Vor allem in Bulgarien bringt man am Totensonntag noch heute auf die Gräber der Lieben weichgekochte Gerstenkörner, in Zucker und geriebenen Mandeln gewälzt. Eine Nachspeise, die man auch Lebenden dort das ganze Jahr über gern auftischt.

Daß es in jenen Landstrichen diesen Brauch schon im Altertum gab, geht auch daraus hervor, daß gekochte Gerste im nachklassischen Griechisch »makaria« heißt. Das Wort bedeutet ursprünglich Glückseligkeit oder Seligkeit. Makaria war die Speise, die man den makarioi, den Seligen, schon damals als Opfergabe aufs Grab brachte.

Zusammen mit vielen anderen Kochrezepten und Wortbildungen Vorderasiens und der europäischen Teile der antiken Welt, wanderte diese »Makaria« später nach Neapel, dem Einfallstor für griechische und nahöstliche Kultur in Italien, und in der Form von »maccheroni« wurde sie zum kulinarischen Volksbegriff. Man verstand darunter nunmehr kleine Kuchen aus Kleie, ein billiges süßes Gebäck, das in den Straßen verkauft wurde. Später übertrugen die Neapolitaner die Bezeichnung auch auf eine neue Form der gekochten Teigwaren: die Makkaroni.

Inzwischen war das Wort aber bereits bis nach Frankreich vorgedrungen, wo man nunmehr das darunter verstand, was wir »Makronen« nennen: zartes Konfekt aus Eischaum, Zucker und geriebenen Nüssen oder Mandeln …

Zurück zu den Gerstensuppen. Sie werden, weil billig, heute ein wenig verachtet. Gerste ist trotzdem weit schmackhafter als der höher geachtete, in Wirklichkeit aber sehr fade Reis, der erst durch eine Menge würzender Zutaten oder Saucen ein wenig »Kolorit« gewinnt. Die alte jüdische Küche macht von Gerste mit Recht ausgiebig Gebrauch.

Gerstensuppe mit Pilzen und Fleisch

Manche der ostjüdischen Gerstensuppen kann man als ausgesprochene Meisterwerke der kulinarischen Kochkunst bezeichnen. Am besten sind jene mit den Pilzen, die es im waldreichen Osteuropa billig und in rauhen Mengen gab. Heute sollen die herrlichen Wälder der slawischen Ostländer von den »Edelsorten« der Pilze genauso »leergegrast« sein wie die Waldgebiete Mittel- und Westeuropas. Getrocknete Steinpilze erzielen in unseren Delikatessenläden Preise wie Kaviar. Wer also nicht in der Lage ist, selber Steinpilze oder andere ähnlich duftende Pilzarten zu suchen, mag sich mit den an sich vorzüglichen Zuchtchampignons begnügen. Es ist aber natürlich nicht mehr dasselbe …

30 g getrocknete Steinpilze (oder gute Mischpilze)
oder 1 knappe Tasse voll frischer Pilze,
am besten Steinpilze, notfalls Zuchtchampignons
1 kg Suppenfleisch (Rippe, Flanke, Weiche)
½ Tasse Perlgerste
1 Zwiebel
2 Karotten
Sträußchen aus Dill, Petersilie, Lorbeer
Salz, Pfeffer

Wenn Trockenpilze: ganz kurz kalt waschen und einweichen, und dann erst kleinschneiden. Einweichwasser nicht wegschütten! Frische Pilze nur waschen und zerschneiden.

Fleisch in 2 l Salzwasser geben. Aufkochen. Abschäumen. Etwa 45 Min. bei schwacher Hitze zugedeckt kochen lassen. Eventuell noch einmal abschäumen.

Jetzt alles übrige beifügen (auch das Einweichwasser der Pilze!). Noch weitere 1 ½ Stunden zugedeckt weiterkochen lassen. Die Gerste muß in jedem Fall ganz weich sein.

Dann Kräutersträußchen entfernen. Die Suppe nach Belieben mit dem in kleine Würfel geschnittenen Fleisch darin servieren. Oder aber das Fleisch herausziehen und separat, mit Salzgurken oder Essiggemüse, auftragen. Auch ein kalter Mischsalat, mit Randen und Kartoffeln, paßt gut zu solchem Fleisch.

Gerstensuppe mit Pilzen, ohne Fleisch

etwa 30 g getrocknete Steinpilze (sie schmecken
und duften intensiver als frische Pilze)
1 Selleriestange (fakultativ)
1 Zwiebel
1 Karotte
evtl. 1 Kartoffel (eher weglassen)
1 ½ Tassen Perlgerste
½ TL Salz
einige EL frische Butter
nach Belieben: ½ Tasse Sauerrahm

Die Pilze sehr kurz kalt waschen (sie sollen auf keinen Fall ausgelaugt und geschmacklos werden!) und einweichen. Dann zerschneiden. Einweichwasser für die Suppe mitverwenden.

Die Gemüse in kleine Würfelchen schneiden. Mit der Gerste, den Pilzen und dem Salz zusammen in knapp 2 l kaltem Wasser auskochen.

Hitze reduzieren. 1 ½–2 Stunden kochen, bis die Gerste ganz weich und die Suppe ein wenig sämig ist.

Butter und Sauerrahm kommen nicht in die Suppenschüssel oder gar in den Suppentopf, sondern werden separat auf den Tisch gestellt. Jeder bedient sich selbst, nimmt entweder ein Stück frische, feste Butter, die er auf der Oberfläche der Suppe langsam zerlaufen läßt, oder einige Löffel voll vom Sauerrahm, oder auch von beidem.

Bildete diese Pilzsuppe nicht eine Vorspeise, sondern das ganze Abendbrot, dann reichte man dazu noch Schwarzbrot aus Sauerteig und frische Butter zum Bestreichen des Brotes.

Buchweizen (Heidegraupen), Mais, Kartoffeln für Hauptgerichte und Zwischenmahlzeiten

Kascha (Buchweizen, Heidegraupen)

Was der Reis dem Chinesen, die gekochten Teigwaren dem Italiener, der Haferbrei dem alten Eidgenossen und noch dem heutigen Schotten – das ist die Kascha, eine Speise aus Buchweizen (Heidegraupen), dem Ukrainer und dem dort ansässigen Juden.

Mit dem Wort hat es eine eigene Bewandtnis. Es ist russisch und heißt im Grunde einfach »Brei«. Zu meiner Überraschung habe ich von Rückkehrern aus sibirischen Straflagern erfahren, daß das Wort im dortigen »Küchenlatein« durchaus auch in seiner Urbedeutung gebraucht wird: Man aß dort etwa *Kascha* aus Maisgrieß!

Nun, in unserer Gegend benannte der Bauer den Maisbrei mit einem rumänischen Namen, nämlich »Mamaliga«. Denn den Maisbrei – und überhaupt den Mais – hatte man in Ostgalizien ja von den südlichen Nachbarn übernommen.

Der Name *Kascha* jedoch blieb für ein Gericht aus ganzen oder grob geschroteten Buchweizenkörnern (Heidegraupen) reserviert, das übrigens gar nicht breiartig ist, sondern kernig und flockig wie kurz gekochter Wasserreis. Aber Reis schmeckt fade, wenn man ihn nicht auf vielerlei Weise würzt und mit anderen Substanzen kombiniert. *Kascha* dagegen ist dem Hafer an Wohlgeschmack ebenbürtig, wenn nicht sogar überlegen. Der arme Bauer lebte weitgehend von Kascha, Kartoffeln, Kohl. Hatte er noch etwas Fett dazu, dann lebte er noch nicht einmal so schlecht …

Buchweizen wird in Mittel- und Westeuropa heute wenig angebaut. Es mag zum Teil damit zusammenhängen, daß er auf steppenartigem Sandboden am besten gedeiht. Er ist übrigens keine Getreideart, sondern ein Knöterichgewächs. Buchweizenfelder sehen mit ihren grünen, buschigen Pflanzen und deren kleinen, lila Blüten wunderhübsch aus.

Vor hundert Jahren wurde Buchweizen auch in Norddeutschland häufig angepflanzt. Heute erstrecken sich dort meilenweit nur Viehweiden. Immerhin, in Reformgeschäften bekommt man Buchweizen ohne weiteres. Nach den Prospekten dieser Läden zu schließen, wird er von heutigen Ernährungstheoretikern sehr empfohlen. Er enthält auch mehr Eiweiß als die meisten Cerealien. Dennoch wird er wenig gekauft, und zwar einfach deswegen, weil hierzulande kaum jemand weiß, wie man Buchweizen – also *Kascha* – richtig zubereitet. Alle hiesigen Rezepte laufen auf ein und dasselbe hinaus: Man erhält mit ihnen einen klebrigen, amorphen Brei.

In der Tat ist es nicht ganz einfach, *Kascha* körnig zu kochen. Alle Kocharten, die man vom Reis her kennt – viel Wasser, kurze Kochzeit, Anrösten mit Öl – helfen hier gar nichts. Es gibt nur zwei verläßliche Methoden, *Kascha* flockig zu kochen. »Barfuß«, das heißt ohne irgendeine Beigabe, gelingt es überhaupt nicht. Es braucht dazu entweder Eier oder Fett. Gäbe es eine Möglichkeit, flockige, trockene *Kascha* auch ohne solche Beitaten herbeizuzaubern – der arme, ukrainische Bauer hätte sie im Lauf der Jahrhunderte sicher entdeckt.

Körnige Kascha mit Hilfe von Ei oder Eiweiß

Von den beiden Methoden, Kascha flockig zu kochen, war bei den Ostjuden nur die mit Eizusatz üblich. Hier das Rezept: Zunächst einmal muß man wissen, daß Kascha etwa gleich stark ausquillt wie Reis, also auf mehr als das Doppelte. Auf je 1 Tasse Kascha muß man folglich fast 2 Tassen heißes Wasser zusetzen. Und da Kascha vorzüglich schmeckt, darf man pro Person eine volle Tasse Kascha rechnen.

Nun die Hauptsache: Um die *Kascha* flockig zu bekommen, müssen Sie auf je 2–3 Tassen *Kascha* 1 ganzes Ei oder 2 Eiweiß rechnen. Die Prozedur ist folgende:

Sie schütten die trockene, rohe *Kascha* in einen Kochtopf. Lassen Sie sich ja nicht einfallen, die Körner vorher zu waschen! Sie würden durch diese zusätzliche Feuchtigkeit das Resultat in Frage stellen!

Die zerschlagenen Eier oder Eiweiße werden mit dem nötigen Salz und unbedingt auch mit Pfeffer zerquirlt und dazugeschüttet. Rühren, bis die ganze Masse ein wenig durchfeuchtet ist.

Nun den Topf auf schwache Flamme setzen und weiterrühren, bis die Körner die Feuchtigkeit vom Ei ganz aufgesaugt haben, sich mit einem hauchfeinen, unsichtbaren »Eifilm« überzogen haben und anfangen, trocken auseinanderzurieseln. Weiterrühren, bis die Körner so trocken sind wie Sand in der Sonne und aus dem Topf ein deutlich sichtbarer leichter Dampf aufsteigt, zusammen mit einem wundervollen Duft nach leicht angerösteten Haselnüssen. Weitermischen, bis schon fast die Gefahr besteht, daß der Topfboden anfangen könnte, sich zu bräunen. Die ganze Prozedur dauert, je nach Quantum, 4–8 Min.

Inzwischen hat man das nötige Wasser aufgekocht. Einen Teil davon schüttet man jetzt zur *Kascha*. Bitte Vorsicht! Die *Kascha* beginnt nämlich sofort zu sprudeln und zu spritzen!

Durchmischen, warten, bis die Flüssigkeit aufgesaugt ist (es dauert nur wenige Sekunden oder Minuten!), wieder Wasser nachgießen, mischen, wieder ein wenig warten.

Wenn fast das ganze Wasser aufgebraucht ist und die Körner bereits schön aufgequollen sind, was, wie gesagt, in unglaublich kurzer Zeit geschieht, nachsehen, ob nicht am Ende bereits ein bißchen Wasser auf dem Topfboden stehen bleibt. Was nicht unmittelbar von den Körnern aufgesaugt wird, ist nämlich schon zu viel. *Kascha* kann höchstens einen ganz minimalen Wasserrest »verkraften«.

Jetzt ist die *Kascha* an sich gar. Aber nun kommt erst die Hauptsache, derjenige Teil des Zubereitungsprozesses nämlich, dem sie erst ihren herrlichen Wohlgeruch und Wohlgeschmack verdankt: Sie muß »abtrocknen«. Der Bauer erreichte dies, indem er den zugedeckten Topf in den heißen Zimmerofen schob und dort stundenlang stehenließ. Es geht natürlich auch im Backofen, vorausgesetzt, Sie können ihn entsprechend schwach einstellen, was lange nicht bei jedem Modell möglich war. Und schließlich können Sie den Topf mit *der Kascha* auch auf einen zweiten Topf stellen, in welchem irgendein Gericht mit langer Kochzeit brodelt. Oder Sie stellen den Topf auf ein Wasserbad.

Die *Kascha* darf ruhig viele Stunden lang »abtrocknen«. Die Körner, die zuvor blaßlila waren, haben jetzt eine hübsche Haselnußfarbe angenommen, und dem Topf entsteigen herrliche Düfte.

Körnige Kascha mit Hilfe von Fett

Die zweite Methode, Kascha flockig zu kochen, hat mir ein nichtjüdischer Aussiedler aus Osteuropa verraten. Inzwischen habe ich aber erfahren, daß sie auch bei manchen Juden üblich war, wenn auch nicht in meiner Heimatgegend. Man braucht für diese Bereitungsweise, wie gesagt, keine Eier, sondern Fett.

Hier das Rezept: 100–150 g rohes Geflügelfett (bei Christen: rohes, das heißt nicht ausgelassenes Schweinefett) wird in kleine Würfelchen zerschnitten und im dickwandigen Topf bei kleiner Flamme langsam ausgelassen, bis flüssiges Schmalz und goldbraune Grieben entstehen. Dieses Quantum reicht für etwa 3 Tassen rohe *Kascha*, die man in den Topf mit dem Fett und den Grieben hineinschüttet. Umrühren.

Pro Tasse *Kascha* braucht man je 2 Tassen Wasser – das wissen wir bereits. Das ganze Wasser wird aufgekocht und diesmal zusammen mit Salz und tüchtig Pfeffer (das ist bei *Kascha* wichtig!) »auf einen Rutsch« zur *Kascha* dazugegossen. Kurz umrühren. Aufkochen. Topf zudecken und bei ganz schwacher Flamme ½ Stunde lang dünsten lassen. Man darf zwar von Zeit zu Zeit den Deckel abheben und hineinschauen, aber man muß sehr darauf achten, daß das am Topfdeckel haftende Kondenswasser wieder in die *Kascha* hineintropft, weil sonst die Proportionen nicht mehr stimmen. Am besten bereitet man solche »Schmalz-Kascha« in einem Topf zu, in welchem die Speisen garantiert nicht anbrennen und nicht ansetzen. Andernfalls muß man eben doppelt vorsichtig von Zeit zu Zeit kontrollieren. Auf keinen Fall aber darf man den Topfinhalt umrühren!

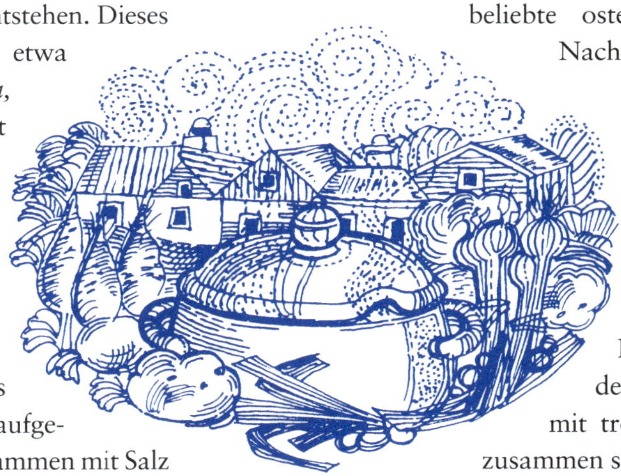

Die *Kascha* schmeckt bei dieser Bereitung herrlich, ist auch genauso flockig und locker, wie wenn man die Körner mit einem »Eiweißfilm« kocht. Sie ist aber, da sie bereits Fett enthält, nicht mehr bloße »Grundsubstanz«, die man auf beliebige Weise weiterverwenden kann. Für das beliebte osteuropäische sommerliche Nachtessen zum Beispiel, das aus heißer oder kalter Milchsuppe mit einer Handvoll *Kascha* darin bestand, kommt solche »Schmalzkascha« kaum mehr in Frage. Und zwar nicht nur aus Koscher-Rücksichten, sondern weil solche Suppen nur mit trockener, fettfreier *Kascha* zusammen schmecken. Für andere osteuropäische *Kascha*-Spezialitäten eignet sich wiederum mit Fett zubereitete *Kascha* ebenso gut, wenn nicht noch besser. Hier eine kleine Auswahl:

Beliebte Kascha-Gerichte

Der Bauer aß gern zum Nachtessen einen Suppenteller voll Milch, gesalzen oder gezuckert, je nach Jahreszeit warm oder kalt, mit einigen Löffeln flockig gekochter, fettfreier Kascha. Das ist in der Tat eine vollwertige Mahlzeit, vor allem für Kinder und alte Menschen.

Manche pflegten auch einige Eßlöffel voll fettfrei gekochter *Kascha* in die Fleischbrühe zu streuen. Jedoch nicht direkt in die Suppenschüssel: Die Brühe würde davon ein wenig trübe. Vielmehr stellte man auf den Tisch eine Schüssel mit *Kascha,* jeder nahm davon in seinen Suppenteller, so viel er mochte, und schüttete die heiße Bouillon darüber.

Oft wurde auch trocken und flockig – also fettfrei – gekochte *Kascha* zu einem ragoutartigen Fleischgericht mit viel Sauce gereicht: »Abgetrocknete« *Kascha* schreit ja buchstäblich nach solcher feucht-fetter Ergänzung.

Nach Belieben mit Fett oder trocken zubereitete Kascha wurde auch sehr gern nach Art eines Risottos zubereitet: In frisch ausgelassenen Schmalzrückständen, samt den goldgelben, mürbknusprigen Grieben, schmort man mehrere zerhackte Zwiebeln goldgelb und vermischt das Ganze mit der fertigen Kascha. Juden nehmen hierfür Geflügelschmalz, Christen können ebensogut auch Speck oder andere fette Stücke vom Schwein verwenden.

Solche mit Fett, Grieben und goldgelb geschmorten Zwiebeln vermischte *Kascha* wurde gern noch mit beigefügten Nudelplätzchen ergänzt, das heißt mit Quadraten aus Nudelteig von etwa 3–4 cm Seitenlänge. Man kann das Gericht natürlich genausogut mit einer guten Sorte fertig gekaufter, breiter Nudeln zubereiten. In jedem Fall werden die Nudeln separat gekocht und erst zuletzt unter das tischfertige *Kascha*-Gericht gemischt. Gibt es vorher noch *Barschtsch* und nachher ein Kompott, so ist das eine treffliche, fleischlose Mahlzeit.

Hier noch zwei besonders beliebte *Kascha*-Gerichte:

Kascha mit Pilzen

1 Tasse rohe Kascha
1 Eiweiß oder 1 ganzes Ei
Salz, Pfeffer
4–6 gehackte Zwiebeln
½ Tasse Geflügelfett oder Butter
500 g frische zerschnittene Pilze, womöglich gute Waldpilze, notfalls Zuchtchampignons
nach Belieben:
1 Tasse gekochte Nudelplätzchen

Die Kascha auf die unter »Kascha mit Ei oder Eiweiß« angegebene Weise zubereiten und im Ofenrohr »abtrocknen« lassen. Wir sagten schon, daß es notfalls auch im schwach erwärmten Bratrohr oder im Wasserbad geht. Sie erzielen den »Trockeneffekt« auch, wenn sie den Topf mit der noch feuchten Kascha auf einen zweiten Topf stellen, in welchem irgendeine Speise mit sehr langer Garzeit auf kleiner Flamme »köchelt«.

Inzwischen röstet man in dem Schmalz (der Butter) die zerhackten Zwiebeln an, bis sie goldbraun, aber noch weich sind.

Die gewaschenen und zerschnittenen Pilze dazugeben und kurze Zeit in der Schmalz-(Butter-) Zwiebelmischung mitschmoren lassen.

Dann alles zur *Kascha* hineingeben, auf kleiner Flamme sachte durchhitzen.

Zuletzt die gekochten Nudelplätzchen beifügen. Vorsichtig durchmischen, damit sie nicht zerfallen.

Verwendet man für die Speise nicht Butter, sondern frisch ausgelassenes Schmalz, dann benützt man für ihre Zubereitung die bräunlichen Rückstände des Fettes und gibt auch die goldbraunen, mürb herausgebratenen Grieben dazu.

Bei dieser herrlichen ostjüdischen Spezialität dürfte aber auch für Nichtjuden das Ersetzen des Geflügelschmalzes durch das vom Schwein nicht ideal sein, weil es sehr kräftig riecht und sowohl Duft wie Geschmack der herrlichen Pilze zu sehr überdeckt.

Kascha-Knyschy und -Strudel

½ Tasse frisches rohes Geflügelschmalz
1500 g Zwiebeln, fein geschnitten
2 Tassen rohe Kascha
1 Ei oder Eiweiß für die Kascha
Salz, Pfeffer

Für den Teig:
2 ½ Tassen Mehl
1 Ei
¼ Tasse Öl
Salz
1 Ei zum Bestreichen der Knyschy

Aus dem Mehl, dem Ei, dem Öl, etwas Salz und dem nötigen Wasser bereitet man einen Teig von derselben Konsistenz wie für Wiener Strudel. Gut durchkneten, bis der Teigballen glänzt, und, genau wie den Strudelteig, in einer Schüssel zugedeckt ein wenig ruhen lassen. Dann, ebenfalls wie für einen Strudel, den Teig sehr dünn auswalzen und auf einem bemehlten Tuch von Hand noch weiter ausziehen.

Letzteres ist aber nicht unbedingt nötig. Manche begnügen sich mit dem dünn ausgewallten Teig.

Nun die Füllung: Das rohe Schmalz (diesmal können Christen wieder einmal schweinernes nehmen; für Juden kommt nur das vom Geflügel in Betracht, weil Rindertalg Duft und Geschmack der Speise verschlechtern würde) – das rohe Schmalz also wird kleingeschnitten und sehr vorsichtig ausgelassen, damit die Grieben ja nicht anbrennen. Sie werden nämlich für die Knyschy mit verwendet.

Dann schüttet man die Zwiebeln dazu und dünstet und schmort sie sachte goldgelb.

Die *Kascha* wird nach dem Rezept unter dem Titel »Kascha mit Ei oder Eiweiß« gekocht und abgetrocknet, dann mit der Fett/Zwiebelmischung vermengt und auf dem Teig ausgebreitet, wobei man, ebenfalls wie beim Strudel, die Füllung nicht bis an den äußersten Rand des Teiges verteilt.

Nach Belieben werden entweder 3 dickere Rollen geformt, die gerade ein großes Backblech ausfüllen. Oder aber man macht die Rollen nur halb so dick und zerschneidet sie zu 25 cm langen Teilstücken, die man zu flachen Schnecken zusammenrollt. Die Bezeichnung *Knyschy* gilt nur für dieses schneckenförmige Gebäck.

Das Backblech wird sehr stark gefettet, die langen Rollen oder die Schnecken vorsichtig hineingelegt, die Oberfläche mit zerklopftem Ei bestrichen.

Das Gebäck kommt etwa für 1 Stunde in den mittelheißen, vorgeheizten Backofen. Die Oberfläche der fertigen *Kascha-Strudel* oder *-Knyschy* muß, wie bei einem vollendet geratenen Wiener Strudel, goldbraun sein und ein wenig splittrig zerspringen.

Solche herrlich duftenden, fettriefenden Strudel und *Knyschy* mit *Kascha* pflegte man bei den Ostjuden keineswegs etwa für sich separat zu servieren, sondern als Beilage zu einem ebenfalls fettriefenden, saucenreichen Braten. Das klingt barbarisch, schmeckt aber wundervoll. Wer jedoch in seinen Eßgewohnheiten von der modernen Diätetik »angekränkelt« ist, wird sich wohl doch damit begnügen, die *Knyschy* einfach für sich allein, also ohne zusätzlichen, saucenreichen Braten, als Hauptgang der Mahlzeit zu genießen. Vorher mag es etwa einen roten *Barschtsch* geben, nachher Kompott oder rohes Obst. Ja – und nicht vergessen: ein Gläschen Schnaps oder heißer Tee mit Zucker, Zitrone und womöglich ein wenig Rum darin wirkt nach so fettreicher Kost sehr wohltuend!

Bulbenik (Kartoffelkuchen) mit Hefe

Nur weniges wird so unterschätzt wie die Kartoffeln. Fast in jeder Form schmecken sie ausgezeichnet. Wären sie teuer wie Kaviar: Man würde sie, mit Recht, als Delikatesse feiern.

Von allen Kartoffelspeisen habe ich aber zwei ostjüdische immer besonders geliebt: den *Bulbenik,* ein Zwischending zwischen Kartoffelbrot und Kartoffelkuchen, und die *Kartoffel-Chremsel* oder *-Latkes.* Über die etymologische Seite dieser zweiten Spezialität – es sind kleine Pfannküchlein aus rohen, geriebenen Kartoffeln – haben wir uns bereits unterhalten. *Bulbenik* ist, genau wie *Latka* (Mehrzahl, mit hebräischer Endung: *Latkes*), ein slawisches Wort, das wir übrigens auch schon vom Lateinischen her kennen: »Bulba« heißt soviel wie Knolle, bei den Slawen: Kartoffelknolle. Hier 2 Rezepte für *den Bulbenik,* das originale und eine Expreßvariante:

- 1 ½ kg Mehl
- 50 g Hefe
- ½ Glas Wasser
- wenig Zucker
- 2 kg rohe Kartoffeln
- 2 Eier
- ½ Wasserglas voll Speiseöl (geruchloses)
- 3 TL Salz

Das Mehl wird in eine große Schüssel gesiebt. Dann gibt man in etwa einer halben Tasse warmem Wasser aufgeweichte Hefe samt dem Zucker dazu und rührt einen Teig an. Zudecken,

½ Stunde lang an einem warmen Ort aufgehen lassen.

Inzwischen reibt man die Kartoffeln. Die alten Rezepte schreiben alle vor, man solle die Kartoffeln in eine Schüssel hineinreiben, die man mit einem sauberen Mulltüchlein ausgelegt hat. In diesem Tuch kann man nachher die Kartoffeln abtropfen lassen und ein wenig ausdrücken.

Man soll sich aber nichts vormachen: Niemand wird heute Zeit und Lust haben, von Hand 2 kg Kartoffeln zu raffeln, ganz davon abgesehen, daß das nur selten ohne blutig aufgeschundene Fingerspitzen abläuft. Gehen wir also davon aus, daß Sie Kartoffelkuchen nur bereiten werden, wenn Sie elektrische Küchengeräte haben. Es gibt spezielle Maschinen zum Raffeln von Gemüse. Die können Sie natürlich auch für rohe Kartoffeln verwenden. Der Nachteil: Sie erhalten dabei längliche Fasern anstelle des gewünschten grobkörnigen Pürees.

Besser ist es daher, Sie nehmen für diesen Zweck den Mixer. Dann müssen Sie dem Mahlgut allerdings Wasser beifügen. Dadurch wird die Masse natürlich »verwässert«. Hier das Gegenmittel: Wenn Sie für Ihren *Bulbenik* oder Ihre *Chremsel* größere Quantitäten geriebener Kartoffeln brauchen, füllen Sie sie ratenweise in Ihren Mixer, samt dem unbedingt nötigen Wasser natürlich. Es genügt, wenn das Wasser etwa das unterste Drittel des Mahlguts überdeckt. Kurz rotieren lassen, bis die Masse eine grobkörnige – und ja nicht etwa total cremige! – Konsistenz erreicht hat, und in ein nicht zu großlochiges, über einer großen Schüssel aufgehängtes Plastiksieb schütten, in welcher die abtropfende Flüssigkeit sich sammelt.

Für die zweite Ration nehmen Sie nun nicht neues Wasser, sondern die Flüssigkeit aus der Schüssel. So fahren Sie fort, bis alle Kartoffeln mit Hilfe immer desselben minimalen Wasserquantums grob püriert sind.

Die geriebenen Kartoffeln in dem Sieb ein Weilchen stehenlassen und eventuell mit der Rückseite einer großen Kelle noch ein wenig auspressen. In der Flüssigkeit unter dem Sieb setzt sich am Boden sehr bald eine Schicht reiner schneeweißer Kartoffelstärke ab, die Sie natürlich nicht wegschütten. Sondern Sie gießen das Wasser ab und mengen den Bodensatz aus Stärke den geriebenen Kartoffeln wieder bei.

Auf diese Weise also können Sie in einem Minimum an Zeit eine beachtliche Menge roher Kartoffeln pürieren. Besonders für *Chremsel* (Reibeküchlein, Kartoffelpuffer, in Ostpreußen auch Plinsen, Einzahl »der Plins« genannt) ist das wichtig. Denn erfahrungsgemäß verwandeln sich auch die schwächsten Esser und fanatischsten Schlankheitsfanatiker beim Anblick und Duft einer Schüssel voller *Chremsel* in erstaunliche Vielfraße. Man tut also gut daran, so viele *Chremsel* zu backen, daß sie – dem Anschein nach – für einen ganzen Trupp Soldaten nach einem anstrengenden Manöver ausreichen müßten. Dann reichen sie – vielleicht – für eine kleine Tischgesellschaft …

Und das bißchen Wasser in der Schüssel? Nun – ich habe keine Ahnung, ob es viele Nährsalze und andere wertvolle Spurenelemente enthält. Aber wenn Sie gleichzeitig mit den *Chremseln* oder dem *Bulbenik* eine Gemüsesuppe kochen (etwa eine mit Tomaten paßt gut als Auftakt), können Sie ihr dieses Wasser beimengen.

Doch lassen Sie sich nicht einfallen, die Flüssigkeit etwa zwecks Verwendung am nächsten oder übernächsten Tag einstweilen in der Küche stehen zu lassen! Aufgrund der Stärke, die sie nach wie vor enthält (auch nachdem Sie ihr den konzentriert stärkehaltigen Bodensatz entnommen haben!), beginnt sie bald zu gären und zu stinken und muß dann doch noch in den Ausguß wandern.

Nach diesem Exkurs über zeitgemäßes Reiben von rohen Kartoffeln zurück zum *Bulbenik*. Die durchgeriebenen Kartoffeln, die zerquirlten Eier, das Öl, das Salz und, wenn nötig, noch ein klein wenig zusätzliches warmes Wasser (Sie nehmen hierfür natürlich die abgetropfte Flüssigkeit in der Schüssel!) werden nun mit dem an einem warmen Ort inzwischen aufgegangenen Teig zusammen verarbeitet. Diesen Mischteig aus Mehl und Kartoffeln füllt man in eine entsprechend große Schüssel und läßt ihn, zugedeckt, an einem warmen Ort noch einmal 20 Min. lang aufgehen.

Nun wählt man nach Belieben entweder ein großes Backblech mit nicht ganz niederem Rand oder etliche Cakeformen, ölt sie sehr gründlich aus und füllt den Teig nicht zu hoch hinein – er geht beim Backen noch ein wenig auf. Ob man einen einzigen sehr großen *Bulbenik* backt oder etliche kleinere, hängt davon ab, ob man mehr Wert legt auf das weiche Innere des Gebäcks oder auf möglichst viel knusprige Kruste.

Im vorgewärmten Backofen in etwa 5 Viertelstunden goldbraun backen. Heiß auftischen.

Bulbenik schmeckt herrlich. Vermutlich könnte man ihn recht gut auch »barfuß«, das heißt ganz für sich allein, ohne weitere Beigaben verzehren. Man tat es aber praktisch nie oder nur bei großer Not. Man zerschnitt den *Bulbenik* – je nach seiner Form – in dicke Scheiben oder nicht zu kleine Quadrate und beträufelte sie mit Gänseschmalz oder anderem Geflügelfett. Man servierte den *Bulbenik* auch gern zu saucenreichem Schmorbraten anstelle von Kartoffeln, Reis und anderen Beigaben. *Bulbenik* saugt sich rasch mit der Sauce voll und schmeckt dann noch doppelt so gut wie vorher ohne Sauce! Blieb noch ein Rest zurück, so wurde er kalt gegessen. Dann aber bestrich man die Scheiben oder Quadrate des *Bulbenik* mitunter statt mit Gänseschmalz auch mit frischer Butter.

Expreßvariante des Bulbenik für Singles, Eilige und Faulpelze

Daß das Reiben roher Kartoffeln im modern ausgerüsteten Haushalt also wenig Mühe bereitet, wissen wir jetzt. Nach wie vor ist es aber ein wenig mühsam, den für das Originalrezept des Bulbenik unerläßlichen Hefeteig herzustellen. Hier eine Expreßvariante ohne Hefeteig, die ich aber nicht selber ausprobiert habe:

- etwa 1 ½ Pfund rohe Kartoffeln
- 1 kleine Zwiebel (sollte nach meiner Meinung lieber wegbleiben)
- 1–2 EL Öl oder Geflügelschmalz
- 2–3 EL Mazzemehl (Paniermehl, Semmelbrösel)

Salz, Pfeffer

1–2 zerquirlte Eier, evtl. auch Eiweiß getrennt schaumig geschlagen

Für das Reiben und Abtropfen der Kartoffeln und das Wiederbeimengen der Kartoffelstärke in der Abtropfschüssel siehe Anweisungen S. 139 f.

Alles, mit Ausnahme vom schaumig geschlagenen Eiweiß, mischen. Zuletzt den Eischaum unterheben – die bei Torten hierbei übliche Vorsicht hat aber bei einem so schweren Teig wenig Sinn.

1–2 Cakeformen gründlich ausfetten. Teig hineinfüllen. Bei 180° 1 ⅓ Stunden lang backen.

Kartoffel-Chremsel

Weit besser als solche Expreß-Varianten des Bulbenik und genauso schnell und mühelos herzustellen sind die bereits erwähnten *Kartoffel-Chremsel.* Unter anderen Namen (Reibekuchen, Kartoffelpuffer, Plinsen) kennt man sie auch in der nichtjüdischen Küche. Meist sind sie dann aber durch beigefügte Zwiebeln und durch Mehlzugabe verschlechtert. Hier die schlechthin vollendete Variation aus Ostgalizien:

rohe geriebene Kartoffeln, samt wieder zugesetzter Kartoffelstärke (vgl. S. 139 f.)

pro kg geriebene Kartoffeln 2–3 zerquirlte Eier

Salz, Pfeffer

geruchloses Öl oder Geflügelschmalz zum Backen in der Pfanne (auf keinen Fall Butter oder Rindertalg!)

Wie man rohe Kartoffeln reibt und ihnen die abtropfende Kartoffelstärke wieder zusetzt, wissen wir bereits (S. 139 f.). Die Kartoffelmasse darf aber nur ganz leicht ausgepreßt werden, weil sonst die *Chremsel* zu trocken werden. Sie sollen auch im Mixer nicht zur homogenen Creme zerschlagen werden: Die Konstistenz muß körnig sein. Die Eier zerquirlen. Alles mischen.

Was das Backfett angeht, so nahmen die Juden hierfür meist Gänseschmalz. Anderes Geflügelschmalz tut es auch. Wollte man die *Chremsel* mit milchigen Speisen zusammen genießen, dann backte man sie in einem Pflanzenfett oder in geruchlosem Öl.

Rindertalg kommt wegen des zur Speise nicht harmonierenden Geschmacks und Duftes nicht in Frage; Butter – auch eingekochte – deshalb nicht, weil sie bei starker Hitze zu rasch braun wird. Bei schwacher Hitze jedoch würden sich die *Chremsel* zu sehr mit Fett vollsaugen, statt sofort eine knusprige Kruste zu bilden. Für Christen kommt statt Geflügelschmalz natürlich auch das vom Schwein in Frage. Die *Chremsel* werden im Fett halbschwimmend gebacken.

Das Fett so stark erhitzen, daß das Backgut sich fast unmittelbar bräunt. Mit dem Eßlöffel oder, wenn man die Küchlein etwas größer haben will, mit dem Suppenlöffel die Masse portionsweise in das heiße Fett gleiten lassen. Den Löffel immer wieder ins heiße Fett tauchen, damit die Masse nicht an ihm festklebt. Unbedingt eine Pfanne mit festem Boden und nicht eine aus dünnem Aluminium nehmen. Gußeisen ist für diesen Zweck ideal.

In einer genügend breiten Pfanne können Sie jeweils 5–6 *Chremsel* gleichzeitig backen. Wenn der Rand der Küchlein anfängt, sich zu bräunen, mit einer flachen Lochschaufel die Küchlein wenden. Die bisherige Oberseite gleichfalls goldbraun backen. Das Ganze dauert wenige Minuten.

Neben der Pfanne hat man über einem Topf mit heißem Wasser eine Porzellanplatte bereitgestellt und mit Papierservietten ausgelegt, die anhaftendes Backfett ein wenig absaugen.

Die fertigen *Chremsel* auf die heiß gehaltene Platte legen. Sofort servieren. Chremsel-Liebhaber haben oft weder Lust noch Geduld, bei Tisch zu warten, bis die Platte hereingetragen wird. Sie stellen sich in der Küche rund um die Köchin (oder den Koch) und essen die glühend heißen Küchlein, sobald sie aus dem Fett gefischt werden, direkt »aus der Hand«.

Vornehmer ist es natürlich, bei Tisch brav zu warten, bis die *Chremsel* hereingebracht werden. Sie sollten aber sehr rasch verzehrt werden, denn nur ganz frisch und heiß haben sie ihre unvergleichlich wohlschmeckende, mürbbrüchige Kruste. Nachher wird die Oberfläche weich. Die *Chremsel schmeck*en aber auch dann noch gut, und man kann sie auch kalt essen (falls – was wenig wahrscheinlich ist – bei Tisch welche übrigbleiben). Es ist aber nicht dasselbe ...

Überflüssig zu erwähnen, daß die *Chremsel* aus Kartoffeln, weil völlig mehlfrei, an den Pessachtagen besonders oft und gern als Brotersatz verzehrt werden. Mancherorts gelten sie auch als spezielles Festgericht für die acht Chanukka-Tage. Wenn man sie in früheren Zeiten das ganze Jahr über nicht so oft auftischte, wie sie es verdienen, so nur, weil das Kartoffelreiben von Hand eben mühsam und zeitraubend war.

Man aß die *Chremsel* aus Kartoffeln, genau wie jene aus Mazzemehl, als Beilage zur Suppe. Manche legten die *Chremsel* in die Bouillon oder in den roten *Barschtsch* – sie werden dann aber sofort weich und matschig und verlieren viel von ihrer Qualität. Besser ist es, man nimmt sie in die Hand und ißt sie wie ein Stück Brot zur Suppe.

Andere verzehrten die *Kartoffel-Chremsel,* genau wie den *Bulbenik,* zum saucenreichen Braten.

Manche bestrichen die an sich schon fetten, heißen *Chremsel* mit Gänseschmalz! Ich habe das mit eigenen Augen gesehen, und es kam mir geradezu pervers vor, ein Schmalzgebäck auch noch nachträglich mit zusätzlichem Schmalz anzureichern. Vielleicht schmeckt es aber trotzdem gut – ich habe es nicht gekostet.

Zu Pessach servierte man solche *Chremsel,* genau wie jene aus Mazzemehl, auch gern statt Weißbrot zu den verschiedenen kalten, herrlichen Vorspeisen der ostjüdischen Küche, unter anderem zu den berühmten *Eierzwiebeln* und *Gehackter Leber,* denen man oft noch Dillgurken und Rettiche in Scheiben beilegte.

Manche aßen diese *Chremsel* auch auf eher »westliche« Art mit gekochten Preiselbeeren oder mit Apfelkompott. Unter Umständen durfte es auch ein Kompott aus Dörrfrüchten sein, die damals, anders als heute, im Winter billiger waren als frisches Obst. Wichtig war nur, daß man für die Kombination mit Kartoffelchremsel das Kompott kochend heiß – und nicht, wie bei uns üblich, eiskalt – auf den Tisch brachte.

Andere knabberten frische heiße *Kartoffel-Chremsel*, genau wie jene mit Mazzemehl bereiteten, zu einem heißen Tee mit Zucker und Zitrone und womöglich auch Rum (der natürlich nur für Erwachsene in Frage kam), um den Fettgehalt der Speise wenigstens im Magen durch das warme Getränk und den Alkohol ein wenig zu parieren und zu paralysieren.

Gut zu wissen: Je mehr Eier, desto luftiger, leichter und knuspriger werden die *Chremsel*. Man kann aber notfalls die Eier bis auf null reduzieren: Die *Chremsel* werden dadurch feuchter und schwerer, schmecken aber dennoch gut.

Nur vor der mancherorts üblichen Beigabe gehackter roher Zwiebeln soll man sich hüten! Die Lauchgemüse, sonst hoch zu loben: Hier verderben sie alles!

Krapfenförmige Knyschy aus Hefe- oder Kartoffelteig

Bulbenik und *Kartoffel-Chremsel* leiten zu anderen Entremets mit Kartoffeln über. So zu einer Form der *Knyschy*, die, anders als in meiner eigenen alten Heimat, nicht aus dünnem Strudelteig, sondern aus einem ziemlich dicken Hefe- oder Kartoffelteig zubereitet wurden. Man könnte sie auch gebackene *Pirogen*, Krapfen oder Pastetchen nennen. Sie wurden auch von der nichtjüdischen Bevölkerung der Ukraine gern gegessen.

Hefeteig für Knyschy:

- 15 g frische Hefe
- 2 EL Zucker
- 3 ½ Tassen Mehl
- 1–2 TL Salz
- 2 Eier
- ¼ Tasse Speiseöl oder flüssige Butter
- 1 Tasse Milch oder Wasser

Hefe mit Zucker in wenig lauem Wasser auflösen und einen Vorteig anrühren. An warmer Stelle aufgehen lassen. Für jene, die es nicht wissen: Das bißchen der Hefe beigemischter Zucker dient nicht dazu, das Gebäck zu süßen, sondern die Hefegärung zu beschleunigen. Restliches Mehl und Salz vermischen und in den Vorteig hineinrühren.

In die Mitte der Mischung eine Mulde drücken und alle übrigen Bestandteile des Teiges gut miteinander zerschlagen und hineingießen. Auf bemehltem Blech den Teig kneten, bis er elastisch ist. Dann in die Schüssel zurücklegen, mit einem reinen Tuch zudecken und in der Wärme 2 Stunden stehen lassen. Der Teig sollte in dieser Zeit auf das Doppelte aufgehen.

Inzwischen bereitet man die Füllung vor (siehe diese und folgende Seite). Anschließend zupft man apfelgroße Stücke vom Teig, knetet sie schön kugelrund und wallt sie ½ cm dick aus. Auf jeden Kreis kommt 1 Eßlöffel von der Füllung. Den Rand der Kreise eventuell mit etwas Eiweiß bestreichen, damit die zu Halbmonden zusammengeklappten Rondelle gut zusammenkleben. Mit Abstand von 3 cm auf gefettetes Backblech legen. Noch einmal mit einem sauberen Tuch zudecken und in der Wärme aufgehen lassen. Diesmal genügt es, die *Knyschy* 1 Stunde stehen zu lassen.

Dann in einer knappen ½ Stunde goldbraun backen.

Kartoffelteig für Knyschy:
- 2 Tassen voll zerdrückter, gekochter Kartoffeln
- 1–2 Eier
- Salz
- so viel Mehl, daß ein knetbarer Teig entsteht

Alles zu einem geschmeidigen, gut knetbaren Teig verarbeiten, der – im Gegensatz zum Hefeteig – nicht lange zu ruhen braucht. Die nötige Mürbe und Weichheit erhält er von den Kartoffeln. Weiter vorgehen wie bei den Knyschy aus Hefeteig. Bei mittelstarker Hitze goldbraun backen.

Knyschyfüllung I (mit Fleisch und Pilzen)

Solche dickteigigen Knyschy können den Hauptgang einer Mahlzeit bilden oder eine Beilage zu Fleisch oder Gemüse. Sie können auch als Entremet doux gegessen werden. Im letzteren Fall haben sie natürlich eine süße Füllung.

Hier 3 beliebte Knyschyfüllungen:

- 1 Tasse gehackte Zwiebeln
- ¼ Tasse Fett, am bestem vom Geflügel
- 2 Tassen gekochte oder gebratene Fleischreste, es kann auch eine Mischung aus Rindfleisch und Geflügel sein
- 1 Tasse Pilze, kleingeschnitten
- 2 kleingehackte harte Eier
- Salz, Pfeffer

Die Zwiebeln werden im Fett angebraten, das Fleisch kleingehackt oder grob zermahlen. Alles gut miteinander vermischen.

Knyschyfüllung II (mit Quark, gesalzen)

- 1 Zwiebel, zerhackt
- 4 EL geschmolzene Butter
- 2 Eier
- 750 g Schnittquark (also krümliger Quark aus roher Sauermilch und nicht Cremequark!)
- etliche EL Paniermehl (Brösel) von Challe oder Zwieback
- 1 TL Kümmel
- Salz, Pfeffer

Die Zwiebeln kann man nach Belieben in der Butter anbraten oder roh lassen. Angebraten schmecken sie in diesem Fall besser. Die Eier zerquirlen.

Alles vermischen.

Sollte der Quark ein wenig feucht sein, was auch beim sogenannten krümligen Schnitt quark vorkommen kann, dann fügen Sie etwas mehr Krumen vom Zwieback oder von der Challe bei.

Knyschyfüllung III (mit Quark, gezuckert)

- kleine Handvoll Rosinen
- 2 Eier
- 750 g krümliger Schnittquark
- Prise Salz
- etliche EL Zucker
- Saft und abgeriebene Schale einer (unbehandelten) Zitrone
- etliche EL Brösel von Zwieback oder Challe

Rosinen waschen und entweder einige Stunden in kaltem Wasser einweichen oder kurze Zeit kochen lassen, so daß sie weich und gequollen sind.

Eier zerquirlen. Alle Bestandteile mischen. Sollte die Füllung etwas zu flüssig sein (was, wie bereits erwähnt, auch bei richtigem Schnittquark vorkommen kann), etwas mehr Brösel zugeben.

Gefüllte Blinsen als »Briefumschläge«

Da wir schon von Speisen mit Quarkfüllung sprechen, seien hier auch die verschiedenerlei Blinsen (dünne Eierkuchen) der Ostjuden erwähnt, unter denen es auch solche mit Quarkfüllung gibt.

Zunächst der Teig.

Blinsenteig:

auf je 1 Tasse Mehl:

- wenig Salz
- 4 Eier, zerquirlt
- 1 Tasse Milch oder Wasser
- wenig Öl oder Butter für die Backpfanne

Das gesiebte Mehl wird mit dem Salz zusammen zur Milch oder dem Wasser gemischt. So lange rühren, bis die Masse glatt und homogen ist.

Die gut zerquirlten Eier hineinmengen. Eine Weile stehen lassen, damit das Mehl Zeit hat, gut auszuquellen. Es wird sich bei diesem Mischungsverhältnis ein ziemlich dünnflüssiger Teig ergeben.

Eine flache, kleine, womöglich aber schwere Pfanne (am besten aus Gußeisen) wird auf dem Herd erhitzt. Dann fettet man sie mit einem sauberen kleinen Stückchen Stoff oder Seidenpapier ein, das man immer wieder in flüssige Butter oder in Öl taucht. Mehr Fett ist nicht nötig.

Sie heben jetzt die Pfanne vom Herd und verteilen mit einer kleineren Kompottkelle die Blinsenmasse gleichmäßig über den Pfannenboden.

Nun kommt die Pfanne auf den Herd zurück. Etwa 30 Sekunden backen lassen. Die *Blinse* ist fertig, wenn sie beginnt, am Rand bräunlich zu werden und sich ein bißchen hochzuwölben. Die Oberseite darf noch ein bißchen feucht, aber nicht mehr flüssig sein.

Die *Blinsen* werden zunächst nicht beidseitig, sondern nur auf der einen Seite gebacken. Man legt sie alle zusammen auf einem flachen Teller aufeinander, und zwar mit der blassen Seite nach unten, der gebackenen nach oben.

Nach jeder *Blinse* wird die Pfanne neu gefettet.

Zuletzt werden dann alle Blinsen gefüllt, jedoch nicht auf Wiener Art zu schmalen Würsten zusammengerollt. Vielmehr faltet man sie zu einer Art von dicken Briefumschlägen.

Das macht man so:

Auf die Mitte der *Blinse* kommt 1 Eßlöffel von der Füllung. Dann klappt man die Blinse zum Halbmond zusammen. Jetzt wird die gerundete Seite des Halbmondes gegen die Mittelfalte zurückgefaltet. Nun haben wir einen länglichen, in der Mitte der Füllung wegen angeschwollenen Streifen, dessen Breite einem Viertel des Kreisdurchmessers der *Blinse* entspricht. Jetzt werden die beiden Längsenden nach unten umgeklappt. Das Ganze sieht jetzt wie ein fast quadratischer, dick gefüllter Briefumschlag aus.

Diese Briefumschläge werden nun ratenweise in einer größeren Pfanne mit Platz für je 5–6 Stück in reichlich Öl, besser – wo die Füllung es der orthodoxen Köchin nicht verbietet – in Butter, in wenigen Minuten auf beiden Seiten gebräunt.

Sie verstehen jetzt, weshalb man die eine Seite der *Blinse* nicht schon vorher bräunte, sondern blaß ließ: Bei diesem zweiten Backgang würde sie sonst hart und ledrig. So aber bleibt sie schmelzend zart.

Auf vorgewärmter Platte sehr heiß servieren.

Und nun einige Füllungen:

Blinsenfüllung I (mit Quark, gezuckert)

2 Tassen Schnittquark
1 Ei
1 EL Butter oder Sauerrahm
1–3 EL Zucker
Prise Salz
nach Belieben: kleine Handvoll gewaschene und gequollene (evtl. aufgekochte) Rosinen
evtl. Sauerrahm zum Übergießen

Alles mischen. Sauerrahm nur beifügen, wenn die Masse nicht genügend geschmeidig ist.

Zu solchen *Blinsen* wird manchmal noch bei Tisch separat Sauerrahm gereicht, den man über die *Blinsen* träufelt.

Blinsenfüllung II (mit Früchten)

2 Tassen frische rohe Blaubeeren (Heidelbeeren) o.
2 Tassen grob geraffelte, mürbe, säuerliche Äpfel
1 Ei
½ Tasse Semmelbrösel oder, besser, Mischung aus Semmelbröseln und geriebenen Nüssen (oder Mandeln)
Zucker und Zimt nach Geschmack
evtl. Sauerrahm zum Überträufeln der fertigen Blinsen

Alles gut mischen. Die Menge der beigegebenen Krumen oder Nüsse von der Konsistenz der Füllung abhängig machen, die ihrerseits von der Fruchtsorte abhängt.

Blinsenfüllung III (mit Fleisch)

2 Tassen beliebiges gekochtes oder gebratenes Fleisch, auch gehackte Geflügelleber
1 Ei
1 EL Fett
1 zerhackte, im Fett angebratene Zwiebel
Salz und Pfeffer nur, wenn das Fleisch nicht bereits scharf gewürzt ist

Alles gut mischen.

Carciofi à la giudea (Artischocken »auf jüdisch«)

Nun noch ein paar Entremets (also Speisen, die sich zum separaten Zwischengang eignen), die bestimmt nicht autochthone und autonome ostjüdische Erfindungen sind, sondern auf die spanischen Juden zurückgehen. Ein Teil dieser Juden entkam aber während der Inquisition im 15. und 16. Jahrhundert nach dem Balkan, und dort haben sich die beiden an sich sehr unterschiedlichen Kochtraditionen teilweise vermischt. Rezepte, in denen Artischocken oder frische Blättchen der Pfefferminze vorkommen, hatte ich in den ersten Ausgaben meines vorwiegend osteuropäisch orientierten jüdischen Kochbuches trotzdem nicht präsentiert, weil sie nach meiner Meinung zu eindeutig den »westlichen« Stempel tragen: Artischocken gedeihen in nordslawischen Regionen schon aus klimatischen Gründen nicht. Und die Beigabe von Pfefferminze ist ursprünglich typisch für die arabische Küche, vor allem jene Nordafrikas. Ich wurde aber von so vielen Seiten um diese Rezepte gebeten, daß ich sie jetzt in die Neuausgabe aufnehme.

Die beiden Artischockenrezepte kennt man bei uns im allgemeinen unter italienischem Namen. Die *Carciofi à la giudea* bereitet man so:

Man verschafft sich Artischocken, die noch so jung und klein sind, daß man, die äußersten harten Blätter und die Blattspitzen ausgenommen, sie ganz verzehren kann. Hierfür muß auch das »Heu« (Staubgefäße) im Innern der Pflanze noch ganz weich und unreif sein. Da man so junge Artischocken nördlich der Alpen und westlich von Frankreich kaum bekommt, wird man als Einwohner deutschsprachiger Regionen *Carciofi à la giudea* wohl nur während des Urlaubs in Südeuropa zubereiten können, sofern man dann überhaupt Kochgelegenheit hat.

Die Stiele der Artischocken auf 5 cm kürzen. Die äußersten harten Blätter und die Blattspitzen entfernen.

Das »Heu« – wie gesagt – drinlassen.

Die Artischocken in gesalzenes Zitronenwasser einlegen, erstens, damit eventuelle Parasiten die Pflanzen verlassen, und zweitens, damit sich die Pflanzen mit dem Geschmack von Salz und Zitrone vollsaugen.

Herausnehmen. Gut abtropfen lassen. Salz und Pfeffer zwischen die Blätter reiben.

Olivenöl (etwa 5 cm tief) in einem entsprechend breiten und tiefen Kochtopf erhitzen, die Artischocken ratenweise kopfabwärts ins Öl gleiten lassen. Nach einer Weile umdrehen.

Sie öffnen sich wie Chrysanthemenblüten und sollen zuletzt goldbraun gebraten und knusprig sein.

Man serviert sie ganz heiß, wie alles Fettgebackene, und reicht Zitronenachtel und knuspriges Weißbrot dazu.

Carciofi à la romana (Artischocken »auf römisch«)

Diese zweite Artischocken-Spezialität nennt sich zwar nicht, wie die vorige, »jüdisch«, sondern »römisch«. Spaniolische Juden behaupten aber, sie hätten das Rezept seinerzeit aus Spanien nach Italien mitgebracht, genau wie das Rezept für die auch heute noch als »jüdisch« bezeichnete Variante. Und die reichliche Verwendung von Knoblauch und Pfefferminze weist auch tatsächlich auf jüdisch/arabischen und nicht auf italienischen Ursprung hin.

Die *Carciofi à la romana* setzen, genau wie jene *à la giudea,* sehr junge Pflanzen voraus, bei denen man einen Großteil der Blätter nicht nur auslutschen, sondern ganz aufessen kann, und bei denen auch das sogenannte »Heu« (Staubgefäße) in der Mitte noch genießbar ist und also nicht herausgekratzt und entfernt werden muß.

Wenn man – was häufig geschieht – die Speise als Vorgericht serviert, rechnet man im allgemeinen nur 1 Stück pro Person. Sonst 2–3 Stücke.

Sehr junge, zarte, fleischige Artischocken von den äußersten, harten Blättern, den harten Blattspitzen und ebenfalls harten Stielen befreien. Auch für die *Carciofi à la romana* braucht man also so junge Pflanzen, wie sie nur in den Anbaugebieten selbst erhältlich sind und nicht dort, wohin das delikate Gemüse exportiert wird.

In gesalzenes Zitronenwasser einlegen, genau wie für die *Carciofi à la giudea.* Eine Weile liegen lassen, damit, wie bereits erklärt, alle eventuellen Parasiten die Pflanze verlassen und die Artischocke sich mit Salz und Säure ein wenig vollsaugt.

Herausnehmen. Abtropfen lassen.

Eine Mischung zubereiten aus frischen (nur notfalls getrockneten) Pfefferminzblättern, etlichen mit dem Messerrücken unter Zugabe von wenig Salz zerdrückten Knoblauchzehen, Pfeffer, etwas Olivenöl und eventuell ein wenig Bröseln von Semmeln, Challe oder Zwieback. Alles zusammen fein hacken und gut mischen. Ein wenig stehen lassen, damit das (eventuell) beigefügte Paniermehl gut ausquillt.

Mit einem Löffelchen kleine Portionen der würzigen Mischung tief zwischen die Blätter schieben.

In einer breiten und nicht zu flachen Pfanne etwas Wasser oder Weißwein (eventuell eine Mischung aus beiden) und ½ Tasse Olivenöl erhitzen. Die Artischocken nebeneinander kopfabwärts in den Sud hineinlegen. So viel Wasser (oder Wasser mit Weißwein gemischt) nachfüllen, bis das Gemüse ganz davon überdeckt ist.

Auf kleiner Flamme im zugedeckten Topf garen lassen, was etwa eine knappe ½ Stunde erfordert. Nach halber Kochzeit die Artischocken umdrehen, damit auch ihre Böden von dem Sud gut durchtränkt werden.

Nach Belieben heiß oder kalt reichen. Weißbrot dazu servieren.

Wir sagten schon, daß Kombinationen mit Minze eher der arabisch/jüdischen Küche angehören. Manche solcher Speisen sind aber via Balkan auch bei den Ostjuden eingedrungen. So z. B. Erbschen mit Minze.

Junge Erbschen mit Minze

- 2 Tassen junge zarte Erbsen
- 1 EL Zucker
- wenig Wasser
- wenig Salz
- ½ Tasse frische gehackte oder
- 1–2 EL zerriebene getrocknete Pfefferminzblätter
- 2 EL frische Butter oder Olivenöl

Die Erbschen werden, vermischt mit allen Zutaten außer dem Öl oder der Butter in etwa 10 Min. weich gedämpft.

Das wenige Wasser abgießen oder, noch besser, in einigen Minuten noch ganz einkochen lassen. Die Erbschen mit der Butter oder dem Öl durchschütteln. Noch einmal kurz erhitzen, sofort servieren.

Nichts hindert, so zubereitete junge Erbschen zum Fleisch oder zu einem Omelette zu essen. Sie schmecken aber am besten als kleiner Zwischengang, für sich allein.

Mamaliga (Polenta) mit Quark oder Brinse

Bevor wir zu den Fleischgerichten übergehen, wollen wir noch zwei einfache Volksspeisen der Juden Ostgaliziens vorstellen, deren zweite, die »Geglaisste Mazze«, allerdings Mazze voraussetzt, die in diesem Falle nicht durch anderes Brot ersetzbar ist.

Die Bestandteile für »Mamaliga mit Quark« jedoch sind für Jud und Christ gleich leicht oder schwer beschaffbar: Geschroteten Mais bekommt man in Europa und den USA überall. Und ob man den richtigen, krümligen Schnittquark im Laden bekommt oder selber herstellen muß, hängt nicht davon ab, ob man eine koschere oder nichtkoschere Küche führt.

- 4 Tassen Wasser
- Salz, wenig Zucker
- 2 Tassen grober Maisgrieß
- einige EL frische Butter
- mindestens 250 g Schnittquark oder Brinse
- nach Belieben:
- Sauermilch oder Sauerrahm

Unter *Brinse* verstand man in Südostgalizien einen überaus aromatischen, quarkartigen, rahmweißen, krümligen Frischkäse, der aber nicht aus der Milch von Kühen, sondern aus der von Schafen hergestellt wurde und daher fetter und würziger war. Man stellte *Brinse* – im Gegensatz zum Schnittquark – nicht im eigenen Haushalt her, sondern kaufte sie entweder in einem Delikatessenladen oder bezog sie selber direkt aus Ungarn. Man bekam sie in kleinen Fäßchen geliefert. Wenn man die *Brinse* kühl lagerte, hielt sie sich einige Wochen lang frisch. Hernach begann sie, talgig zu »verkäsen«.

Für die *Mamaliga* wird das Wasser mit dem Salz und Zucker zusammen aufgekocht. Für die Menge des beizufügenden Zuckers gibt es keine genauen Vorschriften. Der Mais soll jedenfalls nachher nicht eigentlich süß schmecken. Das bißchen Zucker dient nur dazu, die leichte, dem Mais eigentümliche Süßkomponente ein wenig zu steigern.

Der Mais wird in einem feinen Strahl unter ständigem Rühren in das Wasser hineingeschüttet.

Der Mais soll aber wirklich, wie im Rezept vorgeschrieben, grob geschrotet und nicht so fein zermahlen sein, wie man ihn in Italien liebt. Der Brei soll angenehm körnig bleiben.

Hitze reduzieren. Kochtopf zudecken. Oft kontrollieren und umrühren, weil der Mais leicht am Topfboden ansetzt.

In Italien wird der Mais oft stundenlang gekocht. Ich habe nie begriffen, wozu das gut ist: Die geschroteten Körner sind nach etwa 20 Min. durchgegart und völlig ausgequollen.

Mancherorts mischte man die Butter unter den Mais, ehe man ihn auftischte. Andernorts stellte man kalte frische Butter auf den Tisch, von der sich jeder nahm, so viel er wollte.

Der Mais wird entweder im Kochtopf oder in einer heißgemachten tiefen Schüssel aufgetischt. Auf dem Tisch stehen Quark (Brinse), Sauerrahm und Sauermilch, letztere appetitlich in Wassergläsern zu Gallerte erstarrt. In breiten tiefen Schüsseln läßt man in Osteuropa die Milch nur einsäuern, wenn man sie nachher nicht zu trinken, sondern für die Herstellung von Quark zu verwenden gedenkt.

Ein jeder nimmt nun eine Portion von dem halbsteifen Brei auf seinen Teller. Wurde die Butter nicht in dem Brei miterhitzt, sondern auf den Tisch gestellt, so läßt ein jeder ein Stückchen von ihr über seinem Maisbrei zerlaufen.

Dann drückt man in den Brei eine Mulde, in die man Quark (Brinse) hineinfüllt, und gießt Sauerrahm darüber.

Die Sauermilch dagegen trinkt man aus den Wassergläsern, in denen sie eingesäuert wurde.

Das ist, vor allem im heißen Sommer, ein herrliches, bekömmliches kleines Abendbrot. Mit dem viel zu sauren cremigen »Westquark« soll man es aber gar nicht erst versuchen. Wer keinen Schnittquark bekommen kann und auch keine Lust und Geduld hat, ihn selber herzustellen, verzichtet besser auf diese osteuropäische Spezialität. Allenfalls kann man Schnittquark oder *Brinse* in diesem besonderen Fall durch Gervais-Quadrate oder durch griechischen Feta ersetzen.

»Geglaisste Mazze«

Eine zweite, ähnlich einfache und nahrhafte Volksspeise aßen die Juden während ihrer Pessachtage, aber auch nachher noch wochenlang, wenn ihnen Mazze übriggeblieben war. Mazze bekommt man zwar heute in Supermärkten um die Osterzeit. Dennoch ist es unwahrscheinlich, daß Nichtjuden sich eigens Mazze besorgen werden, um diese Spezialität der ostjüdischen Küche zuzubereiten. Hier das Rezept:

pro Person 1 Mazze
1 Ei
1 feinzerhackte Zwiebel
Salz
Schmalz zum Backen (es geht auch mit Öl, wird dann aber weniger schmackhaft)

Die Mazze wird mit kaltem Wasser kurz angefeuchtet und in kleinere Stücke zerbrochen. Dann vermischt man sie mit dem zerschlagenen Ei, der zerhackten Zwiebel, dem Salz.

Das Fett in einer breiten Pfanne mit festem Boden (am besten Gußeisen) erhitzen. Es soll etwa ½ cm hoch den Boden der Pfanne bedecken. Die Küchlein werden halbschwimmend gebacken.

Mit einem Eß- oder Suppenlöffel, den man immer wieder kalt anfeuchtet oder ins Öl taucht, um das Ankleben der Masse zu verhindern, sticht man nun Portionen von der Masse ab und läßt sie ins gut erhitzte Fett gleiten. Die Küchlein ein wenig flachdrücken. In einer genügend großen Pfanne kann man gewöhnlich 6–8 solcher Küchlein gleichzeitig backen. Man läßt sie auf jeder der beiden Seiten goldbraun werden, was nur wenige Minuten erfordert.

Vorher hat man eine breite Schüssel mit Papierservietten (zum Aufsaugen vom Backfett) ausgelegt und über einem Topf mit kochendem Wasser heiß gestellt. In diese Schüssel füllt man die fertige »Geglaisste Mazze«.

Man serviert sie zu einem Kompott aus Äpfeln oder Dörrobst. Geglaisste Mazze mit Kompott gilt als vollständiges Abendbrot.

Fleischgerichte

Es ist heute Mode, nur mageres Fleisch zu essen. Das mag diätetische Vorteile haben – kulinarisch hat es bestimmt seine Nachteile. Denn das zarteste, schmelzendste Fleisch gedeiht immer nur unmittelbar neben dem Fettansatz.

Und auch ein Suppentopf gerät nur dann vollkommen, wenn man ein stark »durchzogenes«, also fettes Stück Fleisch hineinlegt. Die ostjüdische Küche hat sich dieses Wissen durch keine Mode rauben und stören lassen. Sie bietet uns sogar für heiße Tage eine kalte, sehr fette Fleischspeise von besonderer Zartheit an:

Kaltes Fleisch in Gelee

1 Stück Rinds- oder Kalbsbrust, und zwar die sogenannte »Spitzbrust« (sie ist der fetteste Teil des Bruststücks)
Knochen
Zwiebel, Knoblauch
Salz, Pfefferkörner

Das Fleisch mit allen Zutaten in genügend Wasser langsam gar kochen. Zuletzt soll die Flüssigkeit das Fleisch nur noch knapp überdecken. Ist der Sud zu sehr eingekocht, dann etwas kochendes Wasser nachgießen: Das Fleisch muß nachher, in der Schüssel, unbedingt ganz von der Flüssigkeit überdeckt sein, weil alles, was herausragt, dunkel, trocken und unansehnlich wird.

Andererseits darf auch nicht zu viel Flüssigkeit dasein, weil sie sonst nicht zur erwünschten Gallerte erstarren würde. Hat man also die Wasserzugabe zu hoch bemessen, dann nimmt man zuletzt das Fleisch heraus und läßt die Flüssigkeit im aufgedeckten Topf bei starker Flamme rasch noch etwas einkochen. Durchsieben, Knochen entfernen.

Das fertige Fleisch in eine möglichst enge Schüssel mit ausreichend hohem Rand legen. Am besten in ein Glasgefäß, damit man die Speise auch von außen her sehen kann. Die Flüssigkeit darübersieben. Sie soll das Fleisch, wie gesagt, gerade knapp überdecken.

Kalt stellen. Die Flüssigkeit wird jetzt zu einer halb durchsichtigen, hellen Gallerte erstarrt sein. Man kann den Gelierprozeß noch dadurch zusätzlich absichern, indem man in der Brühe ein Stück Kalbsfuß mitkocht. Die Gallerte wird dadurch zwar steifer, zugleich aber weißlich und trübe. Sie verliert also an Schönheit.

Am nächsten Tag wird das Fleisch, das mit seinem breiten rahmweißen Fettrand sehr hübsch aussieht, in dicke, appetitliche Scheiben zerschnitten, mit Geleewürfeln verziert und zu einem Stück Eierzopf (*Challe*) verzehrt.

Einzige übliche Beilagen: mit Randen rot gefärbter Kren und Salzgurken.

Man reicht Eierzopf oder knuspriges Weißbrot dazu.

Kaltes Huhn in Gelee

1 Suppenhuhn, noch besser:
1 Brathuhn (also ein junges Tier)
übliches Suppensträußchen: 1 Karotte, 1 Stück
Sellerieknolle (fakultativ), 1 Zwiebel, Lauch,
Petersilie
Pfefferkörner, Pimentkörner (= Neugewürz),
Lorbeerblätter

Das Huhn in Portionsstücke zerteilen und auf übliche Weise weich kochen.

Diesmal bedarf es keiner Knochenzulage, denn das Huhn selbst enthält ja ausreichend Knochen, die Brühe wird also beim Erkalten, sofern sie nicht allzu reichlich bemessen wurde, in jedem Fall tadellos gelieren.

Für das Quantum der Brühe siehe Vorschriften unter dem Stichwort »Kaltes Fleisch in Gelee«.

Daraufhin die Stücke gleichmäßig in eine Schüssel hineinlegen, und zwar am besten in eine aus Glas, damit die Huhnteile auch von außen gesehen werden können.

Die durchgesiebte Brühe darübergießen.

Hat man eine Karotte mitgekocht, so kann man ihre dicken, runden Scheibchen in der Gallerte verteilen. Das sieht dekorativ aus, bringt aber kulinarisch nicht viel ein, da kalte gekochte Karotten nicht besonders gut schmecken.

Gut zu wissen: Bei dieser Zubereitung wird auch ein altes, fasriges Suppenhuhn plötzlich sehr genießbar, weil sich das kalte Fleisch mühelos quer zur Faser in ziemlich dünne und folglich leichter kaubare Scheiben schneiden läßt. Trotzdem schmeckt Huhn in Gallerte natürlich noch besser, wenn es aus einem zarten, jungen Geflügel hergestellt wird, das an sich zum Kochen zu schade wäre. Es ist dann aber, auf diese Weise zubereitet, eine regelrechte Delikatesse.

Beilagen: Wie beim »Kalten Fleisch in Gelee«, also mit Randen rot gefärbter Kren und Dillgurken. Man ißt auch zum gelierten Huhn, wie zum gelierten Rindfleisch, Eierzopf (*Challe*) oder frisches, knuspriges Weißbrot.

Ptschä

Man war in Osteuropa entweder sehr bemittelt oder erbarmenswert arm. Im ersten Fall aß man so üppig, daß beim Anblick solcher Menüs auch dem verwöhntesten »Westler« die Augen übergingen. Im zweiten Fall wurde oft regelrecht gehungert.

Das nachfolgende Gericht, *Ptschä,* habe ich bei meiner Großmutter kennengelernt, die als Tochter eines Großgrundbesitzers am Dnjestr aufwuchs (es gab nämlich seit 1870, also seit die Juden in Altösterreich überhaupt Adelsgüter erwerben durften, einzelne jüdische »Magnaten«). Bei ihr daheim – und folglich auch in ihrem eigenen Haushalt später in der Stadt – wurde *Ptschä* als kleine Vorspeise aufgetischt. Das mochte auf einem Landgut, wo die Männer – auch die Besitzer selbst – im Sommer schon um vier Uhr früh auf dem Pferd saßen und die Arbeit auf den Feldern überwachten, sinnvoll sein. Ich glaube aber, einem modernen Stadtbewohner kann man *Ptschä* nur als vollständiges Mittagsmahl empfehlen. Es ist ja auch eine Art »Eintopfgericht«. Für arme Leute war *Ptschä* aber auch in Osteuropa eine ganze Mahlzeit, zumal es sich, so gut es schmeckt, sehr billig stellt.

Was den Namen »Ptschä« angeht, so ist das überhaupt kein richtiges Wort, sondern die polnische Imitation des Nies-Lautes: Der Duft von *Ptschä* kitzelt nämlich in der Nase und verursacht Niesen. Das Wort wird auf polnische Art mit einem ganz vorn am Gaumen gebildeten, sehr weichen Zischlaut gesprochen.

Übrigens stammt die Speise mit Sicherheit nicht aus der slawischen Umgebung der ostgalizischen Juden, wird auch von den Polen und Ruthenen jener Gegend nicht gegessen. Dagegen gibt es solche Gerichte fast am ganzen Südrand Europas von Andalusien bis nach Griechenland. Eine ähnliche, mit Zitrone und zerschlagenem Ei abgezogene Suppe heißt in Griechenland Avgolemono, enthält allerdings nicht mit Knoblauch eingeriebene, im Ofen gedörrte Weißbrotscheibchen, sondern Reis. Und es schwimmen auch nicht Stücke vom Kalbsfuß in ihr herum wie im ostgalizischen *Ptschä*, sondern höchstens kleine Kügelchen aus Hackfleisch. Eine weitere Speise dieser Art aus Süditalien wird mit den billigsten, hautigen Bestandteilen vom Schaf oder mit den unbrauchbarsten Stücken vom Huhn zubereitet. Und die Knoblauchbrötchen kennen wir aus der Bouillabaisse, der berühmten Fischsuppe Marseilles. In allen diesen Fällen geht es darum, allerbilligste Elemente von Schlachtvieh, Geflügel oder Meergetier doch noch in etwas Köstliches zu verwandeln.

Hier das Rezept für das ostgalizische *Ptschä*:

2 Kalbsfüße, gut gereinigt, gespalten und in
6 Stücke gehackt
3 Zwiebeln, grob zerschnitten
mehrere Knoblauchzehen
Salz, Pfeffer, 1 knapper EL Zucker
2 EL Essig
2–3 gründlich zerquirlte Eier
als Einlage in die fertige Brühe: geröstete oder, noch besser und echter, im Ofen gedörrte, kleine Scheiben von Challe (Eierzopf) oder Pariser Weißbrot (Flûtes), mit Knoblauch kräftig eingerieben

Den Essig kann man von Anfang an mitkochen oder erst ganz zuletzt, mit den Eiern zusammen verquirlt, hineingeben. Die erstere Form ist sinnvoller, denn nur dann teilt sich der säuerliche Geschmack auch den Fleischstücken mit.

Alles übrige, die Eier und Brötchen ausgenommen, gut mit kaltem Wasser überdeckt in einem nicht zu kleinen Topf etwa 3 Stunden lang sachte kochen. Zuletzt muß das Fleisch ganz weich sein und von den Knochen fallen, die Zwiebeln müssen ganz zerkocht sein.

Dann das Fleisch herausnehmen und in hübsche, mundgerechte Streifen schneiden. Die Knochen wegwerfen. Die durchgesiebte Brühe wieder zu den Fleischstückchen geben. Nun die Eier sehr gründlich zerschlagen und zunächst nur den Essig (sofern man ihn nicht mit der Brühe mitgekocht hat) und einige Kellen voll Brühe beigeben. Gut rühren, damit die Eier nicht gerinnen. Jetzt erst diese Eimischung zur restlichen Brühe mit den Fleischstücken darin hineinschütten. Sofort auftischen.

Kleine Scheibchen Weißbrot werden im Backofen trocken und goldgelb geröstet. Toasten ist für diese Prozedur kein Ersatz, denn dann bleibt das Brot im Innern weich und läßt sich nicht gut mit Knoblauch einreiben. Es ist aber wichtig, daß man die Knoblauchzehen auf der harten, rauhen Oberfläche der Brotscheibchen fast wie auf einem Reibeisen abraspeln kann.

Die Schüssel mit den Knoblauchbrötchen wird auf den Tisch gestellt. Jeder legt 2–3 Scheibchen in seinen Suppenteller und füllt die Brühe samt den Fleischstückchen darüber. Während man sein *Ptschä* langsam und andächtig auslöffelt, beginnt es allmählich, zwar nicht eigentlich zu gerinnen, wohl aber zart und sacht zu stocken und dabei einen unvergleichlichen Wohlgeschmack zu entwickeln.

Eine talentlose Variante schreibt vor, in das *Ptschä* nicht rohe ganze Eier, sondern hartgekochtes, fein zerriebenes Eigelb hineinzumischen. Die Brühe stockt dann nicht und schmeckt auch langweiliger.

Kaltes Ptschä oder Cholodiez

Mancherorts in Osteuropa scheint man sich nicht klar darüber zu sein, was das Wort »Ptschä« bedeutet, daß es nämlich nur das Niesen ausdrückt, zu welchem der säuerlich-würzige Duft der Speise reizt, und also nichts zu tun hat mit der Frage, aus was für einem Fleisch »Ptschä« hergestellt wird.

So hat man die Benennung »Ptschä« auch auf eine andere ostjüdische Spezialität ausgedehnt und übertragen, die zwar ebenfalls weichgekochtes und kleingeschnittenes Fleisch vom Kalbsfuß enthält, im übrigen jedoch keineswegs zum Niesen reizt, da sie überhaupt keinen Duft ausströmt, weil das Fleisch hier eiskalt und die Brühe zur steifen Gallerte erstarrt ist und die Knoblauchbrötchen fehlen. Etwas halbwegs Ähnliches kennt die nichtjüdische Küche unter den Namen Preßkopf und Schwartenmagen, nur daß man diese beiden Speisen meist aus Schweinernem zubereitet und speziell dem Schwartenmagen mitunter noch Blut beifügt. Das alles kommt natürlich für die koschere Küche nicht in Frage. Außerdem pflegen diese zwei nichtjüdischen Spezialitäten in einen passenden Hautsack oder eben – wie schon der Name es kundgibt – in einen Magen eingefüllt zu sein, während das kalte Ptschä der Juden »barfuß«, also hüllenlos, in einer Glasschale kalt gestellt und serviert wird.

Daß aber das heiße und das kalte *Ptschä* ursprünglich identisch waren, erkennt man schon daran, daß man mancherorts auch der zum Auskühlen und Erstarren bestimmten Ptschä-Brühe die zerschlagenen Eier beifügt – ich frage mich nur: wozu? Bei der heißen Brühe erzielt man dadurch eine angenehm sämige Konsistenz, während kalte Kalbsfußbrühe unfehlbar zur steifen Gallerte erstarrt. Die Eizugabe hat dann nur zur Folge, daß die Speise ihre hübsche Halbdurchsichtigkeit einbüßt.

Übrigens nennt man diese Kaltspeise aus gekochten Kalbsfüßen speziell in Litauen mit Recht nicht *Ptschä*, sondern *Cholodiez,* was wörtlich Kühlspeise heißt. Dort kennen auch die Nichtjuden eine beliebte kalte Sommerspeise Namens *Cholodiez,* die aber alles andere als koscher ist. Sie enthält Schweinefleisch mit Sauerrahm.

Hier die jüdische Variante:

1 Kalbsfuß
1 Zwiebel
1 Knoblauchzehe
Lorbeerblätter und ganze Pfefferkörner
Salz, Prise Zucker
einige EL Zitronensaft oder milder Obstessig
2 harte Eier in Scheiben, evtl. Scheiben von Salzgurken

Der gespaltene, in Stücke zersägte, gut abgeschabte und gereinigte Kalbsfuß wird, bedeckt mit kaltem Salzwasser, aufgekocht, abgeschäumt und im zugedeckten Topf mit allen Gewürzen zusammen – aber natürlich ohne die harten Eier – 2–3 Stunden gekocht, bis das Fleisch so weich ist, daß es von den Knochen fällt. Brühe durchsieben. Knochen und Gewürze entfernen. Das Fleisch in mundgerechte Würfel schneiden. Nun füllt man in eine längliche Glasschüssel etwas Brühe und legt die Fleischwürfel und Eischeiben möglichst ein bißchen dekorativ hinein. Die Eischeiben ordnet man am besten den Seitenwänden entlang an. Dann kommt der Rest der Brühe darüber.

Kalt stellen. Man erhält eine steife Gallerte, die sturzfähig ist, nachdem die Form kurz in heißes Wasser gehalten wurde. Die Gallerte kann man beliebig mit Zitronenscheibchen und ganzen Petersiliezweiglein garnieren.

Variante: Wenn die Flüssigkeit nicht mehr kocht, fügt man ihr ein Gläschen Sherry bei. Ich habe aber diese Ergänzung nur in der amerikanisch-jüdischen Kochliteratur gefunden und vermute, daß der Brauch erst in den USA aufkam.

Man kann außer Eierscheiben auch kleine Scheiben von Salzgurken in die fertige Brühe legen. Der erstarrte *Cholodiez* sieht dann noch ansehnlicher aus.

Die bereits erwähnte Variation mit zerschlagenem Ei führen wir nicht auf, weil sie, wie gesagt, bei einer kalten Geleespeise zu sinnlos ist.

Man ißt den *Cholodiez* mit knusprigem Weißbrot und mit Kren, der mit Randen rosig gefärbt wurde. Sauergurken reicht man zu der Speise nur, wenn nicht schon welche der Speise selbst beigefügt wurden.

Überflüssig zu erwähnen, daß alle kalten Fleischspeisen besonders gern am Sabbat und an anderen Feiertagen aufgetischt wurden, weil man sie den Tag vorher herstellen konnte. Und ebenfalls überflüssig zu betonen, daß man solche eiskalten Gerichte besonders im heißen Sommer schätzte und nicht im Frost der kontinentalen Winter.

Ostjüdische Hackfleisch-Spezialitäten

Läßt man die Kochrezepte des slawischen Ostens – und also nicht nur die der Juden – in Gedanken Revue passieren, so stellt man mit Überraschung fest, daß sich nur wenige mit großen Stücken Schlachtfleisch darunter befinden. Dies fällt vor allem in der Ukraine auf, zu der das ehemalige Ostgalizien heute zählt. In diesen fruchtbaren Landstrichen wohnten eben keine Hirtenvölker, sondern Bauern. Von einem ständigen Überschuß an Schlachtfleisch, wie etwa bei den Ungarn in der Puszta, konnte da keine Rede sein. An Geflügel hingegen herrschte in Ostgalizien kein Mangel: Auf den abgeernteten, fruchtbaren Feldern nährte sich namentlich im Herbst das Federvieh fast von alleine. Hühner, Enten, Gänse liefen unbewacht auf den Stoppelfeldern herum. So kam auch der Arme von Zeit zu Zeit zu einer Hühnersuppe. Schlachtfleisch dagegen gab es im bäuerlichen Haushalt nur an Feiertagen.

Ähnlich den gleichfalls sehr kochbegabten und zugleich oft sehr armen Italienern und Chinesen verwenden daher auch die Ukrainer (= Ruthenen) und die ärmeren Juden jener Gegend nur wenig Schlachtfleisch, und mit Vorliebe hackten sie es fein und mischten es mit anderen Ingredienzen.

Wir in Mitteleuropa sind gewöhnt, Gerichte aus Hackfleisch als zweitrangig und als eine Form der Resteverwendung zu betrachten. Die ostjüdische Küche hat aber unter dem Einfluß ihrer Umgebung drei herrliche Spezialitäten mit Hackfleisch herausgebildet: die *polnischen Schnitzel* (sie haben mit Wiener Schnitzeln nichts zu tun und auch keine Ähnlichkeit), die *Srasy* (von polnisch »zraz« = Bissen) und die *Golombki*. Das Wort leitet sich ursprünglich von lateinisch columba (Taube) her und ist im Polnischen die Mehrzahl von Golombka (geschrieben »gołąbka«) = Täubchen.

Im Jiddischen nennt man die *Golombki* manchmal auch in Anlehnung an die ukrainische Form des Wortes Holoptsches. Es sind aber in Wirklichkeit keine Tauben, sondern eine besonders delikate Variante der Krautwickel.

Polnische Schnitzel und Srasy

Die *polnischen Schnitzel* und *Srasy* werden beide aus derselben Grundmasse zubereitet, und zwar aus Hackfleisch vom Rind. Sie geraten aber nur vollkommen, wenn man ein sehr gutes Stück Rindfleisch für sie verwendet, frei von Sehnen und groben Fasern.

Unerläßlich ist ferner, wenn das Gericht vollendet geraten soll, ein tüchtiges Stück rohes, das heißt nicht ausgelassenes Geflügelschmalz. Nichtjuden mögen es immerhin mit Schweinefett versuchen. Es hat als einziges aller tierischen und sonstigen Fette mit dem Geflügelschmalz wenigstens die mürb-weiche Konsistenz gemeinsam. Ich weiß, Geflügelschmalz, und obendrein noch rohes, ist bei uns im Westen nicht immer leicht aufzutreiben. Allenfalls kann man Gänseschmalz in Büchsen kaufen. Das ist dann aber natürlich »ausgelassen« und für unsere Zwecke nicht brauchbar. Versuchen Sie es also als Nichtjude mit einem tüchtigen Stück rohem Schweinefett. Bloß: Es wird dann bestimmt nicht mehr dasselbe sein.

Hier das Rezept:

Für 4 Personen:

das nicht ausgelassene Fett von mindestens einem Suppenhuhn; es kann auch ein entsprechendes Quantum von einer Gans oder Ente sein
500 g sehnenfreies, sehr gutes Rindfleisch
einige Knoblauchzehen
1 weiße Semmel oder 1 Scheibe Challe (Eierzopf), evtl. Zwieback
2–3 Eier
Salz, Pfeffer
Zum Panieren: Mehl oder Brösel (von Semmeln, Challe oder Zwieback)

Für die Sauce der Srasy (Schnitzel haben keine Sauce) einige Zwiebeln, etwas weiteres Geflügelfett oder, falls keines mehr vorhanden, etwas Öl zum Anbraten der Zwiebeln
evtl. einige Tomaten oder etwas Tomatenpüree (fakultativ!)
etwas Salz und Pfeffer für die Sauce

Aus dem Geflügelfett werden mit einem Messer möglichst viele häutchenfreie Bestandteile herausgeschabt. Der mit Häutchen durchzogene Rest wird in kleine Stückchen geschnitten und in einer breiten, schweren Pfanne langsam ausgelassen. Sollte das hierbei gewonnene Schmalz nicht zum Anbraten der Schnitzel oder Srasy ausreichen, dann nimmt man – falls genügend rohe Schmalzstücke vorhanden sind – noch einige von ihnen zum Auslassen dazu. Ist das Geflügelfett aber knapp, dann verwendet man es lieber für die Hackmasse und ergänzt das Bratfett mit etwas geruchlosem Öl.

Das Fleisch wird in kleinere Stücke zerschnitten und zusammen mit dem häutchenfreien rohen Geflügelfett, den Knoblauchzehen und der eingeweichten und wieder gut ausgedrückten Semmel ein- bis zweimal durch den Fleischwolf getrieben.

Der Masse werden jetzt die zerschlagenen Eier und etwas Pfeffer beigefügt. Salz nur, wenn es sich nicht um koscheres, das heißt zum Zwecke der restlosen Ausblutung bereits tüchtig vorgesalzenes Fleisch handelt.

Aus dem in der breiten Pfanne ausgelassenen Fett fischt man nun die Grieben heraus. Man kann sie mit der Hackmasse zusammen durch den Fleischwolf treiben oder als kleine schmackhafte Beilage neben die Schnitzel oder in die Sauce der *Srasy* legen.

Für jene, die es nicht wissen: Goldbraun herausgebratene Grieben schmecken auch ausgezeichnet mit etwas Salz zusammen zu einem Stück schwarzem Sauerteigbrot.

Das Fett in der Pfanne wird gut erhitzt.

Jetzt stellt man auf den Küchentisch neben die Hackfleischmasse zwei Schalen, die eine mit kaltem Wasser, die andere mit Mehl oder Paniermehl (Bröseln).

Mit einem immer wieder kalt angenäßten Eßlöffel werden von der Masse Portionen abgestochen, ins Paniermehl (oder auch in gewöhnliches Mehl) hineingelegt, mit trockenen Händen zu nicht zu dicken, ovalen Plätzchen geformt und im Fett langsam auf beiden Seiten gebräunt.

Jetzt wird auch klar, warum unbedingt rohes und nicht ausgelassenes Fett in die Schnitzel oder *Srasy* hineingehört: Ausgelassenes Schmalz würde bei der Erhitzung sofort ausfließen und die Schnitzel oder *Srasy* sehr trocken zurücklassen. Ebenso klar wird jetzt, weshalb die *polnischen Schnitzel* und die *Srasy* langsamer und auf kleinerer Flamme gebraten werden müssen als etwa ein Steak: Das zermahlene rohe Fett muß genügend Zeit bekommen, wenigstens partiell zu schmelzen, sich gleichmäßig auf die ganze Masse zu verteilen und sie zu durchtränken. Nur dann erlangt diese südostpolnische Spezialität der jüdischen Küche ihre schmelzende Zartheit.

Die Schnitzel sind fertig, wenn sie sich beim Anheben mit dem Bratschäufelchen nicht mehr biegen und bei leichtem Druck mit Finger oder Gabelrücken nicht mehr elastisch nachgeben. Die Kruste muß appetitlich goldbraun, aber nicht hart gebacken sein.

Bestand das Bratfett nur aus Geflügelschmalz, dann wird das Öl hernach über die fertigen Schnitzel geträufelt. – Zu Schnitzeln gibt man keine Sauce.

Die *Srasy* sind, wie gesagt, aus derselben Masse hergestellt. Damit die *Srasy* aber nachher in der Sauce schön ganz bleiben und nicht zerkrümeln, pflegt man sie nicht in Gestalt von Plätzchen, sondern von kleinen Kugeln (Größe eines kleinen Apfels) zu bereiten.

Diesmal bleibt aber das Bratfett, nachdem alle *Srasy* herausgehoben wurden, in der Pfanne, denn es dient als Grundlage für die Sauce.

In genügend Bratfett – wenn das Geflügelschmalz nicht ausreicht, muß es mit Öl ergänzt werden – die kleingeschnittenen Zwiebeln sachte dunkelgelb braten. Sie dürfen weder hart werden noch anbrennen. Mit etwas Wasser aufgießen. Mit Salz und Pfeffer würzen. Auf kleiner Flamme kochen lassen, bis die Zwiebeln fast »zergehen«. Nach Belieben die Sauce mit etlichen enthäuteten und entkernten Tomaten oder mit fertigem Tomatenpüree etwas »abrunden«.

Die *Srasy* wieder hineinlegen, zugedeckt in der Sauce gründlich durchhitzen.

Man serviert Schnitzel wie *Srasy* mit *Kascha,* Reis, zerquetschten Kartoffeln oder auch einfach mit knusprigem Weißbrot, dazu Kren und Dillgurken.

Gern bereitet man *Srasy,* wenn man zufällig noch etwas Gulyaschsauce vorrätig hat. In diesem Fall verzichtet man darauf, eine besondere Sauce zu bereiten und schmort die fertigen *Srasy* kurz in einem vorhandenen Saucenrest vom Gulyasch durch.

Nordpolnische Srasy mit Tomatensauce und Rosinen

Die südostpolnische *Srasy*-Variante, die wir eben kennenlernten, ist nach meiner Meinung mit Abstand die beste. Sie enthält auch keine zerhackten Zwiebeln, die – immer nach meiner Meinung – bei *Srasy* genauso wenig zu suchen haben wie bei den

Kartoffel-Chremseln, denen sie ebenfalls mancherorts beigemengt werden. Außerdem sind bei den nordpolnischen Varianten wieder einmal die Rosinen dabei, genau wie beim sogenannten »Polnischen Fisch« der ostjüdischen Küche. Ich kann mich nicht damit anfreunden. Trotzdem gebe ich nachstehend das Rezept:

1 kg Hackfleisch vom Rind, nicht zu mager
1 Ei
1 große feingehackte Zwiebel
einige EL Paniermehl (Semmelbrösel)
Salz, Pfeffer
einige EL Geflügelschmalz

Für die Sauce:
2 Tassen Tomatensaft, gewonnen aus frischen, kurz durchgekochten Tomaten oder aus verdünntem Tomatenpüree aus der Büchse
ganze Gewürznelken und Ingwerstückchen
Lorbeerblätter
einige EL milder Essig und etwas Zucker
nach Belieben: 1 kleine Handvoll Rosinen

Fleisch, Ei, Zwiebel, Paniermehl, Salz und Pfeffer gut miteinander vermischen. Kugeln von der Größe kleiner Äpfel formen, die man eventuell noch in Paniermehl oder Mehl wälzt – es muß aber nicht sein.

Man brät diese *Srasy* in einer flachen Pfanne in etwas Geflügelschmalz hellbraun.

Inzwischen bereitet man aus den angegebenen Bestandteilen die Sauce und läßt sie ein Weilchen bei kleiner Flamme kochen. Dann legt man die Fleischkugeln hinein und läßt sie bei schwacher Hitze darin durchziehen.

Zu solchen *Srasy* paßt am besten trockener Reis.

Für Polenreisende gut zu wissen: »Zraz«, gesprochen Sras, heißt im Polnischen wörtlich »auf einmal«, gemeint ist: »Das, was man auf einmal in den Mund nehmen kann«, also »ein Bissen«. Und unter Zraz, Mehrzahl Zrazy, versteht nur der Jude, nicht aber der Pole das hier geschilderte Gericht. Für den Polen sind »Zrazy« das, was der Zürcher »Geschnetzeltes« nennt.

Golombki

18 Krautblätter, am besten vom Wirsing

Für die Füllung:
500 g Hackfleisch
2 Zwiebeln
1 Apfel
evtl. 1 Tasse roher Reis
Salz, Pfeffer

Für die »Unterlage« der Golombki im Kochtopf:
½ Tasse Geflügelfett
3 Zwiebeln
1 kleine Schüssel feingehacktes Kraut
1 Apfel
etwas Salz, ein wenig Wasser
evtl. ein flaches Stück Rindfleisch
2 EL Zitronensaft oder 2 EL Essig
2 EL Bienenhonig
2 EL Zucker

Die sauber gewaschenen Krautblätter werden im Kochtopf mit kochendem Wasser übergossen und etwa ¼ Stunde lang gekocht, damit sie weich werden und man sie gut biegen und rollen kann.

Dann bereitet man die Füllung: Das rohe Hackfleisch, die zerhackten Zwiebeln, der feingeschnittene Apfel (falls Reis hineinkommen soll, dann natürlich auch der Reis), Salz und Pfeffer werden gut vermischt und die Masse auf die 18 Blätter so verteilt, daß beim Zurollen der Blätter die Blattrippe quer zur Rolle eine Mittellinie bildet. Man beginnt mit dem Zurollen natürlich vom Stielansatz her. Die äußeren Enden faltet man nach unten um. Falls Reis in der Füllung ist: Nur locker rollen, weil der rohe Reis aufquillt.

Die *Golombki* legt man in einem genügend großen dickwandigen Topf auf folgende Unterlage: ½ Tasse Fett, am besten Geflügelfett, notfalls Öl (Christen können Schweineschmalz nehmen), wird in den Topf geschüttet; die zerhackten Zwiebeln, das zerhackte Kraut und der zerhackte Apfel werden beigefügt, gesalzen und mit einer knappen Tasse Wasser zusammen aufgekocht. Das Stück flaches Rindfleisch – falls vorhanden – kommt auf diese Unterlage.

Auf dem Fleisch oder – falls kein Fleisch mitgekocht wird – direkt auf diesem Bett aus zerhackten Krautblättern, Zwiebeln und Äpfeln legt man die Krautwickel sorgfältig dicht nebeneinander. Mit Wasser knapp bedecken.

Gut zudecken und bei schwacher Hitze 1 Stunde lang sachte schmoren lassen.

Dann Zitronensaft (oder Essig), Honig und Zucker beifügen, wieder zudecken, mindestens eine weitere ½ Stunde kochen lassen, oder, wenn Fleisch mit dabei ist: so lange, bis das Fleisch weich ist. Eine längere Kochzeit schadet dem Gericht nicht. Im Gegenteil. Die *Golombki* schmecken am feinsten, wenn die Flüssigkeit ganz eingekocht ist und aus dem Kochtopf bereits ein leichter Karamelduft aufsteigt. Im Kochtopf auf den Tisch bringen. Knuspriges Weißbrot dazu reichen.

Von einem Juden aus Ungarn habe ich erfahren, daß man bei ihm zu Hause eine kleine Dose Tomatenpüree in der Sauce mitkocht. In diesem Falle tut man wohl gut daran, etwas weniger Zitronensaft oder Essig beizufügen.

Von einem Griechen habe ich ein ähnliches Rezept aus seiner Heimat erhalten, das zwar nicht der koscheren Küche entstammt, möglicherweise aber die südliche Urform der *Golombki* ist: Die kleinen Wickel werden nicht mit Kraut-, sondern mit Weinblättern zubereitet. Und in die Füllung gehört außer Hackfleisch und Zwiebeln unbedingt auch der bei den Ostjuden nur fakultative Reis. Die ganze fettreiche, dicke Unterlage im Topf fällt bei den Griechen weg. Die Wickel werden ohne Fettzugabe 1 Stunde in einem süßlichen oder auch herben Rotwein sachte gegart und, im Gegensatz zu den *Golombki,* kalt verzehrt.

Die Griechen nennen ihr Gericht aber nicht »Golombki« (Täubchen), sondern Dolmades. Das heißt soviel wie »Windeln«, und man serviert solche »Windeln« in Rotwein zu Weihnachten, weil an diesem Tage das Jesuskind geboren wurde.

Golombki oder Weinwickel vegetarisch

Übrigens kannten auch die Juden auf dem Balkan eine Variante der Golombki, die man, je nach Jahreszeit, entweder mit Wein- oder mit Krautblättern zubereitete. Es war dies aber eine vegetarische Speise, die man gern als kleines Abendbrot servierte:

8 große Weinblätter oder Blätter vom Krauskohl (Wirsing)
4 große zerhackte Zwiebeln
Butter oder Öl
1 Tasse roher Reis
1 kleine Handvoll gewaschene Rosinen
Salz, nach Belieben: etwas Pfeffer
ebenfalls nach Belieben: 1 EL gehackte Petersilie
etwas Wein

Für die Sauce:
Joghurt oder Sauerrahm

Die gewaschenen Wein- oder Krautblätter werden mit kochendem Wasser überbrüht und kurz gekocht, damit sie weich werden. Anschließend abtropfen lassen.

Für die Füllung werden die Zwiebeln im Fett glasig gebraten (man läßt sie aber nicht braun werden!) und dann mit den andern Bestandteilen (ausgenommen Sauerrahm, Joghurt, Wein und Petersilie) vermischt. Die Blätter werden nur schwach gefüllt, weil der rohe Reis beim Garwerden aufquillt. Je 1 Teelöffel der Füllung wird in die Blätter hineingewickelt, und zwar werden sie quer zum Blattstiel zugerollt. Man beginnt mit dem Zurollen vom Stielansatz her. Die Enden klappt man nach unten um. Dicht nebeneinander in den Topf legen, nach Belieben in schwach gesalzenem Wasser oder in herbem Rotwein etwa 30 Min. sachte kochen lassen. Nicht mehr Flüssigkeit beigeben, als nötig, um die Rouladen anfangs ganz zu bedecken; später darf die Flüssigkeit weitgehend eingekocht sein.

Manche decken den Topf zuletzt auf und überbacken die *Golombki* noch ein wenig im Ofen. Andere lassen sie erkalten und servieren sie übergossen mit Joghurt oder, noch besser, mit Sauerrahm.

Gefülltes Hälschen, gefüllte Kischke, gefüllte Milz

Man sollte meinen, daß wirtschaftlicher Aufschwung die Küche verbessert. Das ist nicht unbedingt der Fall. Man leistet sich dann bloß täglich das teuerste Fleisch, das nur kurze Bratzeit braucht, und vergißt ganz, was für herrliche Speisen sich aus den weniger »vornehmen« Bestandteilen eines Tieres herstellen lassen. Wer zum Beispiel weiß heute noch, was für leckere Spezialitäten man mit Hilfe der Haut eines Geflügelhalses, mit einem Stück Rindsdarm und sogar mit der heute so verachteten Milz hervorzaubern kann, die schon seit Jahren bei uns im verwöhnten Mitteleuropa nur noch als Hunde- und Katzenfutter verwendet wird?

Zunächst 2 Varianten für das Geflügelhälschen:

Füllung I mit Hackfleisch (Quantum für Gänsehals ausreichend)

4 EL Hackfleisch
1 kleine Zwiebel, feingehackt
1 Ei
1 EL Semmelbrösel (Paniermehl) oder Mazzemehl
Salz, Pfeffer

Füllung II mit Mehl (Grieß, Mazzebrösel) und Fett

3 EL Mehl
1 EL Mazzebrösel (Mazzemehl) oder
grober Weizengrieß
2 EL ganz klein geschnittenes, rohes Geflügelfett
1 Ei
Salz, Pfeffer

Das Hälschen wird innen gut gereinigt und mit der gut vermischten Füllung nicht zu straff gefüllt, nachdem man die eine Öffnung mit starkem weißen Faden zugenäht hat, jetzt auch die zweite Öffnung zunähen.

Man kann das Hälschen nach Belieben entweder von beiden Seiten in Geflügelfett schön bräunlich anbraten und dann neben den übrigen Geflügelstücken im Backofen unter häufigem Begießen gar und knusprig werden lassen.

Oder man legt das Hälschen nach dem Anbraten, ebenfalls zusammen mit den restlichen Geflügelstücken, in den Schmortopf mit Bratensauce. Dann wird das Hälschen nach einer guten Stunde zwar ebenfalls schön braun, aber nicht knusprig, sondern zart und weich.

Es gibt noch eine dritte Art der Zubereitung: Man kocht das gefüllte Hälschen, zusammen mit dem Suppenhuhn und sonstigen Suppenfleisch, in der Fleischbrühe weich.

Und schließlich kann man das Hälschen auch als Bestandteil eines *Tscholent* betrachten und über Nacht im Tscholenttopf langsam gar werden lassen.

Bevor man das fertige Hälschen in Portionen schneidet, muß man den Nähfaden herausziehen. Bitte dicke Scheiben schneiden, weil die Füllung desto stärker krümelt, je zarter und mürber sie ist!

Und glauben Sie ja nicht, Sie könnten bei der Mehl/Grieß/Fett-Füllung den Grieß durch eine sehr fein geschrotete Qualität anstelle der vorgeschriebenen grobschrotigen ersetzen! Die Füllung wird dann unangenehm klitschig statt krümlig und mürb! Können Sie keinen groben Weizengrieß bekommen, dann fügen Sie der Füllung lieber Brösel bei.

Außerdem sollten Sie wissen, daß Fleisch zwar teurer ist als eine Mischung bloß aus Fett und Grieß oder Bröseln plus Mehl, daß aber trotzdem die letztere Füllung viel verlockender duftet und auch besser schmeckt. Eine andere Frage ist, was von beiden bekömmlicher ist. Aber wie oft hat man schon die Gelegenheit, einen gefüllten Geflügelhals zu essen? Da spielen diätetische Gesichtspunkte doch kaum eine Rolle.

Die gleichen zwei Füllungen werden auch für *Gefüllte Kischke* verwendet. »Kischke« ist polnisch und heißt Darm. Für die hier geschilderte Spezialität kommen nur Rindsdärme in Frage.

Man schneidet einen gut gereinigten Rindsdarm in Stücke von etwa 10–15 cm. Das eine Ende mit starkem weißen Faden entweder abbinden oder zunähen. Nicht zu straff füllen, damit die *Kischke* beim Kochen und Schmoren nicht aufplatzt! Dann das andere Ende zunähen oder abbinden. In reichlich Fett sachte weich braten.

Noch besser ist es, die *Kischke* zunächst nur anzubraten und anschließend, zusammen mit einem saucenreichen Braten, in der Sauce gar zu schmoren.

Man kann die *Kischke* natürlich auch in einer Suppenbrühe kochen. Im Gegensatz zur Außenhaut (und folglich auch zum »Hälschen«) des Geflügels, die auch in gekochtem Zustand gut schmeckt, bleiben jedoch Rindsdärme beim Kochen gummös und kaum zerkaubar. Man tut daher gut daran, entweder ganz zu Beginn oder ganz am Ende des Garungsprozesses die *Kischke* doch noch in Fett kroß herauszubacken.

Probleme mit Gefüllter Milz

Dann wäre da noch die Gefüllte Milz. Hatten Sie schon je eine Milz in Händen? Sie ist langgestreckt und ziemlich flach. Außerdem ist sie innen labbrig wie eine zu weiche Blutwurst. Man kann sie nach verschiedenen Methoden füllen. Sie können den Metzger bitten, Ihnen in eine Rindsmilz eine Tasche hineinzuschneiden, ohne die Außenhaut zu verletzen. Wenn Sie sehr gut mit ihm stehen, erfüllt er Ihre Bitte, obwohl das mühsam ist und ihm wenig einbringt: Rindsmilz kostet ja fast nichts.

Sie können nun die Milz mit einer der für *Hälschen* und *Kischke* geschilderten Massen füllen und die Öffnung zunähen. In jedem Fall dürfen Sie die Milz nur sehr locker füllen, denn sie zieht sich beim Kochen oder Braten sehr zusammen. Sie können die aufgeschlitzte Milz auch mit der Innenseite nach außen stülpen und nun sehr vorsichtig (um die Außenhaut nicht zu verletzen) die labbrige Innenmasse mit einem scharfrandigen Löffel herauskratzen und das Herausgekratzte mit einer der beiden Füllungen vermischen.

Die Milz wieder mit der Außenseite nach außen stülpen, füllen und zunähen.

Haben Sie aber eine Milz vom Kalb und nicht vom ausgewachsenen Rind, dann muten Sie dem Metzger nicht zu, das flache, relativ kleine Gebilde zur Tasche aufzuschlitzen. Für das Füllen der Kalbsmilz gibt es vielmehr zwei andere Methoden: Sie beschaffen sich 2 Kalbsmilzen, nähen sie aufeinander, lassen aber eine Öffnung zum Hineinschieben der Füllmasse offen, die Sie nachher zunähen. Oder aber Sie begnügen sich mit einer einzigen Kalbsmilz, die Sie in der Mitte quer übereinanderklappen, so daß sich beim Zusammennähen der gefüllten Milz nicht mehr ein langgestrecktes, sondern ein fast kissenförmiges, kurzes Gebilde ergibt.

Speziell für Milz kannte die ostjüdische Küche auch noch zwei Füllungen mit Kartoffeln, die für *Hälschen* und *Kischke* nicht üblich waren:

Füllung I für Milz

- Geflügelgrieben (zerhackt)
- rohes Geflügelfett (feingehackt)
- 2–3 geriebene rohe Kartoffeln
- gehackte Zwiebeln
- zerquetschter Knoblauch
- Salz, Pfeffer
- wenig Mehl zum Binden der Masse

Füllung II für Milz

Dasselbe mit 2–3 zerquetschten gekochten Kartoffeln

Vor allem aber: Lassen Sie sich nicht einfallen, die gefüllte Milz zuerst anzubraten und dann erst fertig zu schmoren! Wenn man sie roh anbrät, wird sie nicht braun und knusprig, sondern verwandelt sich außen in eine Substanz, die jener eines Autoreifens gleicht und auch nicht wesentlich besser schmeckt. Übrigens verschwindet bei solcher Behandlung auch die Labbrigkeit des Milzinnern, auch dieses wird gummös, elastisch und kaum genießbar.

Die gefüllte Milz *muß unbedingt* zuerst einmal sehr lange in der Bouillon oder im Salzwasser kochen. Erst wenn sie ganz weich ist, kann man sie im Backofen oder in der offenen Pfanne noch hübsch braun braten.

Im übrigen: Ich persönlich mag auch noch so vollendet geratene *Gefüllte Milz* nicht sehr. Aber das mag jeder für sich selbst entscheiden. Wer über ein sehr schmales Haushaltsbudget verfügt, sollte das Rezept vielleicht doch einmal ausprobieren. Milz kostet ja fast nichts …

Tscholent und Kugel

Und nun zwei etwas massive Sabbatspeisen: *Tscholent* und *Kugel.* Über den Sinn dieser beiden Gerichte und über die Etymologie ihrer Namen haben wir uns bereits unterhalten, und auch darüber, weshalb es nicht »die Kugel«, sondern »der Kugel« heißt. Und wir wissen auch schon, daß die Bezeichnung »Kugel« auch auf Gerichte angewendet wird, die durchaus nicht rund, sondern auflaufartig sind (vgl. S. 30 f.).

Die Benennung »Tscholent« jedoch ist eindeutig: Es ist immer ein Gericht, das bereits am Freitag spätnachmittags in den vorgeheizten Ofen geschoben wird und so sachte schmort, daß es erst Sabbat zum Mittagessen richtig durchgegart ist.

Die Komposition der Speise muß demnach so beschaffen sein, daß dieses sehr lange, sachte Schmoren den Wohlgeschmack nicht mindert, sondern vielmehr steigert. Damit das Gericht nicht anbrennt, muß es also entweder viel Flüssigkeit oder aber sehr viel Fett enthalten. So viel wissen wir bereits von den Ostjuden, daß sie die letztere Möglichkeit der ersteren vorziehen.

Wir haben uns für unser Buch für die Schreibweise »Tscholent« entschieden, weil sie in den amerikanischen Kochbüchern üblich ist. Aber genau wie für die Komposition des *Tscholent,* gibt es auch für die Schreibweise seines Namens keine feste Regel. Hierzu der Witz:

»Tate (= Papa), wie schreibt man Tscholent?«
»Tscholent schreibt man nicht – Tscholent ißt man!«

Tscholent und *Kugel* sind also in jedem Fall sehr fette Eintopfgerichte. Sie können aus Gemüse, Früchten, Cerealien und Fleisch komponiert sein, mit oder ohne ein klein wenig aromatischer Suppenbrühe, je nachdem, wie weit die Flüssigkeit im Laufe der Nacht eingekocht ist. Sie können auch nach Belieben süß oder »scharf« sein …

Lassen wir den vieldeutigen *Kugel* einstweilen beiseite. Fragen wir uns: Wie geht man bei der Bereitung eines *Tscholent* vor? Oder genauer: Wie ging man dabei vor, solange es die modernen technischen Möglichkeiten im Haushalt noch nicht gab?

Man füllte die rohen Elemente der Speise in den gut gefetteten schweren, eigens für diesen Zweck geschaffenen Topf, zu dem natürlich auch ein schwerer, gut schließender Deckel gehörte. Dann goß man entweder selber das nötige Wasser zu oder überließ dies dem Fachmann, nämlich dem benachbarten Bäcker, der den ganzen Freitag hindurch alle möglichen leckeren Sabbatbäckereien hergestellt hatte und nun seinen ausgeräumten, aber noch heißen Ofen gern gegen ein kleines Entgelt für die Tscholenttöpfe der Nachbarn zur Verfügung stellte. Der Bäcker hatte in puncto *Tscholent* reiche Praxis. Ein Blick in den Topf genügte ihm, um zu beurteilen, wieviel Wasser nötig war.

Manche Juden waren allerdings so fromm, daß sie jeden unkontrollierten Eingriff in ihre Kochtöpfe verhindern wollten, auch den eines vielleicht ebenso frommen Bäckers. Sie gaben also das Wasser selber hinein und verklebten den Deckelrand mit einem Streifen Teig …

Der Leser schüttelt natürlich längst den Kopf. Selbst wenn er ein frommer Jude ist, wird er heute nur selten diese fetten, schweren Speisen zubereiten, obgleich man sie bei einiger Übung natürlich ganz gut auch im eigenen Gasherd, noch besser im elektrischen Backofen schmoren lassen kann. In größeren Judengemeinden der USA liefert der Fabrikant des Backofens unaufgefordert die genauen Instruktionen für die Herstellung eines *Tscholents* an alle seine jüdischen Kunden mit.

Bleibt nach wie vor die Frage: Was in aller Welt soll der Nichtjude mit Spezialitäten anfangen, deren Bereitungsart so ausdrücklich und eindeutig auf die mosaischen Ritualgesetze ausgerichtet ist und deren ungewöhnliche Schwere und Fetthaltigkeit den modernen Ernährungsgewohnheiten so völlig widersprechen?

Aber erstens ißt auch der fanatischste Tscholentliebhaber eine solche massive Sabbatspezialität doch höchstens einmal in der Woche, da bleibt genügend Raum im Küchenzettel für Kurzgekochtes und Leichtes.

Zweitens gibt es Substanzen, die in jedem Fall langes Kochen erfordern. Die Frage, ob hierbei ernährungsphysiologisch wertvolle Elemente zerstört werden, stellt sich dann gar nicht erst.

Und drittens braucht man kein frommer Jude zu sein, um den Wert eines Eintopfgerichtes zu erkennen, welches so lange Kochzeit fordert und erlaubt: Man muß ja den *Tscholent* nicht unbedingt die Nacht über kochen lassen. Man kann ihn zum Beispiel auch am frühen Morgen, ehe man für einen anstrengenden Tagesausflug das Haus verläßt, in den Backofen schieben. Kommt man am Abend müde, ausgehungert und vielleicht auch durchgefroren zurück, dann findet man eine herrliche, heiße und vollständige Mahlzeit vor.

Tatsächlich kenne ich einige ostjüdische Familien, welche solche langkochenden Sabbatspeisen nur noch in solchen Fällen (und also nicht mehr für den Sabbat) bereiten. Voraussetzung ist allerdings, daß man schon ein- oder zweimal ein solches Gericht gekocht hat, während man daheim war und den Schmorprozeß folglich selbst überwachen konnte. Denn amerikanisch-jüdische Kochbücher geben zwar die exakten Quantitäten und Hitzegrade an. Aber dem Anfänger können trotzdem Fehler unterlaufen. Zudem sind unsere europäischen Backöfen weniger genau genormt, und viele von uns haben an ihrem Herd auch keinen Wärmemesser.

Tscholent-Rezept

1 kg fettes Rindfleisch, am besten von der Brust
1 volle Tasse kleingeschnittene Zwiebeln
mindestens 2 EL Geflügelfett
1 Markbein
1 Kalbsfuß, gespalten und in Stücke gehackt
1 Tasse voll getrockneter Bohnenkerne,
die über Nacht eingeweicht wurden
1 Tasse voll großer Gerstenkörner
(sogenannte Kälberaugen)
Salz (Vorsicht bei koscherem, das heißt bereits
vorgesalzenem Fleisch!)
Pfeffer, beliebige passende Gewürze

Die Zwiebeln werden in dem sehr dickwandigen und festen Topf im Fett leicht angebräunt, das Fleisch und die Knochen anschließend hineingelegt. Die Bohnenkerne und Graupen werden rund um das Fleisch herum eingeordnet. Mit kochendem Wasser bedecken. Würzen.

Fest verschließen. Bei schwacher Hitze entweder in 3–4 Stunden garen oder, bei noch schwächerer Hitze, im Laufe der ganzen Nacht oder eines ganzen Tages langsam fertigkochen lassen.

Am vollkommensten ist ein *Tscholent,* bei dem die Flüssigkeit zuletzt ganz eingekocht, der Topfinhalt aber noch nicht angebrannt ist. Es ist aber kein Unglück, wenn zuletzt noch etwas Brühe im Topf verbleibt. Sie schmeckt sehr aromatisch. Bloß anbrennen darf die Speise auf keinen Fall!

Es gibt unendlich viele Variationen von *Tscholent.* Jeder Haushalt hatte seine eigenen Rezepte, jeder jüdischen Hausfrau stand es zudem frei, neue Kompositionen zu erfinden, zu erproben, an die nächste Generation weiterzureichen. Manche legten Karotten bei. Wieder andere zogen den verschiedenen Bohnensorten – Saubohnen, Limabohnen etc. – getrocknete gelbe oder grüne Erbsen oder, weiter südlich auf dem Balkan, Kichererbsen vor.

Es gab auch welche, die dem Fleisch einen großen Mehlkloß mit etwas Grieß und sehr viel rohem eingearbeiteten Geflügelfett beilegten. Über die Gründe, weshalb es unbedingt gehacktes rohes Fett und nicht ausgelassenes sein muß, siehe unter »Polnische Schnitzel«, S. 160 ff. In manche dieser Klöße gehörten, wie in die Riesenknödel der Tschechen, braun gedünstete Zwiebeln hinein. Andere Hausfrauen kneteten frische, mürbe Geflügelgrieben in die Masse.

Es hätte aber wenig Sinn, hier viele Rezepte für solche Riesenklöße aufzuführen: Sie unterscheiden sich nicht von jenen der altüberlieferten nichtjüdischen Küche, nur daß sie natürlich nichts vom Schwein enthalten durften. Zudem werden die wenigsten von uns heute Lust haben, den an sich schon schweren und fetten *Tscholent* – wenn sie schon einen herstellen – auch noch mit einem schweren, fetten Kloß anzureichern. Unter dem Stichwort »Kugel« bringen wir immerhin zwei solche Rezepte.

Wenn aber dem Fleisch im Topf ein solcher Riesenkloß beigelegt wurde, verzichtete man manchmal auf die üblichen Graupen und Bohnenkerne und ergänzte das Gericht statt dessen mit leicht honiggesüßtem Dörrobst (Birnen und Zwetschgen). Der süße Geschmack teilte sich dann natürlich auch den Fleischelementen im Topf mit. Mögen Sie das?

Ich persönlich finde: Bei gehacktem Fleisch, zum Beispiel dem kohlblattumwickelten der Golombki, geht das ganz gut. Mit süßem Fleisch am Stück jedoch kann ich mich nicht befreunden, obgleich ich weiß, daß auch die kulinarisch hochbegabten Südostasiaten dergleichen Kombinationen lieben. Also Vorsicht mit Gästen! Sie könnten – Nostalgiewelle hin oder her –, wenn sie mit den ostjüdischen Kochtraditionen nicht von Kind auf vertraut sind, mit Brechreiz reagieren. Schon den orientalischen, in muslimischen Ländern aufgewachsenen Juden ist eine leicht nach ostjüdischer Sitte angesüßte Fleisch- oder Fischspeise ein Greuel.

Übrigens gehen, was gesüßten Tscholent angeht, die Bezeichnungen wieder einmal durcheinander. Manche nennen ein gesüßtes Mischgericht dieser Art *Zimmes,* auch wenn es, dem Prinzip des *Tscholent* gemäß, von Freitag spätnachmittag bis Sabbat mittag im heißen Ofen stand und dadurch der Urbedeutung seines Namens voll entsprach. (Tscholent kommt ja, wie wir schon darlegten, von altfranzösisch chauld = warm.)

Kugel-Rezepte

Süß war übrigens oft auch der *Kugel,* der aber nur ausnahmsweise mit Fleisch zusammen zubereitet wurde und – wir sagten auch dies bereits – lange nicht immer kugelförmig war. Unter *Kugel* versteht die ostjüdische Küche neben etlichen Eintopfgerichten mit großem Kloß darin auch pasteten- oder auflaufartige Speisen, oft aus Nudeln, Äpfeln, Backobst und Eiern komponiert und im übrigen nicht weniger fett als *Tscholent* und *Zimmes*. Aber auch hier variierten die Benennungen von Ort zu Ort. In manchen Gegenden verwandelte sich der auflaufartige *Kugel* plötzlich in einen *Tscholent*, wenn er, wie es sich für den *Tscholent* gehört, die ganze Nacht hindurch im Backofen vor sich hin geschmort hatte und also nicht bloß, wie ein gewöhnlicher Nudelauflauf, in einer knappen Stunde gebacken wurde.

Wir geben aber zunächst ein Kugel-Rezept an, das seinem Namen Ehre macht und wirklich rund ist:

Polnischer Kugel, süß

500 g Mehl oder, besser, Mehl und Grieß gemischt. Ein Teil des Mehls kann auch durch eingeweichte und wieder ausgedrückte Semmeln oder anderes Weißbrot ersetzt werden

250 g feingehacktes rohes Fett, am besten vom Geflügel, es darf aber auch vom Kalb sein

2 Eier

Salz, Zucker nach Geschmack

Fett für den Topfboden

Warum es rohes und nicht ausgelassenes Fett sein muß, haben wir bereits mehrfach erklärt. Dieses Fett wird sehr fein zerhackt und alles zusammen – das Fett für den Topfboden ausgenommen – zu einem festen Teigknopf gemischt und geformt. Wenn nötig, noch ein klein wenig Wasser zugeben. Besser wird der *Kugel* natürlich, wenn man statt Wasser zusätzliche Eier nimmt.

Den Topfboden sehr gründlich einfetten. Den *Kugel* hineinlegen. Mit Wasser überdecken. Den Topf fest verschließen. 4–5 Stunden bei schwacher Hitze im Ofen lassen oder, bei noch stärker reduzierter Hitze, die ganze Nacht über bis zum Mittagessen.

In diesem letzteren Fall geht aber der Schlußakt der Prozedur verloren, durch den der *Kugel* erst seine Vollendung erreicht: Wirklich gut und wohlriechend wird der *Kugel* nämlich nur, wenn man ganz zuletzt den Topfdeckel von ihm entfernt und den *Kugel* bei wieder verstärkter Hitze noch ein wenig golden überbackt.

Herausstürzen. Mit gekochtem Dörrobst servieren.

Vielerorts wurde dieses Dörrobst gleich von Anfang an dem *Kugel* beigegeben und mit ihm zusammen im gleichen Topf gegart. Die Speise gewinnt dadurch erheblich, wird dann aber meist nicht mehr *Kugel*, sondern, wie gesagt, nunmehr plötzlich *Zimmes* benannt.

Scharfer Kugel

Die ostjüdische Küche kennt aber auch den »scharfen«, also ungesüßten *Kugel*. Es ist derselbe aus Mehl plus Grieß oder eingeweichtem und ausgedrücktem Weißbrot und sehr viel rohem Fett bestehende Kloß, dem man mitunter auch gebräunte, mürbe Grieben beifügt, nur eben, daß man den Zucker wegläßt. Dafür kann man der Masse, wie bereits erwähnt, braun geschmorte Zwiebeln beimischen. Der *Scharfe Kugel* wird gern zusammen mit gefülltem *Gänsehals*, gefüllter *Kischke*, gefüllter *Milz*, guter Knoblauchwurst und außerdem Erbsen oder Bohnenkernen gekocht. Das alles ist sehr schmackhaft, setzt aber einen sehr guten Magen voraus.

Lokschenkugel mit Aprikosen

Die feinere jüdische Küche kannte den *Kugel* nur in Form von Nudelauflauf, genannt *Lokschenkugel*, mit allerlei Obst und mit Eiern und Rosinen. Hier ein Beispiel:

250 g getrocknete Aprikosen oder getrocknetes Mischobst
250 g rohe Lokschen (breite Nudeln), Salzwasser
2 zerquirlte Eier
einige EL Zucker
Salz
1 große Prise Muskat
einige EL Butter oder ausgelassenes Geflügelschmalz

Das Trockenobst wird entweder über Nacht in kaltem Wasser eingeweicht oder kurze Zeit gekocht, danach kleingeschnitten.

Die Lokschen werden in etwa 15 Min. in Salzwasser weichgegart.

Alle Bestandteile – außer dem Kompottsaft – mit einem Teil des Fettes mischen. Mit dem restlichen Fett eine Kasserolle gründlich ausfetten. Die Masse hineinfüllen. In etwa 45 Min. lichtbraun backen. Als Nachspeise oder als kleines Abendbrot servieren.

Den Kompottsaft kann man den Kindern statt Tee als Getränk dazu anbieten.

Variante: Statt Backobst können auch gern 2 Tassen voll grob geraffelter oder fein geschnittener mürber Äpfel, dazu Zimtpulver, das Abgeriebene einer (unbehandelten) Zitronenschale, 1 Handvoll geriebene Mandeln oder Nüsse und 1 Handvoll gut gewaschener, ausgequollener Rosinen, verwendet werden.

Apfelkugel mit Honig

Da diese Kugelrezepte in der jüdischen Küche sehr alt sind, ist es klar, daß manche von ihnen noch mit dem einst weit billigeren Honig statt mit dem damals raren Zucker gesüßt sind. Hier ein solches altes Rezept:

Der Mürbteig:
200 g Butter oder sehr fein gehacktes Fett vom Geflügel oder Rind
1 Ei
etwas Zucker
Prise Salz
so viel Mehl, daß sich ein weicher, gut knetbarer Teig ergibt

Die Füllung:
6 Tassen kleingeschnittene oder grob geraffelte, mürbe, aromatische Äpfel (etwa Boskop)

½ Tasse Honig oder Melasse
tüchtige Prise Zimt
kleine Prise Muskat
mehrere EL geschmolzene Butter oder ausgelassenes Schmalz (vom Geflügel oder Rind)

Aus den angegebenen Bestandteilen wird ein weicher Teig geknetet und in drei Stücke geteilt, ein etwas größeres und zwei gleich große kleinere.

Eine schwere, dickwandige Kasserolle wird an Boden und Seitenwänden gründlich eingefettet. Die Teigstücke werden rund und dünn ausgewalzt; mit dem größeren kleidet man Boden und Seitenwände aus.

Die Bestandteile für die Füllung werden gut vermischt, und zwar *ohne* das Fett (von dem man einen Teil zum Ausfetten der Kasserolle verbraucht hat; den Rest behält man noch zurück).

Die Hälfte der Füllung jetzt auf den Teigboden in der Kasserolle verteilen. Darüber kommt eine der zwei kleineren Teigplatten; über diese die zweite Hälfte der Füllung; die dritte Teigplatte zuoberst als Abschluß. Sie wird gut niedergepreßt und mit heißer Butter (oder heißem Schmalz) beträufelt. Damit dieses Fett den *Kugel* schön durchtränkt, sticht man mehrmals mit einer langzinkigen Gabel oder einem spitzen langen Messer hinein.

Die Kasserolle zudecken, etwa 45 Min. im vorgewärmten Backofen backen. Dann die Kasserolle aufdecken und noch 10 Min. im Ofen überbräunen.

Manche bereiten diesen *Kugel* nicht mit drei, sondern mit vier Teigplatten. In diesem Fall nimmt man für den Teig 300 g Butter (oder Schmalz) und eventuell 1 Ei mehr oder noch 1–2 EL kaltes Wasser anstelle des zweiten Eies. Statt Ei oder Wasser kann man für den Teig auch 1–2 EL Rum nehmen. So viel Mehl, bis sich ein weicher Knetteig ergibt.

Ältestes Kugelrezept mit Fett und Honig

Teig:
3 Tassen Mehl
3 Eier
Salz
wenn nötig, etwas Wasser

Füllung:
2 Tassen rohes, feingehacktes Fett, am besten vom Geflügel, notfalls vom Rind
6 Tassen mürbe, saure feingeschnittene Äpfel, am besten Boskop
1 Handvoll gewaschene und gequollene Rosinen
etwa 1 Tasse Bienenhonig

Aus den angegebenen Bestandteilen einen Nudelteig kneten und auf bemehltem Tuch oder Teigbrett sehr dünn auswalzen, so wie für einen Strudel, zuletzt noch von Hand papierdünn »ausziehen«.

Die Oberfläche des Teiges wird, genau wie für einen Strudel, unter Aussparung der Ränder mit dem Fett belegt, dann mit den Äpfeln und Rosinen. Wenn man keine Zeit hat, die Rosinen einzuweichen, kurz auskochen, ehe man sie verwendet. Zuletzt wird der flüssig gemachte Honig über die Füllung geträufelt.

Den Teig zunächst wie für einen Strudel zu einer langen Wurst zusammenrollen, die man ihrerseits zu einer flachen Spirale (Schnecke) zusammendreht. Diese Spirale in eine gut gefettete, dickwandige, fest zugedeckte Kasserolle legen.

Die Kasserolle ihrerseits in ein Wasserbad stellen, notfalls auf dem Herd, besser aber in einem nicht allzu heißen Backrohr, in dem der *Kugel* von Freitagnachmittag bis Sabbatmittag langsam garen kann. Man kann ihn aber am Sabbat auch schon am Morgen aus dem Ofen holen und, heiß und fettriefend, zum Frühstück verzehren und ein Gläschen Schnaps oder ein Glas heißen Tee mit Rum und Zitrone dazu trinken.

Das ausgeflossene Fett des Strudels pflegten reiche Leute wegzuschütten, arme jedoch für Suppe und Gemüse zu verwenden.

Gemüse

Nach mitteleuropäischer Art wird Gemüse zunächst in wenig Wasser gar gedünstet und erst nachträglich mit einem Stück frischer Butter durchgeschwenkt. Der jüdische Osten kennt aber noch eine andere Art, Gemüse zu bereiten, die sich vor allem für Karotten gut bewährt: Das Gemüse wird in reichlich Fett, eventuell mit etwas Zucker oder Honig dazu, jedoch nur mit einem Minimum an Wasser, sachte gar geschmort. Auch feingehacktes Kraut wird übrigens in der ostjüdischen Küche kaum je anders zubereitet.

Solche fettdurchtränkten, gesüßten Karotten, denen oft noch andere Gemüse oder auch Dörrfrüchte beigelegt waren, garte man mitunter auch mit einem Stück fettem Rindfleisch zusammen. Dieses Mischgericht hieß dann *Zimmes*. Aber als *Zimmes* bezeichnete man auch schon die für sich allein süß und fett gegarten Karotten.

Zimmes aus Karotten

1 kg Karotten
1 knapper TL Salz
2 TL Zucker
1 EL Honig
1–2 EL Geflügelschmalz oder Butter

Die Karotten werden geschabt und in ziemlich dicke Rädchen zerschnitten, dann mit Fett, Salz, Zucker und Honig zusammen in den Topf gegeben und mit Wasser knapp überdeckt. Fest zudecken und etwa 1½ Stunden lang bei geringer Hitze köcheln lassen. Zuletzt soll die Flüssigkeit ganz eingekocht sein.

Die Karotten, fettdurchtränkt, feucht und weich, schmelzen auf der Zunge.

Natürlich darf man während des Kochens nicht in ihnen herumrühren: Sie würden zerfallen. Kontrollieren muß man den Inhalt allerdings, damit er nicht anbrennt und verdunstetes Wasser eventuell ersetzt werden kann. Man schüttelt hierbei den Topf ein wenig.

Zimmes als Eintopfgericht, mit Kugel

Manchmal ist aber – wir erwähnten es schon – der Zimmes mit Fleisch, einem Kloß und vielem anderen angereichert, so daß man ihn vom Tscholent nur noch durch die eventuell kürzere Kochzeit und vor allem durch die Beigabe von Honig und Zucker unterscheiden kann.
Hier zwei Beispiele:

1 kg Rindsbrust ohne Knochen
2 EL Schmalz (am besten vom Geflügel)
einige feste, rohe Kartoffeln
500 g Karotten
½ Tasse Honig oder Melasse
(es geht auch mit gebräuntem Zucker)
Zimt
Salz
nach Belieben für eine Einbrenne:
2 weitere EL Schmalz und 2 EL Mehl

Für den Kugel (er ist diesmal wirklich rund!):
½ Tasse rohes Fett vom Geflügel oder Rind, feingehackt
¾ Tasse entweder Mazzemehl (Mazzebrösel) oder Paniermehl (Semmelbrösel) oder eine Mischung aus grobem Weizengrieß und Mehl
2 Eier
etwas Salz
etwas warmes Wasser

Das Fleisch wird in Würfel wie für Gulyasch zerschnitten und entweder mit den 2 EL Fett im Topf ungebraten oder nur gekocht. Im letzteren Fall kann man sich diese 2 Eßlöffel Fett auch sparen oder aber sie dem Kochwasser beifügen.

In den Topf kommen zum Fleisch hinzu die in dicke Würfel oder Scheiben geschnittenen Kartoffeln und Karotten samt Honig und Gewürz.

Mit Wasser bedecken. Den Topf fest verschließen und volle 4 ½ Stunden bei schwacher Hitze kochen. Zuletzt den Deckel abheben. Die Flüssigkeit wird inzwischen fast ganz eingekocht sein.

Nach Belieben kann man die Speise jetzt noch im Ofen ½ Stunde überbacken. Dann muß aber Fett im Topf drin sein. Das ist schon an sich eine reichliche und eher schwere Mahlzeit, auch ohne einen im Topf mitgegarten Kloß. Will man aber dem *Zimmes* noch einen *Kugel* beifügen, so legt man diesen zuunterst in den Topf, und zwar am besten nicht direkt auf den Boden der Kasserolle, sondern auf einen Teller. Erst dann werden alle anderen Zutaten – Fleisch und Gemüse – um den *Kugel* herum gruppiert.

Für den *Kugel* mischt man die hierfür angegebenen Bestandteile zur homogenen Masse, gibt ihr so viel Wasser bei, als unbedingt nötig, damit der Teig geschmeidig genug ist, um einen runden Kloß aus ihm zu formen. Allzu weich darf der Teig nicht sein, sonst zerfällt der *Kugel* beim Kochen.

Ein *Zimmes* mit einem solchen Kloß wird *in jedem Fall* zuletzt noch im aufgedeckten Topf ein wenig überbacken: Der Kloß soll goldbraun sein.

Falls man diesen Zimmes mit einer Einbrenne aus Mehl und Schmalz zusammen zubereitet – was mir als reichlich überflüssig erscheint –, dann gibt man die Einbrenne zwar von allem Anfang an in die Kasserolle, berechnet aber, damit die Speise nicht anbrennt, die Wasserzugabe etwas reichlicher.

Übrigens wird ein solcher Kloß, sobald er einem *Zimmes* beigelegt ist, nicht immer »Kugel« genannt, sondern manchmal auch »Knajdl«, also Knödel, oder, mit einer ukrainischen Bezeichnung: »Halke«.

Zimmes mit Fleisch, Dörrpflaumen und Farfel

Karotten sind beim *Zimmes* häufig anzutreffen, da sie sich für eine solche süße und fette Bereitungsweise besonders gut eignen. Sie sind aber nicht obligatorisch. Fast ebenso beliebt war ein *Zimmes* mit Dörrobst. Hier ein Beispiel:

- ½–1 kg Rindsbrust ohne Knochen
- evtl. etwas Fett
- nach Belieben: 1 ganze Zwiebel (kann auch wegbleiben)
- 250 g Dörrpflaumen oder gemischtes Backobst
- 1 Tasse rohe Farfel (s. S. 116)
- Salz
- Muskat
- das Abgeriebene einer (unbehandelten) Zitronenschale
- Saft von 1 Zitrone
- einige EL Honig oder Melasse, notfalls brauner Zucker

Das Fleisch nach Belieben am Stück lassen oder in Würfel schneiden wie für Gulyasch. Ferner nach Belieben es zuerst einmal anbraten (dann muß natürlich Fett in den Topf) oder nur kochen. In diesem letzteren Fall muß man der Speise kein Fett beifügen. Ferner, ebenfalls nach Belieben, kann eine Zwiebel mitgekocht oder weggelassen werden.

Soll das Fleisch nicht braten, sondern nur sieden, dann kocht man es, mit Wasser überdeckt, zunächst einmal auf und schäumt die Brühe tüchtig ab, ehe man alle anderen Zutaten hineingibt.

Ob ungebraten oder nicht – das Fleisch wird mit kaltem Wasser überdeckt, die (eventuelle) Zwiebel beigefügt und im zugedeckten Topf etwa 2 Stunden gekocht. Falls eine Zwiebel mitgekocht wurde, wird sie anschließend aus der Brühe entfernt.

Die eine Nacht zuvor in kaltem Wasser eingeweichten Dörrfrüchte kommen jetzt mit den *Farfeln* und allen Gewürzen in den Topf. Eventuell etwas Wasser nachgießen: *Es muß den Topfinhalt knapp überdecken.*

Aufkochen. Zudecken. Hitze reduzieren. Sachte weiterkochen lassen. Von Zeit zu Zeit den Topf schütteln – aber auf keinen Fall den Inhalt umrühren! *Farfel* und Früchte sollen nicht zerfallen! Wenn nötig, von der Seite her sorgfältig etwas Wasser zugießen.

Zuletzt – nach etwa ½ Stunde – wird das Wasser weitgehend eingekocht sein. Man kann jetzt die Speise aufdecken und, wenn man will, im Ofen noch ein wenig überbräunen.

Variante: Statt *Farfel* kann man auch Reis zu den Dörrpflaumen geben. In diesem Fall bereitet man das Gericht aber meist vegetarisch und kocht es nur so lange und mit genau so viel Kompottsaft, daß der Reis zuletzt noch körnig – also nicht zerkocht – ist, die Flüssigkeit aber von den festen Bestandteilen vollständig aufgesogen wurde. Auf je 1 Tasse rohen Reis rechnet man für diesen Zweck je 1 Tasse Kompottsaft.

Dörrpflaumen mit ganzen Zwiebeln

Es wäre verwunderlich, wenn die Juden, die ihre Leidenschaft für die ägyptischen Lauchgemüse zum Ärger ihres Propheten Moses bereits in der Wüste Sinai bekundeten, nicht auch einen Zimmes mit Zwiebeln entwickelt hätten.

In der Tat gibt es einen:

- 500 g schöne große Dörrpflaumen
- 750 g Zwiebeln etwa von Pflaumengröße
- ein wenig Zucker
- einige EL Schmalz oder Butter
- etwas Wasser

Die Pflaumen über Nacht, mindestens aber 2 Stunden lang, in kaltem Wasser einweichen. In einem Topf mit dickem, festem Boden die unzerschnittenen Zwiebeln im Fett sachte ein wenig anbräunen. Sie dürfen aber nicht tiefbraun werden oder gar anbrennen. Eine helle Goldfarbe genügt.

Dann die Pflaumen hinzugeben, mit frischem kaltem Wasser bedecken, den Topfdeckel auflegen und das Mischgericht in etwa 25–35 Min. sachte weich kochen. Nicht umrühren! Früchte und Zwiebeln müssen schön ganz bleiben. Zuletzt soll noch ein klein wenig Flüssigkeit im Topf sein.

Ochsenzunge in süß-saurer Sauce

Eine ganze Anzahl der vorgeführten ostjüdischen Fleischgerichte sind süß-sauer abgeschmeckt. Ich bin nicht sicher, ob der mitteleuropäische Gaumen immer bereitwillig darauf eingehen wird. Eine Ausnahme könnten nach meiner Meinung die bereits vorher präsentierten Golombki sein, eine zweite Ausnahme vielleicht die süß-sauer zubereitete Ochsenzunge:

eine 1 ½–2 kg schwere frische –
also nicht geräucherte! – Ochsenzunge
1 EL Obstessig
einige ganze Gewürznelken und Pfefferkörner
Salz

Für die Sauce:
1 große, feingeschnittene Zwiebel
1 EL Schmalz (Rindstalg genügt)
2 Tassen vom Sud der Ochsenzunge
1 TL Salz
1 Stück Zimtrinde
Gewürznelken
einige EL Rosinen
gemahlene oder feingehackte Mandeln
etwas Melasse oder Honig, evtl. brauner Zucker
Saft von 1 Zitrone
nach Belieben: Mehl zum Stäuben

Zunächst die Zunge in einem tiefen Topf, zusammen mit den Gewürzen, gut mit Wasser bedeckt so lange kochen, bis sie gar ist. Man erkennt das daran, daß eine Gabel mühelos eindringt.

Nun läßt man die Zunge im Wasser ein wenig auskühlen, nimmt sie heraus, schält die Haut von ihr ab und entfernt die Fettfetzen am Zungenansatz.

Dann die Zunge in schöne, gleichmäßige Scheiben schneiden, und zwar schräg und in Querrichtung.

Diese Scheiben in folgender Sauce, die man vorher zubereitet, erhitzen:

Die zerhackte Zwiebel im Schmalz langsam und sacht bräunen. Sie darf nur dunkel goldfarben werden und muß noch weich sein. Wenn man will, bestäubt man sie hierauf mit etwas Mehl.

Jetzt 2 Tassen vom Sud der Zunge und alle restlichen Saucenelemente in den Topf geben. Die Sauce gut durchkochen, eventuell auch etwas einkochen.

Die Zungenscheiben auf eine heiße Platte legen. Das Zimtstück und die Gewürznelken aus der Sauce fischen und die heiße Flüssigkeit gleichmäßig über die Zungenscheiben verteilen.

Wurden in der Sauce Rosinen mitgekocht (sie müssen vorher gut gewaschen werden), dann bleiben sie natürlich in der Sauce und werden also nicht, wie die Zimt- und Nelkenstücke, aus ihr entfernt.

Variante: Man kann der Sauce zuletzt, wenn sie nicht mehr kocht, noch ein Gläschen Sherry oder Madeira beifügen.

Rindsbrust mit gesüßten Bohnenkernen

2 Tassen weiße Bohnenkerne (im Mittelalter
Dick- oder Saubohnen)
1 TL Natron (= Soda, Backpulver)
1 flaches Stück Rindsbrust
1 zerschnittene Zwiebel
1 TL Senf
1 knappe Tasse Honig oder Melasse
1 TL Salz

Ich kenne die Speise nur mit weißen Bohnenkernen. Da das Gericht jedoch von den deutschen Juden schon im Mittelalter gegessen wurde, die

Stangenbohnen aber aus Amerika stammen, muß man es vorher mit Dick- oder Saubohnen zubereitet haben.

Nur nebenbei sei hier für jene, die es nicht wissen, angemerkt: Diese sehr alte, schon in Mesopotamien und Ägypten nachgewiesene Dick- oder Saubohne trägt ihren Namen keineswegs, weil sie sich eher für Schweinefutter als für menschliche Nahrung eignet, sondern nur, weil ihre Stengel und Blätter dick und saftig genug sind für Schweinemast. Die Kerne der Saubohne dagegen sind überaus schmackhaft.

Die Bohnen, wie üblich, zusammen mit dem Natron über Nacht in kaltem Wasser einweichen. Das Wasser abgießen. Mit frischem Wasser in einem schweren irdenen oder gußeisernen Topf auf den Herd setzen.

Alle anderen Elemente der Speise – das Salz ausgenommen – hinzufügen, mit Wasser 6 Stunden lang im mäßig heißen Ofen oder auf dem Herd – dann aber auf Asbest oder auf *wirklich* minimaler Hitze! – köcheln lassen.

Salz erst zum Schluß beifügen, da – wie bereits mehrfach erklärt – Leguminosen sonst kaum weich zu kriegen sind.

Zuletzt wird die Flüssigkeit weitgehend eingekocht sein. Man kann dann die Speise, die sehr »altertümlich« und anheimelnd duftet, noch eine knappe Stunde im nicht zu heißen Ofen überbräunen.

Nach Erscheinen der Erstausgabe meiner Jüdischen Küche bekam ich zahlreiche Anfragen, weshalb ich kein einziges Rezept für Geflügelfüllungen präsentiere. Ich hatte es nicht getan, weil mir diese diversen, bei den Ostjuden üblichen Füllungsmassen kein Spezifikum der jüdischen Küche zu sein schienen – es sei denn, sie enthielten Mazzemehl (= Mazzekrümel) oder eingeweichte und wieder ausgedrückte Mazze, die aber ohne weiteres durch gewöhnliches Paniermehl und eingeweichte und wieder ausgedrückte Semmeln ersetzt werden können.

Für alle Fälle gebe ich hier 2 beliebte Füllungen der koscheren Küche an:

Füllung mit Pilzen für Gans

1–2 zerhackte Zwiebeln
einige EL Schmalz, am besten von der Gans
½ Tasse – oder auch mehr – frische zerschnittene Steinpilze (notfalls Zuchtchampignons)
1 Tasse kleingeschnittene Selleriestangen, zusammen mit dem kleingeschnittenen Grün
1 zerschnittene grüne Pfefferfrucht (Peperone)
1–2 in kleine Würfel geschnittene Karotten
6 Tassen Paniermehl vom Eierzopf (Challe) oder entsprechende Menge gut eingeweichter und wieder ausgedrückter Mazze
2 Eier, zerquirlt
Salz, gemahlener Ingwer, Paprika

Die Zwiebeln im Schmalz glasig braten, anschließend alle zerschnittenen Gemüse hinzufügen. Kurz mitbraten.

Alles übrige beifügen. Wenn nötig, die Masse mit ein wenig Flüssigkeit geschmeidiger machen.

Es kann kochendes Wasser sein oder Fleischbrühe oder – dies ist für die ostjüdische Küche am typischsten – etwas Saft vom Kompott beliebiger Früchte oder auch Orangensaft (ist aber nur in Amerika üblich).

Apfelfüllung für Gans, Puter, Ente

3 Tassen Paniermehl (Semmelbrösel) oder entsprechendes Quantum eingeweichter und wieder ausgedrückter Eierzopf
etwas Salz
1 Tasse saure, grob geraffelte oder feingeschnittene Äpfel (am besten Boskop)
je ½ Tasse Rosinen und gehackte Walnüsse oder Mandeln
½ Tasse Fleischbrühe oder beliebiger Kompottsaft, evtl. auch Saft roher Orangen (Orangensaft nur in Amerika üblich)
2 EL Honig, Melasse oder Zucker

Alle Bestandteile sehr gut mischen und vor dem Einfüllen eine Weile stehenlassen.

Hat man zuviel Füllmasse, dann formt man aus dem Rest mit kalt angenäßten Händen Kugeln von der Größe kleiner Äpfel, brät diese Kugeln aber *nicht* von Anfang an mit der Gans zusammen, sondern erst in der letzten ½ Stunde, wenn die Gans schon anfängt, sich schön zu bräunen.

Bratzeit für die Gans: je Pfund Gewicht 40 Min. Bei der Ente etwas kürzer.

Für einen Truthahn braucht man doppelt so viel Füllmasse.

Kartoffelfüllung für Huhn

2 Handvoll Dörrpflaumen
3 Tassen zerquetschte gekochte Kartoffeln
2 Eier
2 EL beliebiger Kompottsaft, evtl. auch Saft von 1 Zitrone oder 1 Orange (Orangensaft nur in Amerika üblich)
½ Tasse Paniermehl oder Mazzemehl (= Brösel von der Mazze)
Zimt, Muskat

Die Dörrpflaumen über Nacht kalt einweichen, am anderen Tag entkernen und zerschneiden. Alle Bestandteile mischen. Salz ist bei dem sehr alten Rezept nicht angegeben, ob aus Irrtum oder weil wirklich keines hinein soll, weiß ich nicht.

Das Ersetzen von Kompottsaft durch rohen Saft von Zitrusfrüchten ist sicher nur eine späte Variante der Speise. Wenn Zitronensaft, dann gehört aber ohne Zweifel auch etwas Zucker in die Füllmasse.

Saure Dillgurken (Salzgurken, echte)

Die beliebtesten Beilagen zu gekochtem Fleisch oder Fisch waren in der ostjüdischen Küche in Salzwasser gesäuerte Gurken, gewürzt vor allem mit Dill. Oder aber Kren (so wird der Meerrettich in Österreich genannt), rotgefärbt mit geriebenen, rohen Roten Beten (Roten Rüben, Randen).

Wir haben bereits in den einleitenden Kapiteln über die jüdische Küchengeschichte darüber berichtet, wie sehr das Wissen um echte Salzgurken – keine spezifisch jüdische, sondern eine slawische Küchenerfindung, die man früher auch in unseren Landstrichen kannte – bei uns verlorengegangen ist. Wir haben uns auch ausführlich darüber unterhalten, welche Begriffskonfusion wir dadurch anrichten, daß wir Gurken in einer milden Essiglösung irrtümlich als »Salzgurken« bezeichnen und den Begriff »Essiggurken« nur für solche in einer sehr konzentrierten Essig/Wassermischung reservieren. Und um wieviel bekömmlicher und wohlschmeckender die echten Salzgurken sind, die auf natürliche Weise – ohne Essigzusatz – sauer vergoren werden. Da nicht nur Ostjuden, sondern auch nichtjüdische Aussiedler aus Osteuropa und aus den östlichen Regionen Deutschlands solche Gurken kennen, lieben und in ihrer neuen, westlichen Heimat oft schmerzlich vermissen, geben wir hier die genaue Anleitung, wie man sie im eigenen Haushalt selber herstellen kann. Sie sind so gut und delikat, daß die Mühe wirklich lohnt. Hier das Rezept:

etwa fingerlange, feste Gurken
zerquetschte Knoblauchzehen (nach Geschmack)
beliebiges Gurkengewürz; obligatorisch sind Dill und Estragon; fakultativ: Lorbeerblätter, Weichselblätter etc.
Salzwasser, etwa so stark wie für eine gut gesalzene Fleischbrühe, also ca. 40–50 g je 1 l Wasser
Zur Absicherung des Gärprozesses: pro 1 Liter Einfüllmasse je 1 EL Molke (aus dem Reformladen) beimischen

Abwechselnd Gurken und Gewürze dicht in große Stein- oder Glaskrüge schichten. Mit dem Salzwasser übergießen. Achtgeben, daß das Wasser immer etwa 1 Handbreit über den Einlagen steht: *Was aus der Flüssigkeit herausragt, verdirbt unfehlbar und infiziert auch den restlichen Inhalt des Gefäßes!* Die Molke beigeben. Leicht, aber nicht luftdicht überdecken: Bei der Gärung entwickeln sich ja Gase! 14 Tage nicht zu kühl stehenlassen.

Bei der Säuregärung bedeckt sich die Flüssigkeit mit einer trübweißen Haut, die »Gurken-Laien« irrtümlich für Schimmel halten, obwohl von schimmelartigen, strahlenförmigen Kolonien keine Rede sein kann. Es sind denn auch nicht Schimmelpilze – und schon gar nicht lebensgefährliche! –, sondern der sogenannte »Kahm«, eine unerläßliche Voraussetzung und Begleiterscheinung der Säuregärung. Man nimmt ihn von Zeit zu Zeit ab, weil er sonst beim Absinken die Flüssigkeit eintrübt. Aber so schön glasklar, wie bei mit Essig eingelegten Gurken, ist die Lake der echten Salzgurken nie. Dies ist mit ein Grund, weshalb »Gurken-Laien« die ersteren manchmal vorziehen ...

Nach 14 Tagen kosten. Die Gurken sind fertig, wenn ihr Fleisch nicht mehr grünweiß und undurchsichtig ist, sondern matt olivengrün und halb durchsichtig wie altertümliches Butzenglas, und wenn sie anfangen, herrlich säuerlich zu duften und zu schmecken. Ihr Aroma ist unvergleichlich!

Die fertig durchgegorenen Gurken sollte man jetzt kühl stellen, damit der Säuerungsprozeß nunmehr gestoppt wird. Ganz unterbinden kann man ihn nicht: Bei gar zu tiefen Temperaturen verlieren die Gurken plötzlich ihren angenehm säuerlichen

Duft und Geschmack und beginnen, fade und faulig zu riechen. Man muß sich überhaupt darüber klar sein, daß solche »echten« Salzgurken ohne Essig in der sie umgebenden Flüssigkeit keine Konserve sind und folglich auch nicht endlos oder sehr lange halten. Nach ein paar Monaten beginnen sie, auch bei fachgemäßer Behandlung und Lagerung, ihre Qualität einzubüßen: Sie werden allmählich übersauer, weich und schwammig …

Sauersüße Fleischbeilagen

Wer die Rezepte der ostjüdischen Koscherküche aufmerksam studiert, merkt rasch, daß sehr oft auch der Hauptgang einer Mahlzeit – also nicht nur der Nachtisch – leicht angesüßt und manchmal auch leicht angesäuert ist, oder auch beides zugleich. Eine unübertreffliche Säurekomponente erzielte die ostgalizische Küche durch reichliche Verwendung von »Sauerrahm« (»Crème fraîche«), auf den fromme Juden aber bei Fleischgerichten verzichten müssen. Um so eifriger hielten sie nach anderen mildsauren Fleischbeilagen Ausschau, am liebsten nach solchen, die zugleich ein bißchen süß waren. Beliebt war für diesen Zweck schwach gesüßtes Kompott aus zerschnittenen oder pürierten säuerlichen Äpfeln oder aus Stachelbeeren. Auch eingekochte Preiselbeeren oder sauersüß eingelegte Zwetschgen wurden gern zum Fleisch oder zu anderen »scharfen« Speisen gegessen. Die eingelegten Zwetschgen waren kein Spezifikum der ostjüdischen Küche, aber als Beigabe vor allem zu heißem oder kaltem Siedfleisch allgemein üblich. Wir geben nachfolgend zwei Rezepte für sauersüße Zwetschgen, erstens, weil diese altmodische Art der Konservierung in Mitteleuropa fast in Vergessenheit geraten ist, und zweitens, weil solche Zwetschgen ein vollwertiger Ersatz für die heute fast unerschwinglichen Preiselbeeren sind, die früher so billig waren. Man kann Zwetschgen ganz oder halbiert sauersüß einlegen. Beide Methoden haben ihre Vor- und Nachteile.

Ganze sauersüße Zwetschgen

auf je 3 kg reife, aber feste Früchte (am besten die sogenannten »Welschen« oder »Fellenberger«, die festes Fleisch mit »fülligem« Aroma verbinden)
9 dl Weinessig
6 dl Rotwein
1 ½ kg Zucker
dazu, in einem Gazebeutelchen, passende Gewürze wie:
etliche Stangen Zimtrinde
je 1 TL Nelken, Pfeffer- und Pimentkörner
einige Lorbeerblätter
1 Stück Ingwer
1 Stück unbehandelte Zitronenschale

Den Sud gründlich kochen, damit er sich mit dem Aroma der Beitaten durchtränkt, ehe man das Gazebeutelchen mit den Gewürzen herausfischt und wegwirft.

Inzwischen die Zwetschgen mit einem sauberen Tuch abreiben und jede einzelne mit einer Gabel mehrfach einstechen, damit der Sud beim Kochen leichter eindringen kann.

Dann die Früchte in ein hochrandiges, säurebeständiges Gefäß legen, sie mit der leicht abgekühlten Flüssigkeit übergießen und leicht überdeckt bis zum nächsten Tag stehenlassen. Jetzt den Saft wieder abgießen, erneut aufkochen und, abermals ein wenig abgekühlt, ein zweites Mal über die Früchte schütten.

Am dritten Tag die Zwetschgen im Sud sehr sachte köcheln lassen, bis die Schalen anfangen, aufzuplatzen. Jetzt den Topf sofort vom Herd ziehen, die Früchte in nicht allzu große Steinguttöpfe oder Gläser (am besten solche mit Twist-off-Verschluß) verteilen, den Saft noch ein wenig sirupartig einkochen und, abermals ein bißchen ausgekühlt, über die Früchte verteilen. Die Flüssigkeit sollte das Einmachgut ganz überdecken. Notfalls ganz wenig kochendes Wasser dazugeben.

Auf diese Weise konserviert, halten sich sauersüße Zwetschgen jahrelang, ohne zu schimmeln.

Der Nachteil der Prozedur: Unter den unzerschnittenen Zwetschgen kann auch einmal eine wurmstichige sein; das Durchstechen der Früchte und die dreistufige Prozedur sind zeitschluckend; und obendrein nehmen die ganzen Früchte in den Gläsern viel Platz ein.

Hier ein Kurzverfahren mit halbierten Früchten:

Halbierte sauersüße Zwetschgen

auf je 3 kg reife, aromatische, feste Zwetschgen (am besten »Welsche« oder »Fellenberger«)
1 1/2 l Weinessig
750 g Zucker
Gewürze im Gazebeutelchen wie beim ersten Rezept
evtl. je 1 g Benzoesäure auf 1 kg Einmachmasse

Den Sud gründlich durchkochen, damit er sich mit dem Aroma der Gewürze volltränkt, ehe man sie wegwirft.

Inzwischen hat man die Früchte halbiert und entsteint. Man schüttet sie in kleinen Portionen in den kochenden Sud und zieht sie mit der Lochkelle sofort wieder heraus, sobald die Flüssigkeit wieder anfängt zu brodeln. Ja nicht länger darin lassen, weil sich sonst die Schalen ablösen und zusammenrollen! Man verteilt die Zwetschgen auf passende Gläser. Mit der Prozedur fortfahren, bis alle Früchte auf diese Weise »angekocht« sind. Zuletzt den Saft noch einmal aufkochen und auf die Gläser verteilen.

Der Nachteil: Bei diesem relativ zuckerarmen Kurzrezept können die Früchte nach ein paar Monaten Schimmel ansetzen. Wer voll dagegen abgesichert sein will, fügt der Einmachmasse eine »Konservierungshilfe« bei. Früher nahm man hierfür Salizylsäure. Diese ist aber z. B. in der Schweiz als Zutat für Lebensmittel seit Jahren verboten. Erlaubt ist statt dessen Benzoesäure, die man aber in der Schweiz auch nur in Apotheken und nicht in Drogerien bekommt. Sie ist, zumal in solchen Miniaturmengen, harmlos: Man braucht auf je 1 kg Einmachmasse (Flüssigkeit mit eingerechnet) 1 g Benzoesäure, die man von Anfang an im Sud mitkocht, damit sie sich gut auflöst.

Wer trotzdem solche chemische Einmachhilfe scheut, hält sich besser an das erste, arbeits- und platzaufwendigere Rezept mit den ganzen Zwetschgen.

Sauersüße Birnen und Pfirsiche

Nach der gleichen Methode kann man auch feste, aromatische Birnen sauersüß einlegen. Sie werden hierfür senkrecht geviertelt, geschält, von Kerngehäuse, Stiel und Blütenansatz befreit.

Auch Pfirsiche kann man auf diese einfache Weise in eine herrliche Fleischbeilage verwandeln. Man wählt eine gelbfleischige Sorte, die sich leicht vom Stein und der Haut ablösen läßt (ausprobieren, ehe man ein Riesenquantum für Einmachzwecke einkauft!). Dann portionenweise die halbierten oder ganzen Früchte in einem Minimum von Wasser kurz aufkochen, damit sie sich mühelos schälen lassen. Enthäuten, entsteinen, senkrecht in Viertel oder Sechstel zerteilen. Weiterverfahren wie bei den Zwetschgen. Pfirsiche haben den Zwetschgen gegenüber den Vorteil, daß sie nicht so schnell zu Brei zerfallen.

Gut zu wissen: Für jene, die nur altüberlieferte Rezepte der jüdischen Küche nachkochen wollen, sei vermerkt: Sauersüße Pfirsiche kennt weder das Koscherrepertoire der Ost- noch das der West- und Südjuden – aus dem einfachen Grunde, weil früher Preisel- und Stachelbeeren spottbillig waren; die Pfirsiche dagegen – und schon gar die gelbe Edelsorte! – fast unerschwinglich. Heute ist es umgekehrt. Zur Hochsaison bekommt man die schönsten gelben Pfirsiche billiger als Kartoffeln. Und sie passen genauso vollendet zu koscherem Siedfleisch oder zu Mazze- und Kartoffelchremseln wie die kostbaren Preiselbeeren.

Kren mit Roten Rüben (Roten Beten, Randen)

Ebenso beliebt wie die echten Dillgurken, aber nur als Beilage zu gekochtem Fleisch oder Fisch und nicht zum Butterbrot, war das, was die Ostjuden »Kren« nannten. Das Wort »Kren« heißt eigentlich nur »Meerrettich«, sagt also an sich über die Bereitungsweise nichts aus. Die Ostjuden verstanden aber unter »Kren« immer nur die scharfe, rosenrote Mischung aus Meerrettich und Roten Rüben, die bei ihnen etwa die gleiche Rolle spielte wie weiter westlich der Senf.

Hier das Rezept:
Meerrettich abschaben, fein raffeln. Da er mit seiner rezenten Schärfe noch in ganz anderem Ausmaß tränentreibend wirkt als Zwiebeln, besorgt man dieses Raffeln natürlich, wenn irgend möglich, nicht von Hand, sondern mit einer elektrischen Küchenmaschine.

Die Roten Beten schälen und ebenfalls fein raffeln. Sie müssen aber unbedingt roh sein. Das muß man schon betonen, denn vielerorts bekommt man sie in Mitteleuropa im Supermarkt nur abgekocht.

Auf je 1 Tasse voll geriebenen Meerrettich
kommt jeweils ½ Tasse voll geriebene
Rote Rüben.
Beides mischen. Mit sehr wenig Salz,
etwas Zucker und Essig abschmecken.

Lassen Sie sich ja nicht einfallen, statt Essig den an sich bekömmlicheren Zitronensaft zu wählen! Es sei denn, Sie wollen den gesamten Kren auf der Stelle aufessen. Speisen mit rohem Zitronensaft beginnen nämlich schon am nächsten Tag zu schimmeln. Das gilt auch für Mayonnaise mit Zitronensaft. Vielerorts bereitet man aber den Kren gleich für viele Tage. Das ist nicht nur zeitsparend, sondern auch deshalb sinnvoll, weil der Kren am ersten Tag ungemein scharf schmeckt. Kinder mögen ihn frühestens nach 24 Stunden.

Es war, wie gesagt, nicht üblich, den Kren zu schwarzem Sauerteigbrot mit Butter zu essen wie die Dillgurken. Er war nur einfach der Senf Osteuropas.

Hatte man aber Hunger und mußte man bei Tisch lange auf das nächste Gericht warten, dann kam es schon einmal vor, daß man ein Stück sehr frische, knusprige *Challe* mit etwas Kren dazu verzehrte. Das schmeckt ausgezeichnet.

Gebäck, Konfekt, Torten

Challes, Berches oder Eierzopf

Am Sabbat und an Feiertagen gehört auf die jüdische Festtafel ein feines Weißbrot, zum Zopf geflochten oder (ausnahmsweise) in einer runden Tortenform gebacken und aus lauter faustgroßen Kugeln zusammengesetzt, so daß es wie ein Kopfsteinpflaster aussieht. Über die sprachliche und religionshistorische Herkunft der meist zopfförmigen, jüdischen Sabbatbrote haben wir bereits in der Einleitung gehört (S. 35 ff.). Man nannte das Gebäck oft auch einfach Eierzopf, weil der Teig von den vielen, in ihn hineingearbeiteten Eiern gelblich aussieht.

Vom nichtjüdischen »Züpfbrot«, das auch die Berner Bauern vorzüglich backen, unterscheiden sich die jüdischen Eierzöpfe dadurch, daß man ihnen meist keine Milch und keine Butter beifügt, sondern nur Speiseöl, damit man sie sowohl zu »milchigen« wie zu »fleischigen« Mahlzeiten genießen kann. Außerdem bestreuen die Juden ihre festlichen Zopfbrote nach jahrhundertealter Sitte mit Mohnsamen. Damit dieser gut haftet, wird das Gebäck zuvor sehr gründlich mit Ei bestrichen.

Auch gute Hausfrauen scheuen heute oft davor zurück, Hefegebäck selber herzustellen. Selbstgebackene Eierzöpfe nach dem altjüdischen Rezept schmecken aber so lecker, daß wir hier trotzdem das Rezept angeben:

- 1 Päckchen Trockenhefe oder 15–20 g Frischhefe
- 2 TL Zucker (zum Anrühren der Hefe)
- 1 ¼ Tassen lauwarmes Wasser
- gut 4 Tassen Weißmehl
- 2 Eier
- knapp 2 TL Salz
- 2 EL Speiseöl
- zusätzlich etwas Öl zum Bestreichen der Teigkugel
- 1 Ei oder 1 Eigelb zum Bestreichen
- 4 EL Mohnsamen

Die Hefe, der Zucker und eine ¼ Tasse laues Wasser werden miteinander vermengt und 5 Min. stehengelassen.

Das Mehl sieben. Die Eier zerquirlen. Sämtliche für den Eierzopf nötigen Elemente mit der angerührten Hefe zusammen zu einem weichen, elastischen Teig kneten. Den Teig zur Kugel formen. Diese Teigkugel in eine Schüssel legen und mit Öl bepinseln, damit sie außen nicht austrocknet.

Zudecken und in der Wärme etwa 1 Stunde aufgehen lassen. Dann den Teig in so viele Teile zerschneiden als man aus ihm Zopfstränge oder Kugeln zu formen gedenkt. Sind Kugeln in einer runden Tortenform geplant, dann formt man diese etwa in der Größe kleiner Äpfel und ordnet sie mit geringen Abständen voneinander in die runde, gut ausgefettete Tortenform ein. Wenn der Teig zum dritten Mal, diesmal in der Backform, aufgegangen ist, müssen die Kugeln einander berühren und einen einheitlichen Kuchen mit der Oberfläche eines Kopfsteinpflasters bilden.

Für ein Zopfbrot dagegen braucht man lange, dünne Stränge. Wie viele? Nun – es gibt Künstlerinnen, die mit Affengeschwindigkeit aus überaus zahlreichen, sehr dünnen Strängen einen Zopf

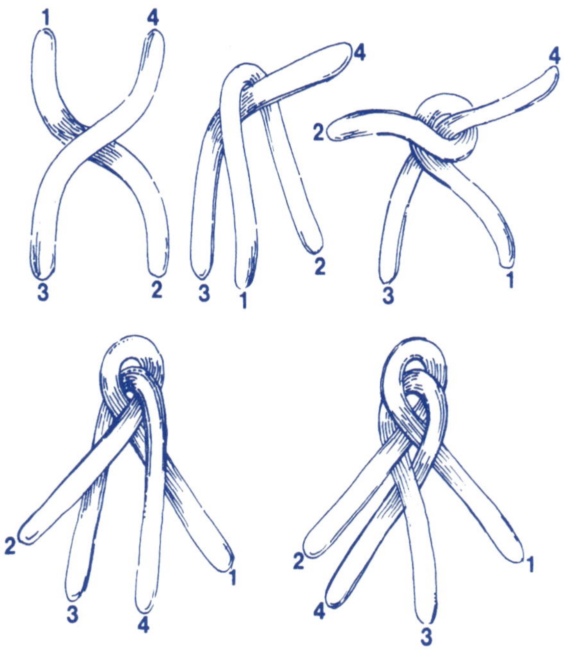

Flechten eines vierstrangigen Zopfbrotes

flechten, der an ein irisches Ornament der Völkerwanderungszeit erinnert. Manche legen über diesen breiten, komplizierten Zopf noch einen zweiten, schmaleren, aus weniger zahlreichen Strängen.

Das muß aber nicht sein. Nur eines kommt *nicht* in Frage: ein dreisträhniger Zopf, wie wir ihn für unser Haar verwenden. Denn das ergibt eine zu unruhig gebuckelte Oberfläche. Mindestens 4 Stränge müssen es also sein, oder genauer: 2 sehr lange Stränge, die in der Mitte wie eine Haarnadel umgeknickt werden. Hier die genaue Anweisung, wie man einen solchen vierteiligen Zopf zusammenflicht:

Bei diesem Geflecht ergeben sich, wie Sie der Skizze entnehmen können, nur auf der einen Seite »lose Enden«. Diese werden mit einem spitzen Hölzchen oder kleinen spitzen Messer fest aufeinander zusammengeheftet.

Auf dem geölten Backblech die *Challes* wieder mit einem Tuch zudecken und in der Wärme nochmals ruhen lassen, bis sie zur doppelten Höhe aufgegangen sind. Dann mit Ei oder Eigelb bepinseln und dicht mit Mohnsamen überstreuen.

Im vorgewärmten Ofen etwa 45 Min. backen. Die *Challes* müssen schön goldbraun und gut durchgebacken sein.

Für besonders festliche Anlässe wurde der Teig auch mit einer Handvoll gewaschener und gequollener Rosinen durchsetzt. War man sicher, daß man das Gebäck nicht zu einer »fleischigen« Mahlzeit genießen werde, dann nahm man manchmal statt Öl weiche frische Butter und statt Wasser Milch für den Teig. Dieser Butterteig wird natürlich noch zarter, wenn der Milchanteil durch weitere Butter ersetzt wird.

Zimtkuchen mit Rosinen

Aus solchem mit Butter angereichertem Hefeteig mit Milch backte man für Sabbat und Festtage auch zwei gute Varianten von Zimtkuchen. Man bereitet nach den obigen Angaben einen Hefeteig mit Milch und Butter, den man aber nicht zweimal, sondern nur einmal in der Schüssel aufgehen läßt.

Dann den Teig halbieren; das für den Eierzopf nötige Quantum genügt nämlich für 2 Kuchen, die gleichzeitig im Ofen gebacken werden können.

Jede Hälfte in 3 Stücke teilen, 2 Kastenformen gründlich mit Butter einfetten. Das erste Teigstück so einlegen, daß es den Boden gleichmäßig bedeckt. Hierfür muß man es entsprechend dehnen oder auswalzen. Nun die Oberfläche dieses Teigteils stark mit geschmolzener Butter bestreichen, Zimt, Zucker, Rosinen (gewaschene und eingeweichte oder durch kurzes Kochen gequollene) darüberstreuen und, wenn man will, auch gescheibelte Mandeln.

Jetzt das zweite Teigstück darüberlegen und genau so behandeln wie das erste.

Der dritte und letzte Teil wird ebenfalls mit Butter bepinselt und mit Zimt und Zucker bestreut. Rosinen und Mandeln jedoch zuoberst weglassen, weil sie beim Backen zu braun und zu hart werden könnten.

Die Kuchen in den zwei Teigformen noch einmal zugedeckt in der Wärme aufgehen lassen und im vorgeheizten Ofen etwa ½ Stunde backen.

Zimtrollen

Noch besser als der Zimtkuchen mit Rosinen schmecken die Zimtrollen. Denselben Teig wie für die »milchige« Luxusvariante des Eierzopfes und für den Zimtkuchen zu lauter Stangen von etwa doppelter Daumendicke ausrollen. Jede Stange durch eine kleine Schüssel mit geschmolzener Butter ziehen, dicht nebeneinander auf ein passendes, gefettetes Backblech legen und sie an der Oberfläche mit Zucker und Zimt bestreuen. Die Teigstangen zugedeckt im Warmen noch einmal aufgehen lassen und im vorgeheizten Ofen schön goldbraun backen. Sie duften und schmecken unvergeßlich!

Bejgl

Nach den üppigen und luxuriösen Zimtkuchen zur Abwechslung ein ganz bescheidenes, volkstümliches Gebäck der Ostjuden: *Bejgl.*

Das Wort kommt von deutsch »beugen«, und die *Bejgl* sind in der Tat aus »gebogenen« Teigstangen gemacht. Die *Bejgl* haben die Form von einfachen Ringen oder aber von Brezeln. Sie wurden in Osteuropa in jüdischen Quartieren von fliegenden Händlern auf der Straße angeboten. Die Verkäufer trugen die *Bejgl* aufgereiht auf Stöcken.

Es ist ein ganz billiges, aber trotzdem nicht schlechtes Gebäck, geeignet, den ärgsten Hunger zwischen zwei Mahlzeiten ein wenig zu stillen. Und so macht man es:

- auf je 3–4 Tassen Mehl
- 10–15 g Hefe plus 1 TL Zucker
- höchstens ¾ Tasse Wasser
- ½ TL Salz
- 1–2 Eier
- 3–4 EL Öl
- ½ Ei zum Bestreichen der Bejgl
- zum Bestreuen, nach Belieben: grobes Salz, Mohn oder Sesam

Da Zucker die Hefegärung beschleunigt, ist es von Vorteil, die Hefe zusammen mit etwas Zucker aufzulösen. Die Hefe also in wenig lauwarmem Wasser mit einem Teelöffel Zucker zusammen verrühren.

Das Mehl mit dem Salz in eine Schüssel sieben. In die Mitte des Mehlhäufchens eine Mulde drücken, in die alle flüssigen Elemente des Teiges hineingefüllt werden, also auch die aufgelöste Hefe und die – zuvor zerquirlten – Eier. Gut mischen, dann gründlich kneten und zu einem Ball formen. Auf dem bemehlten Brett ein paar Minuten lang weiterkneten. Dann den Ball in die Schüssel zurücklegen, die schöne glatte Seite nach oben. Die Schüssel zudecken und bei Zimmertemperatur den Teig 15–20 Min. lang aufgehen lassen.

Jetzt die Kugel wieder auf das Brett legen und abermals elastisch durchkneten. Anschließend den Teig in 12 Teile zerschneiden oder zerpflücken und jedes zu einer Kugel formen, die man auf dem bemehlten Brett zu einer etwa 15 cm langen und 2 cm dicken Stange ausrollt. Die Enden der kleinen Stangen zusammenkleben, so daß man Ringe erhält. Man kann die Stangen natürlich auch ein wenig länger und dünner ausrollen und zu Brezeln formen.

Die mit einem Tuch zugedeckten Ringe (oder Brezeln) auf dem bemehlten Backbrett im temperierten Raum noch einmal aufgehen lassen, was abermals etwa 15–20 Min. erfordert.

Inzwischen wenigstens 2, besser 3–4 l schwach gesalzenes Wasser zum Kochen bringen und die *Bejgl* alle gleichzeitig ins Wasser gleiten lassen und kochen, bis sie an die Oberfläche aufsteigen. Das braucht etwa 15–20 Min.

Dann die *Bejgl* mit der flachen Lochkelle herausfischen und auf ein gründlich gefettetes Backblech legen. Mit verdünntem Ei einpinseln. Je nach Geschmack kann man sie mit grobem Salz, mit Mohn oder Sesam bestreuen. In den heißen Ofen schieben und in 5–15 Min. goldbraun backen.

Ich werde von »nostalgiekranken« Ostjuden oft um das Rezept für *Bejgl* gebeten. Darum gebe ich es auch in meinem Koscherkochbuch sehr genau an. In den USA bekommt man aber *Bejgl* in allen Varianten in Quartieren mit ehemaligen Ostjuden. Ob man sie auch in Europa (etwa in London, Paris, Amsterdam?) bekommt, ist mir unbekannt.

Jedoch: *Bejgl* sind nichts anderes als das, was man in der Schweiz in Supermärkten als »Silser Gebäck« anbietet. Zwar nicht mit Sesam oder Mohn bestreut, sondern höchstens mit grobem Salz. Aber es ist in keinem Fall eine Delikatesse, sondern ein eindeutiges Armeleutegebäck, das ungekochtem Hefeteig gegenüber nur den Vorteil hat, daß es nicht schon nach zwei Stunden schlapp und weich wird. In den USA haben die reich gewordenen Ostjuden ihre geliebten *Bejgl* dadurch trotzdem zur Luxusspeise aufgewertet, daß sie sie aufschneiden und eine dicke Scheibe Lachs dazwischenlegen und es »Bejgl mit Lokss« nennen. Der Lachs schmeckt aber besser zu einer frischen, knackigen, gewöhnlichen Semmel. Ich möchte meinen: Es lohnt kaum, *Bejgl* selber zu backen!

Strudel

Strudel ist zwar durchaus keine spezifisch jüdische Mehlspeise. Die Juden haben sie möglicherweise von den Wienern übernommen. Sicher ist das allerdings nicht, denn der echte Strudel wird aus dünnem Nudelteig hergestellt, und daß die Juden zu den Nudeln seit deren Auftauchen in Europa ein besonders intimes Verhältnis haben, ist bekannt.

Wie immer: In den ostjüdischen Küchen spielten etliche besonders leckere Strudelvarianten eine so große Rolle, daß man sie wohl in einem Koscherkochbuch aufführen muß. Die Beliebtheit des Strudels wurde vielleicht auch dadurch gefördert, daß die Bereitung nicht unbedingt Butter oder Schmalz benötigt: Er schmeckt genauso gut, wenn man zum Teig gewöhnliches Speiseöl verwendet und auch den ausgezogenen Teig nur mit Öl bepinselt. Fromme Juden können daher ihren Strudel – sofern dieser nicht mit »milchigen« oder »fleischigen« Elementen gefüllt ist – ohne rituelle Bedenken zu und nach jeder Mahlzeit essen.

Und noch einen zweiten Grund gibt es, weshalb ich hier die jüdischen Strudelvarianten aufführe: Zwar nicht in Österreich, wohl aber weiter westlich wird neuerdings jedes längliche, mit Äpfeln gefüllte Gebäck als »Strudel« bezeichnet, auch wenn es zum Beispiel aus Mürbe- oder Blätterteig hergestellt ist. Das geht natürlich nicht. Auch der Westeuropäer sollte genau wissen, was ein Strudel ist. Hier der Teig:

Strudelteig

auf 2 Tassen Mehl
1 Ei
1 EL Öl
wenig Salz
etwa ½ Tasse lauwarmes Wasser

Das Mehl wird in eine Schüssel gesiebt. In die Mitte drückt man eine Mulde und gibt Salz, Öl und das zerschlagene Ei hinein. Mischen, kneten. Etappenweise nur so viel Wasser beifügen, bis eine weiche Teigkugel entsteht. Diese Kugel in der Schüssel oder, noch besser, auf unbemehltem Brett so lange ziehen und kneten, bis der Teig nicht mehr kleben bleibt.

Jetzt die Teigkugel in die erwärmte Schüssel zurücklegen und sie zudecken, oder man läßt sie auf dem Brett liegen und stülpt die erwärmte Schüssel über die Teigkugel. 1 Stunde ruhen lassen, damit das Mehl gut ausquillt.

Jetzt den Teig halbieren. Die noch unbenutzten Stücke jeweils zugedeckt stehenlassen, damit sie nicht zu stark austrocknen. Jedes Teigstück zu einer Kugel formen und auf dem bemehlten Brett zunächst zu einem dicken runden Fladen auswalzen. Dann diesen Teigfladen auf ein weißes, bemehltes Tuch legen und langsam ausdehnen, indem man mit der einen Hand von unten her bis zur Mitte unter den Teig fährt und mit der anderen Hand gleichzeitig vom Rande her zieht, bis der Teig fast papierdünn ist. Dicke Ränder wegschneiden.

Den Teig nunmehr mit Öl besprenkeln oder bepinseln. Die Füllung mit der Hand gleichmäßig über ihn verteilen, wobei aber jener Rand, der nachher nach außen liegen wird, von Füllmasse frei gelassen wird. Dann wird der Strudel zur langen Wurst zusammengerollt, indem man das Tuch auf einer Seite ein wenig anhebt und mit der Hand beim Zusammenrollen ein bißchen nachhilft. Die Rolle mit Öl bepinseln.

Der Strudel gerät nur dann vollendet, wenn der Teig wirklich sehr dünn ausgedehnt ist. Allerdings erfordert die Prozedur viel Zeit und auch etliche Übung. *Daher gut zu wissen:* Man bekommt neuerdings auch fertigen Strudelteig zu kaufen.

Hier einige bei den Ostjuden besonders beliebte Strudelfüllungen:

Strudelfüllung I (mit Äpfeln und Zwetschgenkonfitüre)

2 Tassen geriebene Walnüsse (notfalls Haselnüsse oder Mandeln), evtl. etwas weniger Walnüsse und dafür ein bißchen Paniermehl von Semmeln, Challe oder gutem Zwieback
1 starke Handvoll gewaschener und ausgequollener Rosinen
3 Tassen voll feingeschnittener oder grob geraffelter, saurer, aromatischer Äpfel (am besten Boskop)
½–1 Tasse dicke Zwetschgenkonfitüre (Powidl)
genügend Öl
Zucker und Zimt nach Geschmack

Der Teig wird zuerst mit Öl besprenkelt oder bepinselt. Dann die geriebenen Nüsse und das (eventuelle) Paniermehl über ihn verteilen.

Die Rosinen wurden vorher gewaschen und entweder ein paar Stunden lang kalt eingeweicht oder kurz aufgekocht. Sie kommen, vermischt mit den Äpfeln, auf den Teig.

Jetzt kleine Fleckchen dicker Zwetschgenkonfitüre über die Füllmasse verteilen. Dieses bißchen Konfitüre steigert den Wohlgeschmack des Strudels mehr, als man denken sollte.

Ideal eignet sich hierfür das altmodische Pflaumenmus (Powidl). Über Ersatzmöglichkeiten s. S. 226.

Zuletzt streut man Zucker und Zimt über das Ganze.

Strudelfüllung II (mit Sauerkirschen)

3 Tassen entsteinte Sauerkirschen (Weichseln), am besten hellrote, weil sich sonst der ganze Strudel bläulich verfärbt
1 Tasse geriebene Nüsse oder Mandeln, vermischt mit etwas Bröseln von Semmeln, Zwieback oder Challe (weil die Kirschen viel Saft abgeben)
1 knappe Tasse Zucker
Öl zum Bestreichen des Teiges

Mandeln oder Nüsse schmecken an sich besser als Semmelbrösel und anderes Paniermehl. Sie saugen aber keine Flüssigkeit auf. Bei jeder Strudelfüllung, die viel Nässe absondert, tut man daher gut daran, außer geriebenen Nüssen oder Mandeln auch Brösel beizufügen.

Teig ölen und die Füllung über ihn verteilen. Weiterverfahren wie bei jedem andern Strudel.

Strudelfüllung III (mit Quark und Rosinen)

etwa 400 g krümligen Schnittquark (lassen Sie sich ja nicht einfallen, den Strudel mit weichem, homogenem Cremequark herzustellen!)
Öl zum Bestreichen des Teiges
½ Tasse gewaschene und ausgequollene Rosinen
2 Eier
das Abgeriebene von 1 (unbehandelten) Zitronenschale
Zucker nach Geschmack
einige EL geriebene Nüsse oder Mandeln
etwas Zwieback- oder Semmelbrösel

Bereiten Sie diesen an sich köstlichen Strudel nur zu, wenn Sie krümligen Schnittquark entweder im Laden auftreiben oder selber herstellen können! Mit dem cremigen »Westquark« bekommen Sie ein weiches, pappiges und ganz und gar nicht leckeres Ergebnis!

Den Teig mit dem Öl besprenkeln oder einpinseln.

Die gewaschenen und (durch Einweichen oder kurzes Kochen) ausgequollenen Rosinen, die zerquirlten Eier, das Abgeriebene einer Zitrone und den Zucker mit dem Quark vermischen.

Die Teigplatte mit den geriebenen Nüssen (Mandeln) und den Bröseln bestreuen.

Die Teigfüllung mit dem Messer gleichmäßig über den Teig verteilen und wie jede andere Strudelart zu Ende führen.

Strudelfüllung IV (mit Sauerkraut oder frischem Kraut und mit Rosinen)

etwa 750 g frisches Kraut oder Sauerkraut; ersteres feingeschnitten, mit etwas Schmalz weich gedünstet und sauersüß abgeschmeckt, letzteres weich gekocht und ein wenig gesüßt
dazu eine Handvoll eingeweichte oder kurz aufgekochte Rosinen
Schmalz zum Bestreichen des Teiges

Strudelfüllung V (mit Hühnerleberchen)

Der Kreis schließt sich. Mit dem »Scharfen Strudel« sind wir wieder bei den Knyschy angelangt. Dieses Rezept könnte also genausogut neben jenem der »Knyschy mit Kascha« stehen:

knapp 500 g Leberchen von beliebigem Geflügel (es muß nicht Hühnerleber sein)
etliche EL Schmalz, natürlich vom Geflügel
2 zerhackte Zwiebeln
Salz, Pfeffer
etliche EL Paniermehl von Challe oder gutem Zwieback

Die Leberchen auf die bereits früher geschilderte Weise (S. 96) im Geflügelschmalz sachte gar dünsten (also beileibe nicht etwa scharf anbraten und innen halb roh lassen!). Dann grob zerhacken.

Die Zwiebeln zerhacken und in demselben Schmalz, in welchem die Leberchen gar wurden, glasig braten (aber nicht etwa bräunen und knusprig werden lassen!) und mit den zerhackten Leberchen mischen, salzen und pfeffern.

Den Teig mit dem Schmalz, in welchem Zwiebeln und Leberchen gar wurden, beträufeln oder bepinseln. Die Brösel darüber verteilen. Zuletzt die Leber/Zwiebelmasse gleichmäßig über die Teigplatte geben. Weiterverfahren wie bei jedem anderen Strudel.

Fluden (Balkan-Strudel)

Noch eine Strudelvariante müssen Sie unbedingt kennenlernen, diesmal wieder eine süße. Die Ostjuden nennen sie *Fluden*, zu deutsch: Fladen. Es ist aber in Wirklichkeit kein Fladen, sondern, wie gesagt, ein Strudel, den es allerdings auch in einer tortenähnlichen Abwandlung gibt, die wir Ihnen dann anschließend ebenfalls präsentieren werden.

Zunächst der »gewöhnliche«, also strudelartige *Fluden*:

Strudelteig für Fluden:
1 Ei
1 EL Öl
Salz, etwas Zucker
das nötige Mehl (etwa gut 1 Tasse wird genügen, denn diesmal kommt kein Wasser in den Teig)

Füllung:
Öl zum Bestreichen des Teiges
1 Handvoll Semmelbrösel, mit einem beliebigen aromatischen, dicken Sirup vermischt; es kann auch flüssiger Honig oder Melasse sein. Man muß so viel Sirup (Honig) beigeben, daß die Brösel eine streichbare Masse ergeben
je 1 Handvoll kleingehackte oder grob zerdrückte Walnüsse, gewaschene und ausgequollene Rosinen, zerschnittene getrocknete Feigen, zerschnittene Datteln
2 saure, feingeschnittene Äpfel
das Abgeriebene von je 1 Zitrone und 1 Orange
Zucker nach Geschmack

Den sehr dünn ausgezogenen Strudelteig mit dem Öl bepinseln oder besprenkeln, dann mit der sirupgetränkten Bröselmasse gleichmäßig bestreichen, wobei aber derjenige Teigrand, der nachher nach außen zu liegen kommt, wie bei jedem Strudel von Füllmasse frei bleiben muß.

Alle anderen Bestandteile vermischen und mit der Hand möglichst gleichmäßig über den Teig verteilen. Den Teig sehr eng und fest zusammenrollen, auf ein sehr stark geöltes Backblech legen und sofort in 10 cm lange Stücke zerteilen, da er sich nach dem Backen nicht gut schneiden läßt: Die Schnittflächen würden zerbröseln. Goldbraun backen.

Der *Fluden* hält sich sehr lange frisch und wird nach einigen Tagen sogar noch viel schmackhafter als sofort nach dem Backen, weil die verschiedenen Elemente der Füllung sich erst ganz allmählich gegenseitig mit ihrem Aroma durchtränken. *Fluden* ist daher das ideale Gebäck, wenn eine ganze Reihe von aufeinanderfolgenden Festtagen bevorsteht.

Flodni, ungarische Variante des Fluden

Neben dem *Fluden* aus Strudelteig mit den vielen exotischen Früchten und Gewürzen, der in Polen vor allem zum Purimfest gebacken wurde, gibt es unter dem ebenfalls vom deutschen Wort »Fladen« abgeleiteten Namen »Flodni« eine ungarische Variante des Gebäcks mit Mürbeteig, gebacken in einer runden Tortenform oder in hochwandigen Kastenblechen, die von den Juden des ganzen Balkans gegessen wurde und noch stärkeren orientalischen Einschlag aufweist als der polnische *Fluden*.

Hier das Rezept:

Der Teig:
für eine Springform von 24 cm Durchmesser
500 g Mehl
200 g kleingehacktes Geflügelfett oder ausgelassenes Geflügelschmalz (notfalls Butter oder Pflanzenfett)
3 Eigelb
100 g Zucker
falls nötig: etwas kaltes Wasser

Die 3 Füllungen der mehrschichtigen Torte:
Zuunterst: 100–150 g gehackte Walnüsse
200 g Honig oder Melasse
1 Handvoll gewaschene, gequollene Rosinen
Mittelschicht: 100–150 g gemahlene Mohnsamen
200 g Honig oder Melasse, 1 Handvoll gewaschene und gequollene Rosinen
Oberste Füllschicht: 300 g feste, aromatische Konfitüre, etwa von Johannisbeeren oder Zwetschgen. Powidlartiges Zwetschgenmus (s. S. 224 ff.) eignet sich hervorragend

Der Teig: Aus den angegebenen Bestandteilen einen weichen, gut knetbaren Teig bereiten. Falls nötig, unter Beifügung von etwas kaltem Wasser.

Den Teig in 4 Stücke teilen, wobei eines etwas größer sein muß, denn es soll nicht nur den Boden bedecken, sondern auch die Seitenwände der Form auskleiden.

Die 4 Teigstücke zu runden, etwa 2–3 mm dünnen Platten auswalzen.

Die runde Tortenform (am besten Springform) gut einfetten, mit Mehl bestäuben, mit der größten der Teigplatten auskleiden.

Die Elemente für die unterste und die mittlere Füllschicht je etwa 10 Min. kochen, bis der Honig ein wenig Farbe annimmt. Hat man keine Mohnmühle, so kann man die Mohnsamen mit etwas Grießzucker zusammen durch die Schlagmühle treiben.

Das unterste Teigblatt mit der Honig-Nuß-Füllung bestreichen. Das nächste Blatt darüberlegen und mit der Honig-Mohn-Masse bestreichen. Dann das dritte Blatt hinein und die Konfitüre regelmäßig darüber verteilen, wofür man sie unter Umständen vorher etwas erwärmen muß.

Zuoberst kommt entweder das vierte Teigblatt oder aber ein Teiggitter wie für Linzertorten.

Die Torte mehrfach mit einem spitzen Messer von oben bis fast ganz hinunter durchstechen, damit sich der Teig beim Backen bestimmt nicht wölbt (obwohl die Gefahr hierfür bei so schwer lastender Füllmasse gering ist) und vor allem: damit die Füllmassen sich gegenseitig ein wenig durchtränken.

Die Oberfläche mit Ei bestreichen und im vorgeheizten Ofen langsam, in etwa 1 Stunde, goldbraun backen. Die Torte lieber ein wenig zu lang als zu kurz im Ofen lassen, denn die mittleren Teigplatten sollen gut durchgebacken und nicht halbroh sein!

Gut zu wissen: Die Torte gewinnt, je länger man sie stehenläßt. Kühl aufbewahrt (sie enthält ja verderbliches Fett!), hält sie sich fast unbegrenzt lange frisch. Hat man gar eine Tiefkühltruhe, so lohnt es, gleich 3–4 Torten gleichzeitig und damit den ganzen Jahresvorrat an *Flodni* auf einmal zu backen. Unerwartete Gäste zum Tee oder Kaffee sind, wenn man *Flodni* im Haus hat, nie mehr ein Problem.

Dazu: Türkischer Kaffee oder, noch besser, ein Gläschen Schnaps. Milchkaffee harmoniert nicht mit dieser orientalischen Delikatesse.

Fludenvariation als Fächertorte mit Hefeteig

Von den hier aufgeführten *Fluden*-Variationen ist diese die kommunste und billigste, nämlich mit gewöhnlichem Hefeteig, ferner mit Haferflocken oder Bröseln statt gemahlenen Nüssen und mit gezuckertem Tee oder gezuckerter Milch statt mit reinem Honig. Außerdem ist dieser nachfolgend beschriebene Fluden – schon des Hefeteigs wegen – auch nicht so lange haltbar wie die beiden anderen geschilderten Formen. Kurzum: ein Armeleutegebäck. Trotzdem jedoch recht wohlschmeckend. Hier das Rezept:

Für den Teig:
500 g Mehl
70 g Öl
1 Eigelb

Für den Vorteig (das »Dampfl«):
20 g Hefe
1/16 dl Wasser
1 EL Mehl
1 EL Zucker

Für die Füllungen:
1. Unterste Schicht: 100 g geriebene Mandeln oder Mischung aus Mandeln mit Haferflocken oder Semmelbröseln, aufgekocht entweder in gezuckertem Tee oder in gezuckerter Milch oder in Himbeersirup
2. Zweitunterste Schicht: 200 g aromatische, feste Marmelade

3. Drittunterste Schicht: 100 g gemahlene Mohnsamen, aufgekocht zusammen mit Himbeersirup oder Honig (evtl. Melasse)
4. Oberste Füllschicht: wieder 200 g feste aromatische Marmelade; es kann dieselbe sein wie schon vorher, oder auch eine andere

Der Teig: Wenn das »Dampfl« (Vorteig) aufgegangen ist, mit den restlichen Bestandteilen zusammen gut verarbeiten. In 5 Stücke teilen, von denen eines etwas größer sein muß, weil es dazu bestimmt ist, nicht nur den Boden, sondern auch die Wände der Springform auszukleiden.

Die Teigstücke zu Kugeln formen und, der Backform entsprechend, auswalzen. Die Tortenform gründlich einfetten und mit Mehl bestäuben. Mit der größten der Teigplatten Boden und Wände auskleiden.

Dann die Füllungen in der angegebenen Reihenfolge auf die einzelnen Teigplatten streichen. Die beiden gekochten Füllungen müssen so lange auf der Flamme bleiben, bis sie nicht mehr ganz flüssig, sondern weich und verstreichbar sind.

Die Torte 2 Stunden in der Form ruhen lassen, ehe sie in den Ofen kommt. Dann in etwa ¾ Stunden goldbraun backen.

Im Gegensatz zu den beiden andern *Fluden*-Sorten muß dieser *Fluden*, weil mit Hefeteig bereitet, so frisch wie möglich verzehrt werden.

Kuchen zum Jom-Kippur-Abschluß

Im allgemeinen bringen wir in unserem Kochbuch eindeutige Spezialitäten der ostjüdischen Küche. Da aber gerade in Altösterreich auch die Nichtjuden treffliche Zuckerbäcker waren, floß manches aus deren Küchen- und vor allem Kuchenrepertoire in das der dortigen Juden ein. So weiß ich zum Beispiel nicht, ob der »Gedeckte Apfelkuchen« (eine Apfelpastete aus Mürbteig, mit viel Rosinen zwischen den Äpfeln), mit dem wir in unserem Hause jeweils nach Jom Kippur das Fasten beendeten, wirklich eine urjüdische Erfindung und nicht eine Küchen- und Kuchenanleihe der Juden bei den Wienern oder Böhmen ist. Diese sehr gute Apfelpastete hier zu präsentieren, hätte aber wenig Sinn, denn sie unterscheidet sich nicht von jener der altösterreichischen Nichtjuden. Typisch und von der österreichischen »Fassung« abweichend mag einzig sein, daß die Juden die untere Teigplatte, auf die die kleingeschnittenen Äpfel und die Rosinen verteilt werden, nicht mit Semmelbröseln bestreuen, sondern einzig mit geriebenen Walnüssen oder Mandeln.

Mit Sicherheit nicht »urjüdisch« ist auch ein zweites Gebäck, das die dortigen Juden beim Jom-Kippur-Abschluß gern aßen, ehe sie sich zum eigentlichen Festmahl niedersetzten: ein zarter, feinporiger Kuchen, meist in Cakeform, vereinzelt auch nach österreichischem Brauch als Gugelhupf gebacken.

Im Hause des jüdischen Schriftstellers Felix Salten, der weltbekannt wurde durch seine reizenden Bambi-Geschichten, von dem aber auch die

(anonym erschienene) erfundene, pornographisch angefärbte Biographie der Dirne Mutzenbacher stammt, backte man hierfür den gleichen Kuchen, den Kaiser Franz Joseph I. bei seiner langjährigen Freundin Katharina Schratt täglich zum Kaffee verzehrte. Das Rezept hierfür hatte nämlich die Köchin der Katharina Schratt jener des Dr. Salten, mit der sie befreundet war, verraten. Ich meinerseits bekam das kaiserliche Rezept von Felix Saltens Tochter Katja, die als Ehefrau des Redakteurs und Juristen Dr. Veit Wyler in Zürich lebte und mit der ich seit der Erstausgabe meines Koscherkochbuches in regem Rezeptaustausch stand. Aus drei Gründen beschloß ich, unter den möglichen ähnlichen Kuchen für den Jom-Kippur-Abschluß gerade diesen in die Neuausgabe aufzunehmen: Erstens, weil sich die Juden und Nichtjuden der alten Donaumonarchie zumindest in kulinarischer Hinsicht recht gut verstanden und gern einander inspirierten. Und zweitens, weil man speziell dem Kaiser Anekdoten nacherzählte, die von einer freundlichen Einstellung zur jüdischen Minorität seines Riesenreiches zeugen: Als ihm in Ostgalizien die Honoratioren einer jüdischen Kultusgemeinde vorgestellt wurden, flüsterte er seinem Adjutanten zu: »Jetzt weiß ich, weshalb ich unter vielen anderen Titeln auch den eines ›Königs von Jerusalem‹ führe!« Und einmal sagte der Kaiser zu seinem Sekretär: »Diese Sache erledigen wir dann nach Jom-Kippur.« Der Sekretär wunderte sich: »Majestät geruhten zu sagen ›nach Jom-Kippur‹?« – »Ja«, entgegnete Franz Joseph, »sitzen *Sie* einmal sechs Wochen lang in Bad Ischl!«

Hierzu muß man wissen, daß nicht nur der Kaiser und der Hochadel Altösterreichs, sondern, neben vielen weltbekannten Künstlern, Komponisten und Schriftstellern, auch sehr zahlreiche Wiener Juden den Hochsommer gern in Bad Ischl verbrachten. Die Anekdote wäre nicht aufgekommen, hätte der Kaiser mit ihnen nicht freundlichen Umgang gepflegt. Wir werden aber noch sehen, daß des Kaisers alljährlicher Sommeraufenthalt in Bad Ischl noch in anderer Hinsicht für das Rezept dieses »Jom-Kippur-Kuchens« Bedeutung gewann.

Ich beschloß also, das Rezept in mein Buch aufzunehmen. Ich hatte es ja auch schon mehrfach erprobt, und zwar nicht nur nach dem Jom-Kippur-Fasten, und hatte bei Familie und Gästen immer viel Beifall damit geerntet … Als ich es jetzt aber abschreiben wollte, war es plötzlich spurlos verschwunden! Und die Salten-Tochter lebte nicht mehr.

So wandte ich mich an den mit Recht berühmten, mehrfach international ausgezeichneten Leiter des Wiener Fernseh-Kochstudios, Professor Ernst Faseth: Wenn irgend jemand auf der Welt, so mußte doch er hier weiterhelfen können!

Zwar erwies sich dann, daß er selbst auch nicht Bescheid wußte, er tat sich aber sofort nach allen Seiten um – und siehe da: Es stellte sich heraus, daß das angeblich von Kathi Schratt so geheimgehaltene Rezept inzwischen in österreichischen Kochbüchern erschienen war! Und so lautet es (aus Gründen, auf die wir noch zurückkommen, geben wir ein Doppelquantum an, das entweder für einen sehr großen Gugelhupf oder für 3 kleinere Kastenformen ausreicht, die man gleichzeitig im Ofen backen kann):

Kaiser-Franz-Joseph-Gugelhupf, Variante I

- 340 g Butter
- 280 g Staubzucker
- abgeriebene Zitronenschale
- 8 Eidotter, 8 Eiklar
- 80 g Rosinen
- 80 g geschälte, gestiftelte Mandeln
- 560 g Mehl
- 2 TL Backpulver

Butter, Zucker, Zitronenschale, Dotter schaumig rühren. Rosinen und Mandeln beigeben. Mehl und Backpulver zusammen versieben, mit steif geschlagenem Eischnee vorsichtig einmengen. In ausgebutterte, mehlgestaubte Gugelhupfform füllen. Im mittelheißen Rohr bei etwa 190° 45–60 Min. backen. Der Kuchen muß oben schön goldbraun sein. Vor dem Herausnehmen mit spitzem Hölzchen oder Messer abklären, ob die Masse wirklich ganz durchgebacken ist: Das Hölzchen muß sauber wieder herauskommen. Nach Belieben mit Staubzucker überstäuben.

Ernst Faseth nahm meine Bitte aber wirklich ernst: Er begnügte sich nicht mit Nachforschen in der Backliteratur, sondern es gelang ihm sogar, einen Neffen der Katharina Schratt aufzutreiben, der als Schauspieler am Burgtheater in Wien lebt: Peter Schratt.

Der wußte das Rezept zwar auch nicht, erinnerte sich aber, daß seine Tante, sooft das hohe Paar in Bad Ischl weilte, der berühmten dortigen Konditorei Zauner den Dauerauftrag erteilte, immer einen frisch gebackenen Gugelhupf zum Abholen bereitzuhalten, für den Fall, daß er im Hause Schratt einmal mißraten sollte. Der jetzige, nicht minder berühmte Chef der Konditorei – schrieb Professor Faseth – heiße Josef Ferner und sei sicher noch im Besitz des Originalrezeptes. Eine andere Frage sei freilich, ob er es freigeben würde. Aber ich könne es ja einmal versuchen …

Ich schrieb an ihn – und siehe da: Er gab das Geheimnis preis! Genauer: Er hatte es bereits im Vorjahr für ein kleines Buch über die Konditorei Zauner preisgegeben. Hier das Rezept:

Kaiser-Franz-Joseph-Gugelhupf, Variante II

¼ l Milch
30 g Hefe
500 g glattes Weizenmehl
150 g Butter
180 g Kristallzucker
6 Eidotter (kein Eiweiß!)
Prise Salz
abgeriebene Schale einer Zitrone
Zimt
Rosinen
Butter für die Form
gehobelte Mandeln

Milch lauwarm anwärmen. Darin die Hefe auflösen und mit einem Teil des Mehls einen weichen Vorteig mischen. Das restliche Mehl über den Vorteig sieben und diesen warm stellen.

Butter und Kristallzucker gut schaumig rühren, die Dotter unterrühren. Den inzwischen aufgegangenen Vorteig mit Salz und Zitronenschale zur Mischung aus Zucker-Dotter-Butter geben und das Ganze zu einem etwas weichen Hefeteig abmischen. Den Teig so lange schlagen, bis er sich seidig anfühlt und vom Kesselrand ablöst.

Den Teig zugedeckt ½ Stunde lang ruhen lassen. Dann auf dem Teigbrett zu einem etwa ½ cm dicken Quadrat ausrollen, gleichmäßig mit Zimt und Rosinen bestreuen. Teig zusammenrollen und in die mit Butter ausgestrichene und mit gehobelten Mandeln ausgestreute große Gugelhupfform legen und mit Butter bestreichen. Den Teig in der Gugelhupfform warm stellen und bis knapp unter den Rand aufgehen lassen. Bei 180° etwa 40 Min. backen. Angezuckert servieren.

Garantiert echt ist die Zauner-Variante mit Bestimmtheit. Denn es mag sein, daß Kathi ihrem kaiserlichen Liebhaber zum Nachmittagskaffee nach Möglichkeit nur ein Gebäck aus ihrer eigenen Küche vorsetzte – der Kaiser pflegte aber zumindest in Bad Ischl täglich schon um sechs Uhr früh bei seiner Freundin zum Frühstück einzutreffen, und es ist nicht anzunehmen, daß deren Köchin bereit war, Nacht für Nacht schon gegen drei Uhr aufzustehen, um den Hefeteig für den Kuchen anzurühren. Das war nur einem Berufsbäcker zuzumuten. Zudem ist Zauners Kuchen leichter, weniger sandtortenartig und daher für ein Frühstück geeigneter als die butter- und eierreiche Abwandlung Nr. I. Obendrein ähnelt sie dem Zimtkuchen in unserem Buch, der an Köstlichkeit kaum zu überbieten ist …

Damit wäre die Frage, welchen Kuchen der Kaiser alltäglich, die Familie Dr. Salten jedoch einmal im Jahr, nach Jom Kippur, aß, eigentlich erledigt. Ich gab aber trotzdem die Recherchen noch nicht auf, denn inzwischen hatte ich erfahren, daß die nicht mehr lebende Tochter Felix Saltens ihrerseits zwei Töchter hinterlassen hatte, und eine von ihnen erklärte sich denn auch bereit, in den hinterlassenen Papieren der Mutter nach dem Rezept zu suchen. Und sie fand es! Sie fand, neben einer Umschrift in moderne Maßeinheiten, sogar die originale Vorlage, von der Köchin fehlerhaft mit Bleistift in gotischen Buchstaben hingekritzelt und betitelt »Steinkogler Gugelhupf; historisch, da ihn Kaiser Franz Josef I (sie schreibt den Namen tatsächlich mit ›f‹, obwohl man wohl täglich auf ihn stieß und also sehen konnte, daß er mit ›ph‹ geschrieben wurde!) in Ischl zum Frühstück gegessen«.

Und hier das Rezept, das wir zwar mit modernen Maßeinheiten und mit dem bei Saltens üblichen, verdoppelten Quantum, sonst aber wörtlich genau wiedergeben:

Kaiser-Franz-Joseph-Gugelhupf, Variante III

320 g feinste Tafelbutter etwas erwärmen,
zusammen mit
240 g (oder besser etwas mehr: 260 g)
gesiebtem Staubzucker und feingeschnittener
Schale und Saft von 1 Zitrone:
alles zusammen stark rühren
2 TL Salz
8 Eidotter
2 Päckchen Backpulver
80 g Rosinen
80 g geschälte, geriebene Mandeln:
das alles hineinmischen
8 steif geschlagene Eiweiß noch einmal mit 80 g
(zusätzlichem) Staubzucker (im Ganzen sind es
nun also 320–340 g Staubzucker) ganz steif
schlagen und in die gut gerührte Masse unterheben
jetzt 560 g griffiges Weizenmehl hineinmischen
zum Schluß 1/6 l Milch dazugießen
alles sehr glatt rühren

Form mit Butter gut auspinseln. Mit Mehl ausstäuben. Masse einfüllen (zwei Fingerbreit muß oben am Rand frei bleiben, da die Masse aufgeht).

Im mittelheißen Rohr, das die ersten 10–12 Min. einen Fingerbreit offenbleiben muß, etwa 1 Stunde backen. Mit spitzem Hölzchen oder Metallstricknadel Probe machen, ob der Teig nicht mehr klebt.

Auf flaches Sieb herausstürzen. Mit Tuch zudecken, bis Kuchen erkaltet. Erst jetzt tüchtig mit Staubzucker bepudern.

Kleiner Änderungsvorschlag von mir: Es ist wohl zweckmäßiger, das Backpulver mit dem Mehl zu vermischen und mit diesem zusammen ein- bis zweimal durchzusieben. Soll ferner der Gugelhupf – oder die 3 gleichzeitig im Ofen gebackenen Kastenkuchen aus diesem Teig – bei Jom-Kippur-Ausgang und folglich erst am nächsten Tag gegessen werden, dann tut man besser daran, ihn nicht mit Staubzucker zu bestreuen, sondern mit einer Glasur aus Staubzucker und etwas Zitronensaft zu überziehen, damit der Kuchen weniger austrocknet.

Meine an sich alles andere als lobenswerte Nachlässigkeit und Unordnung hat also die erfreuliche Folge gezeitigt, daß die Frage, welches Gebäck Kaiser Franz Joseph I. alltäglich bei seiner Freundin Katharina Schratt vorgesetzt bekam, nunmehr mit einer geradezu philologischen Präzision abgeklärt werden konnte, was freilich nichtjüdische Altösterreicher wohl intensiver erregen wird als noch so innig der einstigen Donaumonarchie zugeneigte fromme Juden in dem Augenblick, da sie sich nach 24 Stunden Fasten zu Kaffee und Kuchen niedersetzen. Die

Echtheit sowohl der Zaunerschen »Ausgabe« des Kuchens wie auch der handschriftlich überlieferten von der Köchin Katharinas stehen außer Frage. Vermutlich backte man aber im Hause Schratt auch den weit luxuriöseren, mehr sandkuchenartigen Gugelhupf der Variante I mitunter, wenn auch sicher nicht zum Frühstück, sondern ausschließlich zum Nachmittagskaffee. Nachbackenswert sind jedoch alle drei Variationen, und zwar nicht nur für ausgehungerte Juden nach dem Fasttag und auch nicht nur für nostalgiekranke Altösterreicher, sondern für schlechthin jeden, der gutes Gebäck zu schätzen vermag ... Was aber speziell die Donaumonarchie angeht, so wurde sie, als es sie noch gab, zu Unrecht viel gescholten. Schließlich war sie ein Stück vorweggenommenes »Vereinigtes Europa«, wo auch die Juden – Antisemitismus hin oder her – gute Lebenschancen hatten.

Und der Grund, weshalb ich für die Varianten I und III die Quantitäten verdoppelt habe: Nur dann stimmen sie in etwa mit jenen der Zaunerschen »Ausgabe« des Gebäcks überein.

Übrigens: Keines der drei Rezepte gibt an, wie man Rosinen für Backzwecke vorbehandeln sollte – vermutlich setzte man damals voraus, daß jede Hausfrau oder Köchin hierüber Bescheid wußte. Heute ist das nicht mehr sicher. Man sollte aber wissen und sich merken, daß Rosinen vor dem Backen gewaschen und ein paar Stunden lang eingeweicht oder aber kurz durchgekocht werden sollten, damit man sie in dem zarten Kuchenteig drin nicht wie Kieselsteine empfindet.

Torte aus »westlichem Cremequark« für Schawuot (Pfingsten)

Noch ein einziges weiteres Kuchenrezept sei hier aufgeführt, das, genau wie der Gugelhupf der Hofschauspielerin Katharina Schratt, nicht der ostjüdischen Küche entstammt: eine Quarktorte, die sich auch und gerade aus dem westlichen, sonst für Backzwecke so wenig geeigneten »Cremequark« herstellen läßt. Der Grund: Zu Schawuot, dem jüdischen Pfingsten, werden nach altem Brauch Quarkspeisen gegessen. Zum Nachtisch gab und gibt es in vielen frommen Häusern auch heute noch süßes Quarkgebäck.

Nun rechnen aber praktisch alle alten Kochbücher – auch die koscheren – mit dem krümligen, halbfesten Schnittquark aus roher Sauermilch, und nicht mit der weichen, homogenen, ziemlich sauren Masse, die wir in unseren Molkereien unter dem Namen »Magerquark« bekommen. (Nebenbei: Der sogenannte »Rahmquark« unserer Regionen ist auch nichts anderes als Magerquark, dem aber nachträglich flüssiger Rahm beigemischt wurde.) Wenn Sie nur solchen »Westquark« auftreiben können und auch nicht bereit sind, Schnittquark im eigenen Hause herzustellen (wozu Sie sich aber einige Tage vorher entschließen müßten, denn die Rohmilch braucht auch im Hochsommer oft mehr als nur 24 Stunden zum Einsäuern, und Sauermilch ist für die Bereitung von Schnittquark unerläßlich) – wenn Sie sich also mit »Westquark« begnügen müssen, dann schlagen Sie sich die leichten, luftigen, hoch aufgegangenen Quarktorten, die Sie vielleicht bei

Ihrer Großmutter noch kosten durften, aus dem Kopf! Denn wie Sie auch den Westquark mit anderen Elementen kombinieren und mischen – die Torte bricht ihnen, kurz nachdem sie aus dem Backrohr gezogen wurde, unfehlbar jämmerlich in sich zusammen.

Und glauben Sie ja nicht, dies hänge nur am höheren Nässegehalt des Cremequarks! Wenn Sie versuchen, ihn sehr gründlich auszupressen, dann erhalten Sie nachher keineswegs eine locker aufgegangene Torte, sondern eine Art elastischen Autopneu, der sich weder von Hand zerbrechen noch mit einem normalen Messer zerschneiden oder zersägen läßt! Ältere Zuckerbäcker, die noch die altmodischen, herrlichen, leichten Quarktorten kannten und daher versuchten, etwas Ähnliches mit Westquark herbeizuzaubern, wissen ein Lied davon zu singen!

Natürlich gibt es auch heute noch federleichte Quarktorten mit lockerer Quarkmasse: In diesem Fall aber ist diese Masse nicht gebacken, sondern roh und mit Gelatine gesteift. Also eine Art leichter Pudding.

Zum Glück habe ich aber ein einziges Tortenrezept für Cremequark entdeckt, bei dem die Masse zwar ebenfalls zusammenbricht, wie bei allen anderen Westquarkrezepten auch, das aber trotzdem ein sehr gutes Resultat ergibt. Es stammt aus der deutschen gastronomischen Zeitschrift »Essen und Trinken«.

Und so wird diese Torte bereitet:

Für eine Springform von 30 cm Durchmesser

- 1 kg Magerquark
- 6 mittelgroße Eier
- 1 (unbehandelte) Zitrone, Saft und abgeraspelte Schale
- 200 g Zucker, Prise Salz
- 2 Päckchen Vanillezucker
- 250 g weiche Butter
- 100 g Weizengrieß
- 1 Päckchen Backpulver
- etwas Grieß und Butter für die Backform

Den Quark auf dem Sieb abtropfen lassen und eventuell ganz leicht auspressen – aber beileibe nicht etwa stark drücken! Sonst erhalten Sie nachher (siehe unsere Warnung) statt einer leichten Torte eine elastische, gummöse, feste Substanz!

Die Eier in Eigelb und Eiweiß trennen. Die Zitronenschale abraspeln, den Saft auspressen.

Quark, Eigelb, Zitronensaft und -schale, die Hälfte vom Zucker (also 100 g), Salz, Vanillezucker und weichgemachte Butter von Hand oder mit einem elektrischen Handrührgerät cremig schlagen.

Grieß und Backpulver mischen.

Eiweiß mit dem restlichen Zucker steif schlagen. Grieß und Eischnee unter die Quarkmasse heben, wobei Sie zwar auf keinen Fall heftig in der Masse herumrühren dürfen, weil sonst die Luft aus dem Eiweiß entweicht und der Teig zusammenfällt, aber trotzdem darauf achten müssen, daß das Eiweiß ganz in die Masse hineingearbeitet ist und nicht einzelne Flocken verbleiben.

Boden und Rand der Springform mit Butter ausstreichen und mit Grieß ausstreuen. Die Quarkmasse einfüllen und oben glattstreichen.

Ich persönlich fülle die Masse, anders als im Rezept angegeben, in eine etwas größere Springform (28–30 cm Durchmesser). Dadurch bekommt die Torte etwas mehr braune Oberfläche, wird ein bißchen flacher, bäckt besser durch, und man ist dann sicher, daß der Teig beim Aufgehen im Ofen nicht über den Rand der Springform quillt.

Im vorgeheizten Backofen auf der untersten Einschubleiste bei 190° 70–85 Min. backen. Eventuell während der letzten 10 Min. mit Alufolie abdecken, wenn die Torte oben zu braun werden sollte.

Gegen Ende der Backzeit mit einem hölzernen Zahnstocher in die Mitte der Torte hineinstechen. Sie ist fertig, wenn nichts mehr am Hölzchen kleben bleibt.

Die Torte in der Backform auf einem Gitter auskühlen lassen. Beim Backen geht die Torte sehr schön auf, bricht aber nachher, wie jedes Gebäck aus »Westquark«, zusammen. Dank der geglückten Proportionen ihrer Elemente und dank der Tatsache, daß sie nur Grieß und kein Mehl enthält, wird ihre Konsistenz aber trotzdem nicht »klitschig« und pappig, sondern bleibt angenehm leicht und porös.

Das angegebene Quantum ergibt 14–16 Portionen.

Gesüßte Quarkknödel für Schawuot (Pfingsten)

Knödel sind zwar kein Gebäck, aber im Wiener Sprachgebrauch laufen sie, wie jeder Nachtisch mit Mehl oder teigartiger Konsistenz, unter dem Sammelbegriff »Mehlspeise«. Und da man in vielen jüdischen Häusern zu Schawuot statt Quarktorten und Quarkstrudeln als Nachspeise gesüßte Quarkknödel serviert, sei hier wenigstens ein Rezept hierfür aufgeführt. Die Schwierigkeit ist die übliche: Alle alten Rezepte für Quarkknödel basieren auf krümligem Schnittquark. Wer die Speise in dieser einzig richtigen Urform aus dem großelterlichen Hause noch kennt, soll den Ersatz aus Cremequark gar nicht erst ausprobieren.

Alle anderen jedoch mögen es wagen. Die Chance, ein relativ brauchbares Resultat zu erreichen, beruht hier, genau wie bei unserer Quarktorte, darauf, daß statt Mehl nur grober Weizengrieß verwendet wird, so daß die Knödel nicht allzu »klitschig« und matschig ausfallen können.

Zunächst die einzig richtige Urform, nach den Angaben einer jüdischen Chemikerin und begnadeten Köchin und Bäckerin aus Budapest:

1 Ei
500 g Schnittquark (also Krümelquark aus saurer Rohmilch)
7 schwach gehäufte EL grober Weizengrieß
Salz
Zum Überschmelzen: in Butter geröstete Semmelbrösel oder geschmolzene Butter und dicker Sauerrahm
Zum Bestreuen: Zucker, evtl. auch Zimt

Das Ei zerquirlen, die angegebenen Elemente gut miteinander verkneten und dann in einer Schüssel 1–2 Stunden stehenlassen, damit der Grieß ein wenig ausquillt. Schüssel zudecken, weil die Masse sonst an der Oberfläche verkrustet.

Dann mit kalt angenäßten Händen Kugeln formen, die in puncto Größe etwa die arithmetische Mitte zwischen Tennis- und Pingpongbällen halten.

Die Kugeln in siedendes Salzwasser gleiten und 8–10 Min. kochen lassen. Die Knödel steigen schön an die Oberfläche. Anfangs soll man aber mit einem Kochlöffel ein wenig nachhelfen, damit sie nicht am Topfboden kleben bleiben.

Zu Beginn sind die Knödel schön glatt, wie Glatzköpfe. Nach dem Kochen haben sie jedoch eine narbige Oberfläche. Man fischt die Knödel mit einem Sieblöffel heraus und legt sie in eine vorgeheizte Schüssel.

Alles Weitere ist Geschmackssache. Man kann die Knödel mit zerlassener Butter beträufeln. Man kann sie auch in Semmelbröseln wälzen, die in Butter angeröstet sind. Man kann sie zusätzlich noch mit dickem Sauerrahm begießen.

Und schließlich kann man sie nach Belieben gesalzen oder gezuckert essen. Speziell in Ungarn essen die Christen solche Quarkknödel nur gesalzen, die Juden – da es für sie ja eine berühmte Nachspeise für das Schawuotfest ist – nur gezuckert und eventuell auch noch mit Zimt bestreut. Merkwürdigerweise hielten auch religiös längst entfremdete und in ihren Eßgewohnheiten an die nichtjüdische Umwelt akkulturierte Juden in Budapest an diesem Brauch fest, weshalb dort ein diesbezüglicher Witz aufkommen konnte, für den man aber wissen muß, daß fromme Juden den Speisesegen nur mit bedecktem Haupt rezitieren dürfen:

Ein Herr bestellt im Restaurant Quarkknödel, die er auch prompt serviert bekommt. Er sagt zum Kellner: »Bitte bringen Sie mir etwas Zimt und Puderzucker dazu!« Darauf der Kellner, nach einem Blick auf das unbedeckte Haupt des Gastes: »Gern, mein Herr … darf ich zugleich auch Ihren Hut aus der Garderobe hereinholen?« …

Diese gleichen Quarkknödel lassen sich, wie gesagt, notfalls auch mit Cremequark herstellen. Noch sicherer gelangen Sie dann aber zu einem halbwegs akzeptablen Ergebnis, wenn Sie der Masse statt Grieß Semmelbrösel beimengen oder doch wenigstens eine Mischung aus Grieß und Semmelbröseln.

Eventuell werden Sie für die Masse, die ja eine knetbare Konsistenz haben muß, etwas mehr Grieß (plus Brösel) brauchen als im Rezept angegeben.

Vielleicht tun Sie auch gut daran, das Defizit an Wohlgeschmack (das sich bei Verwendung von »Westquark« anstelle des Schnittquarks, den die Wiener auch Topfen nennen, unvermeidlich ergibt) durch allerlei Gewürze ein wenig auszugleichen. Etwa durch das Abgeriebene einer Zitronenschale, durch Muskat oder sogar Ingwer.

Gebackene Pirogen mit Heidelbeeren (Blaubeeren, Bickbeeren) oder Weichseln

Nun eine köstliche Sommerspezialität der südostgalizischen jüdischen Küche: Gebackene Pirogen mit Heidelbeeren (Blaubeeren, Bickbeeren) oder Weichseln (Sauerkirschen). Die gekochten Pirogen mit dieser selben Füllung haben wir bereits kennengelernt. Gebacken schmecken sie aber fast noch leckerer. Allerdings werden sie dann nicht aus Nudelteig, sondern aus einem mit Hefe bereitet. Hier das Rezept:

15 g Hefe
ein wenig Sauermilch
¾ Tasse Zucker
500 g Mehl
Prise Salz
1 Ei
etwa 125 g Butter
1 knappes kg Heidelbeeren oder Weichsel-kirschen
zusätzlichen Zucker für die Füllung

Die Hefe mit ein wenig Sauermilch und etwas Zucker zusammen auflösen. Mehl, restlichen Zucker und Salz zusammen durchsieben. Das Ei zerschlagen; die Butter muß in der Wärme erweicht werden. Alle Zutaten vermischen. Den Teig zuerst verrühren, dann kneten. Nur so viel Sauermilch beifügen, wie nötig ist, um eine weiche, gut knetbare Masse zu erlangen.

Dann den Teig in eine Schüssel legen, ihn mit einem sauberen Tuch bedecken und an einen warmen Ort stellen. Nach etwa 30 Min. sollte der Teig genügend aufgegangen sein.

Auf bemehltem Brett dünn auswalzen und nach Belieben mit einer großen Tasse oder einer entsprechenden runden Ausstechform ausstechen. Die Form (Tasse) immer wieder in Mehl tauchen, damit sie nicht am Teig kleben bleibt. Nach Belieben runde Plätzchen oder Quadrate mit einer Seitenlänge von etwa 10 cm aus dem Teig herausradeln.

Die Früchte zuckern. Wenn es Weichseln sind: auch entsteinen. Je 1 TL Früchte in die Mitte der Teigplätzchen geben. Die Kreise (oder Quadrate) zu Halbmonden (oder Dreiecken) zusammenkleben. Die Ränder eventuell vorher mit Eiweiß bepinseln, damit sie besser aneinander festhaften.

Falls Sie Kreise ausgestochen haben, dann legen Sie die zugeklebten Pirogen nicht mit der Klebelinie seitlich auf das Backblech, wie bei Krapfen üblich, sondern mit der Klebelinie zuoberst in der Mitte. Die Pirogen sehen dann aus wie kleine gekippte Schiffe, die auf dem Wasser treiben.

Mit verdünntem Ei bestreichen. Noch einmal kurz in der Wärme stehenlassen, damit sie noch etwas aufgehen. Dann im vorgeheizten Ofen goldbraun backen.

Eierkichl, Variante I

Ein berühmtes, sehr leichtes und bekömmliches Gebäck der Ostjuden habe ich sonst auf der ganzen Welt nirgends wieder gefunden: Die *Eierkichl* (Eierküchel). Es war bei frommen Juden sehr beliebt, weil es erstens gut schmeckte, zweitens weder Butter noch Schmalz enthielt und folglich vor, nach und während jeder Mahlzeit gegessen werden durfte, und weil man außerdem – ich weiß nicht, weshalb – nicht einmal den üblichen Brotsegen darüber rezitieren mußte. Bei meiner Großmutter waren die Eierküchel eine kleine Delikatesse: großporig, zartsplittrig, angenehm duftend. Das Unglück ist nur, daß meine Großmutter starb, lange bevor ich daran dachte, ein Buch über koschere Kostproben zu schreiben, und daß mit ihr zusammen das ideale Rezept für diese Kichl offenbar aus der Welt verschwand. Die Koscherliteratur liefert Varianten, die den Weltruhm der einstigen Eierkichl nicht verdienen. Hier eines dieser Rezepte:

- etwa 1 ½ Tassen Mehl
- (evtl. ½–1 ganzes Päckchen Backpulver)
- 4 Eier
- 4 EL Speiseöl
- 2–3 TL Zucker
- Prise Salz
- weiteres Öl zum Eintauchen der rohen Kichl
- weiterer Zucker und etwas Zimt zum Bestreuen der Kichl

Einen Teil vom Mehl, zusammen mit dem Backpulver in eine Schüssel hineinsieben. In die Mitte eine Mulde drücken, in die alle übrigen Zutaten hineinkommen. Diese Mischung in der Teigmitte mit der Gabel leicht zerschlagen und immer mehr Mehl hinzumischen, bis Sie einen sehr weichen, aber doch schon knetbaren Teig erhalten. Da man nicht genau wissen kann, wieviel Mehl man hierzu benötigen wird, hat man vorsichtshalber zunächst nur einen Teil der angegebenen Mehlmenge in die Schüssel hineingesiebt.

Dieser Teig wird nun auf leicht bemehlter Unterlage etwa ½ cm dick ausgewalzt. Dann sticht man mit Hilfe eines Wasserglases oder einer Schablone Kreise aus, oder man zerschneidet den Teig mit dem Teigrädchen in Rechtecke von ähnlicher Größe. Ausstechform oder Teigrädchen immer wieder in Mehl tauchen, da der Teig klebrig ist und leicht anhaftet.

In ein Tellerchen füllt man ein wenig Speiseöl und zieht die elastischen Kichl durch das Öl, ehe man sie auf das Backblech legt. Dann bestreut man die Plätzchen mit Zucker und Zimt. Sie dürfen auf dem Backblech nicht zu nahe beisammen liegen, weil sie aufgehen. In etwa 20 Min. goldgelb backen …

Schlimm ist nur, daß man auf diese Weise nicht die zartsplittrigen *Kichl* meiner Großmutter erhält, sondern kleinporige, feste Brettchen, die sich kaum zerreißen lassen. Ich bin zwar sicher, daß Großmutter nie Backpulver beifügte, möchte aber unter solchen Umständen doch anraten, sich an die amerikanischen Kichlrezepte zu halten, die ½–1 ganzes Päckchen Backpulver vorschreiben.

Die echten Eierkichl dank deutsch-jüdischer Symbiose

Das Rezept für die echten, federleichten, herrlich mürbkrümeligen und hochbekömmlichen ostjüdischen Eierkichl entdeckte ich in einem Leserbrief an mich von einer deutschen »Arierin«, deren Großmutter es inmitten der Nazijahre von einer jüdischen Freundin bekommen hatte! Man wohnte nahe beieinander und gab den Kontakt auch dann noch nicht auf, als er bereits längst verboten war und für beide Partner eine Lebensgefahr bedeutete. Zuletzt tauschte man im verborgenen tägliche Briefe aus. Dabei erinnerte die (arische) Frau Dürr auch einmal an die köstlichen Eierkichl, die man bei den jüdischen Nachbarn so gern geknabbert hatte – am nächsten Tag fand sie das Rezept im Briefkasten vor! Die Enkelin, Herta Dürr, schickte es mir jetzt mit der ausdrücklichen Anmerkung, man dürfe die köstlichen Kichl ruhig genießen, ohne daß einem der Gedanke an die Spenderin die Kehle zuschnüre, denn sie sei gottlob noch in ihrer eigenen Wohnung, vor Beginn der Massendeportation, relativ ungeschoren gestorben. Hier die wörtliche Wiedergabe:

4 Eier
1 ½ große Frühstückstassen Mehl
1 Würfel Hefe (pflegt 20 g zu wiegen)
4 EL Öl (geruchloses)
2 EL Zucker, eine Prise Salz
weiteres Öl (nur wenig) zum Ausreiben des Backblechs
ein wenig weiteres geruchloses Öl und eine Mischung aus Puderzucker und Zimt zum Bestreichen und Bestreuen der Kichl

Die Eier zerquirlen, das Mehl durchsieben, die Hefe – und das ist wohl das Ei des Kolumbus für das Gelingen der Kichl! – nicht etwa naß anrühren, sondern nur »darunterbröseln«. Alles gut mischen. Den Teig etwa ⅓ cm dünn ausrollen, das Backblech mit Öl leicht ausreiben, mit dem Rand eines Wasserglases, den man immer wieder in Mehl taucht, runde Plätzchen ausstechen, mit relativ wenig Abstand voneinander auf dem Backblech plazieren, denn sie gehen zwar enorm auf, aber nur in die Höhe (etwa 3–5mal!), nicht in die Breite, und haben dann einen fast blätterteigartigen Charakter.

Nicht erwähnt ist in dem Rezept das Bestreichen der Kichl mit Öl und einer Prise aus einer Mischung von Zucker und Zimt auf der Mitte eines jeden Kichls – das war aber bei uns im Hause obligatorisch, wie ja in Ostgalizien überhaupt exotische Gewürze bei süßem Gebäck viel Verwendung fanden.

Goldgelb backen. Zu Apfelmus, Kompott aus Dörrobst oder zu blassem Schwarztee mit Zucker und Zitrone oder Tee mit Sladko (russisch: Warenje) servieren. Man kann die Kichl aber auch ganz ohne solche Zutat knabbern.

Zwiebelplätzchen mit Mohn

Fast noch beliebter zum Knabbern zwischen den Mahlzeiten oder unter Umständen auch zwischen den einzelnen Gängen einer Mahlzeit war ungesüßtes Kleingebäck. Unsere mittel- und westeuropäischen kleinen Käsestangen und Käseplätzchen waren in Südostgalizien unbekannt, weil man dort kaum Hartkäse aß. Sagte jemand »Käse«, so meinte er damit Quark, und zwar Schnittquark.

Auch den homogenen Cremequark kannte man dort nicht.

Aber selbst wenn man Hartkäse dort gekannt und viel gegessen hätte, wäre gerade den Juden mit einem solchen Gebäck nicht geholfen gewesen, denn sie hätten es ja nur bei »milchigen« Mahlzeiten reichen können.

Neben den schwach gesüßten *Eierkichl* erfanden Sie aber ein reich mit Zwiebeln durchmischtes Kleingebäck, das besonders Männer sehr gerne essen:

1 kg Mehl
etwas Backpulver: bei Teig mit Eiern ½ TL,
bei Teig nur mit Wasser 1 TL
2–3 Eier oder aber etwas lauwarmes Wasser
1 Tasse Speiseöl
3 große, fein zerschnittene Zwiebeln
3 EL Mohnsamen
Salz

Das Mehl sieben, und zwar zusammen mit dem Backpulver. Die Eier zerquirlen. Alles mischen. Nicht mehr Wasser beimengen als unbedingt nötig, um einen weichen Knetteig zu erhalten.

Den Teig auf schwach bemehltem Brett nicht zu dünn auswalzen. Entweder mit einem Wasserglas Kreise ausstechen oder mit dem Teigrädchen die Teigplatte in Vierecke von ähnlichem Umfang zerschneiden wie die runden Plätzchen. Ausstechform oder Teigrädchen immer wieder in Mehl tauchen, damit der Teig nicht an ihnen haften bleibt.

Das Backblech stark einölen. Die Plätzchen darauflegen. Mit der Gabel jedes Plätzchen mehrfach durchstechen. In etwa ½ Stunde im vorgeheizten Ofen goldbraun backen.

Es ist ein kommunes Gebäck, schmeckt aber trefflich etwa zu einem Glas jungen Weines.

Ägyptische Zwiebelpitta

Die Ägypter schätzten die Zwiebel – wie wir schon erwähnten – so hoch, daß sie bei ihr sogar schworen. Außerdem kannten sie schon früh gelockerten Teig. Es ist also durchaus möglich, daß diese sehr einfache, dabei aber schmackhafte ostjüdische Variante der Zwiebelplätzchen tatsächlich auf die alten Ägypter zurückgeht, nach denen sie benannt ist.

Da wir die Küche der orientalischen Juden in unserem Buch in einem Anhang getrennt behandeln, kann man sich also fragen, was das Rezept hier, im Hauptteil, zu suchen hat. Nun läßt sich aber die Trennungslinie nicht eindeutig ziehen. Das sahen wir schon beim *Fluden,* der zwar einen deutschen Namen trägt, seine orientalisch-iberische Herkunft aber seiner ganzen Komposition nach nicht verleugnen kann. Die Ostjuden lernten ihn von den spaniolischen Flüchtlingen der Inquisitionszeit auf dem Balkan kennen.

Andere Spezialitäten dieser ursprünglich aus Nordafrika zusammen mit den Arabern und Berbern nach der Pyrenäischen Halbinsel gelangten »Westjuden« fanden aus irgendwelchen Gründen bei ihren mittel- und osteuropäischen Glaubensbrüdern weniger Anklang. So etwa die hochinteressanten, delikaten Chaminados, die durch stundenlanges Dünsten und Würzen in einen Leckerbissen verwandelten harten Eier der (aus Spanien stammenden) bulgarischen Juden. Dafür bekommt man sie heute, nach dem Untergang der Juden Bulgariens in der Hitlerzeit, in den Restaurants der wenigen Überlebenden von ihnen in Israel. Von den Chaminados werdenv wir also im Anhang über die Israel-Küche hören.

Die ägyptische Zwiebelpitta jedoch kannten auch die Juden der südlichen Ukraine, wenn auch unter dem einfachen Namen »Zwiebelbrot«. Sie mag deshalb hier vorgestellt werden. Über das Wort *Pitta* dagegen werden wir uns im bereits erwähnten Anhang unterhalten.

Hier das Rezept:
Zwiebelpitta bereitete man, wenn ohnehin im Hause Brot gebacken wurde. Dann schob man die *Pittas* als letzten Backgang in den Ofen. Oder aber man beschaffte sich hierfür von einem benachbarten Bäcker ein Stück Brotteig. Dieser Teig mochte nach Belieben mit Hefe oder mit Sauerteig durchgegoren und, ebenfalls nach Belieben, aus Weizen oder aus Roggen sein. Am beliebtesten war ägyptische Zwiebelpitta aus gesäuertem Roggenteig. Schon dadurch ist der Beweis geliefert, daß das Gebäck – woher es auch stammte und wie es auch heißen mochte – trotzdem der ostjüdischen Küche angehört: Im Nahen Osten kennt man nämlich den schmackhaften Roggen kaum.

Sie brauchen ferner für diese Zwiebelpitta Milch oder Ei zum Bestreichen der einzelnen kleinen Fladen. Und außerdem viel gehackte rohe Zwiebeln und grobes Salz zum Bestreuen des Gebäcks.

Von dem Brotteig zupfen Sie Stücke von der Größe kleiner Äpfel ab und formen daraus gleichmäßige Kugeln. Die Kugeln walzen Sie auf bemehltem Brett zu etwa ½ cm dicken, runden Fladen aus. Diese Flachbrote werden mit Milch oder mit wasserverdünntem Ei bestrichen und dicht mit feingehackten, rohen Zwiebeln und grobem Salz bestreut.

In die Wärme stellen und noch einmal aufgehen lassen.

Dann im vorgeheizten Backofen schön goldbraun backen.

Sehr frisch, womöglich sogar noch warm, essen. Auf dem Balkan trank man Wein dazu, wie man ja auch im Schwäbischen zum jungen Wein gern ein Stück ofenheißen Zwiebelkuchen verzehrt.

Lekach mit und ohne Honig

Wenn Sie je bei Ostjuden zu Gast waren, bot man Ihnen vielleicht ein Stück *Lekach* an. Das ist ein sehr guter Kuchen, den es in Osteuropa bei den Juden in zwei Varianten gab: mit oder ohne Honig im Teig. Im letzteren Fall sprach man von *Zuckerlekach*. Alle Varianten wurden jedoch nur mit Speiseöl und nie mit Butter oder Schmalz gebacken, weil man den *Lekach* vor, nach und zu jeder Mahlzeit essen wollte, ohne durch die Milch- und Fleischprobleme der rituellen Küche behindert zu sein.

Diese Milch-Fleisch-Neutralität des *Lekach* war wohl, neben seinem Wohlgeschmack, mit ein Grund, weshalb er bei keinem Familienfest und an keinem Feiertag im Hause fehlen durfte. Bei Hochzeiten und Beschneidungsfeiern standen immer ganze Waschzuber voller dicker Lekachscheiben bereit, aus denen sich jeder bedienen konnte. Mit ihnen bewirtete man auch Gratulanten oder Kinder, die nicht zum eigentlichen Festdiner eingeladen waren. Die Erwachsenen bekamen dazu noch ein Gläschen Schnaps. Und auch in der Synagoge wurden an freudigen Feiertagen Körbe voll von Lekachstücken herumgereicht. In vielen Häusern hatte man auch ständig für Gäste, die zwischen den Mahlzeiten kurz vorbeischauten, *Lekach* auf Lager. Hierfür eignet sich besonders der *Honiglekach* sehr gut, denn er gewinnt seinen vollen Wohlgeschmack, wie jeder andere Lebkuchen auch (es ist nämlich in der Tat ein Lebkuchen!), erst nach Tagen und hält sich, richtig gelagert, wochenlang frisch.

Mit dem Namen *Lekach* hat es eine eigene Bewandtnis. Es ist dies – weiß man – die korrumpierte Form von »Lebkuchen«. Indes hat – was fast niemand weiß – die Silbe »Leb« in der Bezeichnung dieses Kuchens nichts mit »Leben« zu tun. Ein protestantischer Pfarrer, guter Hebraist und Kenner der jüdischen Exilgeschichte, schrieb mir, er sei sicher, daß das Wort von hebräisch Lew oder Leb = Herz herzuleiten sei und nicht von deutsch »Leben«. Auch die jiddische zärtliche Gewohnheit, einer angeredeten Person die Silbe »Leben« anzuhängen – also etwa Mame-Leben Jankel-Leben etc. –, hänge mit hebräisch Leb = Herz und nicht mit deutsch = Leben zusammen.

Im letzteren Fall hat er recht. Beim »Lebkuchen« jedoch irrt er, obwohl er als Beweis für seine These die Tatsache anführt, daß die Juden früher herzförmige Lebkuchen auf Jahrmärkten verkauft hätten. Dennoch kommt das Wort nicht von hebräisch »lew« oder »leb« = Herz und auch nicht von lateinisch »libum« = Laib oder Brotlaib, wie andere meinen, sondern von dem sehr alten deutschen Wort »leb« = Honig, der noch nicht durch ein Tuch filtriert wurde …

Der *Lekach,* den die Juden für sich selber backen, ist und war aber ohnehin nicht herzförmig, man backt ihn vielmehr in hochwandigen, viereckigen Cake-Blechen. Und hier zwei alte Rezepte für *Honiglekach,* beide vorzüglich:

Honiglekach I

Für 3 große, lange Kastenformen, die gleichzeitig in den Ofen hineingehen, brauchen Sie:

1 kleinere Backschüssel voll Rosinen, zerhackter Walnüsse, zerhacktem Orangeat und Zitronat
billigen Schnaps zum Einweichen der Nußkerne und Trockenfrüchte (Trester genügt)
4 Eier
Prise Salz
etwa 500 g Bienenhonig
etwa 300 g Zucker
⅛ l geruchloses Speiseöl
etwa 1 kg Mehl (halbweißes genügt)
2–3 Päckchen Backpulver
Zimt, Nelkenpulver, gemahlenen Ingwer
das Abgeriebene von 1–2 Zitronenschalen

falls Sie einen faden exotischen Honig nehmen:
1 EL Kakao zur Steigerung des Aromas
weiteres Öl zum Ausstreichen der Backformen,
noch besser: Auskleiden der Backform mit Backfolie

Am Vorabend: Die Rosinen (helle, dunkle oder auch beide Sorten gemischt) gut waschen. Zitronat und Orangeat kleinschneiden. Walnüsse grob zerhacken (auf keinen Fall zermahlen!). Man kann auch Haselnüsse und Mandeln hinzufügen, der Kuchen wird aber feiner, wenn nur Walnüsse hineinkommen. Alles in einer Schüssel mischen. Mit Schnaps übergossen die Nacht über zugedeckt stehenlassen.

Der Teig: Das Eiweiß mit der Prise Salz zu Schnee schlagen, den schwach erwärmten Honig, den Zucker, das Öl und das Eigelb beifügen. Gut verrühren.

Einen Teil des Mehls mit dem Backpulver, den Gewürzen und dem (eventuellen) Kakao gut vermischen und in die Masse hineinrühren. Weiteres Mehl etappenweise beigeben, bis der Teig die Konsistenz eines sehr zähflüssigen Honigs unmittelbar vor dem Auskristallisieren hat. Den Schnaps, der sich unten in der Schüssel der eingeweichten Trockenfrüchte und Kerne abgesetzt hat, ebenfalls in den Teig mischen. Die Dosierung des Mehlgehalts genau überwachen: Ist der Teig zu dünnflüssig, dann sprudelt er beim Backen wie eine überkochende Suppe über den Rand der Cakeform hinaus – ist es schon ein regelrechter Knetteig, dann wird der Kuchen zu brotartig. Auf jeden Fall muß man mit dem Holzlöffel den Teig, wenn auch mit Mühe, noch umrühren können.

Von den eingeweichten Zutaten wird der Schnaps abgesiebt und, wie bereits erwähnt, zum Teig hinzugefügt. Die zerhackten Früchte läßt man auf einem genügend großen Plastiksieb ein wenig abtropfen. Mit durchgesiebtem Mehl bestäuben und gut durcheinanderschütteln. Die Prozedur wiederholen, bis alle Bestandteile in dem Sieb ringsum von Mehl bepudert sind und nicht mehr aneinanderkleben. Überschüssiges Mehl rieselt durch die Sieblöcher in eine Schüssel, die man daruntergestellt hat.

Diese ringsum mehlbepuderten Kerne und Trockenfrüchte kommen jetzt in den Teig. Gut untereinandermischen.

Drei größere Cakeformen entweder gründlich ölen und mit Mehl ausstäuben oder aber, noch besser, mit Backreinpapier auskleiden. Die Teigmasse höchstens bis zu ⅔ der Wandhöhe einfüllen, da der Kuchen, trotz der Schwere der Masse, aufgeht. Die Oberfläche des Teiges mit der kalt eingenäßten Hand glattstreichen.

Bei nicht zu starker Hitze etwa 1 Stunde lang backen.

Achtung: Bei zu starker Hitze bräunt sich der Kuchen außen sehr schnell und bleibt innen roh!

Nochmals Achtung: Nicht länger backen als unbedingt nötig! Denn nur schwach gebackene Honigkuchen haben die angenehme Eigenschaft, daß sie bei längerem Liegen nicht austrocknen, sondern umgekehrt aus der Luft Feuchtigkeit ansaugen und noch weicher und zarter schmecken als frisch aus dem Ofen.

Der Kuchen ist fertig, wenn ein hineingestochenes Hölzchen (oder spitzes Messerchen) sauber herauskommt, wenn also kein Teig mehr an ihm haftet. Sollte der Kuchen aber vor dem vollständigen Garsein außen bereits so dunkelbraun aussehen, daß gegen ein Weiterbacken begründete Bedenken bestehen, dann nimmt man ihn aus dem Ofen heraus. Denn es schadet nichts, wenn der Teig oben in der Mitte noch ein wenig feucht ist. Der *Lekach* schmeckt so jedenfalls besser als angebrannt.

Ein drittes Mal Achtung: Am ersten Tag läßt sich der Honiglekach kaum in Scheiben schneiden; er bröckelt und krümelt. Also frühestens am zweiten Tag anschneiden!

Unerläßlich sind ferner recht dicke Scheiben, weil die vielen »Einlagen« in den Teig sonst teilweise herauskrümeln könnten.

Manche backen den *Honiglekach* auch ganz ohne alle diese »Einlagen«. Er schmeckt zwar auch dann recht gut, aber ein wenig langweilig.

Man lasse sich ja nicht einfallen, zwecks vermeintlicher Verbesserung anstelle von Öl Butter in den Teig zu tun! Der *Honiglekach* soll nach den verschiedenen Beitaten, dem Honig und den Gewürzen duften und schmecken, und nicht nach Butter!

Eben deshalb sollte man eigentlich auch nicht an der Qualität des Honigs sparen! Europäischer Waldhonig ergibt das erfreulichste Resultat. Muß man trotzdem sparen und sich mit südamerikanischen Importsorten begnügen, dann, wie gesagt, Kakao beifügen und außerdem etwas mehr Gewürze hineinstreuen.

Honiglekach II

500 g Bienenhonig
500 g Zucker
750 g Mehl (halbweißes genügt)
4 Eier
1 Tasse sehr starker Kaffee
1 ½ TL Natron (Soda, Backpulver)
Saft und Schale von 1 (unbehandelten) Zitrone
2 EL Öl
1 Likörglas Rum oder Cognac
beliebige Menge Rosinen, zerhackte Walnüsse, feingeschnittenes Orangeat und Zitronat, etwas weiteres Öl zum Ausstreichen der Backformen

Alles, mit Ausnahme der Früchte und der Kerne, des Eiweißes und des Mehls, vermischen. Anschließend das zu Schnee geschlagene Eiweiß und das zusammen mit dem Natron durchgesiebte Mehl hineinarbeiten. Zuletzt die in Rum eingeweichten mehlbestäubten Früchte und Kerne hinzufügen. Weiter vorgehen wie beim ersten Rezept.

Dieser zweite Honigkuchen bleibt nicht ganz so lange frisch wie der erste, was mit dem geringeren Ölgehalt zusammenhängen mag. Er schmeckt aber gleichfalls sehr lecker.

Übrigens kenne ich keine einzige ostjüdische Hausfrau, die sich bei ihrem *Honiglekach* an ein genaues Rezept hält. Viele backen ihn auch jedesmal wieder ein bißchen anders. Wichtig ist nur, daß die beim ersten Rezept beschriebene, sehr zähflüssige Konsistenz des Teiges stimmt. Sie können sich also auch selber neue Varianten ausdenken und sie ausprobieren.

Zuckerlekach

Obgleich *Lekach* soviel heißt wie Lebkuchen und man im ganzen deutschen Sprachbereich unter Lebkuchen nur honig- oder melassehaltiges, bräunliches Gebäck versteht, verwenden die Ostjuden den Namen *Lekach* auch für einen leichten, honig- und fettfreien Kuchen, den sie in Amerika drüben neuerdings auch als »Sponge-Cake«, also als Schwammkuchen, bezeichnen. Sie nennen ihn *Zuckerlekach*. Und sie backen ihn sogar während ihrer Pessachtage, was aber keineswegs der Logik entbehrt, denn sie bereiten ihn dann statt mit »normalem« Mehl mit Kartoffel- oder Maisstärke: Stärke läßt sich erfahrungsgemäß weder in Sauerteig verwandeln noch mit Hilfe von Hefe angären und treiben. Manche verzichten beim *Zuckerlekach,* sofern er für die Pessachtage bestimmt ist, zudem noch auf jedes Treibmittel und begnügen sich damit, den reich mit Eiern vermischten Teig so lange zu rühren und zu schlagen, bis er dank der vielen »hineingepeitschten« Luft ganz leicht und hell geworden ist. Andere nehmen ein Backpulver dazu, was insofern korrekt ist, als der Verzicht auf poröses, lockeres, hochgetriebenes Brot während dieser acht Tage ja nur daran erinnern soll, daß die Hebräer vor ihrem eiligen Aufbruch aus Ägypten keine Zeit mehr hatten, ihren Brotteig stundenlang durchgären zu lassen.

Das scheußliche, mit Hilfe von Soda hochgetriebene Schwammbrot der Angelsachsen müßte also, rein logisch betrachtet, zu Pessach erlaubt sein. Verbietet man aber kurzerhand jedes poröse, hochgetriebene Brot, auch solches mit Soda statt Hefe oder Sauerteig, dann fragt es sich natürlich, ob und wieso Soda (= Natron, Backpulver) bei anderem Pessachgebäck erlaubt sein soll?

Diese Frage mögen die orthodoxen Rabbiner entscheiden. Wir geben hier das Rezept mit Backpulver – jedem bleibt es unbenommen, statt dessen den Teig sehr lange zu rühren und zu schlagen. Mit Hilfe elektrischer Küchenmaschinen ist das heute kein Problem mehr.

6 Eier
1–1 ½ Tassen Zucker
3 TL Zitronensaft plus das Abgeriebene einer (unbehandelten) Zitronenschale
1–1 ½ Tassen Weißmehl (oder, für Pessach, Stärkepuder von Kartoffeln oder Mais)
(evtl. 1 TL Backpulver)

Die Eidotter mit dem durchgesiebten Zucker, dem Saft und der Schale der Zitrone so lange reiben, bis die Masse dicklich und hell ist.

Dann abwechselnd das steifgeschlagene Eiweiß und das (eventuell zusammen mit Backpulver) durchgesiebte Mehl löffelweise sehr sorgfältig unter die Masse mischen, und zwar mit sachten Bewegungen: Die Luft soll bei dieser Prozedur aus dem steifgeschlagenen Eiweiß nicht entweichen.

Backformen einölen und mit Mehl (an Pessach mit Mazzebröseln oder gemahlenen Mandeln) ausstreuen. Einfacher ist es, wenn man die Cakeformen mit Backreinpapier auskleidet.

Im vorgeheizten Ofen etwa eine knappe Stunde backen, bis der *Lekach* oben lichtbraun ist. Mit spitzem Hölzchen oder Messerchen hineinstechen: Wenn nichts vom Teig daran kleben bleibt, ist der *Lekach* fertig.

Im Gegensatz zu dem, was man im Küchendeutsch als »Sandkuchen« bezeichnet, sind die Scheiben dieses sehr leichten, fettfreien Biskuits ein wenig elastisch und biegsam.

Ist der *Honiglekach* für Pessach bestimmt, so backen ihn manche auch mit halb Kartoffelstärke und halb Mazzemehl (= feingemahlene Mazze). Der *Lekach* schmeckt dann etwas »kerniger«. Man kann natürlich statt Mazzekrümeln auch gemahlene Mandeln oder Nüsse in den Teig mischen. Dann kommen wir aber in die Nähe eines anderen beliebten Pessachgebäcks, das lohnt, auch von Nichtjuden in ihr Backrepertoire aufgenommen zu werden: *Die Mandeltorte ohne Mehl.*

Mandeltorte für Pessach

An sich läge es nahe, daß man zu Pessach auch allerlei Leckereien aus Marzipan fertigt, denn sie enthalten keinerlei Mehl, sondern nur fein zerriebene Mandeln, Zucker, ein wenig Rosenwasser und allenfalls ein bißchen Eiweiß. Das beste Marzipan wird jedoch in Nordwestdeutschland hergestellt, und im Mittelalter gab es in Niederdeutschland keine Juden. Da die meisten späteren Ostjuden schon im Mittelalter aus Deutschland nach Osteuropa flohen, kannten sie folglich kein Marzipan. Sie haben es auch später nicht in ihr kulinarisches Repertoire aufgenommen. Zu Pessach backten sie Makronen, für die wir keine Rezepte anzugeben brauchen, denn sie unterscheiden sich nicht von jenen der Nichtjuden in ganz Europa. Und, wie gesagt, eine unvergleichlich leckere Mandeltorte.

Hier das Rezept:

10 Eier
300 g Zucker
Saft und abgeriebene Schale von 1 (unbehandelten) Zitrone
300 g gemahlene Mandeln oder Walnüsse
Prise Salz
2 gehäufte EL Mazzebrösel (es geht natürlich auch mit Semmelbröseln, noch besser mit Bröseln von einem guten Zwieback)
etwas Öl und weitere gemahlene Mandeln für die Backform
evtl. etwas sehr feste, aromatische Konfitüre

Eigelb, Zucker, Saft und abgeriebene Schale der Zitrone so lange zusammen schlagen, bis die Masse cremig ist. Die geriebenen Mandeln oder Walnüsse hineinmischen. Es geht an sich auch mit geriebenen Haselnüssen, aber mit Walnüssen schmeckt die Torte am feinsten.

Zuletzt das zusammen mit der Prise Salz steif geschlagene Eiweiß vorsichtig unterheben.

Man kann die Masse nach Belieben in einer runden Springform oder in 2–3 kastenförmigen Cakeformen backen. Falls man Cakeformen nimmt, muß man sie sehr gut ausfetten und mit Bröseln (geriebenen Nüssen oder Mandeln oder Paniermehl [Mazzemehl]) ausstreuen, weil die sehr zarte Masse sich schwer aus der Form herauslösen läßt. Noch besser ist es daher, wenn man die Cakeformen mit Pergament, am besten mit Backreinpapier, auskleidet. Bei der Springform mit ihrem abnehmbaren Rand sind ähnliche Vorkehrungen überflüssig. Da das Gebäck aufgeht, nicht zu hoch in die Form einfüllen! Ganz große Kenner und Leckermäuler verfeinern die an sich schon hochdelikate Torte noch dadurch, daß sie zunächst nur etwa ¾ der Teigmasse in die Backform einfüllen und dann mit Hilfe von einem Kaffeelöffelchen und einem spitzen kleinen Messer winzige Konfitürefleckchen über den Teig verteilen. Jetzt erst den restlichen Teig darüberstreichen.

Es eignen sich hierfür nur sehr feste und homogene Konfitüren, also etwa zur Paste eingekochte Zwetschgen oder Aprikosen, nicht aber Marmeladen mit Kernchen oder ganzen Fruchtstücken darin. Die Konfitürefleckchen dürfen nicht zu groß und schwer sein, damit sie während des Backprozesses nicht bis auf den Boden der Torte hinabsinken. Sind sie aber leicht genug, um etwa in der Mitte der Tortenhöhe zu bleiben, und ist es eine wirklich hocharomatische Konfitürensorte, dann vermittelt sie dem zartfeuchten Mandel- oder Nußteig zusätzliche Feuchtigkeit und ein ganz unvergleichliches Aroma.

Wer sich aufs Backen versteht, wird dem Rezept vielleicht ein leises Mißtrauen entgegenbringen, wird sich fragen, ob die Masse bei so vielen Eiern und im Verhältnis dazu so wenigen festen Elementen nicht auseinanderfallen wird. In der Tat ist nicht die schöne Gestalt die Haupteigenschaft dieser einzigartigen Mandeltorte. Es kommt auch vor, daß sie in der Mitte einsinkt. Und auf dem Teller zerfallen die Tortenstücke schon bei leichter Berührung mit der Dessertgabel. Aber was schadet das? Ich gehe jede Wette ein: Wer diese Torte einmal gekostet hat, wird sie immer wieder haben wollen. Er wird die schöne Form nicht vermissen.

Die Torte paßt zu Apfelmus oder einem Glas Tee mit Zitrone, Zucker und Rum.

Wenn Sie keine passende Konfitüre haben, können Sie die Konfitüreflöckchen auch weglassen. Die Torte ist dann immer noch sehr gut.

Wichtig ist aber, daß man sie nicht länger backt als unbedingt nötig. Der Ofen muß vorgeheizt sein, die Flamme nicht allzu klein. 40–50 Min. Backzeit sollten, je nach Dicke der Torte, genügen. Mit spitzem Hölzchen oder Messerchen gegen Ende der Backzeit kontrollieren, ob die Torte fertig ist. Sie ist es, wenn der Teig nicht mehr am Hölzchen haften bleibt.

Jetzt sofort aus dem Ofen herausziehen, sonst büßt die Torte ihre herrliche Feuchte ein.

Die geschilderte Mandel- oder Nußtorte ist hochdelikat. Man hat aber, wie gesagt, Probleme mit ihrer Form und Konsistenz: Sie gerät allzu leicht aus den Fugen.

Mandel-Cake für Pessach (Rezept Verena Hummler)

Ganz zufällig habe ich nun im Hause des (durchaus nicht jüdischen) Stadtamtmanns von St. Gallen, Dr. Hummler, einen Mandelcake kennengelernt, den seine Gattin Verena selbst erfunden hat und seit Jahrzehnten an Sonn- und Feiertagen backt, der sich ideal für Pessach eignet, herrlich schmeckt und immer tadellos Form und Haltung bewahrt. Ja – ich möchte behaupten, daß er sich für den streng orthodoxen, jüdischen Haushalt fast noch besser eignet als das von mir gelieferte Hausrezept unserer Familie, weil er keinerlei Brösel enthält und man für ihn folglich auch kein Mazzemehl (= Mazzebrösel) braucht: Es gibt nämlich sehr fromme Juden, die jede Weiterverarbeitung der Mazze – und folglich auch Gebäck mit Mazzebröseln – ablehnen, weil es dabei vielleicht doch einmal zu einer Säuregärung kommen könnte.

Hier dieses Idealrezept:

Für eine mittelgroße Cakeform:
4 ganze Eier
250 g Kristallzucker
etwas Kirsch- oder Zitronensaft
das Abgeriebene von einer Zitronenschale
250 g geriebene Mandeln oder Nüsse

Die Cakeform sehr gründlich ölen und mit geriebenen Mandeln ausstäuben. Noch besser ist es natürlich, wenn man die Form mit Backreinpapier auskleidet.

Auf keinen Fall das Eiweiß von dem Eigelb separieren und steif schlagen, denn das führt unfehlbar zum zu starken Aufgehen des Kuchens im Ofen, was ebenso unfehlbar zur Folge hat, daß er nachher in der Mitte zusammensinkt! Es genügt also, die ganzen Eier gut zu zerschlagen und dann mit allen restlichen Elementen zu einem Teig zu vermischen. In die entsprechend vorbereitete Backform einfüllen. Im vorgeheizten Ofen bei mäßiger Hitze ca. 60–75 Min. backen. Mit spitzem Hölzchen oder metallener Stricknadel gegen Ende des Backprozesses kontrollieren, ob der Teig nicht mehr klebt. Dann den Kuchen sofort aus dem Ofen herausnehmen, weil er sonst zu »trocken« wird.

Für eine runde, größere Torte nimmt man das doppelte Quantum von allem.

Oder man nimmt das dreifache Quantum und backt gleichzeitig 3 Cakes. Sie vertragen Tiefkühlung.

Schokoladentorte für Pessach

7 Eier
1 Tasse Zucker
3 EL Kakao
wenig kaltes Wasser
Saft von 1 Orange
½ Tasse gemahlene Nüsse oder Mandeln
¾ Tasse Mazzemehl (= Mazzebrösel; ersetzbar durch Zwiebackbrösel)
Prise Salz

Das Eigelb mit dem Zucker zusammen schaumig und cremig rühren. Den Kakao in ganz wenig Wasser oder, noch besser, im Orangensaft knötchenfrei rühren. Die geriebenen Nüsse (Mandeln) und Mazzebrösel beifügen. Das Eiweiß zu steifem Schnee schlagen, was um so besser gelingt, wenn man eine Prise Salz beimengt. Den Eischaum vorsichtig unter die Tortenmasse heben.

In *ungefetteter* Springform etwa 45 Min. backen. Noch besser: Den Boden der Springform mit Backtrennpapier auslegen. Mit spitzem Hölzchen kontrollieren, ob der Teig nicht mehr klebt. Nicht länger backen als unbedingt nötig, weil die Torte sonst »trocken« wird.

Die Torte im Ofen erkalten lassen.

Marktorte

Während oder kurz nach einer Mahlzeit mit Fleisch kann der fromme Jude keine Speise mit Milch, Rahm oder Butter genießen. Zahlreiche besonders delikate »Mehlspeisen« kommen da nicht mehr in Frage. Dafür hat die jüdische Küche eine sehr feine »fleischige« Mehlspeise entwickelt, die ich sonst nirgends angetroffen habe: die Marktorte. Hier das Rezept:

Für den Teig:

etwa 150 g ausgelassenes oder aber feingehacktes, rohes Schmalz vom Rind oder vom Geflügel
1 Ei
1 Handvoll Zucker
1 Messerspitze Backpulver
so viel Mehl als nötig für einen weichen Knetteig

Für die Füllung:

125 g Rindermark
125 g Zucker
125 g geriebene Mandeln
4 Eier
30 g gehacktes Zitronat und Orangeat, gemischt
das Abgeriebene einer unbehandelten Zitronenschale

Das rohe Mark wird aus den Knochen herausgelöst und eine Weile in kaltes Wasser gelegt, damit sich eventuelle Blutspuren im Mark im Wasser auflösen. Dann reibt man das Mark mit dem Zucker zusammen schaumig.

Hernach kommen alle anderen Bestandteile der Füllung in die Masse hinein, zuletzt das steifgeschlagene Eiweiß. Es wird *nicht* heftig hineingerührt, sondern vorsichtig »untergehoben«.

Eine Tortenform nicht zu dünn mit dem Mürbeteig auslegen, und zwar sowohl den Boden wie die Wände. Die Füllung auf den Tortenboden schütten und glattstreichen.

Aus einem Teigrest schmale, dünne Streifen radeln und als Gitter über die Füllung legen, ähnlich wie bei einer Linzertorte.

Nach Belieben kann man der Markfüllung noch exotische Gewürze wie Zimt, Nelken, Ingwer beifügen.

Im vorgeheizten Ofen in 35–50 Min. goldbraun backen.

Purimspezialitäten

Die Ostjuden essen ihre meisten süßen Spezialitäten an allen ihren Freudenfesten und Feiertagen. Eine Ausnahme bilden etliche Leckereien, die man nur zu Purim, der jüdischen Fasnacht, herstellt und verzehrt. Was es mit dem Purimfest und speziell mit den sogenannten *Hamantaschen* auf sich hat, hörten wir bereits in der Einleitung (S. 72 ff.). Und wir wissen auch schon, weshalb diese *Hamantaschen* unbedingt dreieckig sein müssen. Man kannte im jüdischen Osten noch viele andere süße Spezialitäten für Purim. Sie variierten von Gegend zu Gegend. *Hamantaschen* aber wurden überall gebacken. Für Teig und Füllung jedoch gab es zahllose Variationen. Wir stellen hier 4 besonders beliebte und verbreitete vor:

Hamantaschen aus Honigteig

4 Tassen Mehl
Prise Salz
1 TL Backpulver
4 Eier
125 g Butter
1 Tasse leicht erwärmter Honig

Füllung:
s. die beiden Rezepte für Mürbeteig-Hamantaschen (S. 224 f.)
verdünntes Ei zum Bestreichen der Hamantaschen

Alles Trockene zusammen durchsieben und in eine Schüssel geben. Die Eier gründlich zerquirlen. Die Butter weichmachen. Alle Bestandteile für den Teig zusammenschütten. Anfangs mit einem Holzlöffel und dann mit kalt angefeuchteter Hand zuerst mischen und dann zu einem Knetteig verarbeiten.

Ziemlich dünn auf bemehltem Brett auswalzen.

Für das Zerteilen des Teiges gibt es zwei Methoden. Die beliebtere bestand darin, mit dem bemehlten Teigrädchen die ganze Teigplatte zunächst einmal in etwa 10 cm breite Streifen aufzuteilen und diese hierauf durch eine Zickzacklinie zu ungefähr gleichschenkligen Dreiecken zu zerschneiden. In die Mitte eines jeden Dreiecks einen Teelöffel der Füllung legen und die drei Spitzen des Teigdreiecks in der Mitte über der Füllung miteinander zusammenkleben. Auch die drei Seitenspalten über der Füllung verkleben, so daß sich auf diese Weise hübsche kleine Pyramiden mit drei Seitenwänden ergeben.

In anderen Gegenden wieder stach man aus dem Teig mit Hilfe einer größeren Tasse, deren Rand man immer wieder in Mehl tauchte (damit er nicht am Teig kleben blieb), runde Plätzchen aus. Die Füllung kam auch hier in die Mitte des Plätzchens. Der Rand wurde von drei Seiten her gegen die Mitte des Plätzchens über die Füllung geklappt, die aber sowohl in der Mitte wie auch an den drei Seiten sichtbar blieb. Das Ganze sah dann ein wenig aus wie ein Napoleonischer Dreispitz. Der Nachteil dieser zweiten Methode liegt auf der Hand: Bei ihr ist die Füllung nicht ganz vom Teig bedeckt und trocknet daher rascher aus.

In beiden Fällen werden die *Hamantaschen* vor dem Backen mit wasserverdünntem, zerschlagenem Ei bepinselt und im vorgeheizten Backofen in ca. 20–25 Min. schön goldbraun gebacken.

Hamantaschen aus Mürbeteig

Der Teig:
- 250 g Butter
- 1–2 Eier
- 1 Tasse Zucker
- 1 Handvoll geriebene Haselnüsse oder Mandeln (können auch wegbleiben)
- 1 kleines Glas Rum oder Cognac (Trester tut es auch)
- genügend Mehl, um aus den angegebenen Bestandteilen einen weichen Knetteig herzustellen
- evtl. 1 TL Backpulver

Die Butter weich machen. Die Eier zerquirlen. Alle Bestandteile, Mehl und Backpulver ausgenommen, vermischen.
Das Mehl etappenweise beifügen. Falls man Backpulver beigeben will, muß es der ersten Mehl-»Rate«, die in den Teig kommt, beigemischt werden. Nicht mehr Mehl nehmen als unbedingt nötig. Der Teig soll sehr weich sein.

Weiterverfahren wie bei den *Hamantaschen* aus Honigteig.

Füllung I für Hamantaschen mit Mohnsamen

- 1 Tasse Mohnsamen, gemahlen
- ½ Tasse geriebene Nüsse oder Mandeln
- mehrere EL Bienenhonig

Den Mohn mit kochendem Wasser übergießen und eine Weile, am besten über Nacht, stehenlassen. Gut abtropfen lassen. Dann im Mörser zerstampfen oder in der Mohnmühle mahlen. Hat man keine, so geht es auch mit einer Schlagmühle, und zwar geht es leichter, wenn man etwas Grießzucker mitmahlt.

Die gemahlenen Mohnsamen zusammen mit den geriebenen Nüssen (Mandeln) und dem Honig auf kleiner Flamme dicklich einkochen, aber nicht so lange weiterkochen lassen, daß die erkaltete Masse nachher hart ist wie für Honigbonbons. Nach etwa 10 Min. Kochzeit beginnt die Honig-Mischmasse, sich dunkler zu färben. Dies dürfte der Moment sein, in welchem sie die ungefähr richtige Konsistenz erreicht hat. Vor der Verwendung etwas auskühlen lassen.

Füllung II für Hamantaschen mit dickem Zwetschgenmus (Powidlo)

Die beliebteste Füllung für Hamantaschen in Südostgalizien bestand aus jenem altmodischen, ohne Zucker dick eingekochten Mus aus sehr reifen Zwetschgen, das man dort »Powidlo« nannte. Man kochte solches Mus früher auch in Deutschland ein. Den damals teuren Zucker (heute ist er

billiger als sogar die billigsten Früchte in ihrer Hochsaison!) ließ man ganz beiseite. Damit eine solche Marmelade nachher trotzdem nicht schimmelte, mußte sie sehr fest eingekocht werden, und damit die dichte Masse im Kochtopf nicht ansetzte und anbrannte, mußte man pausenlos rühren. Das erforderte viel Zeit.

Auf manchen alten deutschen Bauernhöfen steht heute noch in einem Nebenraum ein gewaltiger Kupferkessel, in welchem man solches Mus einzukochen pflegte. Zu dem Kessel gehörte auch eine eigene Rührstange mit sehr langem Griff, der es erlaubte, beim Einkochen der Masse dem Topf nicht zu nahe zu kommen, weil der immer dicker werdende Brei nach allen Seiten spritzte. Man kochte die Masse, bis sie sich in ein homogenes, braunviolettes Mus verwandelt hatte. Das dauerte sehr lange, bei großen Quantitäten unter Umständen die ganze Nacht hindurch. Die Familienmitglieder lösten sich beim Umrühren des Muses ab.

Mancherorts kochte man die Masse so lange, bis sie sich – nach dem Auskühlen – in eine fast gummiartige, feste Substanz verwandelte. Ohne Zweifel eine perfekte Konservierungsmethode: Solche Marmelade schimmelt auch nach Jahren nicht. Meist aber wollte man eine zwar feste, aber doch noch streichfähige Konsistenz erzielen. In armen Familien Osteuropas war Powidlo – so hieß das Mus dort – der bekannteste und beliebteste billige Brotaufstrich, vor allem auch für die Kinder. Dieses Mus also eignet sich ideal für die Füllung von Hamantaschen. Man fügt ihm nach Geschmack Zucker und Zimt bei und gibt je einen Teelöffel von der halbsteifen Masse in die Mitte einer jeden *Hamantasche.*

Der Haken ist nur: Im eigenen Hause werden wir heute Powidlo bestimmt nicht mehr einkochen, denn Früchte sind, wie schon erwähnt, seit Jahren teurer als Zucker. Zudem hat das Mus, der langen Kochdauer wegen, ein leichtes Karamelaroma, das den Eigengeschmack und -duft der eingekochten Früchte ein wenig verdrängt. Die Nostalgiewelle hat neuerdings aber dazu geführt, daß man trotzdem regelrechtes Zwetschgenmus (in Norddeutschland Pflaumenmus genannt) jetzt in hübschen kleinen Plastikdosen im Laden kaufen kann. Ist in Ihrer Gegend echtes, altmodisches Powidlo unauftreibbar, so können Sie sich mit zwei vortrefflichen Ersatzvarianten behelfen, die beide – nach meiner Meinung – noch besser schmecken und riechen als die Originalform.

Powidlo-Ersatz I aus Backpflaumen (Trockenzwetschgen)

Gute getrocknete Zwetschgen über Nacht kalt einweichen und am anderen Tag mit dem Einweichwasser zusammen weich kochen, und zwar so langsam und so sachte, daß die Früchte dabei ganz zu Brei zerfallen. Die Wasserbeigabe muß so bemessen sein, daß zuletzt fast keine Flüssigkeit mehr im Kochtopf ist. Den kleinen, verbleibenden Rest als Sirup für die Kinder verwenden.

Jetzt erst die Früchte entsteinen (es geht bei weichgekochtem Fruchtfleisch weit leichter als bei rohem). Die entsteinten Früchte mit dem Holzlöffel zur homogenen Masse zerreiben. Zimt, das Abgeriebene einer (unbehandelten) Zitronenschale und Zucker nach Geschmack beifügen.

Sie können die Prozedur noch dadurch abkürzen und vereinfachen, indem Sie das Mus aus entsteinten »Kur-Zwetschgen« einkochen. Sie sind aber sehr viel teurer als nicht-entsteintes Dörrobst.

Powidlo-Ersatz II aus nachgedicktem Zwetschgenmus

Diese zweite Methode setzt einen kräftigen, elektrischen Mixer voraus: Von Hand können Sie die Früchte niemals so fein pürieren, auch der Fleischwolf schafft das nicht.

Feste, reife, gute Zwetschgen (am besten »Welsche« oder »Fellenberger«) halbieren, entsteinen, abwiegen, mit gleichviel Zucker zusammen stundenlang, am besten über Nacht, stehenlassen. Die Früchte sondern dabei Saft ab.

Jetzt die Früchte, samt einem Teil der Flüssigkeit, portionenweise in den elektrischen Mixer füllen und bis zur völlig homogenen Masse pürieren. In den Kochtopf hineinfüllen.

Man kann diesem sehr süßen Brei, nach Belieben, allerlei Würze beigeben: Pulver von Zimt, Kardamom, Ingwer, Muskat, das Abgeraspelte einiger Zitronenschalen, auch den Saft der Zitronen, den man aber besser durch kristalline Zitronensäure ersetzt. (Über die Gründe siehe S. 280 im Zusammenhang mit der Rosenkonfitüre.)

Während Zwetschgen mit ganzen oder nur grob zerschnittenen Schalen ziemlich lange brauchen, ehe sie sich in der Zucker-Früchte-Mischung beim Kochen »setzen« und die Schalen bei noch so langem Sieden nicht weich werden, läßt sich ein solches homogenes Zwetschgenpüree in unglaublich kurzer Zeit zu einem Mus eindicken, das schon bald nicht mehr lebhaft sprudelt, sondern nur noch mühsam »sumpfige« Blasen hochsteigen läßt und in breiten Lappen vom Kochlöffel fällt. Ständig rühren, da der Brei leicht am Topfboden ansetzt! Sie können die Masse nach Belieben zu einer festen Gallerte oder zu einer fast gummiartigen Paste einkochen, die sich, erkaltet, auch ohne Gefäß, in Stücken, transportieren läßt. Diese Konfitüre aus zerschlagenen Früchten schmeckt »fruchtiger« als echtes Powidlo, ähnelt ihm aber in der halbfesten Konsistenz.

Hamantaschen aus Quarkteig mit Quarkfüllung

Dieses Rezept nur dann erproben, wenn man krümligen Schnittquark auftreiben kann.

Für den Teig:
- 1 Ei
- 200 g Butter
- 200 g Schnittquark
- etwa 200 g Mehl
- wenig Salz
- ein wenig Zucker

Für die Füllung:
- etwa 300 g Schnittquark
- 2 zerquirlte Eier
- ½ Tasse Zucker
- einige EL gemahlene Mandeln oder Nüsse, evtl. statt dessen Brösel von Semmeln oder Zwieback
- ½ TL Zimt oder, besser, das Abgeriebene einer (unbehandelten) Zitronenschale

Für den Teig das Ei zerquirlen, alle anderen Bestandteile beifügen, rasch mischen und kneten. Es muß ein geschmeidiger, weicher Knetteig entstehen.

Sollte der Quark ein wenig wäßrig sein, dann nicht etwa entsprechend mehr Mehl zuschütten, sondern den Quark vor der Verarbeitung ein wenig auspressen.

Den Teig zu einer nicht zu dünnen Teigplatte auswalzen und weiterverfahren wie bei den zwei vorigen Rezepten für *Hamantaschen*.

Für die Füllung gilt, genau wie für den Teig: Der Quark darf nicht zu wäßrig sein. Notfalls ein bißchen abpressen (man macht das in einem sauberen Mulltüchlein).

Die Eier zerquirlen und mit allem anderen mischen.

Die Beigabe von Nüssen (oder Mandeln) oder Bröseln von der Konsistenz der Füllmasse abhängig machen: Sie muß »halb steif« sein, darf nicht zerfließen.

Die *Quark-Hamantaschen* schmecken sehr gut, haben aber den beiden anderen Variationen gegenüber den Nachteil, daß man sie, wie jedes Quarkgebäck, frisch verzehren muß.

Purim-Scherben

Es gab noch zwei andere Formen von *Purimgebäck*: die Scherben und die Männchen. Wobei sich die Scherben – ein wohlschmeckendes Ölgebäck – allgemeiner Beliebtheit und Anerkennung erfreuten, die Männchen jedoch ihrer Gestalt wegen von den streng Orthodoxen abgelehnt wurden. In der Tat gibt es ja das mosaische Verbot, menschliche Figuren darzustellen. Streng genommen gilt das natürlich auch für gebackene Figuren, und ohne Zweifel sind diese Männchen erst im Mittelalter aus der christlichen Umwelt bei den Juden eingedrungen. Dort aber mögen sie eine späte, heitere und humane Abwandlung und Ablösung von wer weiß welchen barbarischen, altheidnischen Opferbräuchen gewesen sein.

Gegen die Scherben bestanden dagegen keinerlei

rituelle Bedenken, obwohl auch sie keine urjüdische Spezialität sind, sondern ebenfalls aus der Küche der mittel- und nordeuropäischen Nichtjuden stammen: Um die Fasnachtszeit – also zum selben Termin wie *Purim* – war es zum Beispiel in ländlichen alemannischen Gegenden noch vor wenigen Jahrzehnten feste Sitte, den Kindern, die verkleidet von Haus zu Haus zogen und kleine Bettellieder sangen, solches Schmalzgebäck zu schenken. Indem die Bäuerin jetzt, gegen Winterende, noch so verschwenderisch mit dem Fett umging, wollte sie zeigen, wie gut sie den ganzen Winter über gewirtschaftet hatte und wie mühelos sie mit ihrem Schmalzvorrat bis in den Sommer hinein noch durchhalten konnte.

Obgleich wir heute in den modernen zivilisierten Ländern nicht mehr auf Eigenproduktion der Lebensmittel und auf entsprechende Selbstversorgung und Vorratshaltung angewiesen sind, haben wir in Mitteleuropa die ursprünglich als reine Prahlerei gemeinte Sitte, gegen Winterende, zu Fasnacht, Schmalzgebäck zu essen, beibehalten. Speziell in der Schweiz ist es üblich, zu Fasnacht große Mengen schmalzgebackener Krapfen mit Apfelfüllung oder ebenfalls im Schmalz gebackener sogenannter »Öhrli« und »Schenkeli« selber zu verzehren und an Freunde zu verschenken. Die »Öhrli« sind tellergroße, sehr dünne Teigfladen. Beim Hineingleiten ins kochende Schmalz verformen sie sich zu Runzelgebilden, die man allenfalls mit den Windungen des Ohrinnern vergleichen kann. Und die »Schenkeli« sind – der Name sagt es deutlich genug – eine etwa 15 cm lange, pralle Miniaturimitation des Frauenschenkels.

Es gibt noch viele andere Variationen von nichtjüdischem fasnächtlichen Schmalzgebäck. Die Juden haben aus dieser ganzen Palette nur eine einzige Spezialität übernommen: die Scherben. Und hier das Rezept:

2 Eier
2–4 EL Zucker
Prise Salz
1 EL Rum
etwa 2 Tassen Mehl
Zum Backen: Backfett (es kann auch vegetarisches sein) oder Speiseöl. Auf keinen Fall Butter, auch nicht eingekochte, weil sie für solche Zwecke zu rasch anbräunt
Zum Bestreuen: Puderzucker, nach Belieben auch Zimt

Die Eier zerschlagen. Alle Bestandteile für den Teig mischen und gut durchkneten. Die Mehlbeigabe so bemessen, daß sich ein weicher, gut knetbarer Teig ergibt.

Den Teig mindestens 1 Stunde ruhen lassen. Dann auf bemehltem Brett dünn auswalzen.

Die Form der Küchlein variiert von Gegend zu Gegend. Mancherorts rollt man mit dem Teigrädchen einfache Rhomben mit der Seitenlänge von etwa 15 cm aus. Die sehen dann, gebacken, mit ihren zwei spitzen Enden wirklich ein wenig wie Glasscherben aus.

Andernorts rädelt man Teigstreifen von etwa 15 cm Länge und 3 cm Breite heraus. In die Mitte dieser Teigstreifen rädelt man eine kleine Längsspalte, durch die man das eine Ende der Teigstreifen hindurchzieht. Man kann auf diese Weise eine Art von Krawatten formen, oder, indem man das Teigende noch straffer durch die Öffnung hindurchzieht, eine abenteuerlich gezwirbelte Schlinge.

Diese Küchlein werden in kochend heißem Backfett schwimmend in wenigen Minuten goldbraun gebacken. Christen benützten hierfür früher Schweineschmalz, die Juden nehmen ein vegetarisches Fett oder geruchloses Speiseöl.

Dann fischt man die Küchlein mit der Gabel oder Lochkelle heraus und legt sie am besten für ein paar Sekunden auf ein reines Löschblatt oder entsprechend saugfähiges Haushaltspapier. Zuletzt wälzt man sie in einer Mischung aus Puderzucker und Zimt.

Bitte zu beachten: Der Teig für diese Küchlein enthält kein Fett! Es gibt zwar auch Teigrezepte für Schmalzgebäck mit Fett darin, das aber hier, genau wie bei den Suppenknödeln, überflüssig ist: Die Suppenknödel reichern sich ja mehr als genug aus der Fettschicht an der Oberfläche der Bouillon an; und in Schmalzgebackenes dringt reichlich Backfett ein. Die sonst so fettreiche jüdische Küche erlegt sich in diesen beiden Fällen sinnvolle Zurückhaltung auf.

Purim-Männchen

Trotz der Bedenken der streng Orthodoxen wurden vielerorts bei den Juden Mittel- und Osteuropas »*Purim-Männchen*« gebacken, weil die Kinder an solchen »Männchen« viel Spaß hatten. Man backte die Männchen aus vielerlei Teig. Das nachfolgende Teigrezept war für diesen Zweck besonders beliebt:

1 ½ Tassen Honig oder Melasse
½ Tasse Butter oder Fett, meist pflanzliches, damit man die Männchen nach Belieben zu milchigen und fleischigen Mahlzeiten essen kann
je ¼ TL Ingwer, Zimt, Nelkenpulver, Muskat
1 TL Backpulver
so viel Mehl, als nötig ist, um einen geschmeidigen Knetteig zu erhalten
1 Ei zum Bestreichen
falls man einen billigeren Teig haben will: noch ½ Tasse kaltes Wasser dazu und entsprechend mehr Mehl plus einem weiteren TL Backpulver

Alle Elemente des Teiges gut mischen und durchkneten. Eine Kugel aus dem Teig formen. In der Kälte einige Stunden lang ruhen lassen.

Auf bemehltem Brett etwa ½ cm dick auswalzen und mit der Schablone Männchen ausstechen. Die Form immer wieder in Mehl tauchen, damit sie nicht am Teig kleben bleibt.

Hat man keine solche Schablone, dann kann man die Männchen natürlich auch mit einem spitzen, immer wieder in Mehl getauchten Messer aus der Teigplatte herausstechen. Das ist aber zeitraubend und mühsam.

Die Männchen mit zerschlagenem, wasserverdünntem Ei bestreichen und im vorgeheizten Ofen schön goldbraun backen.

Nunt – der ostjüdische Nougat

Speziell zu *Purim* wurde nicht nur vielerlei süßes Backwerk, sondern auch allerlei Bonbonartiges zu Hause angefertigt. Man aß es nur zum kleinen Teil selber auf. Es war Sitte, an diesem Tag Nachbarn und Freunde mit selbstverfertigten Näschereien zu beschenken. Da legte man natürlich Wert darauf, den Geschenkteller möglichst interessant und vielfältig anzufüllen. Unter anderem mit *Nunt*: Das ist die ostjüdische Aussprache von »Nougat«.

Es gab viele *Nunt-Variationen*. Ihnen allen gemeinsam war die Beimischung von echtem, duftendem, dunklem Waldhonig. Sie schmeckten köstlich.

Sie litten aber auch alle zusammen an dem gleichen Grundfehler: Unmittelbar nach der Herstellung mochte der *Nunt* noch so hart, starr und trocken sein – nach ein paar Stunden oder Tagen begann er manchmal weich und klebrig zu werden. Und zwar besonders rasch bei feuchtem, warmem oder gar ausgesprochen föhnigem Wetter. Das ließ – oder vielmehr: läßt – sich nur bei Aufbewahrung in einer fest verschlossenen Büchse halbwegs vermeiden.

Manche gaben sich daher von vorneherein gar nicht die Mühe, den *Nunt* bis zum perfekten Trockenstadium einzukochen und servierten ihn gleich von Anfang an in einer Konsistenz,der man lieber mit Dessertgabel und Dessertmesserchen zu Leibe rückte als mit bloßen Fingern.

Der »Nunt-Laie«, der ähnliche Schleckereien nicht aus dem Hause seiner Großmutter, sondern nur vom Jahrmarkt her kennt, wird natürlich stutzig und fragt: Wieso sind die braunen Zuckerstangen mit Haselnüssen, die man auf Rummelplätzen bekommt, nicht klebrig, wieso bleiben sie bei beliebig langer und unsachlicher Lagerung trotzdem ganz trocken? Warum bringt die jüdische Hausfrau das nicht gleichfalls hin?

Nun – ganz einfach: Zucker ist nicht gleich Zucker. Die Confiseure benützen für solche Produkte gar keinen oder doch nur wenig echten Bienenhonig und nicht unseren gewöhnlichen Haushaltszucker. Wie ja überhaupt die Bonbonkocherei eine hohe und raffinierte Geheimkunst ist. Mit ihr können – und sollen – wir am heimischen Herd nicht konkurrieren. Alle Zuckerarten, mit denen wir »Zuckerlaien« daheim hantieren, werden, wenn man sie schmelzen und dann wieder erstarren läßt, hygrophil (= feuchtigkeitsliebend), das heißt, sie saugen sich mit Luftfeuchtigkeit voll, und zwar ganz egal, ob wir unseren Zucker braun karamelisieren oder hell belassen wie farbloses Glas. Unsere Bonbons, Nougats oder mit geschmolzenem Zucker überzogenen Mandeln und Haselnüsse werden nach einiger Zeit feucht und klebrig. Dagegen ist letztlich kein Kraut gewachsen.

Wenn Sie aber bereit sind, klebrige Konsistenz in Kauf zu nehmen, werden sie an den nachfolgenden Schleckereien ihre helle Freude haben. Denn sie schmecken köstlich und duften verlockend.

Nunt aus Bienenhonig und Walnüssen für Purim

Der berühmteste und mit Recht beliebteste Nunt war der aus echtem Bienenhonig und Walnüssen. Hier das Rezept:

500 g Bienenhonig, am besten dunkler, hocharomatischer Waldhonig
½ Tasse Zucker
1 kleine Schüssel grob zerbröckelte oder zerschnittene Walnüsse
evtl. einige EL Paniermehl von Eierkichl, Zwieback oder zu Pessach Mazze (bedeutet aber Verschlechterung)
evtl. Mandelöl oder notfalls geruchloses Speiseöl zum Bestreichen der Unterlage. Besser nimmt man Backreinpapier

Honig und Zucker in festwandigem Topf zusammen aufkochen, die Nüsse beifügen und auch die Brösel, wenn man unbedingt will. Meine Großmutter, die von guter ostjüdischer Küche wirklich etwas verstand, empfand aber Brösel im Nunt als regelrechtes Sakrileg.

Unter häufigem Umrühren die Masse so lange auf kleiner Flamme weiterkochen, bis der Honig anfängt, sich rotbräunlich zu verfärben und ein Tropfen von ihm auf einem Teller rasch erstarrt. Dieses Stadium ist in etwa 20 Min. erreicht.

Den fertigen Nunt kann man entweder auf ein feuchtes, glattes Brett oder aber auf eine eingeölte Blech- oder Marmorplatte herausstürzen. Am besten schüttet man die Masse auf Backreinpapier.

Mit einem entweder immer wieder in heißes Wasser getauchten oder aber eingeölten Spatel oder Rücken eines Kochlöffels die Masse etwa 1 cm dick ausstreichen.

Nach wenigen Minuten den noch warmen und weichen, aber nicht mehr kochend heißen und flüssigen *Nunt* mit einem scharfen Messer in kleine verschobene Vierecke (Seitenlänge etwa 3 cm) zerschneiden. Messer immer wieder in heißes Wasser oder in Öl tauchen, damit es nicht an der Nunt-Masse kleben bleibt.

Erkalten lassen. Die kleinen Rhomben mit dem Spatel von der Unterlage ablösen.

Teiglech (Nunt-Ersatz)

Obgleich Walnüsse im slawischen Osteuropa fast nichts kosteten, waren sie manchen armen Ostjuden doch zu teuer. Diese erfanden daher einen *Nunt-Ersatz,* den sie mit Recht »Teiglech« (= Teigelchen) nannten, denn bei ihm waren die schönen Walnüsse zum Teil durch Teigwürfelchen ersetzt.

Doch obgleich diese Komposition eindeutig als Sparrezept erfunden war, schmeckt sie doch recht lecker. Übrigens erinnert sie ein wenig an die ostpreußische und ostfriesische Knüppeltorte, bei der ebenfalls gebackene kleine Teigstückchen in eine braune, exotisch gewürzte Zucker- oder Honigmasse eingelagert sind. Hier das Rezept:

Für die Teigstücke:
- 2 ½ Tassen gesiebtes Mehl
- ⅛ TL Salz
- 1 TL Backpulver
- 4 EL Speiseöl (geruchloses)
- 4 Eier

Für die Honigmasse:
- 500 g dunkler Waldhonig
- ¾ Tasse brauner Zucker (man kann ihn selber bräunen)
- 1 TL Ingwerpulver
- ½ TL Muskatnuß-Pulver
- 2 Tassen Wal- oder Haselnüsse, grob gehackt

Mehl, Salz und Backpulver in die Schüssel sieben. In die Mitte eine Mulde drücken und die mit Öl zusammen zerquirlten Eier hineingießen. Das Ganze zu einem homogenen Teig verarbeiten.

Den Teig anschließend zu bleistiftdünnen Rollen formen und mit bemehltem Messer in maximal 1 cm lange Stückchen zerschneiden. Die Teigstückchen auf leicht gefettetes Blech verteilen und im vorgeheizten Ofen bei etwa 180° in ungefähr 20 Min. goldbraun backen. Während des Backprozesses das Blech mehrmals schütteln, damit die Teigwürfelchen sich von allen Seiten gleichmäßig bräunen. Dann auskühlen lassen.

Honig, Zucker und Gewürze aufkochen und bei milder Hitze 15 Min. weiterkochen lassen. Häufig umrühren.

Jetzt die Nüsse und Teigstückchen beifügen und nochmals etwa 10 Min. lang kochen. Die Mischung ist gar, wenn ein Tropfen von ihr auf einem feuchten Brett nicht mehr zerfließt. Für die Schlußphase gibt es zwei Möglichkeiten: Man kann die Masse entweder so, wie bei *Nunt* aus Bienenhonig und Walnüssen angegeben, herausstürzen, flachstreichen (diesmal allerdings mindestens 1 ½ cm dick) und zerschneiden, dabei wird aber ein Teil der Teigwürfelchen ebenfalls mitten durchschnitten. Wer dies vermeiden will, macht es so:

Die Masse wird zunächst ebenfalls auf die feuchte oder geölte Unterlage herausgestürzt, dann aber nicht ausgebreitet und flachgedrückt, sondern man wartet, bis sie nicht mehr kochend heiß ist und man sie mit der Hand anfassen kann, ohne sich zu verbrühen.

Gut zu wissen: Solche gebrannten Zucker- und Honigmassen kühlen in wenigen Minuten aus. Länger als 5–10 Min. wird man nicht warten müssen und auch nicht warten dürfen.

Jetzt mit kalt oder warm angefeuchteten Händen (die Meinungen über die passendste Wassertemperatur sind geteilt) kleine Stücke von der warmen Masse abzupfen und zu Kugeln etwa in der Größe von Pingpongbällchen formen und mit einer halben Walnuß oder mit einer kandierten Kirsche dekorieren.

Auch dies gut zu wissen: Man hat manchmal Mühe, die Masse von der noch so gründlich angefeuchteten oder geölten Unterlage abzulösen. Wo immer auftreibbar, nehme man daher für dieses Rezept lieber Backreinpapier.

Imberlech (Ingwer-Nunt) mit Ei

Exotische Gewürze gehören in die meisten *Nunt*-Varianten. Das mag auf die Herkunft dieser Leckereien aus arabischen Regionen hinweisen. Den recht guten *Nunt* mit Ingwer, *Imberlech* (»Ingwerchen«) genannt, gibt es in zwei aparten Varianten. Der einen ist Eischaum beigemengt. Hier das Rezept:

2 Eier
1 Tasse Zucker
1 schwache Tasse dunkler Waldhonig
1 Tasse Paniermehl (Brösel) von Eierkichl, Zwieback oder, zu Pessach, von der Mazze
½ Tasse grob gemahlene oder fein zersplitterte Walnüsse
1 EL Ingwerpulver
evtl. Mandelöl zum Bestreichen der Unterlage (besser, man nimmt einfach Backreinpapier)

Die Eier in passendem Topf auf Wasserbad oder bei sehr schwacher Hitze direkt auf der Herdplatte dick und cremig schlagen.

Zucker und Honig etwa 10 Min. lang zusammen kochen. Nach dieser Zeit dürfte die Masse eine hübsche, rotgoldene Farbe angenommen haben. Mit der Eimasse vermischen. Jetzt kommen alle anderen Elemente ebenfalls in den Topf hinein. Bei schwacher Hitze unter ständigem Rühren immer weiter kochen. Die Masse *muß* an Boden und Wänden haften bleiben und rotgolden sein.

Die Tropfenprobe machen (der Tropfen muß rasch erstarren) und für die Schlußprozedur weiterverfahren, wie beim *Nunt* aus Bienenhonig und Walnüssen angegeben, nur daß die Masse diesmal etwas dicker (etwa 1 ½ cm) ausgestrichen wird.

Nach Belieben kann man die Oberfläche, bevor man die Masse zerschneidet, mit Staubzucker und Ingwer pudern.

Imberlech (Ingwer-Nunt) ohne Ei

¾ Tasse dunkler Waldhonig
1 Tasse Zucker
½ Tasse Wasser
1/16 TL Salz
¼ TL gemahlener Ingwer
¼ TL Zimt
1 Tasse grob gemahlene Walnüsse
2 Tassen grob geschrotetes Paniermehl von Eierkichl, Zwieback oder Mazze
evtl. Mandelöl

In einem dickwandigen Topf Honig, Zucker und Wasser aufkochen. Auf sachter Flamme weiterkochen, bis ein Tropfen der Masse, den man in kaltes Wasser gleiten läßt, ein festes Bällchen bildet. Das kann bis zu ¼ Stunde dauern. Nur umrühren, wenn es nötig scheint, um ein Anbrennen der Masse zu verhindern.

Jetzt vom Feuer ziehen, alle anderen Bestandteile hineinmischen und weiterverfahren wie beim ersten Nuntrezept. Diesmal die Masse aber dünner ausstreichen (etwa ½ cm dick).

Mondelech (Mohn-Nunt)

Andere klebrige Purimleckereien enthielten Mohn- oder Sesamsamen. Hier das Rezept für die sogenannten Mondelech (Mohnchen):

250 g Mohnsamen
250 g dunkler Waldhonig
125 g grob gehackte Walnüsse
evtl. Mandelöl zum Ausstreichen der Unterlage

Die Mohnsamen mit kochendem Wasser übergießen und am besten über Nacht stehenlassen. Wasser absieben.

Die Mohnsamen mahlen. Hat man keine Mohnmühle, so kann man hierfür auch eine Schlagmühle nehmen, wobei man dann aber beim Mahlen am besten etwas groben Grießzucker beimengt. Hat man auch keine Schlagmühle, dann kann man natürlich die Mohnsamen auch im Mörser zerstampfen, was aber mühsam ist.

Den Honig in einem dickwandigen Topf aufkochen und die Mohnsamen beimengen. Weiterkochen, bis die Masse dick und klebrig ist und der Honig anfängt, sich rotbraun zu verfärben. Das kann etwa 20 Min. Kochzeit oder etwas mehr erfordern.

Jetzt erst die Nüsse hineingeben. Noch 1 Min. weiterkochen. Zur Sicherheit, ehe man die Masse herausstürzt, noch die Tropfenprobe (s. erstes Nunt-Rezept) machen.

Dann auf die dort angegebene Art herausstürzen, 1 ½ cm dick ausstreichen und nach 5–10 Min. die noch warme und weiche Masse mit angefeuchtetem Messer zerschneiden (übliche Form: Rhomben oder Quadrate von etwa 3–4 cm Seitenlänge).

Variante: Man kann der Masse ½ TL gemahlenen Ingwer beimengen.

Sesam-Nunt

Wir sagten schon: Es gibt zahlreiche *Nunt-Varianten.* In Osteuropa bevorzugte man solche mit Mohn und Walnüssen; im Nahen Osten mengte man gerne Sesamsamen bei. Man kann die Substanzen auswechseln, die Herstellungsweise bleibt dieselbe. Hier noch 2 Rezepte, die speziell für Sesamsamen komponiert sind:

Rezept I (mit Sesam und Walnüssen)

2 Tassen Zucker
⅓ Tasse Honig
½ Ingwerpulver
Prise Salz
2 Tassen Sesamsamen
½ Tasse grob gehackte Walnüsse

In einem schweren Kochgeschirr Zucker, Honig, Ingwer und Salz mit der Holzkelle vermischen und unter ständigem Rühren erhitzen, bis der Zucker ganz geschmolzen ist. Hitze reduzieren und weiterkochen, bis ein Tropfen der Masse auf feuchter Unterlage nicht mehr auseinanderläuft. Dieses Stadium dürfte nach etwa 20 Min. Kochzeit erreicht sein.

Jetzt die Sesamkernchen und Nußsplitter unter die Masse ziehen und noch 1 Min. weiterkochen.

Weiterverfahren wie beim ersten Nunt-Rezept.

Rezept II (mit Sesam, ohne Nüsse)

2 Tassen Sesamsamen
1 EL Wasser
2 Tassen Zucker

Die Sesamsamen auf einem ungefetteten Blech ausbreiten und im vorgeheizten Backofen bei schwacher Hitze in etwa 20 Min. hellbraun werden lassen.

Das Wasser in einen schweren Topf geben, den Zucker dazuschütten. Unter ständigem Rühren mit dem Holzlöffel kochen und dabei immer wieder die Topfwände abkratzen, bis der Zucker ganz geschmolzen ist. Er wird zuerst krümlig, dann klumpig, schließlich löst er sich in eine durchsichtige Substanz auf.

Jetzt aufpassen! Denn geschmolzener Zucker beginnt sehr schnell zu karamelisieren! Zuerst wird er gelb, dann braun, und sehr bald schon ist er schwarz und verbrannt.

Sobald also der Zucker ganz geschmolzen ist, den Topf vom Feuer ziehen und die gerösteten Sesamsamen hineinrühren. Weiterverfahren wie beim ersten Nunt-Rezept.

Will man sicher sein, daß man den geschmolzenen Zucker »erwischt«, bevor er anfängt, sich gelb und dann goldbraun zu verfärben, dann darf man ihn nicht – wie in diesem Rezept vorgeschrieben – einfach »schmelzen«, sondern muß ihn fachmännisch »läutern«.

Dies bedeutet: Auf je 500g Zucker 1 Tasse Wasser beifügen und den langsam eindeckenden Sirup bis zum Bruch oder Ball einkochen. Genaueres über die heikle Prozedur können Sie aus jedem altmodischen, dicken Kochbuch erfahren. Eine andere Frage ist, ob die Mühe lohnt: Auch der geläuterte glashelle Zucker wird ja, wenn wir hierzu unseren gewöhnlichen Haushaltszucker verwenden, nach einiger Zeit klebrig und weich, und der leichte Karamelduft des gebräunten Zuckers fügt solchen Leckereien eine sehr angenehme Geruchs- und Geschmackskomponente hinzu.

Die Konfitüren Südosteuropas (Sladko

Nicht nur die Juden, auch die Nichtjuden Osteuropas kennen oder kannten doch zum Frühstück bis vor wenigen Jahrzehnten kaum unseren »Café-complet«, das heißt ein heißes Getränk und dazu Butterbrot mit Konfitüre und Honig als Aufstrich. Einzig das Powidlo, das dick eingekochte Zwetschgenmus, strich man mitunter auch auf eine Brotscheibe. Aber auch das nicht zum Frühstück, sondern zur Zwischenverpflegung der Kinder. In erster Linie benützte man auch dieses volkstümliche süße Mus mehr zum Füllen von Backwerk und gekochten Teigkrapfen (die »Powidl-Tatschkerln« des Wieners!). Alle anderen Konfitüren genoß man ausschließlich auf Balkan- und Russenart: entweder als Beilage zu einem eiskalten Glas Wasser oder, im Winter, statt Zucker im Tee.

Hierfür müssen Früchte ein wenig anders eingekocht werden als bei uns. Sie müssen schön und unzerdrückt bleiben. Man hütete sich davor, dieses Eingemachte im Tee heftig umzurühren. Und man servierte den Tee immer in einem Glas, so daß man zuschauen konnte, wie der rosige Fruchtsaft sich allmählich mit der heißen Flüssigkeit verband, während die festen Bestandteile der Konfitüre am Boden des Glases liegen blieben. Sie wurden zuletzt genußvoll ausgelöffelt.

Auf dem Balkan und in Ostgalizien pflegte – und pflegt man vielleicht noch heute – diese wunderhübschen Konfitüren (auf dem Balkan Sladko = Süßes genannt) auch in einem Löffelchen auf einen kleinen Glasteller zu legen und, zusammen mit einem Glas voll eiskaltem Wasser, jedem Gast auf einem kleinen Tablett im Sommer zur Erfrischung anzubieten.

Für solche Zwecke eignen sich nur eingemachte kleine, hocharomatische Früchte, die unzerdrückt in einem dicken Zuckersirup schwimmen: Weichseln, Himbeeren, Walderdbeeren und außerdem allerlei duftende Blüten.

In unseren Massenmedien machen die Marmeladefabriken Reklame dafür, daß ihre Produkte besonders früchtereich und zuckerarm seien. Sollen die eingekochten Früchte dann aber trotzdem ganz und schön und haltbar bleiben, so muß man Gelierstoffe und Konservierungsmittel beigeben.

Auf beides verzichtete man in Südosteuropa. Dafür nahm man den höheren Zuckergehalt ruhig in Kauf. Schließlich ißt man Konfitüre ja nur in kleinen Mengen. Die Ostjuden kannten nur diese auf Balkanart eingekochte Konfitüre, das *Sladko* also.

Hier die Methode, ein tadelloses *Sladko* zu erzielen: Zunächst kocht man den Zucker allein zum dicken Sirup ein, indem man je einem Pfund Zucker 1 Tasse Wasser beifügt und die Mischung so lange kocht, bis der Zucker sich ganz aufgelöst hat und ein Großteil des Wassers wieder verdunstet ist. Jetzt erst läßt man die sauber verlesenen, kleinen Früchte oder Blüten hineingleiten, und man kocht die Mischung, ohne in ihr herumzurühren, so lange, bis die festen Bestandteile sich ganz mit dem Sirup vollgesogen haben und hinuntersinken. Man darf, wie gesagt, nicht im Topf herumrühren, sondern soll ihn von Zeit zu Zeit ein wenig rütteln.

Die Früchte – nicht aber die Blüten – geben natürlich ihrerseits auch Flüssigkeit ab. Ob diese bereits ausreichend verdunstet ist, erkennt man daran, daß dann die Konfitüre beim Kochen nicht mehr wild sprudelt, sondern nur noch mühsam Blasen aufsteigen läßt wie ein Sumpftümpel. Jetzt nicht mehr länger kochen, denn dann würde das Sladko seinen herrlichen Duft und seine schöne Farbe einbüßen und einen Stich ins Karamelartige bekommen.

Die Proportion »gleichviel Früchte wie Zucker« ergibt an sich einen gut ausgewogenen Geschmack. Ein Balkansladko enthält jedoch oft etwas mehr Zucker als Früchte. Damit es dann nicht zu süß ausfällt, gibt man je Kilogramm Masse einen gestrichenen Teelöffel kristalline Zitronensäure (aus der Drogerie) bei. Das soll zugleich den Vorteil haben, daß der Zucker bei längerer Aufbewahrung nicht »auskristallisiert«, was bei so konzentrierten Zuckermischungen sonst leicht der Fall ist.

Man kann natürlich auch »echten« Zitronensaft beimengen. Es ist aber nichts damit gewonnen. Der Vitamingehalt der Zitrusfrüchte geht bei dem langen Kochen ohnehin verloren. Und der Kochprozeß wird noch verlängert, weil ja der Wassergehalt des Zitronensaftes wieder verdunsten muß, ehe man den Topf vom Feuer ziehen kann. Zudem ist kristalline Zitronensäure mit der »echten« in der chemischen Komposition identisch.

Im übrigen: Zur Steigerung des Aromas bewährt sich Zitronensäure bei übersüßen Konfitüren immer, nicht aber als Abwehrmittel gegen das »Auskristallisieren« des Zuckers bei langer Lagerung. Indes gibt es dagegen ja ein einfaches Mittel: Man kocht das überlagerte und daher eventuell mit Zuckerkristallen versetzte Sladko vor Gebrauch mit ein paar Löffeln Wasser zusammen noch einmal auf. Und zwar auf winziger Flamme. Man geht dabei sowohl bei verzuckerter Konfitüre wie auch bei Sirup, in welchem sich Zuckerkristalle herausbilden, so vor: Man füllt das Gefäß, in welchem die Einmachmasse durch Austrocknen geschrumpft ist, mit Wasser bis zur ursprünglichen Höhe auf und stellt das unbedingt aufgedeckte Gefäß für einige Stunden in ein schwach köchelndes Wasserbad. Nur so vermeidet man, daß die Einmachmasse beim »Nachkochen« braun wird und den Duft einbüßt.

Die Ostjuden kochten aber auch mancherlei anderes als nur Früchte und Blüten zu solchen süßen Leckereien in einem dicken Sirup ein, woran wir weiter westlich im Zusammenhang mit Konfitüren niemals denken würden. Hierfür drei Beispiele.

Rettich in Honig

- 1 ½ kg Rettich
- 500 g Honig
- 500 g Zucker
- 500 g blanchierte, enthäutete Mandeln
- 3 EL gemahlener Ingwer

Die Rettiche werden geschabt oder geschält und in dünne Streifchen zerschnitten. Um den scharfen Rettichgeschmack ein wenig zu mildern, kocht man sie in siedendem Wasser etwa 10 Min. Gut abtropfen. Sofort mit Honig und Zucker in den Kochtopf zurückgeben. 10 Min. bei »Normalhitze« kochen, bis der Zucker ganz zergangen ist.

Dann bei sehr schwacher Hitze weiterkochen, bis die Masse eine goldbraune Farbe angenommen hat und sehr dick geworden ist.

Jetzt mit einer Gabel geschälte Mandelstifte und Ingwerpulver hineinrühren.

Solche enthäuteten Mandelstifte können wir heute im Laden kaufen. Für jene, die aus irgendeinem Grunde nur ungeschälte ganze Mandeln zur Verfügung haben, ist es gut zu wissen, daß man Mandeln leicht enthäuten kann, wenn man sie mit siedendem Wasser übergießt und, falls nötig, ein paar Minuten darin kocht. Es genügt dann ein Fingerdruck, damit die Mandeln aus ihrer Schale schlüpfen.

Für das Zerschneiden der ganzen Mandeln zu schmalen Stiften gibt es aber keine Tricks: Das bleibt eine mühsame Arbeit.

Nachdem Mandelstifte und Ingwer in die Konfitüre gemischt wurden, braucht man sie nicht mehr zu kochen. Man füllt sie in kleine Gläser und stellt sie ins Dunkle.

Im übrigen ist das Ganze sehr Geschmacksache. Ich persönlich mache mir nichts aus süß eingekochtem Rettich.

Sladko aus Karotten und Zitronen

Ein wahrer Leckerbissen dagegen ist das Sladko aus Karotten und Zitronen. Man kann es auch zu Butterbrot essen. Trefflich eignet es sich aber auch als süße Beigabe zu Joghurt, Sauerrahm, Quark und Milchbrei jeder Art (Milchreis, Haferbrei, Milchgrieß etc.). Hier das Rezept:

2 Tassen feingeschnittene Zitronen (samt Schale, aber ohne Kerne)
4 Tassen Wasser
2 Tassen rohe Karotten, geschabt, in dünne Scheiben oder kleine Stifte geschnitten
4 Tassen Zucker

Die feingeschnittenen Zitronen mit kaltem Wasser bedeckt mindestens 24 Stunden stehenlassen, im Winter noch länger: Zitrusfrüchte – nicht nur Zitronen, sondern auch Orangen etc. – werden nämlich beim Kochen nur schön »glasig«, wenn die Schalen vorher schon fast zu gären begannen.

Dann das Quantum des Einweichwassers auf die vorgeschriebenen 4 Tassen ergänzen, die Karottenscheibchen (oder Stifte) beifügen und das Ganze ½ Stunde oder auch länger im zugedeckten Topf kochen lassen. Nach etwa ½ Stunde müßten Karotten und Zitronen weich sein. Sind sie es nicht, dann kocht man, bei kleiner Flamme, entsprechend länger. Jetzt den Zucker beimischen. Bis zur Geleeprobe im aufgedeckten Topf weiterkochen.

Gut zu wissen: Karotten bergen überhaupt keine »Gelierkraft«, wohl aber die ungeschälten Zitronen. Wer die Konfitüren sehr steif liebt, kann trotzdem, wenn er will, Geliermittel beifügen. Es war aber in Osteuropa nicht üblich.

Diese Konfitüre duftet und schmeckt, wie gesagt, vorzüglich. Und sie hat noch zwei weitere Vorteile: Sie stellt sich sehr billig, und man kann sie obendrein das ganze Jahr hindurch herstellen. Sie eignet sich also ideal dafür, ausgehende Hausvorräte vor Beginn der neuen Früchtesaison wieder aufzustocken.

Variante: Man kann je 1 kg Karotten auch weniger Zitronen beifügen und statt dessen 200 g frischen Ingwer, sauber abgeschält oder abgeschabt und entweder fein gescheibelt oder im Mixer grobkörnig püriert, dazugeben. Es schmeckt köstlich, kommt aber, der Schärfe wegen, für Kinder nicht in Frage.

Sladko aus Roten Rüben (Roten Beten, Randen)

1 kg geschälte Rote Rüben (rohe natürlich)
150–200 g enthäutete Mandelstifte
1 Pfund Honig
1 Pfund Zucker
1 Ingwerpulver

Rote Rüben schälen und in dünne Streifchen schneiden. Knapp mit Wasser bedeckt weich kochen. Zuletzt soll nur noch wenig Flüssigkeit im Topf sein, denn man muß sie wegsieben (man kann sie für einen Barschtsch verwenden).

Mandelstifte kann man fertig enthülst und zerschnitten im Laden bekommen. Kann man keine auftreiben, dann muß man die Mandeln nach der auf S. 241 angegebenen Methode selber enthülsen und stifteln.

Die abgetropften Roten Rüben zusammen mit allen anderen Bestandteilen aufkochen. Anfangs oft umrühren, um das Anbrennen zu verhindern. Vorsichtshalber auch später noch hie und da umrühren. Kochzeit: etwa 50 Min.

Dann in Gläser abfüllen.

Blüten in Zucker

Wir hörten schon aus der Einleitung (S. 56 ff.), daß mit Zucker eingekochte duftende Blüten eine Kreation der frühmittelalterlichen muslimisch-jüdischen Hochkultur sind. Von der Türkei aus fand aber diese Kunst auch Eingang auf dem Balkan, wo sie bis heute noch in »Blüte« steht. Dort kocht man außer Rosen auch Nelken, Lilien, Veilchen (natürlich nur die duftenden, nicht die duftlosen, sogenannten »Hundsveilchen«!), Akazien und Jasmin ein.

Die Türken, die den Balkan – einschließlich des Ostzipfels Galiziens weiter nördlich – lange besetzt hielten, mußten schließlich abziehen. Ihre Blütenspezialitäten und manche anderen ursprünglich nahöstlichen Speisen blieben aber und bilden bis heute einen festen Bestandteil der – übrigens sehr guten – Küche des Balkans und Griechenlands.

Duftende Blüten wurden im Nahen Osten übrigens nicht nur zu *Sladko* (= süße Balkankonfitüre) eingemacht, sondern auch kandiert. Das ist eine schwierige und komplizierte Kunst, die nur gewiefte Fachleute beherrschten und beherrschen. Eingezuckerte Veilchenblüten zum Beispiel bekommt man seit der frühen Neuzeit auch bei manchen Zuckerbäckern Mittel- und Nordeuropas. Altmodische Kochbücher verraten denn auch die (angebliche) Methode, wie man die zarten, kompliziert aufgebauten Blüten in jene unregelmäßig gezackten und gebogenen, kleinen, violetten Klümpchen verwandeln kann, die sich auf hellen Cremetorten als Dekoration so hübsch ausnehmen. Man tut aber gut daran, die diesbezüglichen

Rezepte aus unseren Kochbüchern zu vergessen: Sie stimmen nämlich alle nicht. In Wirklichkeit ist das Verfahren so umständlich, daß nur der Konditor vom Fach es durchzuführen versteht. Das gilt auch für kandierte Blütenblätter der Rosen, die man heute weder auf dem Balkan noch in Europa weiter nördlich kennt, die aber in ganz Nordafrika und schon im einst maurisch beherrschten Sizilien und Andalusien eine beliebte, volkstümliche Schleckerei für untätige Frauen und verwöhnte Kinder bilden.

Sladko aus Rosen (Zentifolien, Kohlrosen)

Sladko aus Rosen jedoch kochte man in Südostgalizien immer im eigenen Hause ein. Die Methode ist denkbar einfach. Es gibt da nur ein einziges Problem: Die Gärtner züchten heute vorwiegend Rosensorten mit Blüten, die auch bei Sturm und Hagel nicht ohne weiteres zerfallen. Deren Blütenblätter bleiben aber auch bei noch so langem Kochen ledrig und fast unzerbeißbar. Für *Sladko* braucht man die altmodische Zentifolie, die »Kohlrose« des einstigen Bauerngartens, mit ihren intensiv rosafarbenen, fast kugelförmigen Blüten, die man nicht grundlos die »Zentifolien« – die »Hundertblättrigen« – nennt: Keine zweite Rosenart hat so viele und so dicht ineinandergeschachtelte und gewundene Petalen (Blütenblätter). Und außerdem entwickelt auch keine zweite Rosensorte beim Einkochen mit Zucker einen solch intensiven, geradezu paradiesischen Duft.

Als ich die Erstfassung meines nostalgisch-witzigen Kochbuches »Gepfeffert und Gesalzen« und meines Koscher-Kochbuches vor über dreißig Jahren schrieb, gab es Zentifolien praktisch nur noch in verwilderten Schrebergärten. Ich gab daher in beiden Erstausgaben nur Ersatzrezepte für Rosenkonfitüren aus derbblütigen modernen Sorten. Die Nostalgiewelle hat aber neben vielen albernen und überflüssigen Auswüchsen die erfreuliche Folge, daß man zumindest in renommierten Großgärtnereien diese altmodische Kohlrose, die übrigens auch identisch ist mit der bulgarischen Parfumrose, wieder bekommt. Für jene, die trotzdem keine solchen Blüten auftreiben können, gebe ich aber auch in dieser Neuausgabe meines Koscher-Kochbuches das Rezept, wie man aus duftenden, aber hartblättrigen modernen Rosenblüten wenigstens einen köstlichen Sirup gewinnen kann.

Zunächst die »echte« Rosenkonfitüre, und zwar in 2 Varianten:

Rezept I: Sladko nur mit Zentifolien

1 kg Zucker
2 Tassen Wasser
200 g Blütenblätter der Zentifolie (»Kohlrose«)
1 TL kristalline Zitronensäure aus der Drogerie (oder Saft von etlichen Zitronen und dafür etwas weniger Wasser)

Zucker und Wasser zusammen zum Sirup kochen. Das heißt: Der Zucker muß ganz zergangen sein, und ein Tropfen der süßen Flüssigkeit darf auf dem Porzellantellerchen nicht mehr zerlaufen.

Jetzt die Blütenblätter hineinstreuen und weiterkochen. Die Flüssigkeit verfärbt sich merkwürdigerweise vorerst einmal nicht rosenrot, sondern grünlich violett.

Zitronensäure beifügen. Nun erstrahlt der ganze Topfinhalt plötzlich in leuchtendem, durchscheinendem Rubinrot.

In kleine Gläser abfüllen und verschließen.

Rezept II: Zentifolien mit Zitronen

Einige (unbehandelte) Zitronen sehr fein zerschneiden. Etwa 2 Tage lang mit Wasser bedeckt stehenlassen, bis die Früchte schon fast anfangen zu gären. Nur dann werden sie nämlich nachher beim Einkochen »glasig« und durchsichtig. Im anderen Fall bleibt das »Futter« der Schalen weiß und übrigens auch hart. Die Zitronen mit dem Einweichwasser zusammen kochen, bis sie fast zu Mus zerfallen. Den Topfinhalt mit dem gleichen Gewicht Zucker ergänzen, weiterkochen. Jetzt die Blütenblätter der Zentifolie hineinstreuen, gründlich mit den Zitronenscheiben zusammen durchkochen. Geleeprobe machen (Zitronen gelieren, im Gegensatz zu Rosenblüten, ausgezeichnet), und sobald ein Tropfen der Masse auf einem Tellerchen sogleich erstarrt, vom Feuer ziehen und in kleine Gläser abfüllen. Zudecken und dunkel aufbewahren. Manche pflegten den untersten, weiblichen Ansatz der Petalen mit der Schere wegzuschneiden, ehe sie die Blüten einkochten. Dieser Ansatz ist tatsächlich etwas härter als das restliche Blütenblatt, das beim Einkochen fast zu Mus zergeht. Das ist aber, namentlich bei größeren Quantitäten, zeitraubend und übrigens auch nicht nötig. Es schadet nicht, wenn die sehr zarte Marmelade etwas mehr »Biß« hat.

Verwendung: Zum Butterbrot paßt *Rosensladko* kaum. Man kann es einfach »barfuß«, das heißt: für sich allein, zu einem Glas kaltem Wasser aufschlecken oder auch in den heißen Tee geben anstelle von Zucker. Man kann es auch in einem Tellerchen mit Schlagrahm oder, noch besser, steifem Sauerrahm genießen. Es paßt auch als Beigabe zu weißen, etwas faden Puddings und Flammeris.

Bekommt man keine Zentifolien, so kann man Sladko auch aus modernen Sorten mit »ledrigen« Blütenblättern einkochen, die man dann aber im Mixer gründlich püriert. Das Resultat ist sehr mittelmäßig. Besser tut man daran, aus »Moderosen« nur Sirup zu bereiten.

Rosensirup

Konfitüren erfordern die zartblütige Zentifolie. Sirup jedoch läßt sich auch aus modernen, hartblütigen Sorten gewinnen.

500 g Rosenblüten (beliebige duftende Sorten; der größere Teil soll aber rot oder rosenrot sein)
2 Tassen Wasser
1 kg Zucker
Saft von 2 Zitronen oder, besser, 2 TL kristalline Zitronensäure aus der Drogerie

Gut zu wissen: Duft und Farbe der Rosen sind sehr leicht löslich, aber nur in reinem Wasser, nicht in der Zuckerlösung. Da wir für den Sirup nur diesen Duft und diese Farbe behalten, die festen Elemente jedoch wegwerfen wollen, müssen wir die Rosen also zunächst in reinem Wasser aufkochen. Dies machen wir so:

Wir befreien die Blüten von Stiel, Staubgefäßen und Fruchtansatz. Dann wiegen wir die gereinigten, gewaschenen und gut abgetropften Rosenblüten ab und berechnen nach den im Rezept angegebenen Proportionen, wieviel Wasser wir für die Gesamtmenge brauchen werden. Dieses Wasser kochen wir in einem genügend tiefen Topf auf (es muß ja nachher der Zucker noch Platz haben im Kochgeschirr!) und werfen nun die Rosenblüten ratenweise in die siedende Flüssigkeit. Fast im Augenblick verwandeln sie sich in blasse, weiche und geruchlose Fetzen, während das Wasser sich, je nach Rosensorte, braunviolett oder grünviolett verfärbt und herrlich zu duften beginnt.

Nun fischen wir mit der Lochkelle die Blütenblätter wieder heraus, pressen sie über dem Kochtopf in einem Sieb gut aus und werfen sie weg.

So verfahren wir weiter, bis wir Duft und Farbe aus allen vorhandenen Rosen extrahiert haben.

Jetzt den Zucker und die Zitronensäure hineingehen und kochen, bis ein Tropfen der nunmehr dank der beigefügten Säure strahlend rubinroten Flüssigkeit auf einem Tellerchen nicht mehr auseinanderläuft.

In kleine Flaschen aus hellem Glas abfüllen: Man soll die herrliche Rubinfarbe auch in der Flasche bewundern und genießen können!

Verwendung: Man kann Rosensirup, wie jeden anderen Sirup auch, in kaltem oder heißem Wasser oder Tee trinken. Man kann ihn auch über ein Schälchen mit Schlagrahm oder Sauerrahm träufeln. Man kann ihn ferner, genau wie Himbeersirup, zu einem hellen, faden Flammeri oder Pudding servieren.

Und schließlich: Man kann den Sirup in beliebiger Proportion mit einem guten Schnaps vermischen und auf diese Weise einen hochaparten Rosenliqueur erzielen. Ich nehme zwar an, daß die Liqueurfabrikanten ihren Rosenliqueur anders herstellen. Vielleicht gebrauchen sie dabei auch gar keine Rosen, sondern nur synthetische Duftessenzen. Erfahren wird man es als Branchen-Outsider nie, denn Liqueur- und Parfumhersteller hüten ihr Herstellungsgeheimnis bekanntlich ängstlicher als eine neue Atomformel. Aber was schadet das? Unsere »Hausformel« kann ich trotzdem mit gutem Gewissen empfehlen. Sie ergibt ein köstliches Resultat. Und da wir den in Osteuropa so beliebten Rosenliqueur bei uns ohnehin nirgends kaufen können, brauchen wir den Vergleich mit fachmännisch hergestellten Produkten nicht zu befürchten …

Pfefferbohnen zum Met

Zum Abschluß noch ein zweites alkoholhaltiges Getränk der jüdischen – und übrigens auch nichtjüdischen – Bevölkerung Osteuropas: Met. Jud und Christ, Europäer und Vorderasiaten streiten sich darüber, wer den Met erfunden und als erster gebraut und getrunken habe. Die Juden Osteuropas trinken Met aber auch noch heute, während die Germanen, die den Met in heidnischer Zeit ebenfalls brauten und konsumierten, ihn heute meist nur noch dem Namen nach kennen.

Die Ostjuden knabberten zu ihrem Met übrigens nicht nach mittel- und westeuropäischer Art Salz-, Kümmel- oder Käsestangen, sondern entweder junge Walnüsse oder aber nicht allzu weich gekochte Dick- oder Saubohnen, ausgekühlt und intensiv mit Salz und Pfeffer bestreut.

Falls Sie Saubohnenkerne nicht ohne weiteres bekommen können – in der Schweiz sind sie nur sporadisch und oft schon etwas angefault auftreibbar –, können Sie auch große weiße Bohnen hierfür nehmen. Sogar solche aus der Büchse. Natürlich dürfen sie für diesen speziellen Zweck nur in Salzwasser und nicht etwa mit einer Tomatensauce zusammen eingekocht sein. Man gießt den Kochsud von diesen fertig gekauften, weißen, großen Bohnen ab, spült sie in kaltem, sauberem Wasser und bestreut sie tüchtig mit Pfeffer und Salz.

Natürlich kann man solche Pfefferbohnen auch ohne Met genießen. In unserem Hause reichen wir sie in einer Glasschale zu jedem Aperitif, mit spitzen Zahnstochern daneben für alle jene, die zu vornehm sind, die Bohnen mit der Hand aus der Schüssel zu fischen. Es ist eine Art von Urkonfekt, rezent, schmackhaft und sehr zu empfehlen!

»Teufels-Eier« zum Met

Anstelle scharf gewürzter, großer Bohnenkerne servierte man zum Met auch scharf eingelegte Eier, »Teufels-Eier« genannt, weil sie auf der Zunge so höllisch brannten:

Eier hart kochen, die Schale ringsum so anschlagen, daß Flüssigkeit und Aromastoffe gut eindringen können. Einige Tage in einer intensiven Lauge aus kaltem Wasser und viel Salz und Pfeffer »ziehen lassen«.

Abtrocknen und in der Schale servieren. (Geschälte Eier werden außen herum rasch ledrig und gummiartig.)

Met

Und hier das Rezept für den selbstgebrauten Met:

auf 1 l Bienenhonig
etwa 10 g getrockneter Hopfen
nach Belieben: einige Stückchen Ingwer
1 gescheibelte unbehandelte Zitrone samt Schale
knapp 4 l Wasser
ebenfalls nach Belieben: einige EL braun-
gerösteter Zucker
ratsam: 10 g Hefe

Hopfen, Ingwer und Zitronenscheiben in ein poröses Mulltüchlein geben, damit man sie nachher leicht wieder aus der Flüssigkeit herausfischen kann. Alles – natürlich mit Ausnahme der Hefe – in einen genügend großen Kochtopf füllen und aufkochen. Gut umrühren. Ein paar Stunden stehenlassen, Gewürze entfernen. Die Hefe erst der ausgekühlten Flüssigkeit beifügen.

In Krüge nur bis etwa ⅓ der Höhe einfüllen. Sehr leicht überdecken (wegen der Gärung!). Bei Zimmertemperatur mindestens 3 Wochen stehenlassen, bis der Met nicht mehr gärt.

Spätestens nach einem Monat sollte die Gärung abgeschlossen sein. Jetzt kann man den Met in Flaschen abfüllen. Vorsichtshalber nicht allzu stark verkorken!

Man kann, wenn man eine größere Quantität Met herstellt, auch nur die Hälfte davon mit braunem Zucker cognacfarben kolorieren, den Rest blaß lassen.

Gut zu wissen: Die polnischen Kochbücher schreiben für die Herstellung von Met keine Hefe vor. Dann aber kann es, namentlich im Winter, vorkommen, daß die Gärung nicht richtig ins Rollen kommt oder auch auf allerlei üble Abwege gerät. Manche, die solches Pech hatten, klagen dann: Sie hätten die Krüge doch vorschriftsgemäß in einem warmen Raum stehen lassen!

Damit allein ist es aber – wie wir auch im Zusammenhang mit der Milchsäuerung erklärt haben – nicht getan. Es müssen ja Hefepilze in den Met hinein. Im heißen Sommer gibt es ihrer meist übergenug in der Luft, um den Met zu »impfen«. Im winterlichen Frost jedoch ist draußen bakteriell »nichts los«. Daher mitunter das Mißraten des Mets. Metfabrikanten verzichten übrigens nie auf das Hilfsmittel Hefe. Wir sollten unsere private Metherstellung gleichfalls mit einem Stück zugesetzter Hefe absichern, und zwar auch im Sommer!

Die jüdische Küche Israels

Urspeisen Vorderasiens

Die Juden, die seit dem sechsten vorchristlichen Jahrhundert in immer neuen Wellen aus dem Lande Israel verschleppt und vertrieben wurden oder auch freiwillig auswanderten, hatten zunächst einen ähnlichen Speisezettel wie ihre zahlreichen nahöstlichen Nachbarvölker, die der damals allgemein kulturell und speziell gastronomisch ziemlich einheitlichen »aramäischen« Welt angehörten. Kleine Abweichungen ergaben sich nur aus den rituellen Koschervorschriften der Juden. Das große »Küchen-Schisma« zwischen jüdischer und nichtjüdischer Kochkunst trat erst ein, als ein Teil der Juden nach Nord- und Osteuropa weiterzog. Denn die Juden behielten als eminent konservatives Volk doch viele nahöstlichen Eßgewohnheiten bei, und sie glichen auch manche neuen Gerichte, die sie aus ihrer fremdartigen Umgebung kennenlernten und übernahmen, ein wenig ihrer eigenen Küchentradition an. Sie aßen jetzt anders als ihre nichtjüdische Umwelt. Doch allem Küchen-Konservatismus zum Trotz aßen sie bald auch anders als ihre Glaubensbrüder in Vorderasien und Nordafrika.

Heute nun strömen in Israel Rückwanderer aus aller Welt zusammen und bringen natürlich ihre Speisekarte mit ins Land.

Kam es zur Küchen-Synthese? Bisher nur in Ansätzen. Die mittel- und osteuropäischen Juden Israels übernahmen wohl einige Spezialitäten ihrer orientalischen Glaubensbrüder. Vor allem die Speisen der Juden Nordosteuropas unterscheiden sich aber doch zu radikal von jenen der »Orientalen« Israels, als daß man beider Küchenzettel miteinander kreuzen könnte.

Der Grundunterschied: Die Ostjuden versehen gerade einige ihrer Lieblingsgerichte gern mit einem süßen Anhauch; den orientalischen Juden – und übrigens auch den Arabern – ist das ein Greuel. Die Orientalen Vorderasiens – Juden wie Nichtjuden – ihrerseits essen überscharf, und damit können sich nun wiederum die Ostjuden nicht anfreunden, ausgenommen jene aus Ungarn, da sie aus ihrer alten Heimat einen ähnlich üppigen Gebrauch pfeffriger Gewürze – nämlich des Paprika – gewöhnt sind.

Aber auch bei den Nachspeisen scheiden sich die »Geschmäcker«. Die autochthonen und genuinen Juden des Nahen Ostens, die angesüßte Fleisch- und Fischgerichte so verabscheuen, lieben dafür Desserts von penetranter und geradezu betäubender Süße, vor denen es den Juden Rußlands und Polens graut. Vor allem vermißt der Nord- und Osteuropäer – nicht nur der jüdische! – an den nahöstlichen Leckereien die leicht säuerliche Komponente, die wir etwa an einer altmodischen Apfelpastete oder sonstigen Obsttorte so sehr schätzen. Übrigens kennt auch der heutige Mitteleuropäer seit Jahren die übersüßten Nachspeisen Vorderasiens aus serbischen, bulgarischen, griechischen und vor allem türkischen Gaststätten. Die Baklawa zum Beispiel, ein Blätterteiggebäck mit süßer Füllung aus geriebenen, gezuckerten und exotisch gewürzten Walnüssen, das nach dem Backen noch zusätzlich in einem dicken Zuckersirup buchstäblich ersäuft wird.

Wie leidenschaftlich aber auch die Araber Israels

gerade diese übersüßten Leckereien lieben, konnte man vor einiger Zeit aus dem Interview eines in Israel inhaftierten palästinensischen Terroristen mit einem Rotkreuz-Delegierten entnehmen: Der Terrorist gab zu, das Essen im Gefängnis sei an sich gut, aber man bekäme zu wenig solches süße Schleckzeug, und dabei wüßten die Juden Israels doch ganz genau, wie sehr die Araber dieser Region dergleichen vermißten!

In diesen Punkten also ist eine Verständigung oder gar Kreuzung der beiden so stark auseinanderdriftenden gastronomischen Traditionen in absehbarer Zeit nicht zu erwarten. Dagegen ist inzwischen etwas anderes eingetreten: Etliche sehr einfache, billige, typisch orientalische Spezialitäten wurden zu beliebten Volksspeisen ganz Israels. Die *Pitta* zum Beispiel, ein halbflaches, fades, blasses, orientalisches Hefebrot, wird in Israel schon seit Jahren sogar auf den Straßen mit einer pikanten Füllung angeboten. Diese Füllung variiert. Am beliebtesten ist eine aus Falafel in einer scharfen Sauce, mit oder ohne gehacktem Rohgemüse darin. Falafel sind kleine, fritierte Kugeln aus zermahlenen Leguminosenkernen, meist aus Kichererbsen, in Ägypten manchmal auch aus Dickbohnen, dort Ful genannt.

Die *Pitta* füllt man, indem man sie trotz ihrer geringen Höhe in Flachrichtung zu einer Art Tasche aufschlitzt. Diese Brotart ist so weich, daß man die Tasche wie einen Vogelschnabel auseinandersperren und eine Menge Füllung in sie hineinlöffeln kann. Dann klappt man diese Tasche, die der Straßenverkäufer vor den Augen des Kunden nach dessen Wünschen und Anweisungen gefüllt hat, wieder zu. Der Straßenhändler hält nämlich immer eine ganze Auswahl verschiedener Pittafüllungen für seine Kunden bereit. *Falafel* ist in jedem Fall mit dabei, aber auch allerlei feingehacktes Salatgemüse. Man kann dem Falafel auch nur ein paar Löffel von *Techina* (arabisch Tahina) beigeben. Das ist eine mayonnaiseartige, zarte Paste aus zermalmtem Sesam und so schmackhaft, daß man sie auch als kleine Vorspeise zu Brot verzehren kann.

Während man aber *Pitta* mit *Falafel* vor allem in den Straßen gleich aus der Hand ißt, werden viele andere nahöstlichen Spezialitäten daheim und in Restaurants gern auch als kleine kalte Vorspeisen serviert. Hierher gehört die bereits erwähnte Techina, aber auch zu einer cremigen Paste pürierte Leguminosenkerne oder Auberginen (Eierfrüchte, Melanzane). Auch diese kleinen, nahöstlichen Spezialitäten sind inzwischen – genau wie Pitta mit Falafel – von allen Israelis akzeptiert, und also nicht nur jenen orientalischen Ursprungs.

Allerdings waren derartige köstliche und zugleich sehr billige, kalte Vorgerichte auch einem Teil der europäischen Juden nicht neu: Auf dem Balkan kennt man sie – auch unter den Nichtjuden – ja schon seit Jahrhunderten. Die Griechen nennen sie »Mese«. Vermutlich gehen diese Speisen, genau wie die allzu süßen Leckereien des Balkans, auf die einstige türkische Besatzung zurück. Im Nahen Osten aber müssen etliche davon uralt sein. Denn ihre Namen kommen schon in der Bibel und im Talmud (jüdische Scholastik, entstanden zwischen 500 vor und 500 nach Christus) vor. Auf den historischen und etymologischen Aspekt der altneuen Küche Vorderasiens kommen wir noch zurück.

Zu diesen kleinen, daheim genossenen, kalten Vorspeisen aus pürierten, vorwiegend vegetarischen Elementen gehört, wie gesagt, auch ein pikant gewürztes Mus aus Auberginen (Melanzane, Eierfrüchte), die aber im Eßrepertoire des Nahen Ostens eine weit größere Rolle spielen als auf dem Balkan: Man betrachtet sie speziell in Israel als das »Fleisch der armen Leute«. Und in der Tat schmecken zermalmte Auberginen in einer bestimmten Zubereitung ein wenig wie Geflügelleber. Was also liegt näher, als daß man sie, genau wie die Ostjuden es mit solchen Leberchen machen, mit gehackten Zwiebeln und harten Eiern vermengt und, rezent gewürzt, zu einer Scheibe Weißbrot verzehrt? Statt Schmalz kommt ein bißchen Speiseöl hinein. Und ist man wirklich arm, so genießt man die köstliche Speise nicht als Vorgericht, sondern als Hauptgang. Seit wann es speziell die Auberginen im Nahen Osten gibt, ist meines Wissens nicht genau bekannt. Man aß sie dort aber mit Sicherheit schon in der frühen Neuzeit. Auch die vielen verschiedenen Verwertungsmöglichkeiten dieser leicht nach Geflügelleber duftenden und schmeckenden Frucht entdeckte man dort schon damals, und man schätzte sie nach Gebühren. Bei den Türken trägt ein sehr gutes und dabei einfaches und billiges Gericht mit Auberginen sogar einen Namen, der, ins Deutsche übersetzt, bedeutet: »Der Ehemann fällt vor Entzücken in Ohnmacht«.

Kichererbsen dagegen (hebräisch Chumuß), Techina (»das Gemahlene«, Bezeichnung für Sesampaste), Sesam (hebr. Schumscham), *Pitta* und eine vorderasiatische Süßigkeit Namens *Chalwa* sind, wie gesagt, samt ihren Namen bereits in der Bibel und im frühen rabbinischen Schrifttum belegt. Wir können also davon ausgehen, daß die Bevölkerung des Nahen Ostens – sowohl die dortigen Juden wie die Muslims und Christen – sich bis heute nicht viel anders ernähren als ihre Vorfahren zur Zeit Jesu. Wenn Jesus selbst mit seinen Jüngern das Land durchstreifte und sie nicht gerade bei reichen Anhängern zu Gast geladen waren, aßen sie ohne Zweifel so, wie die ärmeren Vorderasiaten noch heute, Pitta mit *Falafel, Chumuß, Techina,* und auch einmal mit der sehr süßen und sehr nahrhaften *Chalwa* zusammen …

Pitta, das Brot Vorderasiens

Unter dem Namen Pitta versteht man im Nahen Osten, wie wir schon erwähnten, ein ziemlich flaches, rundes, nicht sehr großes Hefebrot, das so weich und schlapp ist, daß man es zu einer Tasche aufschlitzen und dick, wie einen Stoffbeutel, auffüllen kann.

Die Worte »Pat« und »Pitta« kommen bereits im Babylonischen Talmud der Juden vor. Sie bedeuten genau genommen Brotscheibe, werden aber auch im Sinn von Fladenbrot verwendet. Da die semitischen Sprachen – zu denen außer dem Hebräisch der Bibel und dem Aramäisch des Talmud auch das Arabische gehört – sich alle sehr gleichen, ist es kein Wunder, daß die Bevölkerung Vorderasiens und Nordafrikas ihr Brot auch heute noch Pitta nennt.

Der Namen kommt im Talmud aber auch in der leicht abgewandelten Form »Pissa« vor, und in dieser Form ist er schon sehr früh nach Neapel, dem Einfallstor Süd- und Mitteleuropas für hellenistische und nahöstliche Küchenkultur, weitergewandert: Die Pizza der Neapolitaner ist identisch mit der *Pizza* oder Pissa der alten Babylonier und Hebräer. Und zwar nicht nur linguistisch, sondern auch sachlich: Es ist ebenfalls ein runder, nicht zu großer Fladen aus Hefeteig. Nur daß die Neapolitaner die scharfen oder süßen Zugaben zur *Pitta* schon vor dem Backen auf den Brotfladen aufstreichen und mit ihm zusammen backen. In Vorderasien dagegen neigt man bis heute eher dazu, die *Pitta* entweder in der bereits geschilderten Weise aufzuschlitzen und mit allerlei Scharfem oder Süßem vollzustopfen, oder aber man serviert diese Beigaben separat, auf einem Teller, zupft von der sehr weichen *Pitta* Stücke ab und stippt sie in die feuchte, saftreiche Zukost auf dem Teller. Nur die *Chalwa* eignet sich nicht für diese Prozedur: Sie muß man, wie wir es mit unserer Konfitüre tun, direkt auf das Brot verteilen.

Ich persönlich mache mir rein gar nichts aus *Pitta*. Tatsache ist zwar, daß die Völker Vorderasiens als erste anstelle der brettharten, unporösen Mehlfladen luftiges, hochgetriebenes Brot mit Hefe oder Sauerteig zu backen verstanden. Tatsache ist aber anderseits, daß wir Mittel- und Osteuropäer den ganzen Orient in der Kunst des Brotbackens längst überholt haben.

Den so herrlich duftenden Sauerteig muß man dort zwar früher einmal gekannt haben: Die Bibel nennt ja das poröse Brot, das die Hebräer vor ihrer überstürzten Flucht aus Ägypten nicht mehr ausbacken konnten (weshalb sie zur Erinnerung daran in den Pessachtagen die papierdünnen Mazzen ohne Treibmittel darin verzehren), ausdrücklich »Chamejz«, Gesäuertes. Das Wissen darum, daß man Brot durch Säuerung auch ganz ohne Hefezusatz hochtreiben kann, ist aber im Nahen Osten offenbar verlorengegangen. Man backt dort mit Hefe. Und wenn man – etwa in einem Lager wandernder Beduinen – keine Hefe zur Hand hat, greift man wieder auf die papierdünnen Fladen zurück, auf die Mazzen, die auch die Juden damals nach ihrer Flucht in die Wüste Sinai aßen.

Und außerdem – auch dies erwähnten wir schon – gibt es in diesen heißen Landstrichen kaum Roggen. Zusammen mit Roggen und Sauerteig fallen aber gerade die schmackhaftesten Brotsorten weg.

Doch auch aus dem Weizen versteht man im Nahen Osten beim Brotbacken nicht voll Kapital zu schlagen. Es gibt die Pitta zwar in verschiedensten Varianten. Sie ergeben sich aus dem unterschiedlichen Verhältnis von Mehl und Wasser. Eine knackige Rinde – das Beste am Weizenbrot! – hat aber keine einzige der *Pittasorten*: Sie sind ja alle dazu bestimmt, entweder aufgeschlitzt und vollgestopft oder aber in die saucenreichen Beitaten gestippt zu werden.

Die weichste Abart, heute in Israel noch von den jemenitischen Juden gebacken, heißt Lechuch oder Lachuach und ist schlapp wie ein Lumpen. Man kann die Konsistenz des Jemenitenbrotes am ehesten mit der von Palatschinken (Blini, Blinsen, Crêpes, Pancakes) vergleichen. Es wird auch, genau wie diese, aus einem flüssigen Teig gebacken, und nicht im Ofen, sondern in der Pfanne. Jedoch enthält Lechuch oder Lachuach nur Mehl, Salz und Wasser und keinerlei Ei oder Milch.

Wieder ein anderes Flachbrot Vorderasiens, das ebenfalls zusammen mit den Juden aus arabischen Ländern nach Israel kam, besteht aus einem etwas festeren, aber nach wie vor sehr biegsamen Teig, den man zu dünnen, flachen runden Fladen auswalzt, mit Öl bestreicht, zu schmalen Würsten zusammenrollt und in einem tiefen, dickwandigen Topf in sehr viel Öl über Nacht sachte gar schmort.

Ganz ähnlich schmoren andere Gruppen orientalischer Juden in Israel apfelgroße Kugeln entweder aus Hefeteig oder aber statt aus fein gemahlenem Mehl aus Burghul (das ist grob geschroteter, getrockneter und manchmal auch leicht angerösteter Weizen), ohne Hefe, über Nacht im Öltopf gar.

Speziell in Jordanien – dem einstigen Ostteil Palästinas – kennt man auch runde Flachbrote, die man, genau wie die Pizza der Neapolitaner, zusammen mit einem Belag backt. Man nennt sie indes hier nicht *Pitta* oder Pizza, sondern Sfiha.

Allgemein durchgesetzt hat sich in Israel aber, auch für den Straßenhandel von *Pitta* mit *Chumuß, Falafel* und *Techina,* nur eine einzige Pitta-Variante.

Hier das Rezept:

Israelische Pitta

30 g Frischhefe oder 2 Päckchen Trockenhefe
1 TL Zucker (früher Honig)
ca. 1 ¼ Tassen lauwarmes Wasser
1 TL Salz
ca. 4 Tassen Weizenmehl

Die Hefe mit dem Zucker (früher Honig) in einem Teil des Wassers auflösen und 10 Min. stehenlassen.

Salz und das restliche Wasser beifügen.

Mehl etappenweise hineinsieben, bis sich ein fester Knetteig ergibt. Das hierfür nötige genaue Mehlquantum läßt sich nicht angeben.

Mindestens 10 Min. lang gründlich kneten, dann zu einer Kugel formen und in eine saubere, ausgefettete (geölte) Schüssel legen. Zudecken und 1 Stunde in der Wärme »gehen« lassen.

Dann den Teig in 12 Teile zerrupfen. Bälle formen. Diese wieder zudecken und mindestens 10 Min. in der Wärme ruhen lassen.

Jetzt auf schwach bemehltem Brett die Kugeln zu runden Fladen von ca. ½ cm Dicke und ca. 12 cm Durchmesser auswalzen.

Wieder kurz in der Wärme ruhen lassen.

Dann portionenweise (je etwa 5 Stück auf einmal) aufs Backblech legen und im vorgeheizten Ofen etwa 8 Min. backen. Die Pitta ist gar, sobald sie sich wölbt und leicht verfärbt. Sie ist aber auch im fertigen Zustand blaß und weich und alles andere als schmackhaft.

Techina (Paste aus Sesamsamen)

Wir sagten schon, daß man Pitta entweder in der »Flachrichtung« zu einer Tasche aufschlitzt und füllt oder aber Stücke von ihr abreißt und in eine tunkenreiche Speise stippt.

Die älteste – sicher schon in biblischer Zeit bekannte – Kombination ist die von Pitta mit Falafel und Techina.

An sich heißt Techina (arabisch Tahina) hebräisch nur ganz allgemein »Gemahlenes«, woraus auch immer. Man versteht aber in der Küchensprache unter dem Begriff ausschließlich pürierten Sesam (hebräisch Schumscham), den man gleichsam als die nahöstliche Mayonnaise bezeichnen könnte.

Sesamsamen spielen in der vorderasiatischen Küche überhaupt eine erhebliche Rolle. Man püriert sie nicht nur zu Techina, man preßt aus ihnen auch Öl, bestreut mit ihnen Brot und süßes Gebäck und stellt aus ihnen die beliebteste nahöstliche Süßigkeit her: *Chalwa,* in Ägypten Halaue genannt. *Chalwa* kann man einfach so, aus der Hand, essen, wie bei uns die Schokolade. Oder aber man verwendet sie zur Füllung für die *Pitta. Chalwa* ist so süß und fett, daß sie zugleich die Funktion von Butter und Konfitüre (oder Honig) erfüllt. Auf Chalwa kommen wir noch zurück.

Hier das Rezept für Techina:

½ Tasse Sesamsamen (in Reformhäusern erhältlich)
½ Tasse Zitronensaft, evtl. Mischung aus Zitronensaft und Wasser
2 mit der Breitseite des Messers zusammen mit etwas Salz zermalmte Knoblauchzehen
noch ein wenig weiteres Salz
Cayennepfeffer oder gewöhnlicher Pfeffer
evtl. noch etwas weiteres kaltes Wasser

Früher wurden die Bestandteile mit dem Stößel in einem Mörser oder einer festen Schüssel zerstampft, eventuell auch ein paarmal durch den Fleischwolf getrieben (bis sie ganz püriert waren). Weit homogener wird die Masse natürlich, wenn man sie im elektrischen Mixer zerschlägt. Außerdem geht das müheloser.

Anfangs nur so viel Flüssigkeit wie »Festes« in den Mixer schütten. Nachher kann man das Püree nach Belieben noch ein wenig lockern, indem man ein bißchen weiteres Wasser hinzufügt.

Im Gegensatz zu unserer Mayonnaise, die wir immer nur als Beigabe verwenden, wird *Techina* manchmal auch für sich allein als kleine Vorspeise serviert: Man verteilt die Portionen auf Glastellerchen, gibt über jede noch einen kleinen Guß Olivenöl und feingehackte Petersilie und umlegt die *Techina* dekorativ mit Oliven oder Pickles (Essiggemüsen).

Man stippt *Pitta* hinein. Besser schmeckt dazu allerdings europäisches, knuspriges, frisches Weißbrot.

Chumuß (Kichererbsen) und andere Leguminosen im nahöstlichen Küchenzettel

Püriert wurden und werden im Nahen Osten aber nicht nur Sesamsamen, sondern vor allem auch verschiedene Leguminosenkerne. Wie ja überhaupt Leguminosen aller Art im Küchenrepertoire Vorderasiens und Nordafrikas schon früh eine bedeutende Rolle spielten.

In Ägypten bereitet man *Falafel* – das sind die bereits erwähnten, fritierten Kügelchen aus zermahlenen, gekochten Leguminosen – vor allem aus Ful. Das sind Sau- oder Dickbohnen, die aber, wie wir bereits früher erklärten, ihrem ordinären Namen zum Trotz vorzüglich schmecken. Sie sind übrigens – auch dies sagten wir schon – die einzige »autochthone« europäisch-asiatische Bohnenart.

Diese auf niedrigen, mastigen Büschen gedeihenden, bräunlichen Bohnen mit ihrer schwarzen Narbe gab es mit Sicherheit schon im Alten Ägypten. Sie spielten sogar in altägyptischen Mysterienkulten eine Rolle: Ihres schwarzen Nabels wegen galten sie als Symbol des Todes. Der griechische Philosoph und Mathematiker Pythagoras hat die Saubohne ebenfalls in seine mystisch-philosophischen Spekulationen mit einbezogen: Er verbot aus Gründen, die wir heute nicht mehr kennen, seinen Adepten sogar den Genuß der Bohnen! Wir wissen aber aus aufgefundenen alten Dokumenten, daß man in Altägypten aus Ful – und zweifellos auch aus Chumuß – Mehl und Pasten zubereitete. Vermutlich gab es auch damals schon daneben fritierte Kügelchen aus gekochten und zermalmten Leguminosenkernen, also *Falafel.*

Auch Linsen kannte man hier schon vor Jahrtausenden. Im Alten Testament kauft der damals noch blutjunge Patriarch Jakob seinem älteren Bruder Esau für ein Linsengericht sogar dessen Erstgeburtsrecht ab. Rabbi Lyonel Blue, der Verfasser eines modernen Koscherkochbuches, meint hierzu, gut zubereitete Linsen seien halt wirklich ein Leckerbissen. Und zum Beweis präsentiert er in seinem Buch sein eigenes Linsen-»Hausrezept«. Ich habe es erprobt, glaube aber mit Sicherheit behaupten zu können: Ein Erstgeburtsrecht ist es nicht wert. Da es zudem nicht spezifisch jüdisch ist, habe ich es in diese Neuauflage meines eigenen Buches nicht aufgenommen.

Andere, nicht minder witzige jüdische Religionsgelehrte haben denn auch schon viel früher die Vermutung geäußert, Esau sei in Wirklichkeit kein Leckermaul oder Vielfraß gewesen, und schon gar nicht dümmer als sein angeblich neunmalkluger jüngerer Bruder Jakob. Vielmehr habe Esau nur so getan, als ob er sich hereinlegen lasse: Er habe das Erstgeburtsrecht auf diese Weise bewußt abgeschüttelt und seinem Bruder aufgebürdet, weil er geahnt habe, welche unermeßlichen Leiden allen künftigen Trägern dieses vermeintlichen Privilegs, nämlich des Judentums, erwachsen würden.

Wie auch immer: Linsen ißt man auch heute noch im ganzen Nahen Osten gern und oft, als Suppe sowohl wie als Gemüse oder Püree. Speziell in Israel bereitet man aber die Falafel – die fritierten Kügelchen – nur aus Kichererbsen. Aus mir unbekanntem Grunde waren die Kichererbsen bis vor wenigen Jahren in Mitteleuropa wenig bekannt. Neuerdings bekommt man sie endlich auch bei uns in größeren Lebensmittelläden, vermutlich dank beharrlicher Nachfrage durch nahöstliche Gastarbeiter.

Indes ißt man Kichererbsen auch in ganz Südeuropa. In Italien heißen sie Ceci, in Spanien Garbanzos, in den USA kennt man sie unter dem Namen »Chick Peas«. Sie kommen aber schon im Talmud vor und werden dort »Chimza« genannt. Ihr Name – heute »Chumuß«, bei den Arabern »Homos« – hat sich also bis zur Gegenwart kaum geändert.

Übrigens hat der deutsche Name »Kicher-Erbse« nichts mit »Kichern« zu tun, leitet sich vielmehr von lateinisch cicer = Erbse her. Das Wort bedeutet also »Erbsen-Erbse«.

Chumuß – Kichererbsen – sind lehmfarbene, haselnußgroße, gebuckelte Kügelchen. Beim Kochen verhalten sie sich genau gleich wie andere getrocknete Leguminosenkerne: Man muß sie die Nacht zuvor einweichen, am besten mit Natron-Zugabe im Einweichwasser, das man nachher wegschüttet und zum Kochen durch frisches, kaltes Wasser ersetzt. Sie haben selbst dann noch – genau wie andere getrocknete Erbsen auch – eine lange Garzeit, und sie sind kaum weichzukriegen, wenn man das Salz von allem Anfang an zusetzt.

Aus dem Talmud wissen wir, daß man in Israel zur Zeit der Makkabäer – also im 2. vorchristlichen Jahrhundert – gekochte und mit Salz besprenkelte Chumußkerne auf der Straße aus der Hand aß. Vermutlich genoß man sie auch zum Wein, ähnlich wie wir Heutigen gesalzene Erdnüsse. Und man verarbeitete sie ohne Zweifel, genau wie die Saubohnen, auch zu fritierten Kügelchen – also *Falafel* – und zu Mehl und Pasten.

Hier das heutige Rezept für *Chumuß* als *Falafel*:

Falafel aus Chumuß

200–300 g Chumuß (Kichererbsen)
1 TL Natron (Soda, Backpulver), Salz
1 große, feingehackte Zwiebel
Cayennepfeffer oder scharfer Paprika
1 EL Koriander und/oder Kümmel, nach Belieben ganz oder gemahlen
2 mit der Breitseite des Messers mit etwas Salz zusammen zerquetschte Knoblauchzehen
grüne Petersilie, feingehackt
1 Ei, zerschlagen
½–1 ganze Tasse Semmelbrösel oder Burghul (= grob geschrotete, getrocknete Weizenkörner)
Backöl

Burghul ist eine arabische Spezialität: Weizenkörner, sehr grob geschrotet, überbrüht und dann gedörrt. Manche arabischen Speisen, etwa Kuskus (eine Art arabischer Spätzle) oder bestimmte arabische Brotsorten, lassen sich ohne Burghul kaum geschmacksgetreu nachbilden. Speziell bei Falafel kann man aber Burghul ohne weiteres durch nicht zu fein gemahlene Semmelbrösel ersetzen, was auch in Israel selbst durchaus üblich ist.

Die Kichererbsen nach den Anweisungen in den

Rezepten für alle Leguminosen vorbehandeln und dann in frischem Wasser – zunächst ohne Salz – so lange kochen, bis sie butterweich sind. Das kann bis zu 3 Stunden dauern.

Jetzt erst salzen und noch einmal kurz durchkochen. Wasser abgießen.

Alle aufgezählten Bestandteile – die Semmelbrösel oder den *Burghul* ausgenommen – durch den Fleischwolf treiben oder in einer passenden Schüssel mit Gabel und Stößel pürieren. Noch besser geht es natürlich im elektrischen Mixer. Die Paste wird dann viel homogener.

Hierauf so viel *Burghul* (Brösel) beifügen, daß sich eine formbare Masse ergibt. Ein wenig stehenlassen, damit der Burghul (das Paniermehl) ausquellen kann. Jetzt mit kalt angenäßten Händen walnußgroße Kügelchen formen und in heißem Öl schwimmend goldbraun backen, was nur wenige Minuten erfordert. Mit der Lochkelle herausfischen. Auf Löschpapier abtropfen lassen.

Man kann *Falafel* heiß servieren. Meist ißt man sie aber ausgekühlt, entweder als Pittafüllung oder als Beilage zu kalten Mischsalaten.

Nach dem gleichen Rezept kann man *Falafel* natürlich auch aus allen anderen Leguminosensorten zubereiten.

Die älteste Komposition ist wohl die von Falafel mit gehackten Mischgemüsen und Techina (Sesampaste). Heute gießt man in Israel zu den Falafeln in der *Pitta-Tasche* auch einmal eine scharfe rote Tunke aus Tomaten und Paprika hinzu. Diese Kombination kann aber frühestens zu Beginn der Neuzeit aufgekommen sein, denn sowohl die Peperoni, aus denen man Paprika gewinnt, wie auch die Tomaten stammen ja aus Südamerika.

Gut zu wissen: In Israel und vermutlich auch in den größeren Städten Europas und der USA kann man die fertig gemixte Grundmasse für *Falafel* in kleinen Packungen kaufen.

Chumuß-Püree mit Techina

Wir sagten schon, daß man Leguminosen aller Art im Nahen Osten auch gern in Form eines pikanten Pürees genießt, sei es als Element der Pitta-Füllung, sei es als kleine Vor- oder Zwischenspeise bei Tisch. Das Püree wird immer nur kalt genossen. Hier das Rezept:

200–250 g Chumuß (Kichererbsen)
1 TL Natron (Soda, Backpulver)
2 mit der Breitseite des Messers zusammen mit etwas Salz zerquetschte Knoblauchzehen
noch ein wenig Salz
schwarzer Pfeffer oder Cayennepfeffer oder scharfer Paprika
Saft von 1 großen Zitrone
ein wenig Techina
als Zugaben: Olivenöl (erst nachträglich über das Gericht im Teller träufeln!), gehackte Petersilie, Oliven, Essiggemüse (Pickles)

Die Kichererbsen (Chumuß) weich kochen, genau wie beim Rezept für Falafel angegeben. Dann alle Bestandteile – die Techina und die Beilagen ausgenommen – durch den Fleischwolf treiben oder mit

Messer und Gabel in einer passenden Schüssel fein hacken. Im elektrischen Mixer geht es natürlich rascher, zudem wird die Masse dann weit homogener.

So viel Techina beifügen, daß sich eine angenehm geschmeidige Paste ergibt.

Diese sehr aromatische »Creme« kann man, zusammen mit gehackten rohen Gemüsen, in die *Pitta* füllen. Man kann sie aber auch auf kleinen Glastellern eiskalt servieren. In die Mitte der Chumußportion auf dem Tellerchen drückt man eine Vertiefung, in die man ein wenig Olivenöl hineinträufelt. Gehackte Petersilie darüberstreuen. Dekorativ mit Oliven – grünen oder schwarzen – oder Pickles (Essiggemüsen) oder beidem zusammen umlegen.

Pitta oder, noch besser, knuspriges Weißbrot dazu reichen. Das Brot wird in kleine Stücke zerzupft und in die köstliche Paste hineingestippt.

Auf die genau gleiche Weise kann man natürlich auch Bohnen – Limabohnen oder Saubohnen – zu einem zarten pikanten, angenehm säuerlichen Püree verarbeiten.

Solche zu Paste zerriebenen und pikant gewürzten Leguminosenkerne aller Art gehören auch auf dem einst türkisch besetzten Balkan – und also nicht nur im Nahen Osten – zu den beliebtesten kalten Vorspeisen. Wie man ja auch die pürierten und rezent abgeschmeckten Auberginen da wie dort gleichermaßen kennt und schätzt. Einfache, treffliche Volksspeisen.

Avocados

Nicht minder köstlich, aber leider sehr viel teurer sind ähnliche Vorspeisen aus Avocados. Genau wie die Auberginen und die Stangenbohnen, stammen auch sie aus Südamerika, wo sie in manchen Landstrichen regelrechte Volkskost sind. Die grünen oder schwärzlichen, birnenförmigen Früchte mit dem großen Kern in der Mitte und mit ihrem reichen Gehalt an Vitaminen und bekömmlichen Pflanzenfetten sind erst relativ spät in der »Alten Welt« aufgetaucht. Mittlerweile haben sie sich aber gerade in Israel trefflich eingebürgert. Sie gedeihen dort vorzüglich und werden viel exportiert.

Wohl diesem Export zuliebe haben die Israelis eine ganze Anzahl neuartiger, luxuriöser Avocado-Rezepte komponiert, die aber kulinarisch wenig taugen und obendrein dem Juden verbotene Substanzen (etwa echten Kaviar und Krabben) enthalten, so daß sie in Israel selbst zumindest in jüdischen Restaurants nicht auf der Speisekarte stehen können.

Wirklich gut sind dagegen folgende zwei Bereitungsweisen, die zugleich den Vorteil haben, sehr einfach und bekömmlich zu sein:

Rezept I: Avocados als Brotbelag

Für diese, wie für jede Verwendung in der Küche und am Tisch, müssen die Avocados reif, das heißt ein wenig weich sein. Hat man – da überreife Früchte rasch verderben – sehr feste Exemplare gekauft, so läßt man sie ein paar Tage lang, am besten in Zeitungspapier eingehüllt, in einem warmen Raum liegen.

Die reifen Früchte werden halbiert, der große Kern aus der Mitte entfernt. Dann holt man mit einem kleinen Messer oder Löffelchen das zarte, helle Fleisch portionenweise aus der Schale heraus, gibt es auf *Pitta* oder, noch besser, auf schmackhaftes Weiß- oder Schwarzbrot, beträufelt jeden Bissen mit Zitronensaft und bestreut ihn mit Salz und Pfeffer – das ist alles. Kenner verzehren Avocados am liebsten auf diese Weise.

Rezept II: Avocados püriert, als Vorspeise

Man schabt aus einer reifen Frucht mit Löffel und Messer das ganze butterweiche Fleisch aus der Schale heraus, fügt Salz, Pfeffer und Zitronensaft bei und zerdrückt das Ganze mit der Gabel, bis sich eine homogene Masse ergibt. Sie wird noch einheitlicher, glatter und cremiger, wenn man das Fruchtfleisch im Mixer zerschlägt.

Varianten: Man kann zerhackte Petersilie, feingehackte Zwiebel und zerhackte harte Eier in beliebiger Proportion beimischen. In diesen Fällen natürlich nur von Hand zerdrücken und nicht im Mixer: Die Konsistenz soll dann nämlich körnig bleiben, man muß die einzelnen Elemente in der Masse noch unterscheiden können.

Man kann auch ein wenig Speiseöl oder Techina in das Avocadopüree hineinrühren.

Pitta oder, besser, knuspriges, frisches Weißbrot dazu reichen.

Avocado-Salat mit Geflügelfleisch und Dörrpflaumen

Die Israelis haben – wir sagten es schon – in ihrem Bestreben, den Avocados in allen Wohlstandsländern, in welche sie diese Frucht exportieren, zu rascherer Verbreitung zu verhelfen, eine Anzahl ziemlich willkürlicher, neuer Kompositionen mit Avocados erfunden. Am besten davon sind noch eine kalte Suppe mit Avocadoscheiben, die offenkundig von der serbischen – aber weit billigeren – kalten Gurkensuppe inspiriert ist, und das mit Techina oder Mayonnaise angefeuchtete und aromatisierte Gemengsel aus Avocadowürfeln mit Krabben, das aber dem orthodoxen Juden untersagt ist.

Es gibt in Israel aber auch durchaus koschere Neuschöpfungen von Avocado-Speisen, bei denen einem vor Verwunderung »die Augen übergehen«. Nachfolgend ein Rezept, bei dem die aus Amerika auch nach Israel eingeschleppte, modische Küchenneigung, unorganische Mischungen einzig unter künstlerisch-farblichem Gesichtspunkt zu wagen, mit der alten ostjüdischen Gewohnheit, auch dem Fleisch und dem Gemüse hie und da einen süßlichen Touch zu verleihen, eine für meine kulinarischen Vorstellungen und Empfindungen fürchterliche Mesalliance eingegangen sind. Der Kuriosität halber sei sie hier vorgestellt:

3 Avocados
etwa 150 g gekochtes Geflügelfleisch
(Huhn oder Truthahn)
1 EL nach Belieben rohe oder gebratene,

gehackte Zwiebel (falls die Zwiebel gebraten wurde: hierfür etwas Öl oder Schmalz)
1 EL gehackte grüne Kräuter: Dill, Petersilie etc.
Salz, Pfeffer, Zimt
etwas Essig
2 EL herber Rotwein
2 EL Techina (oder, wenn nicht erhältlich, Mayonnaise)
etwa 200 g große Dörrzwetschgen
zur Garnitur: 1 roter Peperone (Pfefferfrucht)

Die Avocados (reife natürlich!) halbieren, entsteinen, mit Löffel und Messer das Fleisch aus den Schalen herauskratzen. Das Geflügelfleisch kleinschneiden.

Alles zusammen – mit Ausnahme der Backpflaumen, der grünen Kräuter und des roten Peperone – vermischen und entweder von Hand, besser mit Hilfe des Fleischwolfs, am besten im Mixer, pürieren.

Die Dörrpflaumen hat man die Nacht zuvor kalt eingeweicht. Jetzt werden sie entsteint und in feine Streifen zerschnitten, das Grünzeug wird fein gehackt und beides der pürierten Masse beigemengt. Die dunklen Streiflein der Dörrpflaumen und die grünen kleinen Flecke der Petersilie nehmen sich in dem mattgrauen Püree sehr dekorativ aus.

Man steigert diese dekorative Wirkung noch, indem man die Portionen auf kleine Glasteller verteilt und mit roten Peperoneringen umlegt. *Kurzum:* Das Ganze ist eine Augenweide. Was jedoch der Gaumen dazu meint, ist eine andere Frage …

Chaminados-Eier

Um so echter und deliziöser sind die sogenannten Chaminados-Eier, eine alte Küchenkreation der spaniolischen Juden in Bulgarien. Dorthin kamen die Spaniolen während und nach der spanischen Inquisition. Die Chaminados-Eier müssen aber viel älter sein als das bulgarische Judenexil, denn um ihre Erfindung streiten sich heute in Israel die Juden Bulgariens mit jenen aus dem Nahen Osten, die nachweislich ihre orientalische Heimat nie verlassen haben.

Der Name – *Chaminados* – ist allerdings spaniolisch, oder genauer: gemischt aus spanischen und aramäischen Elementen. Daß das Wort »Chamin« mit dem hebräischen Begriff »cham« (= warm) zusammenhängt und daß man im Talmud den *Tscholent* als *Chamin* bezeichnet, hörten wir ja schon (S. 30 f.).

Es ist in der Tat eine Art *Tscholent* aus harten Eiern, die – wie jeder andere *Tscholent auch* – sehr viele Stunden im nicht zu heißen Ofen gegart wurde. Der sehr langen Garzeit wegen wird man solche Eier – wenn überhaupt – nur zubereiten, wenn man ohnehin den Bratofen viele Stunden hindurch in Betrieb hat: Man kann die Chaminados, während beliebige andere Speisen auf der mittleren Einschubleiste backen oder braten, zuunterst in den Ofen stellen.

Und so bereitet man sie zu: In eine große Auflaufform rohe frische Eier legen und mit kaltem Wasser bedecken. Die braune Außenhülle einiger Zwiebeln, ferner einige Gewürznelken, Pimentkügelchen (= Neugewürz), einige Knoblauchzehen, etwas Zitronen- oder Orangenschale und ein Stück Zimtrinde beifügen. Das Wasser mit so viel Olivenöl übergießen, daß die ganze Wasseroberfläche von einer dünnen Ölschicht bedeckt und die Flüssigkeit vor zu schnellem Verdunsten geschützt ist. Als zusätzlichen Schutz vor überschneller Verdunstung des Wassers legt man einen leichten Deckel oder eine Alufolie lose über die Auflaufform.

Bei nicht zu starker Hitze auf der untersten Einschubleiste, oder auch auf dem Boden des Backofens, köcheln lassen, bis man mit Sicherheit annehmen kann, daß die Eier im Inneren nicht mehr flüssig sind. Jetzt werden alle Eier mit dem Rücken eines Kochlöffels sachte angeklopft, so daß die aromatisierte Kochflüssigkeit durch die feinen Risse ins Innere der Eier eindringen kann. Wieder zudecken und weiter köcheln lassen.

Die Eier bleiben mindestens 5 Stunden im Ofen. Zuletzt soll die Flüssigkeit ganz verschwunden sein. Außen sind die Eier jetzt rissig und braun (die Zwiebelschale ist ein treffliches Färbemittel!) und kein sonderlich erhebender Anblick.

Desto herrlicher sind sie in ihrem Innern: Das Eiweiß ist jetzt apart gewürzt, bräunlich und unvorstellbar zart; das Eigelb hat sich durch das überlange Kochen in eine lockere, leckere Substanz verwandelt.

Chaminados-Eier reicht man kalt, als kleine Vorspeise. Sie eignen sich auch trefflich statt Salz- und Käsekonfekt zu einem Aperitif.

Knuspriges Weißbrot dazu reichen.

Die bulgarischen Juden selber verzehren zu den *Chaminados-Eiern* auch gern kleine Pastetchen mit scharfer, meist vegetarischer Füllung (aus bröckligem Quark und allerlei Gemüse).

Wichtig ist, daß man die *Chaminados,* obgleich sie ungeschält mit ihrer braunrissigen Schale nicht hübsch aussehen, trotzdem nicht geschält auf den Tisch bringt: Jedes harte Ei – egal ob nach »normaler« oder stundenlanger Garzeit, trocknet ohne Schale außen rasch ein wenig an.

Nahöstliche Fleischgerichte

Es wäre wenig sinnvoll, hier nahöstliche Fleischgerichte zu präsentieren. Die der orientalischen Juden unterscheiden sich kaum von jenen der dortigen muslimischen Küche. Für Juden wie für Moslems gilt gleichermaßen das Verbot des Schweinefleisches. Für beide gilt auch das Gebot, warmblütige Tiere durch Schächten (das heißt mit raschem Schnitt durch die Halsschlagadern) zu töten und ausbluten zu lassen. Blutwürste wird man also weder bei den einen noch bei den anderen finden.

Da die Christen das mosaische Verbot des Blutgenusses schon etwa im Jahre 1000 für sich aufgehoben haben, könnten sie an und für sich auch in den arabischen Ländern seither mancherlei »bluthaltige« Spezialitäten erfunden haben. Blut und tierisches Fett zersetzen sich aber in der Hitze besonders schnell. Vielleicht ist das sogar mit ein Grund, weshalb die mosaische Gesetzgebung, für die volkshygienische Gesichtspunkte auch in vielen anderen Zusammenhängen eine bedeutende Rolle spielen, den Genuß von Schweinernem und von Blut untersagt. Jedenfalls haben sich die nahöstlichen Christen in der Kreation von Speisen mit Schweinefleisch und Blut nie sonderlich hervorgetan.

Und ohnehin würden uns solche Gerichte in einem Kochbuch für Koscherküche nichts angehen. Dafür ist das Kochrepertoire der orientalischen Juden fast identisch mit dem der dortigen Moslems. Nur daß der gläubige Moslem – im Gegensatz zum frommen Juden – keine Bedenken hat, seinen Fleischspeisen Milchprodukte beizumischen, was auch von der Religionsgeschichte her durchaus logisch ist: Aus der Bibel wissen wir ja, daß der Beduinenscheich Abraham, der gemeinsame Stammvater der Araber und der Juden, seine drei geheimnisvollen Besucher mit einem Lammragout in Sauermilch bewirtete. Das jüdische Verbot, Milch und Fleisch zu mischen, kam erst viel später auf. Die Araber führen nun aber ihre Herkunft auf Abrahams ältesten Sohn Ismael zurück, der zusammen mit seiner unglücklichen Mutter von Abraham auf Wunsch seines Weibes Sara vertrieben wurde. Die Araber haben also keinerlei Grund, sich an »nachabrahamitische« Regeln der Juden zu halten. Sie übergießen daher, genau wie Stammvater Abraham, ihre Fleischgerichte gern mit Sauermilch und Sauerrahm.

Davon abgesehen aber unterscheiden sich arabische und jüdische Fleischgerichte des Nahen Ostens kaum voneinander. Und sie sind auch beinahe identisch mit den Fleischspezialitäten des Balkans, der lange unter türkischer Herrschaft stand und von den Türken den nahöstlichen Küchenzettel erbte.

Die Balkanspezialitäten kennen wir aber dank der Restaurants unserer Gastarbeiter aus jenen Zonen heute zur Genüge. Es sind meist Grillspeisen, entweder ganze Fleischwürfel, abwechselnd mit allerlei Gemüse (Zwiebeln, Peperoni etc.) am Spieß oder Stäbchen gebraten, oder aber gegrillte Klößchen und Plätzchen aus Hackfleisch, immer mit Knoblauch und Pfeffer rezent gewürzt. Solche Fleischgerichte brauchen wir also dem deutschsprachigen Leser heute nicht mehr vorzustellen.

Orientalisches Fischgericht, scharf

Nachdem wir aber aus der Einleitung (S. 79 ff.) wissen, mit welchem Abscheu orientalische Juden auf den berühmten »Gefilten Fisch« der Ostjuden reagieren, gebietet es schon das Gesetz der Ausgewogenheit und Gerechtigkeit, wenigstens ein sehr typisches orientalisches Fischgericht zu präsentieren, das nicht süßlich, sondern scharf und sauer schmeckt. Hier das Rezept:

- 2 EL Speiseöl
- 1 kg beliebige, nicht zu kleine und zu zarte Fische, es können auch Fischfilets sein
- etliche zerdrückte Knoblauchzehen
- Salz, Pfeffer, scharfer Paprika
- 1–2 kleine Dosen Tomatenpüree
- Saft von 1 Zitrone
- wenig Wasser

Das Öl in einer Kasserolle von passender Größe erhitzen. Alles, mit Ausnahme der Fische selbst, hineingeben. Aufkochen lassen.

Jetzt den Fisch (die Fische) hineinlegen, Hitze sofort drosseln, das Gericht ½ Stunde lang mehr ziehen als kochen lassen. Nach Belieben heiß oder kalt servieren. Pitta dazu reichen.

Zum Abschluß: Chalwa

Während es Fische mit Paprika und Tomaten im Nahen Osten auf keinen Fall schon vor der Entdeckung Amerikas geben konnte, da beide Pflanzen aus Südamerika stammen, blicken die meisten im Nahen Osten auch heute noch so beliebten Süßigkeiten auf eine weit längere Vergangenheit zurück. Sie sind durch die Bank aus Substanzen komponiert, die es in Vorderasien schon seit Jahrtausenden gibt. Allenfalls wurde bei der einen oder anderen Spezialität der Honig von einem gewissen Zeitpunkt an durch Zucker oder Melasse ersetzt. Substanz und Beschaffenheit änderten sich aber nur wenig. Dies gilt für die kandierten oder zu Konfitüren eingemachten duftenden Blüten ebenso wie für das, was man bei uns als »türkischen Honig« auf Jahrmärkten kaufen kann. Es gilt auch für die gummösen, halbdurchsichtigen, sehr süßen und faden Würfel, deren Herstellung auch die Griechen einst von den türkischen Besatzern ihres Landes erlernten und die sie, trotz ihres Hasses gegen die damaligen Türken, auch heute noch mit dem türkischen Namen »Lokum« oder »Rachat Lokum« bezeichnen.

Es trifft auch auf das für mitteleuropäischen Geschmack stark übersüßte Gebäck aus Blätterteig zu, das man im Nahen Osten nach dem Backen mit einem faden Zuckersirup durchtränkt und auch mit einem Teelöffelchen voll von solchem Sirup begossen serviert: die Baklawa.

Es gilt aber vor allem für *die Chalwa*. Das Wort kommt, genau wie die Begriffe Pitta, Chimza (Chumuß), Techina, Schumscham (Sesam) und Mazza, bereits im Talmud vor und heißt dort einfach »Süßigkeit«. Da *Chalwa* aber aus Zucker (früher Honig) und Sesam hergestellt wird, der Sesam jedoch seit Jahrtausenden in der nahöstlichen Küche eine beachtliche Rolle spielt, darf man wohl annehmen, daß man unter *Chalwa* schon damals dieselbe Leckerei verstand wie heute; nämlich eine lehmfarbene, mürbbröcklige, sehr süße Masse von eigentümlich »nadeliger« Konsistenz. In Ägypten kennt man sie unter dem Namen »Halaue«, und sie gilt dort keineswegs als bloße Schleckerei, sondern als Volksnahrungsmittel. Man ißt sie zur Pitta, genau wie bei uns Butter plus Konfitüre. Da

Chalwa zugleich süß und fett ist, erfüllt sie auch denselben ernährungsphysiologischen Zweck.

Genau wie Rosenkonfitüre, breitete sich auch die *Chalwa* von den armenisch – und also vorderasiatisch – besiedelten südrussischen Randgebieten am Schwarzen Meer her im ganzen Zarenreich aus. Hier galt sie zwar nicht als Volksnahrungsmittel, wie weiter südlich, sondern nur als volkstümliche billige Schleckerei, war aber dabei so beliebt, daß in zahlreichen Familien sogar noch in den damals – wie auch heute wieder – zu Rußland gehörenden Baltischen Staaten die Hausfrau kaum je von einem größeren Lebensmitteleinkauf heimkam, ohne zugleich ein Pfund Chalwa mitzubringen.

Trotzdem wurde *Chalwa* nirgends im nördlichen Rußland an Ort und Stelle hergestellt – und schon gar nicht im eigenen Hause! –, sondern ausschließlich von einigen wenigen armenischen, griechischen und türkischen Confiserie-Fabrikanten, die dank der *Chalwa*-Beliebtheit in ganz Rußland zu Multimillionären wurden. Anders jedoch als über die nicht minder beliebte Rosenkonfitüre, verbreiteten sie über *Chalwa* keinerlei Scherzrezepte (vgl. S. 56 ff.), sondern schwiegen sich über die Geheimnisse ihrer Produktion genauso vorsichtig aus wie die französischen Hersteller weltberühmter Liqueure.

Ganz besonders beliebt war *Chalwa* bei den Juden auf dem Balkan und im Zarenreich. Es war ja für sie – um es ordinär auszudrücken – wirklich »ein gefundenes Fressen«! Süß, lecker, ziemlich billig und, die Hauptsache, nur aus pflanzlichen Bestandteilen hergestellt, so daß man es ohne rituelle Bedenken vor und nach jeder Mahlzeit genießen konnte.

Den Israelis ist es aber inzwischen – ich weiß nicht, wie! – dennoch gelungen, hinter das Herstellungsgeheimnis dieser eigenartigen, nahöstlichen Leckerei zu kommen. Sie fabrizieren vorzügliche *Chalwa* und exportieren sie in kleinen flachen Blöcken, appetitlich umhüllt von glitzerndem Stanniol, und vielfach originell abgewandelt: so mit eingestreuten Nüssen und Mandeln, oder auch schokoladefarben dank beigemengtem Kakaopulver. Besonders hübsch sieht marmorierte *Chalwa* aus. Dies erzielt der Hersteller, indem er die lehmfarbene Naturchalwa mit der schokoladeverfärbten so vorsichtig vermischt, daß sich hübsche Muster ergeben.

Doch das sind alles modische Spielereien. Der wahre *Chalwa*-Liebhaber will das Produkt unverfälscht und undekoriert haben.

Ich persönlich kann die *Chalwa,* die man seit Geraumem dank israelischem Export auch bei uns in größeren Lebensmittelgeschäften bekommen kann, weder in der urtümlichen Naturform noch in den modischen Varianten ausstehen. Da ich aber dank einer bulgarischen Ärztin und einem rumäniendeutschen Rückkehrer, der zuvor Chalwa produzierte, das Rezept kenne, gebe ich es hier, zum Abschluß unseres Koscher-Kochbuches, an die Leser weiter. Eine andere Frage ist es allerdings, ob jemand von Ihnen Lust haben wird, die Leckerei selber herzustellen. Hier die Bestandteile und die genaue Schilderung der Prozedur:

2 kg Melasse oder dicker Zuckersirup
2 l Sesamöl
1 EL Schaum der abgekochten Seifenwurzel
(Saponaria officinalis, in Apotheken erhältlich)
falls Beitaten erwünscht: Nußsplitter, geröstete
Sesamsamen, Schokoladepulver etc.

Man kocht die Melasse, am besten in einem unten gerundeten Metallkessel, so steif, daß ein mit dem hölzernen Rührlöffel hochgezogener Zuckerfaden schon beim bloßen Berühren abbrechen muß. Der Fachmann nennt das: Zucker »zum Bruch« kochen.

Dann schüttet man kreuzweise das Sesamöl hinzu und fügt gleichzeitig den Schaum der abgekochten Seifenwurzel bei. Ihr allein hat die *Chalwa* ihre eigentümlich »nadelige« Konsistenz zu verdanken.

Zuerst rührt man mit dem Kochlöffel, dann knetet man die Masse so gründlich wie einen Brotteig. Sie muß tadellos homogen sein. Erst jetzt eventuelle »Einlagen« beimischen. Die Chalwa wird in dem Kupferkessel mit rundem Boden, in welchem die Masse gekocht hat, zu einer Halbkugel gepreßt, die man auf ein passendes Tablett herausstürzt und von der man dicke Scheiben abschneidet.

Wer will, kann, wie gesagt, die Chalwamasse teilen und die einzelnen Stücke unterschiedlich weiterbehandeln: Man kann Nußsplitter (am besten von Walnüssen) oder geröstete Sesamsamen beimengen oder auch Schokoladepulver. Man kann einen Teil der *Chalwa* mit dem Schokoladepulver einheitlich braun einfärben und einem anderen Teil durch sehr vorsichtige Vermischung brauner und lehmfarbener Masse ein interessantes Marmormuster verleihen.

Sesamsamen bekommt man bei uns in den Reformgeschäften. Die Beschaffung von Sesamöl dagegen dürfte problematischer sein. Wenn sie also *Chalwa* mögen, tun Sie am besten daran, sie nach wie vor nicht selber zu fabrizieren, sondern fertig zu kaufen.

Und damit: Guten Appetit!

Salcia Landmann, 1911 im Osten der Donaumonarchie geboren, aufgewachsen in St. Gallen, promovierte über Heidegger und wurde vor allem durch ihre Bücher »Der jüdische Witz«, »Jiddisch. Das Abenteuer einer Sprache«, »Marxismus und Sauerkirschen« oder »Gepfeffert und Gesalzen. Ein streitbares Kochbrevier« bekannt.

Bitte beachten Sie folgende Seiten

304 Seiten, ISBN 3-87287-443-8

Pellegrino Artusi

Nostalgie und Tradition

Starköche aus Italien präsentieren den italienischen Kochbuchklassiker

Der „Artusi" war schon vor hundert Jahren ein Verkaufsschlager. Heute wie damals ist es das einzige Handbuch der italienischen Küche. Auf gekonnte Weise werden Kochkunst, Kochphilosophie und Lebensart mit amüsanten Illustrationen von Steffen Butz gemischt. 500 Originalrezepte beschreiben sowohl bodenständig-herzhafte Gerichte als auch erlesene und raffinierte Menüs.

Mary Hahn